梅斯蒂索人的心智

全球史与跨国史研究丛书

殖民化与全球化的思想动力

[法]塞尔日·格鲁金斯基 著

宋佳凡 季发 译

中国社会科学出版社

图字：01－2016－1110 号

图书在版编目（CIP）数据

梅斯蒂索人的心智：殖民化与全球化的思想动力／（法）塞尔日·格鲁
金斯基著；宋佳凡，季发译．—北京：中国社会科学出版社，2020.10
（全球史与跨国史研究丛书）
书名原文：La Pensée Métisse
ISBN 978－7－5203－7392－0

Ⅰ.①梅…　Ⅱ.①塞…②宋…③季…　Ⅲ.①后殖民主义—
研究　Ⅳ.①D066

中国版本图书馆 CIP 数据核字（2020）第 199799 号

《LA PENSÉE MÉTISSE》
By Serge Gruzinski
© Librairie Arthème Fayard，1999

出　版　人　赵剑英
责任编辑　张　湉
责任校对　姜志菊
责任印制　李寡寡

出　　　版　中国社会科学出版社
社　　　址　北京鼓楼西大街甲 158 号
邮　　　编　100720
网　　　址　http://www.csspw.cn
发　行　部　010－84083685
门　市　部　010－84029450
经　　　销　新华书店及其他书店

印刷装订　北京君升印刷有限公司
版　　　次　2020 年 10 月第 1 版
印　　　次　2020 年 10 月第 1 次印刷

开　　　本　710×1000　1/16
印　　　张　19.75
字　　　数　325 千字
定　　　价　98.00 元

欧洲的西比拉，主任牧师之家，普埃布拉，墨西哥（墨麦特）

雌性半人马和猴子，主任牧师之家，普埃布拉，墨西哥（墨麦特）

美洲印第安人战士：当地的珀耳修斯（墨麦特）

美洲印第安人战士，伊斯米基尔潘的奥古斯丁会修道院，希达尔戈，墨西哥（墨麦特）

亚历山德罗·阿拉尔迪，怪诞，圣保罗修女院，帕尔马

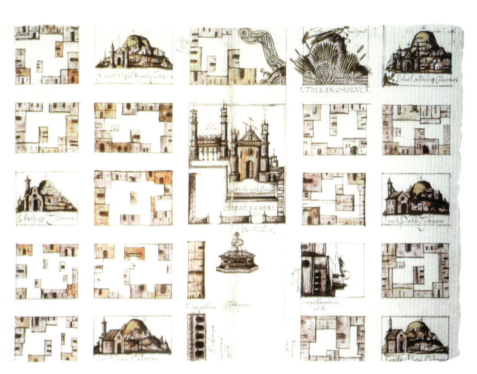

乔卢拉城镇图，《地理关系》（1581），墨西哥

雨，贝纳迪诺·德·萨阿贡《佛罗伦萨抄本》

彩虹，贝纳迪诺·德·萨阿贡《佛罗伦萨抄本》

P. OVIDII NASONIS
TAM DE TRISTIBVS
QVAM DE PONTO.

DVLCE. TVVM NOSTRO
FIGAS INPECTORE NOMEN
NOMINE NOSTRA SALVS:
NOMEN TVO CONSTAT

VNA CVM ELEGANTISSI.
mis quibusdam carminibus diui
Gregorij Nazianzeni.

MEXICI.
In Collegio Sanctorum Petri & Pauli.
Apud Antonium Ricardum.
M. D. LXXVII.

奥维德，《哀歌集与黑海书简》（*Tam de Tristibus quam De Ponto*），1577 年
墨西哥城，由安东尼奥·里卡多（Antonio Ricardo）印刷

欧洲怪物，威尼托，意大利，1520 年前后

《圣母玛利亚的时祷书》（*Book of Hours of the Blessed Virgin*），
1567 年由皮埃尔·奥沙尔特（Pierre Ochart）印刷

怪物，圣乔万尼福音堂图书馆，巴勒莫

卢多维科·布蒂（Ludovico Buti），墨西哥士兵，乌菲兹美术馆，佛罗伦萨

墨西哥"狼"，贝纳迪诺·德·萨阿贡《佛罗伦萨抄本》

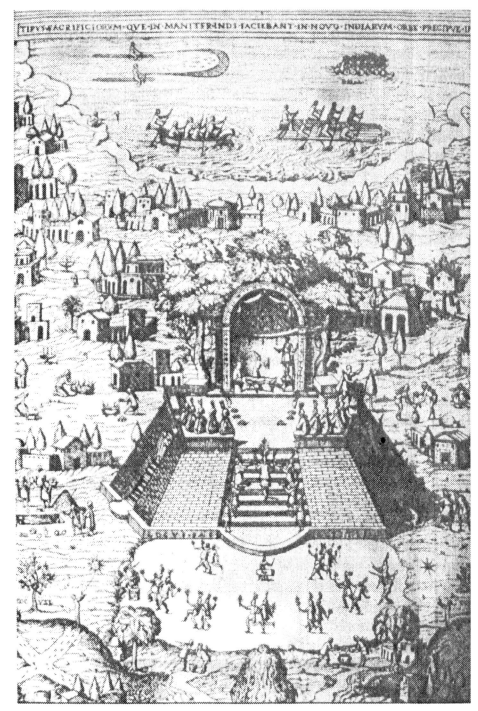

迭戈·瓦拉德斯。"古墨西哥人的习俗,"基督教场景,佩鲁贾,1579(墨麦特)

墨西哥蝴蝶，在贝纳迪诺·德·萨阿贡（Bernardino de Sahagun）的
《佛罗伦萨抄本》（*Florentine Codex*）中

胡安·格尔森（Juan Gerson），人类之子，湿壁画，特卡马查尔科修道院，
墨西哥城（墨麦特）

基督圣像，羽毛镶嵌，新西班牙总督国家博物馆，提波兹左搭兰，墨西哥城

耶稣受难，阿科曼修道院，墨西哥

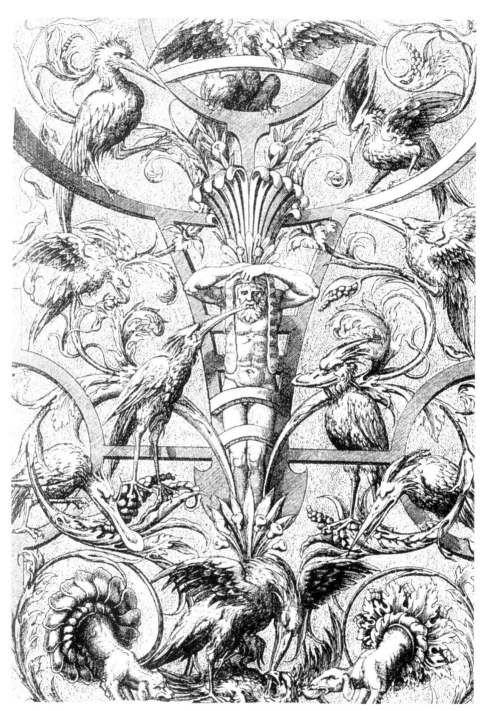

怪物，安特卫普学院，16世纪

彼得·格林纳威（Peter Greenaway），电影《枕边书》

彼得·格林纳威（Peter Greenaway），电影《普洛斯贝罗的书》

半人马，墨西哥，希达尔戈的伊斯米基尔潘教堂

致泰雷兹（Thérèse）

　　本丛书出版得到山东大学"考古学与历史学高峰学科建设计划"资助。

全球史与跨国史研究丛书

顾问：

    李伯重

    曼　宁（Patrick Manning）

    格鲁金斯基（Serge Gruzinski）

    王学典

主编：

    李中清　　刘家峰

编辑委员会：

"全球史与跨国史研究丛书"出版前言

全球史（global history）、跨国史（transnational history）近年来已成为国际史学研究的新趋势。尽管目前学术界对"什么是全球史"、"什么是跨国史"尚未达成完全一致的意见，但全球史、跨国史作为一种研究历史的新理论、新方法、新视野，已得到史学家的普遍认同。一般来说，全球史以全球性现象和全球化进程为研究对象，包括气候变迁、移民、贸易、帝国扩张，以及物种、技术、疾病、思想、文化及宗教信仰的传播；跨国史则以历史上的跨国、跨区域现象（未必是全球性的）为研究对象。两者的研究对象具有互补性，研究方法则趋向一致，皆打破了过往以民族、国家作为单元和视角的研究范式，重视跨国体、跨民族、跨文化的联系与互动，将全球共同关心的话题纳入研究视野。

1963 年，美国学者麦克尼尔（William H. McNeill）《西方的兴起》（*The Rise of the West*）的出版，标志着全球史正式登上学术舞台。半个多世纪以来，全球史在美国、英国、德国、加拿大、意大利、日本等多个国家蓬勃发展，以全球史或跨国史为主题召集的学术会议显著增加，这一领域的论著出版也令人目不暇接，开设全球史课程的大学越来越多。20 世纪 90 年代，全球史开始传入中国。进入新世纪以来，首都师范大学、北京外国语大学等高校率先设立全球史研究机构，并创办专业刊物，全球史的概念、理论和著作得以迅速传播。

2015 年 8 月，第 22 届国际历史科学大会在山东大学成功举办，促使我们思考、探索成立全球史与跨国史研究机构的可能性。一方面，我们希望借此推动全球史与跨国史的教学与研究工作；另一方面，也希望这个机构能成为山东大学历史学科与海内外学术交流的一个平台。经近一年的筹备，2016 年 6 月，全球史与跨国史研究院宣告成立，之后开展了一系列的讲座和论坛活动。

"学术者，天下之公器"。山东大学全球史与跨国史研究院拟推出系列丛书，通过引进国外著作和出版国内同仁专著、学刊等形式，展示全球史与跨国史的研究成果。在这里，我们衷心希望有志于此的海内外学者惠赐大作，奉献新知，共同打造好这一交流平台，推进全球史与跨国史研究在中国的发展。

致　　谢

　　本书涵盖了 1994 年至 1998 年我在法国社会科学高等研究院（Ecole des Hautes Etudes en Sciences Sociales）的历史讲习班所深入讨论的主题。卡门·萨拉萨尔（Carmen Salazar）、露易丝·博纳特塔克特（Louise Bénat-Tachot）、索尼娅·罗斯（Sonia Rose）、胡安·卡洛斯·艾斯特恩索洛（Juan Carlos Estenssoro）、玛丽·德·普瑞奥勒（Mary del Priore）和圭利亚·博格里奥罗·布鲁纳（Guilia Bogliolo Bruna）所作的批评和评论帮助我改正并丰富了我们一起探讨的领地。书中有几章是在以下组织的会议上提出和讨论的：曼努埃尔·拉莫斯（Manuel Ramos）和墨西哥城历史研究中心（the Centro de Estudios de Historia de México de Condumex）（墨西哥城）；贝尔塔·阿莱斯（Berta Ares）和拉丁美洲研究院（the Escuela de Estudios Hispanoamericanos）（塞维利亚）；埃迪·斯托尔斯（Eddy Stols）和鲁汶天主教大学（l'Université Catholique de Louvain）（比利时）；克莱拉·加里尼（Clara Gallini）和马蒂诺的埃尔耐斯托国际协会（the Associazione Internazionale Ernesto de Martino）（罗马）；阿达乌图·诺瓦伊（Adauto Novaes）和富耐特基金会（Funarte Foundation）（里约热内卢）；以及詹尼斯·希奥多罗·达·席尔瓦（Janice Theodoro da Silva）、劳拉·德·梅洛·埃·索扎（Laura de Mello e Souza）和圣保罗大学。我的第一位读者德伊奥·古兹曼（Décio Guzmán）和他在帕拉洲联邦大学的同事们以及在贝伦的埃米利奥·戈尔迪博物馆（the Museu Emilio Goeldi）使得我能够发现一个新的世界——亚马孙。吉利斯·梅尔奈特（Gilles Mernet）和马克·圭罗墨特（Marc Guillaumot）的照片为我提供了新的视角。国家人类学与历史研究所（the Instituto Nacional de Antropogia e Historia）（墨西哥城）及其主席塞诺拉·

玛利亚·特蕾莎·弗兰柯（Señora María Teresa Franco）把其拥有的宝藏展现给我。最后，我想要向法亚尔出版社（Fayard）的阿格尼丝·芳汀（Agnès Fontaine）表示感谢，谢谢她不厌其烦地一次次阅读这一新作。

目　　录

第二篇　混血意象

第三篇　混血的创造力

导　　言

1896 年 1 月：新墨西哥地区的阿科马

在阿科马（Acoma）的小教堂里，一位牧师正在新墨西哥地区的印第安霍皮人中间庆祝弥撒。集会的成员里有一位德国游客阿比·瓦尔堡（Aby Warburg），他是艺术史的奠基人之一，也是文艺复兴方面杰出的专家，还是大西洋两岸一个非常富有的银行家家族的后裔。瓦尔堡注意到墙上的本土壁画："在礼拜仪式期间，我注意到墙上覆盖着异教的宇宙符号……"①

此外，瓦尔堡拍摄的一张照片显示"一个非常古老和普遍的图案，代表着自然的生长、向上和向下的运动。"② 另一张照片显示了教堂内部——穿着黑色衣服的霍皮妇女，像西班牙农民一样，在一座巴洛克式祭坛前祈祷，祭坛上放满了圣徒的雕像，人们可以想象出这些雕像的颜色。

瓦尔堡进行这次旅行并不是为了探索美洲原住民的信仰是如何被改变或"被污染"的③。然而，他发现了"原始［美洲印第安人］文化"与文艺复兴文明之间存在着一种隐秘的联系。"如果不研究他们的原始文化，我就永远无法为文艺复兴的心理学提供广泛的基础。"④

---

① 阿比·瓦尔堡（Aby Warburg），"蛇仪式的报告"，《瓦尔堡学院期刊》（*Journal of the Warburg Institute*）卷 II：4（1939）：第 281 页。

② 菲利普 - 艾伦·米凯德（Philippe-Alain Michaud），《阿比·瓦尔堡和动态影像》（*Aby Warburg et l'image en mouvement*）（巴黎：马库拉出版社 1998 年版），第 196 页。

③ 瓦尔堡（1939），第 278 页。

④ 米凯德（1998），第 183 页。

瓦尔堡前往美国参加他的弟弟保罗（与勒布银行家族的一个女儿）的婚礼，他很快就厌倦了东海岸的社会，开始探索"前西班牙时期的野蛮美洲"，这是一种对永恒本土性和神话想象力的比较探索①。很自然的，他找到了。他从汉堡到新墨西哥地区走过的距离似乎和他所在的世纪与文艺复兴时期的距离一样大，尽管他已经意识到现代性即将催生"我们距离感的致命破坏者"②。

于是，瓦尔堡将人类学和艺术史的道路轻而易举地连接起来。正如弗朗兹·博斯（Franz Boas）（他将在纽约会见）和史密森学会的专家（曾在华盛顿热烈欢迎他），他甚至也成为一名使用当地人提供消息的田野调查员。瓦尔堡是一位先锋，在某种程度上至今仍是如此，他不合时宜的做法即使在今天也会让人们感到惊讶：我们还不习惯以同样的方式来处理美洲本土的过去和16世纪的欧洲，甚至更不愿意向原住民的世界寻求更好地理解文艺复兴的诀窍。

一个世纪后，人们很难不想去拿瓦尔堡的研究成果，从他无意留下的一系列线索开始：巴洛克式祭坛的照片、他的笔记中提到的"西班牙—印第安人层"、以及1895年12月14日《圣路易斯日报》的剪报，这里叙述了新墨西哥州伊斯雷塔（Isleta）一座教堂的主保圣人的遗骸奇迹般的出现。所有这些细节都清楚地指向了"前西班牙时期的野蛮美洲"以外的其他东西。他们提出的问题是，瓦尔堡的直觉是否可能有历史基础、美洲原住民与文艺复兴之间的联系是否追踪到了一条不单单存在于他个人想象中的道路——曾被来自墨西哥的传教士们选取的来自南方的尘土之路，他们承载着艺术和信仰，在美国这一地区仍然可以看到许多迹象。也许瓦尔堡认为他所观察到的"原始文化"已经渗透了欧洲特色的文化，也许这就是"梅斯蒂索人的文化"（译者注：mestizo，特指有西班牙和美洲土著血统的拉丁美洲人，本书除特别有说明处，其"混血"一词都指的"梅斯蒂索混血"）。这是我们可以从新墨西哥地区的历史中学到的东西，欧洲侵略者和土著社会之间长达四个世纪的对抗高潮，导致了殖民化、抵抗和混血进程

---

① 米凯德（1998），第222页。
② 米凯德（1998），第223页。

的混合。

瓦尔堡在霍皮人中的旅途与这本书所贯穿的主题是一致的：美洲印第安人社会、文艺复兴时期的意大利、以及在美洲对文艺复兴的理解的寻找、加上全球化的整体背景——19 世纪晚期，瓦尔堡家族就是全球化的代表——更不用说我们"见到"混血现象中所经历的困难，而对他们的分析也就更少了。

随着美国经济的胜利——吉米奈罗·阿莱维（Geminello Alvi）称之为"美国时代"① ——或者面对的是所谓的"全球化"②，抢占我们常见的标志性事件的现象不断增多：世界文化的融合（mélange）、多元文化、以及各种形式的自我保护，从对当地传统的简单保护到仇外主义和种族清洗的血腥表现。

乍一看，这些区别似乎很明显。被全球体系削弱的民族国家的分裂已经通过对种族、地区和宗教特性的重申得到了满足，土著、少数民族和移民人口之间的种族或身份认同运动就证明了这一点。地方危机与全球化之间的联系甚至已被明确表现出来，例如在墨西哥，恰帕斯州（Chiapas）的扎帕蒂斯塔（Zapastista）运动不断宣示着对于经济全球化的抗拒。

混血过程常常与统一化和全球化联系在一起。据称，世界经济通过加速交易和将每一种物品转化为商品，引发了一个不断循环的局面，为因此而生的地球大熔炉添柴加火③。据报道，由"世界文化"传播的杂交产品和外来产品是全球化的直接表现，这是大众文化产业系统运作的一条脉络。就这一点而言，这类产品自然而然地适应了"新时代"的趋势（这种趋势声称一切都是"融合"的），就像他们融入由新型国际

---

① 吉米奈罗·阿莱维（Geminello Alvi），《美国世纪》（*Il secolo americano*）（米兰：阿德尔菲，1996）。

② 奈斯托尔·G. 坎科里尼（Nestor G. Canclini）在《消费者与公民：全球化中的多文化冲突》（*Consumidores y ciudadanos: Conflictos multiculturales de la globalizacion*）（墨西哥城：格里加伯，1995）强调了文化全球化与文化美国化并无不同的事实。

③ 另一个统一化过程的例子是雷莫·圭第艾里（Remo Guidieri）在《中立和光环纪事：博物馆和恋物癖》（*Chronique du neuter et de l'aureole: Sur le musee et les fetiches*）（巴黎：差异出版社 1992 年版）一书中对广泛的美学趋势所作的分析。

精英们展示出的多元文化的世界大同一样①。因此，混血机制倾向于反对对于身份的肯定：它们据称是全球化在文化领域的一种蓄意或强加的延伸。相反，对于本土身份的捍卫，则是对这一新的、普遍存在的莫洛克神（Moloch）（译者注：比喻要求重大牺牲的可怕力量）的反抗。

事实上，情况要复杂得多。并不是所有的身份认同都代表着拒绝新世界秩序。其中许多是对旧有国家、新殖民主义或社会主义类型的先前秩序解体的反应，如南斯拉夫战争中所看到的那样。此外，许多同情身份问题的利益集团都并不敌视成功的自由贸易和美利坚帝国——好莱坞最近对美洲土著的迷恋表明，尊重和美化这些民族可以充实制片人的腰包（参见凯文·科斯特纳（Kevin Costner）的系列纪录片《五百国》）。最后，每个人都知道，许多"政治正确"和"文化研究"的辩护者，在美利坚帝国学术象牙塔的庇护下，已经完成了世界僵化为无懈可击的、自我保护社区的概念②。简而言之，强加一种普遍的模式，使世界标准化，以及将现实简化为商品（通过抽象的金融网络和电子链接）完全可以与想象中的多元化携手并进，不惜一切代价保持虚幻的多样性，甚至可以与凭空捏造或重建的"传统"完全结合在一起。

相反，虽然通过提供新的利润来源和削弱它可能遇到的任何反对意见，某些融合可以适应新的自由贸易道德规范，但另一些则直截了当地抵制全球化。当地的混血现象就是这种情况，这种现象不断地超越恢复世界文化的努力。大多数来自洛杉矶郊区以及墨西哥城和孟买贫困地区的融合创造都逃过了商业休养和吞并分配。这就是为什么伦敦和巴黎的歌迷们对墨西哥和俄罗斯摇滚的最好作品仍然一无所知的原因。

因此，文化融合涵盖了各种不同的现象和极端变化的情况，这些情况可能在全球化之后或边缘出现。但这一过程——它显然超越了文化范

---

① 据称，这种新的世界主义是由构成世界认同的地方特征组成的。它通过被认为是广义的全球身份的混合和克里奥尔化概念来表现的。对此，可参见乔纳森·弗里德曼（Jonathan Friedman）的评论"全球危机，对文化身份的战斗，智力分肥：霸权化时代的国际主义者，国家和地方人"。皮·韦伯纳（P. Webner）《辩论文化融合》（*Debating Cultural Hybridity*）（伦敦：泽的出版社1997年版）。

② 许多美国大学，无论是否著名，在强大的媒体和网络的支持下都扮演着第三世界的角色。同时，文化主义，差异和文化真实性的言论已成为世界上最广泛使用的事物，并且以阴险和自相矛盾的方式有助于规范声称相反地捍卫基本特性的论述。

畴——提出了另一个如此明显的问题，以至于人们往往忽视了它：文化是通过哪种炼金术来融合的？条件是什么？在什么环境下？以什么方式、什么速度？

这些问题假设文化是"易混合的"，如果像阿尔弗雷德·路易斯·克罗伯（A. L. Kroeber）那样，你觉得"文化能融合到几乎任何程度"①，那么这种假设就不言而喻了。但根据克洛德·列维·斯特劳斯（Claude Levi-Strauss）在他有关身份的研讨会上得出的结论，事情似乎不那么明显："在两种文化之间，在两种可以想象的无限接近的不同生物之间，总是存在着一道有差异的鸿沟……这种差异无法弥合。"②

至于我自己，我将通过迂回的途径来处理这些问题，避开文化社会学和人类学。首先，我将尝试作为一个历史学家来处理这一问题——尽管有人确信历史不应该与当代事物的肤浅专业知识和刚刚发生的事物混为一谈——办法是把重点放在一个与当今世界有着特殊关系的时期。如果我们更好地了解 16 世纪——伊比利亚扩张的这一世纪，并不仅仅是法国的宗教冲突和卢瓦尔的 chateaux（城堡）——我们就不会再把全球化当作一种新的、最近的形势来讨论了。现在，我们在世界范围内看到的杂交和排斥现象并不像其所声称的那样新奇。就是从文艺复兴时期开始，西方扩张不断地在世界各地孕育出混血儿，期间伴随着排斥的反应（其中最引人注目的是 17 世纪初日本的闭关锁国）。因此，全球范围的混血现象似乎与 16 世纪后半叶开始的经济全球化的预兆密切相关，这个世纪无论从欧洲、美洲还是从亚洲来看，都是伊比利亚 par excellence（最卓越）的世纪，正如我们自己的世纪也已经成为美洲的世纪一样③。

这种回顾只是讨论现在的另一种方式，因为对过去的混血机制的研

---

① 阿尔弗雷德·L. 克罗伯（Alfred L. Kroeber），《文化类型和过程》（*Culture Patterns and Processes*）（纽约/伦敦：先驱书店，1963），第 67 页。

② 克洛德·列维·斯特劳斯的研讨会出版为《身份》（*L'Identite*）（巴黎：P. U. E.，1977），第 322 页。

③ 欧洲和亚洲之间通过非洲或美洲建立的定期海上航线，贵金属的全球流通以及中国对白银的需求对西班牙－葡萄牙帝国的经济的影响都表明，第一个全球经济始建于 1570 年和 1640 年之间。关于黄金和白银的问题，请参见 D. O. 弗林（D. O. Flynn）和 A. 吉拉尔德斯（A. Giraldez）的"中国和西班牙帝国"，《经济史杂志》（*Revista de Historia Economica*）第十四卷第二期（春/夏版 1996）：第 318—324 页。

究提出了一系列问题，且现在仍然是热门话题。在这里，不按任何顺序地列出其中几个问题：西方扩张催生的融合是否代表了对欧洲统治做出的反应？或者说融合，这种在普通民众中掺入欧洲习俗的巧妙方式，是这种统治不可避免的后果？西方社会容忍混血过程大量扩散的程度是多大？在什么时候它将设法制止扩散，将以何种代价控制这一现象并将其作为其霸权的基础？大熔炉这个方便的比喻背后有什么含义、限制和陷阱？最后，如果混血的思维方式确实存在，它会如何表达自己？

在回到过去以解决这些问题之前，我们必须讨论一下那些阻碍我们理解混合机制的障碍。有些问题与普通经验有关，而其他问题则源于社会科学有时难以克服的思维习惯和心理反应。

第一篇

融合、混乱、西方化

第一章　亚马孙人

我是弹琉特琴的图皮人！……

——马里奥·德·安得里德（Mario de Andrade）《哦，游吟诗人》
《幻觉之城》（*Pauliceia desvairada*）（1922）

巴西阿尔戈多尔岛，1997 年 8—9 月

马里奥·德·安得里德的这句话在我脑海里萦绕了很长时间，仿佛它帮我阐明了我对在一次学术旅行中发现的美洲某些地区——如亚马孙三角洲南部一个偏远的岛屿的感情。

那个地方的宁静有益于幻想和思考。似乎只有空气是不断运动下的猎物：在随风舞蹈的棕榈树间，我的目光碰到天空中那些飞快移动的云，那些云层只有在傍晚时分才会慢下来。但这无休止呼啸的狂风很难影响到阿尔戈多尔村庄的那片死寂，而此刻我正在这里。阿尔戈多尔（ALGODOAL），意思是"棉花种植"：当本地人说出这个词，这个带着非裔印第安人共鸣的村庄的名字早在把我送到她岸边的船靠岸之前就迷住了我。

这个村子跟我想象得一模一样——受到海盐腐蚀的船只残骸、几间简陋的小木屋以及不足的电力共同构成了一个"保存下来的"景观。这里的异国情调让我想起了很久以前我的第一次墨西哥之旅，那大概是在 20 世纪 70 年代了。日子一步一步的小心逝去。清晨，驴车拉满货物和供给。有时候浸得发白的船只靠岸，在岛上留下一些身无分文的年轻人，他们是被广阔的海滩吸引而来的。

海岸线越过可以俯瞰海峡的白色大沙丘，一直延伸到视线所及的地

方。满潮时，你只能喊条船来载你过去，除非你甘愿冒险游过狭窄海峡的泥泞水域。傍晚时，在村子的海滩上，一群群黑皮肤的半裸青少年沉迷于一种叫做卡波埃拉（*capoeira*）（译者注：这是一种巴西运动，类似于舞蹈和武术）的仪式般的比赛。他们的动作呼应着持续不停的拨铃波琴（*berimbau*）的旋律，这是一种简单的乐器，由一张金属弦拉着的木制的弓穿过涂上颜色的椰子壳制成。在远处，一群家畜受上涨的潮水驱赶，在骑手的引导下轻快的穿过海滩，在粉红的暮色中几乎无法看清他的身影。一旦夜晚降临，南半球的星群就会点亮天空。陆地上，蜡烛摇曳的光芒照亮庭院，吊床在轻轻摇晃。远方，卡利波（*carimbo*）的节奏被呜咽的风声吞没。

然而，这一田园般的画面只不过是个错觉。因为它消灭了有关一个村庄令人震惊的一切，而我希望这村庄依然停留在 19 世纪。环球（Globo）电视频道的新闻节目每个夜晚都会放出一些有关血腥、金钱和丑闻的画面。就在 1997 年的那个 9 月初，戴安娜王妃的死刺激了岛上居民的想象，把他们自己同地球上其他人连在一起。王妃殒命巴黎街道的新闻也随我来到了阿尔戈多尔，为岛民们带来了迷人而又悲伤的异国情调。我那些有关粉状沙砾和阳光下的贫穷的想象不得不为纪念一位王妃而腾出地方。

就像阿尔戈多尔，美洲的很多地方仍然属于过去——无论如何，即使当我们平时也做着全球梦的时候，我们也是这样描述眼前的古老且淳朴的一切的。为了解释这些容易被认作矛盾体的反差，人们通常只看到抵抗进步蹂躏和文明污染的传统①。到底该怎么解释这种反应，这种促使我们去寻找一切形式的古风，以至于无视——不管是故意还是无意——任何有关现代性的一切的不可抗拒的倾向呢？这就像是我们在创造差异时享受着恶意的乐趣一样②。

虽然考虑到了所有这一切，电视仍然会把我从阿尔戈多尔这个地方

---

① 正如克洛德·列维·斯特劳斯在记录片《关于悲伤的热带地区》（*A propos de Tristes Tropiques*）（七个/电影村制作，1991）所做。

② 哈尔·福斯特（Hal Forster）《后现代文化》（*Post-Modern Culture*）（1985），第 166 页，被引用在迈克尔·卡米尔（Michael Camille）《中世纪艺术的边界》（*The Margin of Medieval Art*）（伦敦：利克欣书社，1992），第 158 页。

带出来，就像出现在恰帕斯州印第安人手中的计算器或是西伯利亚雅库特人鼻子上架着的雷朋眼镜一样。但是，电视已是岛上现实生活的一部分，就像被虫子啃蚀过的木船上海水褪去后留下的色彩一样。

把乡村的"永恒性"同城市的"现代性"进行简单的对比也是不可能的。作为西亚马孙地区首府的贝伦有着两百万居民，而其本身就融合了 18 世纪殖民城镇规划（由意大利建筑师设计）、美好年代的巴黎（Belle-Epoque 译者注：特指 1871—1914 年间的巴黎）以及被棚户区贫民窟包围的混乱的现代性。由博洛尼亚建筑师安东尼奥·兰迪（Antonio Landi）设计的新古典主义宫殿、衰朽的 20 世纪早期的居住区、中产阶级的高层住宅以及拥有敞开式下水道的棚户区团体共同构成了成分复杂又密不可分的整体。在共和广场上有个帕兹剧院，这是一个同马瑙斯市剧院一样精巧的地方——矗立在那儿像是 20 世纪之初文明的一处奇怪的遗迹，一个冲上亚马孙河岸的奢华的残骸。

我们该怎么对待这些混杂的社会呢？也许首先是要接受他们出现在我们面前的样子，而不是着急的把他们重新排序、分成不同的类型，还说他们构成了一个整体。这种分类——也就是所谓的分析——不单是有着割离现实的缺点，还在多数情况下引入筛选、标准和疑问，而其存在只是为了迎合我们西方人的思想。古风即使不总是，但也经常只是一种幻想而已。拉丁美洲土著社会的许多典型特征来自于伊比利亚半岛，而不是遥远的前西班牙时期的过去，而那些怀旧的民族学家总是试图赋予他们这些过去。

"我是弹琉特琴的图皮人！……"在阿尔戈多尔，"原始"竖琴的音符伴随着在沙滩上跳着卡波埃拉的男孩的身影。但是歌手的吟唱伴上了巴西广播电台播放的歌；歌词里提到了"巴西文化"和"国家文化"，这更多的是因为社会科学词汇的传播，而不是令人费解的非裔巴西人的传统——我不得不遗憾地承认这一点。

在其全球性里，接受你眼前的混杂的现实是第一步。但是这一努力时常会导致能够产生某种令人悲痛的僵局的领悟：很明显，融合总是被置于模棱两可和矛盾的符号下。这就是悬在这些复合世界头顶上的所谓的诅咒。

作家们会用其来完善效果。马里奥·德·安得里德的一本小说里的主人公马丘纳伊马（Macunaima）是"一个矛盾、犹豫不决的人物，被两种价值体系撕裂。"① 这个有着多面性的故事，是巴西人和拉丁美洲人的典型，他们在两个对立选项——巴西还是欧洲——中摇摆不定，但同时又同属于这两种文化，而这个故事恰是这种分裂的典范。看到马丘纳伊马的世界的分裂贯穿其一生是丝毫不令人惊讶的："他实际上是一个处于无法融合两种存在着极大差异的文化分层中的人。"② 事实上，由这两个世界差距产生的困扰同样出现在马里奥·德·安得里德和他小说里的主人公马丘纳伊马身上的。在这本书的每一章——几乎每一行——这种破裂清晰的又几乎是明显的重复出现，并且"几乎所有的主题都是成对出现的"③。

《马丘纳伊马》的情节曲折，讲述了根本不可能逃离这双重文化遗产造成的矛盾与困境的事实。主人公在找老婆时在两个世界中犹豫不决：他起初选择了葡萄牙女人，后来是南美的土著多娜·桑查（Dona Sancha）。但是他的选择没有任何意义。如果他最终被土著女子吸引，那也只是因为桑查的妈妈维·德·索尔（Vei do Sol）把她打扮得看上去像是欧洲女人——马丘纳伊马是落入了维·德·索尔为他布下的陷阱。

主人公的错误表现出这两大世界对抗所造成的局面的复杂性。但是，再进一步审视，马丘纳伊马的矛盾决定不能互相抵消。这两个连续的选择、两种序列，"不过是在故事的结构中形成了一个完美的有机整体"④。对于马丘纳伊马来说，对立的两方面似乎就是"一个硬币的两面"。所以无法分离。就像阿尔戈多尔的居民一样，马丘纳伊马完全被暴露于西方世界的吸引力前。他跟那些人一样属于它。前面引用的德·安得里德的话有力地总结了这种相互联系：

我是弹琉特琴的图皮人……

---

① 马里奥·德·安得里德《马丘纳伊马：一位毫无性格的英雄》（*Macunaíma：O heroi sem nenhum carater*）（圣保罗：特勒·波尔图·安科纳·洛佩兹出版社 1996 年版）[（匹斯堡：皮特拉丁美洲系列，1988）]。

② 同上书，第 45 页。

③ 吉尔达·德·梅里奥·埃·索萨（Gilda de Mello e Souza），《图皮语即诗琴声：一份马丘纳伊马的表白》（*O tupi e o alaide：Uma interpretacao de Macunaima*）（圣保罗：杜阿斯·西达德斯书店出版社 1979 年版），第 59 页。

④ 同上书，第 63 页。

作为图皮人——巴西的原住民——弹着一个像琉特琴那样古老和精妙的欧洲乐器是有可能的。没有什么是不能调和、不能兼容的；即使融合有时候令人痛苦，就像《马丘纳伊马》中表现出的那样。但仅仅是琉特琴和图皮人来自完全不同的背景这个原因，并不意味着他们不能在作家的笔下融合，或者是不能在耶稣会管理的本地小村庄里同时出现[1]。

实际上，就像对根源的判断经常导致值得商榷的起因，所谓公开的不兼容也担负着不常见的解释组合，而这些解释更多是基于我们的看法而不是现实本身。这使得任何处理混杂的世界的方法更加复杂，这些世界结合起来就像对进入其自身的元素进行对比一样复杂。

这也并不是全部：《马丘纳伊马》作者使用的复杂的文学技巧是很吸引巴西评论家的[2]，但是这些技巧不仅仅是个人极大天赋的表达，也不是个人的身份危机。马里奥·德·安得里德的艺术不仅表达了他制造出的"在故事每一个层面……可怕的裂缝，"[3] 同时也使得探索有多元身份和不断变化组成的多型性现实成为可能。通过对角色的叠加和融合产生的不确定性进行探索，德·安得里德做到了这一切。在《马丘纳伊马》一书中，轮到雷恩哈·德·佛罗里斯达（Rainha da Floresta）——一个亚马孙伊卡米巴的印第安人作"处女森林的女皇"。在这里一点也没有什么不连贯或是矛盾的地方。德·安得里德的写作使我们相信，无论任何看上去不连贯的东西都很有可能含有意义，并且事情真正的连贯性就深深植根于这种变化和不稳定性中。

亚马孙河流域的混血现象

在阿尔戈多尔岛上，我用安得里德的那句话（"我是弹琉特琴的图

---

① 现在的唱片提供了对 18 世纪亚马孙耶稣会任务所制作音乐作品的更好了解。参见音乐收藏 K617《传教士神圣音乐》第 1 卷：《前往亚马孙的耶稣会传教团》（*Musiques sacrees mis-sonaires*，vol 1：*Missions jesuites de i'altiplano a i'Amazonie*），和《圣伊格纳西奥，亚马孙耶稣会传教团的失传歌剧》（*San Ignacio*，*l'opera perdu des missions jesuites de i'Amazonie*），由加布里埃尔·加里多（Gabriel Garrido）指挥的乐团艾里玛录制（巴洛克式的道路出版社，K617）

② 只提最知名的两位，吉尔达·德·梅里奥·埃·索萨和哈罗德·德·坎珀斯（Haroldo de Campos）

③ 梅里奥·埃·索萨（1979），第 56 页。

皮人"）作为我对那些人和那些地方产生的画面和幻想的解药。与其说这是解释我所见现象的一个关键，不如说是一种保障，以防止我对于此情此景运用迷人的异国情调式的简单性套入。

异国情调可不仅仅是陈词滥调而已。在最好的情况下——换句话说，当某地区及其人民有幸逃脱了被殖民化、剥削化和基督教化的命运时——异国情调就成了西方人用来定义事物性质的通常方式："显然，世界是我们的。"① （译者注：此处原文使用意大利语 Evidentemente, il mondo era nostro） 如果说亚马孙流域仍然是这方面一个很好的例子，那是因为它为我们的狂热提供了肥沃的土壤，让我们在努力驱赶"遥远的"、追求古风和其他事物时，忽视"邻近的"。这广袤的森林就是长久以来使我们满足对异国情调和纯净充满渴望的那些源泉之一。很多人受此愚弄，而我也不敢说自己没有受其影响。

所有一切都能构筑幻象：在亚马孙河口，陆地和海洋的结合使我们混淆了正常的地标，构成几乎无法穿越的地势；混入大西洋的暴风雨掀起的波浪带来清爽的河水；在陆地上，你可以连续数小时飞越绿色植物的海洋，不可避免地唤起大自然的纯洁，她仍然被保护着，不受文明及污染的破坏。与人种早就混杂了的墨西哥和安第斯不同，亚马孙似乎把她巨大的森林和无尽的河流形成的城墙延伸到了与大陆其他地方隔绝已久的人类地区，这一地区直到最近才被认为与白人的贪欲有了接触。

似乎这还不够，从文艺复兴时期开始，大森林的奥秘就激起了西班牙、葡萄牙、法国、英国和意大利人的想象力——最早的探险家们要么寻找被称为亚马孙人的女战士，或埃尔多拉多（译者注：Eldorado，旧时西班牙征服者想象中的南美洲——黄金国），要么是寻找赫斯珀里得斯（Hesperides）的花园②。每一次土著民众的不幸都会在我们的童年记忆

① "显然，世界是我们的。"克莱拉·加里尼（Clara Gallini）《危险游戏：种族主义虚构的片段》（*Giochi Pericolosi: Frammenti di un immaginario alquanto razzista*）（罗马：自由宣言出版社 1996 年版），第 122 页。

② 塞尔日奥·布阿尔克·德·奥兰达（Sergio Buarque de Holanda），《天堂的视角》（*Visao do Paraiso*）（圣保罗：巴西出版社 1996 年版）；德奇奥·德·阿伦卡·古兹曼（Decio de Alencar Guzman）《征服亚马逊时里约内格罗的土著酋长，1650—1750 年：印第安玛瑙案》（*Les Chefferies indigenes du Rio Negro a l'epoque de la conquete de l'Amazonie, 1650 – 1750: Le Cas des Indiens manao*）（DEA 主题，社会科学高等学院，巴黎，1998）第 63 页。

中添上一笔，那就是使高贵的野蛮人的神话得以复兴，这正是从吉恩·德·莱利（Jean de Lery）和米歇尔·德·蒙田（Michel de Montaigne）的时代起那个标榜人文主义并以文学和学术著称的法国一直在做的。最终，这一地区的威胁一直困扰全球，并增加了戏剧性的紧张感，使其更显迷人。亚马孙现在正在变成或者说已经变成一个失落的天堂。

很难不对这一永恒的世界做出幻想。当从生存角度表现土著的创造力时、当把全部人类看成有着"令人不安的保守主义症状"时，亚马孙经常被以一种非常抽象的方式提及，以至于忽视了特定情况的独特性①。作家、诗人和电影从业者一直不断地利用这些陈词滥调，为有史以来对原始世界和永恒最为渴望的公众编织梦想。展现时代人文主义的好莱坞和媒体，以其一贯的作风赶上了这股潮流。

现代科学并不总是抛弃这些幻想和先入为主的观念。通过理解亚马孙人经历的历史和史前变迁，通过贬低他们创新和传播能力，通过忽略由小部落结合而成的更大团体的联邦，以及通过忽视使森林充满活力的广泛运动的影响，人类学家们一直保持着被冻结在其传统中的社会形象②。一个群体对其环境的重视不仅导致人们忽视不同民族人们之间的互动，而且也忽视了欧洲的影响。

所以结构主义人类学把亚马孙当作"未开化心理"保留地，并由此做出了学术理论和专著。毫无疑问的是，这些以克洛德·列维·斯特劳斯为领头人的思想家们在 20 世纪对社会科学做出了至关重要的贡献。由于夸大了"冷社会"与"热社会"的区别——"冷社会"被认为是对历史变化的抵制，而"热社会"则在变化中苗壮成长③，——出现了

---

① 阿兰·巴迪欧（Alain Badiou）《道德》（*L'Ethique*）（巴黎：哈提埃出版社 1993 年版），第 4 页。

② 安娜·罗斯福（Anna Roosevelt）《史前到现代的亚马逊印第安人》（*Amazonian Indians from Prehistory to the Present*）（图森和伦敦：亚利桑那大学出版社 1997 年版），第 3 页。这种人种化石的一个例子可以在 G. 布阿尔克·德瑞切尔·多马托夫（G. Reichel-Dolmatoff）《亚马逊宇宙观：图卡诺印第安人的性和宗教象征意义》（*Amazonian Cosmos：The Sexual and Religious Symbolism of the Tukano Indians*）（芝加哥：芝加哥大学出版社 1971 年版）中找到。

③ 参见乔纳森·希尔（Jonathan Hill）的批判："导言：神话和历史"，《反思历史与神话：南美土著对过去的看法》（*Rethinking History and Myth：Indigenous South American Perspectives on the Past*），乔纳森·希尔主编（厄巴纳：伊利诺伊州立大学出版社 1988 年版），第 1—17 页。

一个强化以上陈词滥调的神话，就像它阻碍了对史前历史更深入的研究，现在知道史前可追溯到一万年以前。这也可以解释为什么混杂且受西方影响更多的"其他"亚马孙人在此条件下得以保留；有"档案"记载，这些"被污染了的"亚马孙人是在 17 世纪出现，实际上，是在 16 世纪末期①。

随着时代推进，一切都发生了变化——环境、人口结构、社会和政治构成、宇宙哲学。就像安娜·罗斯福（Anna Roosevelt）指出的，在征服时代对于当地政治结构的扰动，以及该任务所引发的去文化和选择性种族清除，深深地改变了印第安人的文化和定居形式②。虽然亚马孙印第安人并不是"弹琉特琴的图皮族人，"但他们很早就把欧洲商品拿在手里了，从法国的砍刀到荷兰的枪支，他们甚至更快的接触到了细菌。到文艺复兴时，欧洲人正朝亚马孙河上游前进；到 17 世纪上半叶，他们在亚马孙河上穿行——1637 年佩德罗·特谢拉（Pedro Teixeira）离开贝伦去远征，沿着河及其支流一直走到圭多，直到两年之后才返回到启程的港口。

那就是欧洲人最初到达大森林腹地——亚马孙的里约内格罗地区，他们与当地掌权人物建立商业和政治联系。但是他们被旧世界抢先了一步。几千英里长的商业路线并没有等着白人的到来，而是早就向荷兰、西班牙和法国货物开放了森林。到处都有被用来当作交换物品的奴隶——在整个 17 世纪，里约内格罗地区的土著或成为奴隶贩子、或反过来，成为荷兰人或葡萄牙人的奴隶③。那些年里，葡萄牙人在森林东部边缘地区找了好几千人，在恶劣的条件下把他们运到贝伦和格兰帕拉。幸存者与当地居民混杂成一体，随着时间推移，这种情况越来

---

① 乔伊斯·洛里默（Joyce Lorimer）编著，《亚马逊河上的英格兰和爱尔兰殖民地 1550—1646》（*English and Irish Settlement on the River Amazon*，1550 – 1646）（剑桥：哈克吕伊特协会，1989）。

② 罗斯福（1997），第 10 页。罗斯福（34）中引用到，尼尔·兰斯洛特·怀特黑德（Neil Lancelot Whitehead）争说："显然，应该是我们对欧美之间最近半个世纪交往的历史了解决定了我们对现代种族群体的分析，而不是相反。"

③ 马尔西奥·梅拉（Marcio Meira），"印第安人和白人在黑水河：黑水河的历史（Indios e Brancos nas aguas pretas：Historias do Rio Negro）"发表于《黑水河的土著居民：土地与文化》（*Povos Indegenas do Rio Nego：Terra e cultura*）研讨会，亚马逊大学，玛瑙斯，1996 年 8 月。

越多。

到了 18 世纪，葡萄牙王室广为人知的政策导致了亚马孙中心地带的军事化。里约内格罗占据了葡萄牙的巴西殖民地与西班牙帝国领地边界上的一个战略性位置，这里也是荷兰进入圭亚那的路线。这一设置转化为军事建设，受到欧洲人更严格的控制，导致被迫提供劳动力的人被驱逐出去。早期的城市发展带来的结果是，行政首都巴塞卢斯，甚至是从头开始在马里亚镇的遗址上建造起来的。它成为建筑师、绘图师、学者和公务人员的家园，他们负责研究该地区所有物质和人性方面，包括诸如博洛尼亚建筑师兰迪等声名显赫之人，以及负责建立西班牙—葡萄牙两个帝国之间分界线的委员会成员。1753 年，帕拉的长官，也是权利无边的葡萄牙政客塞巴斯提奥·约瑟·德·蓬巴尔（Sebastiao Jose de Pombal）的姐夫门多萨·费塔朵（Mendonca Furtado）来到这里，这个年轻的首都才焕发出前所未有的活力。

葡萄牙人密集出现给亚马孙平原造成了许多后果。在亚马孙河下游的洪泛区，传教士们创造了一个新的民族——塔普雅族（Tapuyas）。在该地区的中部，殖民加速了土著居民的相互融合：伊卡纳河、谢河和沃普斯河的印第安人被迫前往巴塞卢斯为葡萄牙人工作——有些人建造了这座城市，另一些人则为殖民者种植了木薯和撒尔沙（译者注：sarsaparilba，一种植物，洋拔葵）。

葡萄牙当局难以阻止这些土著居民回到丛林"去他们曾经作为野蛮人居住过的小茅屋里生活"[1]。这些不断的迁徙，即使阻止了土著人的定居，可也还是使丛林内部受到了所有从白人世界回来的人们的影响。散落于里约内格罗周围的十来个城镇就是这种渗透的中心。住在那里的一小群士兵和混血商人驱车深入丛林，剥削当地原住民的机会。

从 18 世纪 60 年代起，新要塞的建造和越来越多的卡梅尔派（Carmelite）宗教机构的设立，进一步增加了欧洲对亚马孙环境的压力。从那个时期起，在里约内格罗上游开始传播天主教节日，如圣约阿希姆节

---

[1] 《黑水河的土著居民：土地与文化》（*Povos Indegenas do Rio Nego：Terra e cultura*）研讨会，亚马孙大学，玛瑙斯，1996 年 8 月，第 21 页。约金·蒂诺科·瓦伦特（Joaquim Tinoco Valente）于 1764 年 7 月在巴西巴塞卢斯撰写的信。

（Saint Joachim）。由于陷入西班牙和葡萄牙的野心，土著居民受到士兵的勒索和传教士投机的影响，被吸引到了充满欧洲商品和基督教形象的小城镇。他们中不受时间或白人影响的人越来越少。

随后生物交叉受精效应开始显现。为了缓解敌对情绪并将当地人留在基督教村庄，葡萄牙当局鼓励士兵们到丛林里去和土著的显要人物的女儿结婚，"这样印第安人就会更乐于在村里住下去"①。

但这并不意味着亚马孙已经完全被殖民化了。18 世纪的葡萄牙人缺少像美好年代的橡胶大亨和今天的跨国公司所拥有的资源。然而，不可否认的是，越来越多的地区正在经历一系列的影响、渗透和冲击，这对丛林最深处产生了影响。就像美洲大陆的其他地区一样，第一波殖民浪潮发生在混乱和融合的表象下。人们只需浏览一下巴西科学家亚历山大·罗德里格斯·费雷拉（Alexandre Rodrigues Ferreira）的旅行日志《旅行哲学日记》（Diario da Viagem Pholosophica），就可以了解当时笼罩里约内格罗城的不稳定和不安全性——这两个集团之间的关系充满着警惕和怀疑，普遍存在着有罪不罚的现象，而且实际上不可能对该地区进行监督，这使得葡萄牙人和混血人群更容易违反禁止奴役印第安人的法律。

虽然亚马孙有着古老的历史，可是直到最近历史学家和考古学家才开始发掘和研究这一地区②。矛盾的是，因为丛林的巨幅扩张，早就有大量的书面资料引起了欧洲人的兴趣——探索者、管理者和传教士留下众多记录，他们寻找埃尔多拉多以征服，寻找奴隶来奴役，或者寻找需要被拯救的灵魂。划定西班牙和葡萄牙帝国边界的问题本身就牵扯了巨大的精力。由于解决争端需要对地方和人口进行勘察，这两个官僚机构

---

① 《黑水河的土著居民：土地与文化》（Povos Indegenas do Rio Nego：Terra e cultura）研讨会，亚马孙大学，玛瑙斯，1996 年 8 月，第 22 页，引用亚历山大·罗德里格斯·费雷拉（Alexandre Rodrigues Ferreira）（1783）。

② 对这些问题的最佳介绍可在罗斯福（1997）中找到。还可以参见尼尔·兰斯洛特·怀特黑德（N. L. Whitehead）《老虎精神之主：委内瑞拉和圭亚那殖民地加勒比人的历史 1498—1820》（Lords of the Tiger Spirit：A History of the Caribs in Colonial Venezuela and Guyana, 1498 - 1820）（多德雷赫特和普罗维登斯：弗里斯出版社，加勒比研究系列之十，皇家语言学和人类学研究所，1998）；罗斯福（1997），79—94 页中的安东尼奥·珀罗（Antonio Porro）的"亚马逊河漫滩的社会组织和政治力量：民族历史渊源"。

对亚马孙地区的中心进行了深入调查；随着冲突的持续，文件成堆增加。

因此，直到最近几年，研究中的空白或不足才不能用缺乏档案来解释①。相反，这些空白或不足是来自于一种倾向，即在全球的某些地区忽视历史，或认为历史对这些地区的命运所起的作用微不足道。我们通过无视历史，剥夺了我们自己的重要观点，忽视了西方殖民在所有那些土地上产生的影响，以及由此所引发的反应。要么我们完全看不到所发生的混血现象，要么一旦它们成为主导且不可否认，这些现象就被草率地描述为"污染"或干扰。

卡塞尔文献展中的印第安人，1997 年 9 月

历史并不是唯一参与去神秘化过程的——当代艺术往往走在这条道路的前面。短短几天，学术邀请的变化就会把我从亚马孙的巴西推向东德的边界——即卡塞尔，每四年一次，这个中等规模的小镇在其文献展时会被当代艺术所入侵。另一个巧合意味着这次陈列物品和照片的展览为巴西和亚马孙贡献了巨大的空间——但它导致了最近半个世纪的重大问题，可这真的是一个巧合吗？

德国摄影师洛萨·鲍姆加滕（Lothar Baumgarten）的作品具有深刻的品质②。这位艺术家展示了雅诺马米（Yanomami）印第安人日常生活的方方面面，而其摄影师的目光却从未被人类学家的分析性凝视或游客的偷窥所吸引。这些照片以个人相册的方式呈现，这样就可以保留下一本私人日记。鲍姆加滕以非凡的效率避开了异国情调，这情调通常是由于看到丛林中裸体的印第安人所产生的。他并没有试图把他们锁在一个有机整体世界中，而宁愿与他所拍摄的人们生出一种亲切和熟悉的感觉。

这并不是鲍姆加滕第一次展示我们的眼睛和感情被轻易愚弄的程

---

① 参见珀罗（Porro）在罗斯福（1997）第 80 页中引用的例子。

② 鲍姆加滕（Baumgarten），1944 年出生于莱茵，在杜塞尔多夫和纽约生活和工作。《第十届卡塞尔文献展：简要指南》（*Documenta X：Short Guide/Kurzführer*）（德国卡塞尔：Cantz Verlag 出版社 1997 年版），第 30 页。

度。1973 到 1977 年间，他拍摄了一部电影《夜的起源》（*The Origin of the Night*），就是以当地图皮族神话故事为基础的，带观众体验了两个小时的亚马孙丛林——或者说，至少是模仿亚马孙的场景设置。在电影结束时，入迷的观众才发现他们一直在探索的是莱茵兰森林（译者注：Rhineland，位于德国境内）。

好几年前，还在约瑟夫·博伊斯（Joseph Beuys）门下学习时，鲍姆加滕就已经在观众懒散的目光前玩起来了。他拍摄了一系列热带森林的照片，把每一张都贴上了一个南美洲土著的名字。事实上，这本学术百科全书只不过是由西兰花制成的虚构场景的一系列作品而已！鲍姆加滕的艺术成果运用了高度多样化的媒介，运用幽默和恶作剧来追求美学和知识性的目的：考察西方文明与偏远社会之间的互动形式，同时又不牺牲两者各自的身份。

"第十届德国卡塞尔文献展（*Documenta X*）"展示了与巴西有关的其他作品。除了鲍姆加滕之外，还着重回顾了希里奥·奥迪塞卡（Helio Oiticica）的全部作品，他在 20 世纪 60 年代的作品与对"嗜人运动"的关注有关①。马里奥·德·安得里德所属的 20 世纪 20 年代的这一现代主义思潮认为，应该由被殖民的个人（在这里指的是巴西艺术家）来消化殖民文化，以便更好地与土著文化相融。从这些原则出发，奥迪塞卡抢救和回收了流通的材料，以便剥去它们的异国情调或民俗的外衣，赋予它们普遍的意义。这一点可以从他使用的大型帕兰戈尔斯（*parangoles*）——在桑巴游行时巴西舞蹈演员所穿的服装——中可以看出。奥迪塞卡把这些傻乎乎的五颜六色的服装变成了活生生的雕塑，向著名的足球明星贝利等名人致敬。由于造型化和超形态化，形式的融合产生了原始的、不可分类的对象。"热带风潮"（*Tropicalia*）是奥迪塞卡于 1967 年创建的一个迷宫，它通过制造一种防止作品表达意义固化的不确定性，展示了巴西社会的分歧和二元性——作品以其残缺形象，

---

① 《第十届德国卡塞尔文献展》（*Documenta X*），第 174—175 页，希里奥·奥迪塞卡·（Helio Oiticica）1937 年出生于里约热内卢，死于 1980 年。他的全部作品，参见塞尔索·法瓦雷托（Celso Favaretto）的《希里奥·奥迪塞卡的发明》（*A invencao de Helio Oiticica*）（圣保罗：Edusp/Frpesp 出版社 1992 年版）。

防止消费者和市场机制对于作品本身进行预先修复①。

卡塞尔令我印象深刻的并不是摄影师和雕刻家运用幽默和讽刺来攻击异国情调②，而是通过技术程序和审美抉择，艺术创造力激发人们反思异国情调之陈词滥调的方式。洛萨·鲍姆加滕如何中和异国情调，以及希里奥·奥迪塞卡如何通过混杂的物品将其升华，这不仅告诉我们异国情调的来源，也告诉我们如何去除异国情调（鲍姆加滕对于嘲弄的使用，奥迪塞卡的巴西的——混血的——艺术品的产生）。他们的艺术不限于对一种情况的批判，而是摧毁了各种机制，然后利用这些有用的知识设计出其他旨在打破陈规的设置。

鲍姆加滕和奥迪塞卡拒绝异国情调，挑战其他知识领域，并通过处理特殊材料或使用意想不到的观点或构图发明解放目光的方法，从而在感性陷阱上发挥作用。他们运用其他技巧，紧跟马里奥的全部文学作品，沿着这条道路前进。

也许这意味着，在这里讨论的领域内——对融合的研究和理解——艺术创造力，无论是视觉上还是文学上的，都可以像社会科学一样教给我们很多，社会科学通常坚持着老生常谈的话语和理论。

---

① 《第十届德国卡塞尔文献展》，第140—143页。
② 克莱拉·加里尼（1996）指出了幽默和反讽反对种族主义和外来刻板印象的力量。

第二章 融合与混血

由朋克摇滚乐和世界音乐——如果你愿意的话，全球印度风格摇滚乐——不拘一格地融合在一起——这是这些老印度派的英国人的第三张专辑，他们从此成为二重奏，是对库拉·雪克（Kula Shaker）等乐队虚伪的"灵性"的完美对症之法。"街角商店"乐队（Cornershop）领导人兼词曲作者辛德尔·辛格（Tjinder Singh）在这里探索了多种影响的紧密交织，从非常出色的流行歌《阿莎之歌》/*Brimful of Asha*（它突然以坦多里—披头士/Tandoori-Beatles 的形式使"街角商店"乐队实现了全新转型）到七十年代的廉价放克，通过同样廉价的技术小过门、几公斤大麻味的嘻哈，以及一些印度北部民间音乐来完成。①

像这样的音乐评论可以在今天的许多法国报纸上读到，并且它们的风格和快节奏的想法与它们所涉及的主题一样与众不同。读者们也无法幸免：技术术语层出不穷，英语单词被写成法语文本（这里用斜体表示），对世界文化的认可，以及对杂交主义的强调（"老印度派的英国人……一种坦多里—披头士的形式"），所有这些促成了一篇模仿其正在讨论的音乐的文章。术语的堆砌并不能伪装"街角商店"乐队定义这张专辑的难度——评论仅仅指向"融合"、"折衷主义"和"多方面影响的交织"。这篇文章揭示了在世界范围内相互混杂的加速和强化双重刺激的背景下，人类表现力和话语却如此贫乏的现状。

---

① "精选碟，摇滚乐"，《解放》（*Liberation*），十月 25/26 日，1997。

一个世界范围的习语

现在"杂交/hybrid"和"混血/mestizo"（有时用其西班牙语的形式，梅斯提扎吉 *mestizaje*）在文化研究中与"民族"一起被普遍使用，这一事实不仅仅表明了我们头脑中的困惑。这一现象也暴露了一个"世界范围习语"的出现。

除了含糊不清之外，这种日益普遍的话语并不像它看上去的那样中立或自发而成。它被看成是一种新型国际精英所使用的认知性语言。这些精英们的无根性、世界主义和折衷主义都需要从"世界文化"中大量借鉴。这可能反映了一种社会现象，人们越来越多的意识到他们习惯于消费这个星球所为他们提供的一切，对他们来说杂交似乎正在取代异国情调①。这代表了一种新的方式——除非它被看作是对欧洲旧世界主义的一种改变——与原来的社会环境保持一定距离，并从其他人群中脱颖而出②。这也是一种将新产品推向市场的方式，将它们包装在诱人的光芒中。日本一位著名时装设计师推出了一款"丛林男人"（Jungle for Men）香水，其法国广告商采用了一种救世主的语气来形容新的人间天堂"充满色彩"：它是城市、是涂鸦，是混血。它是乡村，是诗意的，完全和平的……它是明日世界，真正的混血。"显然，这只不过是高田贤三（Kenzo）客户的世界。

这个世界范围的习语也是一种更复杂的修辞方式的表达，它声称是后现代或后殖民的③，并认为杂交使其有可能摆脱现代性，被指责为过于西方和单维的现代性④。它的发言人把位于西方和它以前拥有的领地

---

① 参见乔纳森·弗里德曼在费德斯通（Featherstone）和莱士（Lash）编辑的文章《文化空间：城市、国家、世界》（*Spaces of Culture: City, Nation, World*）（伦敦：智者出版社 1999 年版）。

② 让·保罗·高蒂耶（Jean-Paul Gaultier）的时装表演和彼得·塞拉（Peter Sellar）的戏剧表演都在揭示这种现象，既吸引着他们的观众，也吸引着他们起用的模特。

③ 有关后现代和后殖民的关系，参见沃尔特·D. 米格诺洛（Walter D Mignolo）《文艺复兴时期的阴暗面：识字、领土和殖民》（*The Darker Side of the Renaissance: Literacy, Territoriality, and Colonization*）（密歇根州安阿伯：密歇根州立大学，1995）。

④ 这导致了"殖民地符号主义"的概念，它指的是强调来自外围的符号学干预、挪用和抵抗的研究领域。见米格诺洛（1995），第7—8 页。

之间的中间地带看作是正在出现的"混合概念框架"的场所,"而新的认识方式正是由此产生。"① 这些想法在美国校园和知识界蓬勃发展,扎根于以前曾被西欧殖民的土地上②。对法属西印度群岛克里奥尔(Creole)文化的赞扬,构成了强调"加勒比、欧洲、非洲、亚洲和黎凡特文化要素的交易性和相互影响的融合,从而证明历史曾在同一片土地上相互交织、联结在一起"③ 的另一个版本。

如果只是为了与那些正在扮演着越来越重要角色的时髦用语和意识形态保持一定距离,那么这个"世界范围的习语"还是值得考虑的。后现代批评尽管有些过分,但有时还是会一针见血④,而许多有创造性的艺术家和作家则对世界的融合做出了新的启示(并不总是由社会科学提供这种启示的)。仅举一个例子,爱德华·格里桑特(Edouard Glissant)的工作是值得注意的⑤。

无论时尚的影响是否存在,从巴西到巴黎,从墨西哥城到伦敦,这一融合现象在客观上是不容置疑的。即使承认每一种文化都是混杂的,而且融合可以追溯到人类历史的起源,现在也不能把它仅仅当作一种源于全球化的时髦意识形态而忽视它。这一现象既直接又复杂。说它直接,是因为它可以在人类历史的各个层面上找到,而且今天也无处不在。说它复杂,是因为一旦我们试图超越时尚和修辞的局限效果,就很难把握它。

---

① 米格诺洛(1995),第 331 页。

② 霍米·巴巴(Homi Bhabha)《文化的位置》(*The Location of Culture*)(伦敦:Routledge 出版社 1994 年版);P. 吉尔罗伊(P. Gilroy)《英国国旗没有黑色》(*There Ain't No Black in the Union Jack*)(伦敦:Hutchinson 出版社 1987 年版);D. 赫布迪格(D. Hebdige)《亚文化:风格的意义》(*Subculture:The Meaning of Style*)(伦敦:Methuen 出版社 1983 年版)。令见巴巴有关殖民和后殖民背景下的混合主义概念的讨论。

③ 贝尔纳贝(J. Bernabé)等人的《克里奥尔颂》(*Eloge de la créolité*)(巴黎:伽利玛出版社 1989 年版),第 26 页。

④ 参见奈斯托尔·加西亚·坎科里尼(Nestor Garcia Canclini),《文化的杂交:进入及出离现代特性之策略》(*Culturas hibridas:Estrategias para entrar y salir de la modernidad*)(墨西哥城:国家艺术委员会/格里哈尔波出版社 1990 年版),此为对于杂交概念的重新评价。

⑤ 爱德华·格里桑特(Edouard Glissant)《关系的诗意》(*Poetique de la relation*)(巴黎:伽利玛出版社 1990 年版)。

语言的不确定性和歧义

对于这种个体和思维的融合，在法语中被称为"metissage"，人们的探索相对较少，因此人们对此也不太熟悉。很难确切知道这种"混血效应"包括了什么——它的活力并没有受到真正的质疑。混合、交融、混杂、杂交、结合、叠加、并置、插入、灌输、融合和合并，都是与混血过程相关的术语，这些大量的术语淹没了模糊的描述和朦胧的思想。

与此同时，"融合"这个词不仅受到它所指的概念的模糊性影响。从原则上讲，融合是像原色那种纯元素的混合物，也就是说，不受所有"污染"、质地均一的物体。这一融合概念被认为从同质到异质，从单数到复数，从有序到无序的转变，因此，这一概念包含着应该避免像瘟疫一样避免的内涵和假设。"杂交"一词也是如此。

这些共鸣在混血杂交的概念中再次出现，而通常"生物杂交"和"文化杂交"之间的区别只会增加混淆。生物杂交的前提是存在着纯粹的、身体上存在不同的由隔阂分隔的人类群体，而他们之间的隔阂被性欲望和性驱动的身体结合所打破[①]。通过激活传播和交换，通过刺激运动和入侵，历史将因此结束由所谓的原始的生命的本质所界定的一切。但对于那些试图摆脱种族观念的人来说，这是一个令人尴尬的先决条件。至于"文化杂交"的概念，它与文化的概念有很大的矛盾，容我稍后再谈。

生物杂交和文化杂交之间的联系也不是很清楚：混血个体的诞生和增加是一回事，而各种渠道产生的混血生活方式的发展则是另一回事（且不一定与第一种有关）。此外，我们以这些术语提出这个问题，忽视了生物/文化一方与社会/政治另一方之间的联系。再加上混血/metissage 这个词越来越普遍的用法，人们就会明白为什么这种混淆导致了一些人拒绝这个非常有内涵的概念。

---

① 事实上，正如卡门·贝尔南德（Carmen Bernand）正确指出的那样，混血概念的起源可追溯到政治决策，而不是生物学上的混杂因素：在中世纪的西班牙，混血人（mistos）［译者注：与穆斯林结盟共同对抗（西哥特王国）罗德里格国王的基督徒］是基督徒，他们更愿意与穆斯林结盟反对罗德里格国王。贝尔南德"西班牙语美洲的梅斯蒂索人、穆拉托人及拉迪诺人：历史进程中的人类学焦点"（文稿，1997）。

融合的挑战

　　然而，这种融合现象已经在我们的街道和银幕上变成常见的现实。这些频繁且无处不在的融合，把那些正常情况下不可能融合在一起的个人和形像结合起来。贝伦的风格与城市的交融并不是一个孤立的例子。现在，在几个小时内，你就可以从融合了卡尔文·克莱因（Calvin Klein）的海报和列宁雕像的莫斯科，到混有印第安女性漫步于改革大道上的高层建筑中的墨西哥城，然后回到图尔昆（法国北部，我在那里长大），那里的北非人忍受着无产阶级住房建筑的遗迹，以及一所当代艺术学院傲慢、不和谐的外墙。无论在哪里，标准的参考框架都被这些令人惊讶的，有时是令人尴尬的并存和存在所打破。这是否意味着一个均一而连贯的现代世界突然让位于一个支离破碎、不同且不可预测的后现代宇宙？

　　社会科学开始为这个问题提供线索和切入点。人类学家终于摆脱了对野蛮民族的迷恋，而对生活方式和态度的融合十分敏感的社会学家，则向我们提供了发生在我们眼前的大量有关杂交的范围和意义的知识。让·卢普·阿姆塞勒（Jean-Loup Amselle）的开创性著作《度量逻辑》（*Logiques metisses*）展示了非洲的经历可以为一场辩论做出什么贡献，而辩论所用的术语都是由他来说明的①。最近，米歇尔·吉罗德（Michel Giraud），加勒比地区的专员，发表了对于世界的这一部分类似的思考②。同时，弗朗索瓦·拉普朗蒂钠（Francois Laplantine）和亚历克西·努斯（Alexis Nouss）都指出混血过程在人类社会历史中的重要性，

---

　　① 让·卢普·阿姆塞勒（Jean-Loup Amselle）《度量逻辑：非洲和其他地方的身份人类学》（*Logiques metisses：Anthropologie de l'identite en Afrique et ailleurs*）（巴黎：佩尔出版社1990年版）。阿姆塞勒所说的"混血逻辑"指的是"一种持续的方法，它将……强调模糊性和原始的融合性"（10），"混合部分无法分离的混合物"（248）。我的方法是不同的，因为它涉及混血现象构造的过程。

　　② 米歇尔·吉罗德（Michel Giraud）"*La creolite：Une rupture en trompe-l'oeil* 分子筛：在错视画中破裂，"《非洲笔记本》（*Cahiers d'etudes africaines*）148：XXXVII – 4（1997），第795—811页。吉罗德的文章里有有用的参考书目。

强调其既是一个观察领域又是一种思维模式的奇异特征①。几年前，我和卡门·贝尔南德（Carmen Bernand）对新世界的历史做出了重新解读，我们将我们的方法集中在混血现象上，为此我们还建立了一个初始材料库②。

然而，可有单一的领域能够完全解决混血过程问题吗？我们需要的是"游牧式"的学术，从民俗到人类学，从传播到艺术史都有准备③。历史人口学、家族史、家谱和社会史与宗教史和语言学一样关注这一问题。

这种领域的混合尚未发生，尽管文化人类学和宗教人类学已经作出了重大贡献，但仍有许多工作要做④。前者指出，"文化几乎可以融合到任何程度，不仅繁荣，而且能使自己永存。"⑤ 英美人类学家对文化的变化、传播、同化和"适应化"⑥ 问题很感兴趣，提出了一种有关接触方法（"消耗、调整和渗透"）和散播（"传播、分散"）的类型学。他们还详细拟定了一系列类别，以便在无法阐明其机制的话的前提下，

---

① 弗朗索瓦·拉普朗蒂钠（Francois Laplantine）和亚历克西·努斯（Alexis Nouss）《狂欢》（Le Metissage）（巴黎：弗拉马利翁出版社1997年版）。两位作者捍卫了梅斯蒂索混血的定义，该定义也被认为是理想的："梅斯蒂索混血是指其成分保持完整性的组合"（第8—9页）。"梅斯蒂索混血不是意味着融合，凝聚和渗透，而是对抗和对话"（10页）我觉得这将现象限制在非常狭窄的范围内，而这在实践中是很难建立的。

② 卡门·贝尔南德和塞尔日·格鲁金斯基（Serge Gruzinski），《新世界的历史》（Histoire du Nouveau Monde），卷Ⅱ，《祝福》（Les Metissages）（巴黎：法亚尔出版社1993年版）。同样值得一提的是理查德·科涅茨克（Richard Konetzke）在西班牙美洲的生物混血方面的开拓性工作，《拉丁美洲之发现、征服与殖民化》（Lateinamerika Entdeckung，Eroberung，Kolonisation）（科隆/维也纳：博劳 Bohlau 出版社1983年版）。

③ 坎科里尼（1990），第15页。

④ 提供对混血现象研究的评估（无论多么简短）不是本章或本书的目的。我将只提出一些指导我思考的问题。

⑤ 阿尔弗雷德·L. 克罗伯，《文化类型和过程》（Culture Patterns and Processes）（纽约/伦敦：先驱书店，1963），第67页。

⑥ 最早的定义是由雷德菲尔德（Redfield）于1935年做出的，后来被许多北美研究人员所采用，阿方斯·杜普朗特（Alphonse Dupront）和内森·瓦克泰尔（Nathan Wachtel）将适应化的概念应用到了法国。可在内森·瓦克泰尔《失败者的视野》（La Vision des vaincus）（巴黎：伽利玛出版社1971年版）中找到有用的参考书目［本和塞恩·雷诺兹（Ben and Sian Reynolds 将其翻译成英文《被征服者的异象：通过本土视野看西班牙对秘鲁的征服，1530—1570 年》（The Vision of the Vanquished：The Spanish Conquest of Peru through Native Eyes，1530‑1570）（纽约：巴诺书店1977）］。

能够更好地界定融合的条件和模式。

然而，正是墨西哥人类学家冈萨洛·阿吉尔雷·贝尔特兰（Gonzalo Aguirre Beltran）首先将混血过程与文化适应联系起来。阿吉尔雷·贝尔特兰在对墨西哥的殖民和现代"文化适应过程"进行了显著的历史分析后得出结论，认为混血现象是"欧洲殖民文化与土著文化的斗争"结果。有接触的文化中的对立因素往往是相互排斥、对抗和对立的，但同时它们又往往相互渗透、相互融合和相互认同。"① 正是这种对抗使得"一种新的文化——混血的或墨西哥的文化——产生于对立文化之间的相互渗透和结合。这种文化是经过无数次兴衰变迁而成的，最终导致其与1910年革命的胜利明确结合起来。"② 通过揭示混血医学传统的发展，阿吉尔雷·贝尔特兰具体描述了一个连贯的思想和实践体系的出现③。

一种特殊的融合引发了大量研究：信仰和仪式的相互促进，也就是宗教融合。这个词本身就有很长的历史，可以追溯到普鲁塔克（Plutarch）那里④。在宗教人类学领域，它尤其受到非裔巴西宗教的专家们赞赏，这些宗教体现了丰富的领域，因为它们结合了非洲、美洲印第安人和基督教信仰形式的影响。最近的一项研究列出了至少150本关于宗教融合的书籍⑤。有人认为巴西的融合只是掩盖了幸存下来的古老仪式，另一些人则认为这是通过"拯救"当地异教的一些方面来抵制基督教化的真正策略。还有一些人在分析其机制时，将其描述为一种拼凑

---

① 冈萨洛·阿吉尔雷·贝尔特兰（Gonzalo Aguirre Beltran）《适应过程》（*El Proceso de aculturacion*）（墨西哥城：伊比利亚美洲大学，1970［1958］）。

② 同上书，第37页。在美洲的另一个地区，即加勒比海，由岛上居民完成的语言和文化综合，即所谓的克里奥尔化（译者注：即混合），引起了研究人员和作家对该地区的兴趣。参见吉罗德（1997）。

③ 冈萨洛·阿吉尔雷·贝尔特兰，《医学与魔法：殖民结构中的文化同化进程》（*Medicina ye magia El preceso de aculturacion en la estructura colonial*）（墨西哥城：国家土著研究学院，1973），第275—277页。

④ 塞尔日奥·费盖伊莱多·费雷迪（Sergio Figueiredo Ferretti），《对融合的再思考》（*Repensando o sincretismo*）（圣保罗：圣保罗大学出版社1995年版）第90页。普鲁塔克使用术语"融合"来表示通常彼此相对的个体的环境结合；伊拉斯谟（Erasmus）把它应用于人文主义者和路德教组成的统一战线；在十七世纪，它表明了各种学说和哲学趋势的统一。

⑤ 费盖伊莱多·费雷迪（1995）。

起来的、自主的宗教，一种"难以消化的融合"①。为了在非裔巴西世界中能更好地识别这些现象的特殊性，一些诸如分裂等有争议的概念也会被像罗杰·巴斯蒂德（Roger Bastide）这样的理论家提出来。

这些研究表明，"混合主义/syncretism"一词具有多重、甚至相互矛盾的含义，它可以适用于信仰和实践高度不同的情况：交叉、平行、融合、结合等等。事实上，这些术语上的区别对于特定情况的复杂性和可变性提供的见解很少。如果"每种情况都是独特的"②，是否真的有可能提出全面的分类呢？此外，一个单一的现象可能有几种形式：在多马兰豪圣路易斯（San Luis do Maranhao）的米娜之家（Casa da Mina）举行的名为坦博尔·德·米娜（Tambor de Mina）的非裔巴西仪式（译者注：一种纪念神灵的舞蹈），显示了已经从平行角度和趋同角度分析过的混合主义。更仔细点看，许多混合主义者的仪式似乎在各种传统显示出一种不稳定但却持久的"平衡性"，而不是明确的，易被分类的状态。

至于墨西哥，研究人员所做的有关定义和类别的激增同样令人困惑③。混合主义被交替地描述为一个有意识或无意识的过程，或客观或主观，或永久或暂时。它可以适用于结构相似或完全不兼容的元素。专家们得出的结论类似于巴西的那些，指的是"各种土著的和混血的现实的流动性和动态性，以及他们的不断演化。"④ "还有很多歧义远未解决，可发生在坚守不同模式的群体之间的谈判（以及潜在的冲突），并且仍在不断产生新的歧义。"尽管混合主义关心变化的、矛盾的情况是毫无疑问的，但描述其为"流动和动态的"，并不能提供足够的用来掌握这些背景和关系的工具。

由于"混合主义"一词延伸到其他领域，使得情况进一步复杂化。在医学、文学、哲学、科学和艺术领域，已经确定了多种形式的混合。

---

① 费盖伊莱多·费雷迪（1995），第88页。

② 费盖伊莱多·费雷迪（1995），第92页。

③ 参见亚历山德罗·卢波（Alessandro Lupo）之概述，"引起争论的概述：关于融合概念之范围的思考，"《社会人类学杂志第五卷》（*Revista de Antropologia Social* 5）（1996），第11—37页。

④ 卢波（1996），第23页。

此外，"近似安排"（Balandier）和"双重因果"（Bastide）等概念促使人们会将每一种情况都视作混合的。综合考虑，也许现实作为一个整体就是混合的，这将使混合主义的概念变得如此普遍，从而使之成为多余。

因此，混合主义的这一想法似乎是有问题，但实际上是毫无意义的，这一点也就不足为奇了[1]。被某些人类学家指责为简单化或印象主义[2]，往往带有负面含义，混合最终导致了一种混乱的、人为的现象，等同于大杂烩、杂质和污染[3]。术语融合、混血和混合主义都会产生同样的混乱感，甚至是怀疑和拒绝的感觉。对此，我们该怎么解释呢？

柏林 1992："居间位置的概念化"

把融合进行概念化的难度并不局限于社会科学领域。科学家们认为，即使是像液体混合那样直截了当的物理现象[4]，也是一个"不能完全理解的过程"——这很难与混血的个体和文化相比较[5]。

我们的困惑不仅仅是由于社会和历史世界的复杂性造成的。对混血过程的理解会与认知习惯发生冲突，这种习惯倾向于单一的整体而不是"居间位置"的空间。显然，识别真实的社区要比识别无法命名的空间简单得多。人们更容易认为，"一切看似模棱两可的事物只是表面如此，这种模棱两可并不存在。"[6] 二元论和摩尼教的简单方法是有吸引力的，当他们用他者的修辞方式装扮自己时，既满足了我们对纯洁、纯真和古旧的渴望，也能抚慰我们的良心。

---

① 马塞洛·卡尔玛格纳尼（Marcello Carmagnani），"适应与重生：瓦哈卡地区的教友会与兄弟会"《男人》（*L'Uomo*），新系列 2（1989），第 245 页。

② 卢波（1996），第 12 页。

③ 费盖伊莱多·费雷迪（1995），第 89 页。

④ 与历史和文化领域相比。

⑤ 朱利奥·奥蒂诺（Julio Ottino），"混合的流动"《混乱，科学的记录》（*Le Chaos, dossier pour la science*）1995 年 1 月，第 94 页。

⑥ 于格·内沃（Hugues Neveux），"法国皇家专营权和 Grund-und-Gutsherrschaft 的概念"《关于艾根·辛（Eigen-Sinn）的历史，65 岁生日时为扬·彼得斯（Festschrift）献上》（*Historie um Eigen-Sinn, Festschrift fur Jan Peters zum 65 Geburstag*）（魏玛：赫尔曼·博拉斯·纳克夫罗格 Hermann Bohlaus Nachfloger 出版社 1997 年版），第 104 页。

　　因此，征服美洲的历史可以退化为善良的原住民和邪恶的欧洲人之间的破坏性对抗，所有的信念和诚意以前都是用来区分野蛮当地人和文明征服者的。这种看待事物的方式使现实变得僵化和枯竭，消除了所有发挥关键作用的因素：不仅是两个世界之间的交流和交集，而且还有充当中间人、中介者的群体和个人，他们在我们乐于识别的大块区之间移动。在现实中，这些中间空间在历史上发挥了关键作用，正如在新世界殖民化方面所指出的："殖民造成的居间位置的空间［提供］了新思维模式的位置和能量，其力量在于对西方和美洲印第安遗产'真实性'的转变与批判"。①

　　目前对边界问题表现出的兴趣部分地反映了这些关注。正如许多事例所表明的那样，边界通常是多孔的、可渗透的和灵活的——它可以移动，也可以被移动。但是，这可能是世界上最难概念化的东西，使其看起来既非常真实又充满想象，既不可打破又可伸缩——有点像 1992 年仍然把东西柏林分开那条几乎已看不见的边界线。尽管柏林墙早在三年前就被拆除了，但在海因里希—海因街，克鲁兹伯格和米特之间的一条边界线上，仍在继续着不同的行走、观望、手势、穿着的方式。突然产生的从一个世界到另一个世界的通道——从一条行人道到另一条、从一种单调到另一种——现在所带来的仅仅是身体上的印象或是陌生的感觉。曾经分开的部分已经连在一起，但却依然不是一个整体。

　　这种不完整的感觉——但这是就哪种参照模式而言？——也许只是一种幻觉，产生于无法对"居间位置"世界进行概念化。在西方明显的胜利之下是否有杂交孕育的过程？在这两个城市以及他们非自然的过去之间，中间人和调解人在回避什么呢？例如，我们应该把那些挤在舒恩豪森大道地铁站被积雪覆盖的亚洲小贩们的摊位弄到哪儿去呢？我们要把在亚力克桑德广场车站下乞讨的吉普赛人放在什么地方呢？柏林混乱的历史时期还构成了其他的边界线：总是想着安哈尔特车站遗址——这个车站曾经是该市最大、最著名的火车站的路人，应该意识到它在1943 年遭受轰炸，1957 年被苏维埃关闭，1961 年西柏林参议院将其炸毁，最终沦为一处像是木乃伊的古代废墟。这种复杂性是时空的问题。

---

　　①　米格诺洛（1995），卷 15。

电影《欧罗巴》（*Europa*）极大地唤起了这种介于两者之间的状态。导演拉尔斯·冯·特里尔（Lars Von Trier）揭示了一个刚刚形成于极权主义政权的混乱不堪的社会，饱受战争践踏的德国，被推入未知的世界，成为无名未来的牺牲品。用冯·特里尔自己的话说，《欧罗巴》里的德国——1945 年时——是一个"奇怪的区域"。它象征着在灾难之后出现的那些中间世界，在分崩离析的体制和由胜利的西方残酷强加的重组之间摇摆不定。

硬科学（译者注：以客观量度和观察物质数据为基础）为我们提供了这些模糊区域的图像——例如，颜色之间的转换提供了难以描述的复杂性渐变①。每当两种颜色似乎准备好连接和合并，第三种颜色就在它们之间迸发。一项关于曼德布洛特集合（Mandelbrot set）——集合的点组成了一串错综复杂的形状和螺纹，据称是"数学中最复杂的物体"——的研究表明，一条表面光滑的边界一旦扩大，实际上是由一串螺旋组成的②。分子生物学也表明，区分活泼的和惰性的、活着的和死亡的、以及人类生命与非人类生命的界限是非常有问题的。

边界在进入确定的位置之前可能会来回徘徊，就像它们可能会经历随机或短暂的阶段一样。有些边界继续在不确定的循环中发生转变，例如将殖民地美洲各族裔群体分隔开来的边界。18 世纪时，欧洲、土著和非洲血统的人口种类繁多，有必要区分一系列的群体和子群体。卡斯塔（*castas*）的彩绘插图声称向欧洲人提供了对所有这些种类的描述，构成了一种新的类型，它代表了一种无法完成的任务，即建立已经被现实淹没的分类（因此，在日常生活中，这些分类被那些相关群体忽略了）。

一个陈腐老套的概念

当我们开始解决融合的时候，我们应该警惕"文化"这个词，在被

---

① 詹姆斯·格里克（James Gleick）《混沌理论：走向新科学》（*La Theorie du chaos：Vers une nouvelles science*）（巴黎：沙邦/弗拉马利翁出版社 1991 年版），第 277—278 页。［詹姆斯·格里克（James Gleick）《混沌：做新的科学》（*Chaos：Making a New Science*）（纽约：维京企鹅出版社 1987 年版）］。

② 同上书，第 281 页。

人类学家、社会学家和历史学家使用了好几代后，它现在已经变得陈腐老套了。这一术语由哲学家率先使用①，之后历史学家采用，但通常不像他们的人类学同行那样关心其内容，这种不断被赋予极大差异之意涵的词汇日渐以焦躁不安地态势入侵了媒体（的版面）并充斥于官僚在走廊上的（高谈阔论中）。"文化"最初被应用于前现代的、原始（孤立）的各个世界，随后被扩展应用于各个现代社会，需要应对多种当代现实，越发成为了一种无所不包的术语，也日渐变得难以被固定下来。放弃这个词并不容易②——它就粘在笔上，你很可能会在这些页面中遇到它。它支撑着一种信仰——无论是公开的、无意识的，或是秘密的——这一信仰就是，"复杂性别"存在于一种连贯的、稳定的、具有有形轮廓的整体，能满足行为条件：文化。不管什么地方或时期，人们只需要定义这种文化的内容，表现其"逻辑"，并揭示其功能性和虚拟性，同时注意展现其坚硬而不变的核心。然而，这种"文化主义者"的方法往往倾向于使用对秩序、分析和表述的痴迷，来打击现实，而这正是现代性所独有的③。通过强调特殊性和差异，牺牲一切将一种文化与其他群体联系在一起的东西——不管距离远近——我们很快就引入了他者的修辞和多元文化主义，它们捍卫"独立、并列的群体的共生和共存，毅然转向过去，必须保护这些群体不与他人接触"。④ 现在，只靠对任何特定人类群体的历史的研究就可以表明，虽然承认一套实践和信仰具有某种自主性或其他，但它更像是一个永恒运动的无定形集群，而不是一个定义明确的系统。⑤

---

① 因此，例如在维滕斯坦（Wittgenstein）的哲学中，表示为"现实形式"。

② 这里不是提供概念历史的地方，更不用说对其所有拥护者和反对者的审查了。然而，值得一提的是欧内斯特·盖尔纳（Ernest Gellner）的《相对主义和社会科学》（*Relativism and the Social Sciences*）（英国剑桥：剑桥大学出版社 1985 年版），以及克里斯托弗·赫伯特（Christopher Herbert）的《文化与失范：十九世纪的人种学想象》（*Culture and Anomie：Ethnographic Imagination in the Nineteenth Century*）（芝加哥/伦敦：芝加哥大学出版社 1991 年版）。

③ 阿姆塞勒描述了一种文化主义方法中的一系列操作，这一方法导致"选择脱离语境的文化特征的以及转录由各种文化代表的离散的社会单元"（第 10 页）。

④ 拉普朗蒂钠和努斯（1997），第 75 页。联合国用"多元文化"一词来形容法国在 1998 年世界杯的胜利，不如说是语言上的混乱而非多元文化主义。

⑤ 文化是一种不稳定的解决方案，其永存性在本质上是随机的。（阿姆塞勒［1990］，57）。

"文化"这一范畴是一个完美的例子，它将西方的概念抛到由它转化或消失的现实中去。这一术语的例行使用减少了这样一个事实，即这些现实不可避免且不可逆转地包含外来的"污染"、影响和从其他地方获得的借用。这表明，混血过程是发生在被标记为文化或文明的稳定实体边缘的机制，或者是一种无序，它可能突然间打乱了结构完美的——而且据称是真实的——群体[①]。

"真正的绅士总是才华出众的多面手"

还有另一个陷阱等待着研究人员：身份概念，它为每个人或群体赋予特征和抱负——也是高度确定的——应该是建立在稳定或不变的文化基础之上的。这一定义可以由有关人员提供，也可以由观察者的条件反射来提供；在日常用语中，它可以简化为一个简短的标签，很快就会变成漫画。

把墨西哥的历史想象为"阿兹特克人"和"西班牙人"之间的对抗只是一个例子：我们强调错误的类别，忽视了该历史主角所属的多重的、流动的和分层的群体。"西班牙人"也是——也许主要是——来自安达卢西亚、卡斯蒂利亚、埃斯特雷马杜拉、阿拉贡或巴斯克国的人。在每个地区，这些西班牙人首先以他们所来自的近邻/patria（土地）和城镇来定义自己：我们知道由埃尔南·科尔特斯（Hernan Cortes）领导的麦德林市的征服者是多么坚定地反对来自其他城镇的部落。从小范围上看，作为一个特定世系的成员——来自知名家族（solar conocido）的共同祖先的所有后裔——经常依据其社会背景、出生区域、效忠的城镇或"国家"来被接纳。当提到"印第安人"时，只要其来源可提供清晰的画面，那就好像获得了同样的从属关系和社会地位。然而，出于习惯或无知，我们继续把墨西哥中部的所有人口都认定为阿兹特克人，而这一术语用于专门指代墨西哥城创始人的神话祖先。

每个人都被赋予了一系列的身份——或者被赋予了或多或少的稳定

[①] 就这一点而言，对真实性和纯洁性的关注如此强烈，以至于在捍卫"巴克里特克里奥尔语（一种完美的合成语言）的纯正性"时，或美化了对理想化遗产的保存时，它甚至激发了"克里奥尔语"的使徒们。参见吉罗德（1997）第803页。

关系——根据环境，这些身份可以依次或同时发挥作用。蒙田说过："真正的绅士总是才华出众的多面手。"① 身份是私人的事，它本身依赖于对灌输的规范进行内化或拒绝的相对能力。在社会上，一个人不断地与一群人打交道，而每个人都有多重身份。这些配置的可变几何学和间歇性的本质②意味着，身份总是基于多重交互和关系来定义的。正是这征服和殖民美洲的背景，才煽动欧洲入侵者将他们的对手称为"印第安人"，从而将每个人都归入一个统一的、简化的标签之下。

身份和文化：这两个术语所涵盖的一切都不断处于被盲目崇拜、实物化、自然化和提升到绝对地位的危险之中③。这有时是故意的——带有众所周知的政治和意识形态的后果——但这往往是由于思维惯性或对陈词滥调和刻板老套的忽视。事实上，如果这类分类能使我们对事物视觉化，并提供一个明显令人满意的分析网格，那是因为它们源于根深蒂固的思维模式。

这些心理习惯在历史分析中反复出现，并以同样的方式到处进行④，引导人们谈论"巴洛克式美洲"或"古老的政体（ancien regime）经济"，仿佛这些都是一致且连贯的现实，只需建立其原始特征。或者人们可以研究"前西班牙时期的宗教"，而不必担心这个框架的有效性，尽管它仅仅是模仿西方基督教世界的概念和做法。在其他地方，我们已经展示了16世纪的编年史家和他们的后人是如何根据多少有些争议的类比，使用西方的类别和子类别（宗教、上帝、万神殿、庙宇、祭祀、神话）来区分那些从美洲印第安人的环境中被随意扭曲出来的特性⑤。现在，这种观点提出的前提是，存在着一种被称为宗教的潜在模式——尽管在西方被说成是普遍且永恒的——是由独立于时代、地区或社会的

① 米歇尔·德·蒙田（Michel de Montaigne），《完整论文》（*The Complete Essays*），M. A. 斯克雷奇（M. A. Screech）翻译（伦敦：企鹅出版社1991年版），卷 III：第九章，第1115页。

② 参见吉罗德（1997），第795—811页。

③ 阿姆塞勒（1990），第63页。

④ 有关一般概念的选择，请参阅于格·内沃（Hugues Neveux），《十四至十七世纪欧洲的农民起义》（《*Les Revoltes paysannes en Europe XIVe-XVIIe siecle*》）（巴黎：阿尔班·米歇尔出版社1997年版），第56—62页。

⑤ 卡门·贝尔南德和塞尔日·格鲁金斯基，《偶像崇拜：宗教科学考古学》（*De l'idolatrie: Une archeologie des sciences religieuses*）（巴黎：索力 Le Seuil 出版社1998年版）。

相同的参照点组成。

这种方法——起源于亚里士多德学派①——促使专家们讨论内容，而不去质疑他们认为自己所填充的信封的真实性——实际上是相关性——的存在或程度。于格·内沃（Hugues Neveux）在他的有关欧洲农民起义一书中提供了令人信服的例子②。与此同时，经济史领域的专家也谴责潜在的类别拜物教，提出应当"对历史学家所使用的（有关对价格的形成、金钱、经济和人口之间的联系的）概念提出质疑"来更好地揭露"他们的相对永恒"和"使用它们来构建具体历史暂时性的困难。"③

总之，历史学家的工具必须受制于对典型类别的严厉批判和重新审视，这些典型类别组织、决定、并经常用于划分研究：经济、文明、艺术、文化等。这样的批判超出了本书的范围，但当你漂荡在文化、身份和混血过程的茫茫大海上时，记住这一点是很有用的。如果后者强烈抵制分析，那是因为通常的分类——社会、宗教、政治、经济、艺术、文化——促使我们把不能分离的东西分开，忽视那些跨越标准鸿沟的现象④。

种族中心主义的惯性

然而，模糊的词汇表达和心理习惯性障碍的积重难返并不能解释一切。事实上，历史通常忽略了混血现象。尽管它对民族主义运动、身份

---

① 内沃（1997），第59页："通过'质'的概念，［亚里斯多德主义］已经试图通过发展通用的概念来理解世界，这些通用的概念被认为是体现了形而上的现实"。

② 尽管缺乏关于对象选择和限制的明确讨论，但农民起义仍然是历史辩论的中心。对此类运动的分析主要旨在通过可能表达其特定本质的品质来界定每一次起义。这最终意味着"为每一次暴动都假定一种'关键品质'，而其他［品质］仅代表了在灾难中的面具，"根据于格·内沃所说"'宗教'在农民起义中的作用：尼古拉斯豪森朝圣的榜样（1476）"，《群众运动和社会良知》（Mouvement populaires et conscience sociale）（巴黎：马卢瓦纳出版社1985年版），第79页。

③ 让·伊夫·格里尼尔（Jean-Yves Grenier），"EHSS研究主任提名：工业前社会的经济历史（Project de candidature a un poste de directeur d'etudes a l'EHSS；Histoire economique des societies preindustrielles），"文稿，1997年5月，第1页。

④ 将混杂因素限制为一种特定的，人工的注册——文化的——手段，意味着掩盖了它们的复杂性，将其转变为具有多种输入和质量的现象——社会政治经济宗教注册——冒着用语言手段或概念性嵌合体代替所谓的对复合现实的解释的风险。

认同的出现以及流行文化与学术文化之间的关系产生了兴趣，但历史很少直接处理非西方社会中的融合影响以及它所引发的动态。欧洲历史学家普遍偏爱西方历史，而不是世界其他国家的历史，偏爱欧洲历史甚于西方其他国家的历史，甚至更普遍的是，偏爱本国历史甚于邻国的历史。不管这种种族中心主义的原因是什么，它都极少鼓励对于融合方面的探索。

历史人类学有可能是个例外吗？历史人类学是从历史学和民族学的边缘兴起的，它教会我们超越殖民者的欧洲中心主义的语篇，采纳被征服的民族的观点或"视觉"，这是米格尔·利昂 – 普罗提拉（Miguel Le-on-Protilla）和内森·瓦克泰尔（Nathan Wachtel）的作品所体现的一种方法。这样的研究揭示了欧洲入侵之前在美洲发展起来的丰富的思维形式和表达模式。

然而，我们能否挖掘出"被征服者的愿景"，揭示其复杂的运作方式，而不去质疑这些外国社会在反对西方经验时所运用的知识结构和现实解析所产生的影响？现在，对于文艺复兴年代编年史者和美洲印第安人社会之间的知识冲突，我们再也不可能将其描述为理性的真理和原始社会的错误方式之间的无情决斗了。我们必须认识到，古代美洲社会已经发展出了感知时间——或者，更准确地说，是我们西方人所说的"时间"——的模式与我们自己的一样复杂，换句话说，就是像我们仍然用来记录历史的东西同样复杂和高效。

仅仅由于它们的存在，以及它们留下的诸多痕迹，这些概念结构向我们对事物看法的所谓的普遍性提出了挑战，因为它们产生了对我们自己来说无法消除的暂时性和历史性的形式[1]。这种对抗揭示了种族中心主义的程度和文化概念中的技巧，以及它对非欧洲现实频繁出现的不适当性[2]。

---

[1] 参见希尔（1988），1—17；理查德·普赖斯（Richard Price），《第一次：非裔美国人的历史视野》）（*First Time: The Historical Vision of an Afro-American People*）（马里兰州巴尔的摩：约翰·霍普金斯大学出版社 1991 年版）；罗宾·赖特（Robin Wright），"致即将出生的人：巴尼瓦印第安人的宗教民族志"，论文文稿（坎皮纳：人类学系，哲学与人类科学学院/坎皮纳大学，1996）。

[2] 罗伊·瓦格纳（Roy Wagner），《文化的发明》（*L'Invenzione de la cultura*）（米兰：穆尔西亚出版社 1992 年版）。

墨西哥的情况是，原住民的描述显示，纳瓦（Nahua）文化或中部美洲文化的说法是西方观察家们的纯粹建构①。这样的挑战不能被轻易消除，就是因为它是由后现代主义和后殖民研究的提倡所发展起来的②。日常生活中行星大熔炉的存在提醒我们，在思想世界中，我们并不孤单，"西方的"当然不再是"普遍的"意思。因此，我们必须通过实践意大利人类学家阿尼斯托·德·马蒂诺（Ernesto de Martino）所称的"批判性种族中心主义"③来学习将我们的思维方式相对起来。

为了理解"被征服者的愿景"，学者们从逻辑上聚焦于美洲印地安人这一方面，通过展示对西方的模仿是如何被吸收到土著传统中，来讲述他们是如何生存和抵制殖民化的。这种态度被"文化研究"所采纳和放大，有时将土著社会锁定在一个纯粹的本土化和夸张的同质框架中，从观察领域中系统地将混血现象排除在外。这代表了一个理想化的框架，也就是一些有关"政治正确"和"印第安之声"的主张将美洲印第安人的哲学——他们自己挖掘出来的——凌驾于西方理性之上，它本身沦为为欧洲国家服务的一个简单的统治工具④。

现在，让美洲印第安人优于西方国家只是颠倒了辩论的条款，而不是使之改变或复兴。此外，这种对欧洲中心主义的谴责难以掩盖一种新的帝国主义，这种帝国主义是由诞生于美国那些最好的大学里的学术哲学来推动的。尽管这一思想学派很乐意地宣布它与欧洲的距离，但它不管在形式上还是内容上从根本上来说仍然是西方的。最重要的是，与欧洲统治力量相抗衡的土著哲学远未形成清晰的轮廓、和它所赋予的"纯洁性"与真实性。它很少与西方起源的特征相结合，也没有为世界的或

---

① 由民族历史和考古学发展而来。

② 参见米格诺洛（1995），第23页："对跨越文化边界的人类交流的描述和解释使学者面临着线性历史观念的局限，并邀请他或她用非线性历史取代它。"应该提到的是，"后殖民研究"是后现代主义思想在曾经是欧洲殖民地的国家（以前被称为第三世界）中的延伸。

③ 阿尼斯托·德·马蒂诺（Ernesto De Martino），《愤怒、象征、价值》（Furore, simbolo, valore）（米兰：费尔特里内利出版社1980年版）。

④ 乔治·E. 西维（Georges E. Sioui）的工作，一位怀安多特休伦人（a Wyandot Huron）（译者注：北美印第安人团体的成员，成立于17世纪。来自安大略省的休伦族人：最初居住在密歇根州、俄亥俄州和安大略省，现在居住在俄克拉荷马州），指向这个方向。《美洲印第安人的自我历史：关于社会记忆基础的论文》（Pour une autohistoire amerindienne: Essais sur les fondements d'une memoire sociale）（魁北克：拉瓦尔大学出版社1989年版）。

多或少的混血版本创造空间。

秩序与时间

还有一些概念阻碍了我们对融合和混血过程的理解。这些现象的复杂性不太符合实证主义者的传统，即保持基于线性的时间观念。文化的概念是从进化论者的观点产生的①，这是一个长期盛行的观点。历史学家往往倾向于把过去的时期解释为线性运动、进化，乃至发展或进步的产物。仿佛在每一个点上，一个新的阶段都应发展出力量，其根源可以在先前的阶段中找到。因此，文艺复兴起源于中世纪，又为近代时期铺平了道路。这种线性历史本身就存在着永恒的根源问题，它本身意味着必须被恢复的以往的纯洁性或真实性的观念。因此我们必须加倍小心地寻找和确定混血现象和全球化早期的迹象——16 世纪的伊比利亚——对我们来说，现在它们占据了世界舞台的中心。

然而混血机制破坏了这种线性关系。它们产生于 16 世纪的美洲，当时处于西方基督教世界和美洲印第安社会不同时期的交汇处，经历了残酷的接触和相互的渗透。在这里，有关替代进化解释的毗连、继承和替换的比喻都不再有效，这不仅是因为被征服者的暂时性不会自动被胜利者的暂时性取代，还因为它可以与之共存好几个世纪。通过突然合并长期被认为是独特的社会，融合的入侵破坏了历史发展的独特演变的画面，并照亮了所有应该考虑到的十字路口、小街和死胡同②。

线性时间的观念通常伴随着一种信念，即必须存在着事物秩序。我们很难放弃这样一种观念，即每一个系统都有一种它无法抗拒的倾向于原始的稳定性。因此，经济史通常是建立在"强有力的、隐含的假设之上，如在均衡方面的进化——每一个运动都对应于在更大跨度的运动环境下所解决的短暂不平衡。"③ 那么，融合现象的复杂性和流动性，以

---

① 参见爱德华·B. 泰勒（Edward B. Tylor）《原始文化》（*Primitive Culture*）（纽约：哈珀出版社 1951 年版）。

② 进化论者的观点激发了这样一种观念，即混杂的全球化是根源彻底丧失和导致"地球村"的绝对标准化的初步阶段。

③ 格里尼尔（1997）。

及重合的时间性引发了无序现象就不令人惊讶了。然而，通过将融合与不平衡和扰动相结合，我们将其降至暂时或次要现象的状态，在理论上，它揭示的程度远远低于其据称发生的结构①。

现实与这种对事物的看法几乎不相符。大多数系统没有处理随时准备好重申自己的潜在秩序中的偶尔扰动，而是表现出在各种平衡状态之间波动的行为，且不存在任何恢复"正常"的机制②。相反，从长远来看，回归到明显相同或相似的状态会创造出新的局面。条件越混乱，出现在不同状态之间的振荡越多，这就引发了系统特征的分散，徘徊于对新配置的寻找中。该系统的运动在绝对规律性和绝对不规律性之间波动，保持了很大的不可预测性③。

从这个角度看，融合和混血现象失去了暂时无序状态，呈现出自己的基本动态。在我看来，这是最适合于融合的复杂性和混血过程的重要性的解释。然而，这也使得研究它们变得困难，因为它不仅违背了我们僵化的分类，而且也违背了我们对时间、秩序和因果关系的正常认知。事实上，混血过程属于一类使历史学家完全解除戒备的东西。

伊利亚·普里果金（Ilya Prigogine）在《混沌定律》（*Les Lois du chaos*）中提到了卡尔·波普尔（Karl Popper）对"时钟和云朵"的讨论。古典物理学主要对时钟感兴趣，现在的物理学主要对云朵感兴

---

① 这种心态暗示着其他观念继续影响着我们的世界观。长期以来人们一直认为，由于能量的转换，宇宙正朝着完美平衡的状态发展。对热力学第二定律的挑战和对时间不可逆的提醒促使人们对这些前提进行了回顾，并赋予了混乱新的含义。现在，自发地支配我们思维的秩序模式与硬科学本身的演变背道而驰。在线性过程的非线性影响的基础上，混乱的意识通常导致对概率和不可逆性概念的新压力。伊利亚·普里果金（Ilya Prigogine）和伊莎贝拉·斯特恩格（Isabelle Strengers），《在时间和永恒之间》（*Entre le temps et l'eternite*）（巴黎：法亚尔出版社1988年版），15页和伊利亚·普里果金《混沌定律》（*Les Lois du chaos*）（巴黎：弗拉马利翁出版社1994年版）。

② 对于"耗散结构"尤其如此，其中能量的耗散不会导致熵，而是导致事物的新顺序，无论它们是不是其他动态状态的新结构。

③ 这些特征无视任何狭义的确定性分析。它们与海森堡（Heisenberg）的不确定性原理（不可能同时以绝对精度同时确定粒子的速度和位置）和亨利·庞加莱（Henri Poincare）的工作有关，后者表明系统初始状态的微小不确定性会随着时间的推移而放大，从而无法预测系统的长期演化；参见皮埃尔－吉尼·德·热纳（Pierre-Gilles de Gennes）等人的《混沌秩序》（*L'Order du chaos*）（巴黎：博林出版社1989年版），第37页。

趣①。普里果金解释说，时钟的精度继续困扰着我们的思维，它使我们相信它能够达到经典物理学所研究的特定和实际上是独一无二的模型的精确性。然而在自然界和我们的环境中所占主导地位的是云朵——那些极其复杂、模糊、多变、波动、永远移动的形状。混血机制就是有关现实的这种秩序。

云模型

关注现实的所有复杂性，要求我们远离 19 世纪遗留下来的猖獗的实证主义和决定论，以及它所大量取代的自然科学。云模型假设所有的现实都包括不可知的元素，它也包含了大量不确定性和随机性。对于社会历史学家来说，这种不确定性涉及那些无法预测自己命运的玩家的生活，以及他们所遭遇的事件。随机性是系统中无数个组成部分相互作用的结果②。如果在显微镜的帮助下，我们观察悬浮在水中的一粒尘埃，我们就会看到它被四面八方不断的运动所震动。这种运动是由于水分子的热搅动而引起的，水分子如此之多且不可见，以至于无法预测尘埃微粒的轨迹。因此，其运动轨迹看起来是随机的。随机性与存在的众多元素没有联系，因为在由有限数量的可观测元素组成的更简单的系统中也可以找到它③。

历史学家并不总是把不确定性和随机性考虑在内，尽管这两个过程在美洲的发现等情况中扮演了关键的角色，完全分离的世界在美洲突然发生了接触。正是由于随机性和不确定性的存在，才会给混血过程提供它们无法把握的本质，使我们试图理解它们的努力陷于瘫痪。混血现象的差异性和多样性如何才能反馈到经典因果关系的作用中呢？我们是否

---

① 普里果金（1994），第 26 页。

② 据格里尼尔说，经济学家们也提出了一个问题：“许多旧的和最近的账目（无论是人口统计的还是经济的）似乎都显示出或多或少明显的随机维度。”还可参见他的《古代政权的经济：交流与不确定的世界》（*L'Economie d'Ancien Regime：un monde de l'echange et de l'incertitude*）巴黎：阿尔班·米歇尔出版社 1996 年版），第 425 页。

③ 参见让－保罗·德拉海耶（Jean-Paul Delahaye），“复杂源于简单，”《混乱》（*Le Chaos*）（1995），30。

能感觉到在所有类型的融合背后都有"逻辑"在工作，还是该术语对那些缓慢和有规律的事物给予了一种不可改变的、必然的科学本质？

因此，复杂性、不可预测性和随机性似乎是融合和杂交所固有的。可以假设像许多其他的社会和自然现象一样，它们也有着混沌的维度。这就是为什么我们从 19 世纪发展起来的亚里士多德学科继承下来的知识工具，而我们却没有做好面对它们的准备。关于混血机制的问题不仅仅是一个不知道存不存在的东西。对混血现象的研究也——且至关重要——提出了一个知识工具的问题：我们应该如何对融合进行概念化？

来自过去的迹象

考虑到这一系列的陷阱和问题，历史学家该怎么办？我将在特定的历史和地理背景下，即文艺复兴时期的欧洲和对美洲的征服，特别是西班牙的墨西哥，来讨论混血机制及其知识源泉。前面已经提到过了这一选择的原因：全球范围内跨种族受孕活动的第一波浪潮与 1570 年至 1640 年间第一次世界经济体的建立是同步的[①]。在几十年的时间里，西班牙人和葡萄牙人成功地统治了西欧、美洲大部分地区和非洲沿海地区，就如他们在菲律宾、长崎、中国海岸的澳门、印度洋的科钦和果阿等地都表现出了自己的野心。

术语"梅斯蒂索（mestizo）混血"被用来指 16 世纪发生在美洲的融合现象——个人之间、想象力丰富的能力，以及源自四大洲（美洲、欧洲、非洲、亚洲）的生活方式的融合。至于"杂交"（hybridization）这一术语，它将用于指发生在单一文明或历史群体——基督教欧洲、中

---

① 也是在那个时期，人们依靠全世界的数据，最早做出了对宗教、奴隶制、市场等重大问题进行"全球"审议的努力。耶稣会神父路易斯·德·莫利纳（Luis de Molina）质疑奴隶制的合法性时，他的询问并不局限于安哥拉和美国沿海地区，而是从印度、中国、日本、马六甲和爪哇举出了例子。参见卡洛斯·泽伦（Carlos Zeron）引用自路易斯·德·莫利纳《正义和誓言》（*De Justitia et jure*）（威尼斯，1594）的"耶稣会和巴西的奴隶制：历史、神学和法律依据，以及它们在历史记忆中的融合（16—17 世纪）"，博士论文，文稿，法国社会科学高等研究院，巴黎，第 324 页。关于世界贸易和"公平价格"的概念，参见帕特里夏·内特尔（Patricia Nettel）《一位十六世纪精修圣人的正确的价值观或厄运》（*El precio justo o las desaventuras de un confesor en el siglo XVI*）（墨西哥城：UAM – 霍奇米尔科，1997）94。

部美洲——以及几个世纪以来经常共存的传统的融合中。混血和杂交机制不仅涉及各种领域中可观察到的客观过程，而且通过他们所受的操纵、他们所开发的结构以及他们提出的论点和批评，也涉及个人对过去经历的认识①。

---

①　在这里做出努力以区分西方与土著社会之间的对抗所产生的内部动力和过程。界定混血过程的"性质"是毫无疑问的，而揭示在以殖民地类型的权力关系为标志的历史情况下运作的建构机制就不一样了。

第三章　征服的冲击

当我们透过自己的内在视野看到这片土地时，它似乎充满了巨大的阴影，插入到越界和完全无序的混乱之中。

——莫托利尼亚（Motolinia），《纪念碑》（*Memoriales*）

征服新世界所引发的混血过程[1]似乎与 16 世纪美洲的另外两个主要现象有着内在的联系：一个是通常所说的"征服的冲击"，另一个，我用术语"西方化"来指代，也就是西欧在卡斯蒂利亚之后征服了新世界的灵魂、身体和土地的五花八门的事业[2]。在殖民化的背景下，欧洲的扩张主义催生了混血机制，这一事实意味着它们不能被局限在文化现象这一领域中。如果想了解这些，我们就不能忽视与之相伴而来的征服和西方化的联系。这些联系的性质需要明确一下。

天翻地覆的世界[3]

近代时期的混血过程通常出现在一个混乱的背景下，一个支离破碎

---

① 这些过程的历史记录在卡门·贝尔南德和塞尔日·格鲁金斯基的《新世界的历史》（*Histoire du Nouveau Monde*），卷 II，《祝福》（*Les Metissages*）（巴黎：法亚尔出版社 1993 年版）。

② 塞尔日·格鲁金斯基《想象中的殖民：16—18 世纪西班牙墨西哥的土著社会和西方化》（*La Colonisation de l'imaginaire: Societes indigenes et occidentalisation dans le Mexique espagnole, XVIe-XVIIIe siecle*）（巴黎：伽利玛出版社 1988 年版）；"征服的反响：新西班牙的经历"刊于 C. 贝尔南德编著《500 年间对美洲的发现、征服及殖民》（*Descubrimiento, conquista y colonizacion de America a quinientos anos*）（墨西哥城：文化经济基金会，1994），第 148—171 页。

③ 最初的法语表述（"逆向世界"）是借鉴于丹尼斯·德拉吉（Denys Delage）《逆向国家：北美的美洲印第安人和欧洲人 1600—1664》（*Le renverse: Amerindiens et Europeens en Amerique du Nord-Est, 1600—1664*）（魁北克：博里尔出版社 1991 年版）。这个翻译很明显地暗示了 1781 年英军在约克镇投降时演奏的曲调。

的身份设置下。虽然并非所有的混血现象都必然是征服的产物，但那些源自西方对美洲的扩张则不可避免地产生于战败的废墟中。

1521 年，那个"悲伤又可怕的一年"①，墨西哥城沦陷，落入西班牙征服者和他们的土著盟友手中。对那段时期的最好描述是由一个方济各会僧侣做出的，当地人称他为莫托利尼亚，"那个穷人。"在莫托利尼亚所做的编年史中，有一章详细叙述了 20 世纪 20 年代初墨西哥城沦陷的影响："上帝以十种极其残酷的灾难袭击了这个世界，惩罚那些囚禁锡安人女儿们的残酷和固执的居民，换句话说，他们的灵魂在法老的束缚下……这些灾难中的第一个是……在其中一艘船上，一名感染天花的黑人的到来，对这些地方来说这是种未知的疾病。"② 随后在当地人中发生的流行病是如此严重，以至于整个地区失去了一半的人口。许多人随后死于饥饿。"因为大家都是同时生病，他们不能互相照顾，也没有人能去准备食物。"在许多地方，全家人都死光了："由于他们不能埋葬［死者］，为了遏制尸臭，他们拆毁了房屋，把他们的家变成了他们的坟墓。"天花被称为"大麻风病"，因为人们"从头到脚都是疮，这使他们看上去像麻风病人。"就像以前发生在古埃及的事，水、泉水和溪流都被血染成了血河，"这片土地变成了死亡血土。"年轻人和老年人都会死于这种疾病。这是上帝在惩罚过去的暴行，也就是人祭的做法："在这片由极度残忍统治着的土地上，洒下的热血被献给恶魔天使——撒旦。"

第二场灾难是土著战士的死亡。"墨西哥潟湖的泥泞水域不产鱼，而是出产了青蛙：漂浮在水面上的死尸，浸水后浮肿，眼睛鼓得像青蛙，没有了眼皮和眉毛，盯着相反的方向，这是罪人放荡的标志。"尸体像腐烂的鱼一样，把湖水弄得凌乱不堪，毒化了空气和食物。当地人的叙述证实了这一可怕的景象："路上到处是断裂的骨头。头发散落四

---

① 托尔比奥·德·贝纳本特（Toribio de Benavente），即莫托利尼亚，《新西班牙及自然之备忘录或书籍》（*Memoriales o libro de las cosas de la Nueva Espana y de los naturales de ella*）（墨西哥城：墨西哥国立自治大学，1971），第 294 页。

② "由于当地居民的冷酷与估值，也因为他们俘虏了锡安的女儿，上帝决定用十只极其残忍的蝗虫来惩罚他们。这些奇怪的鬼混正是束缚住法老的枷锁。……他们中的第一个人是乘船而来且感染天花的黑人，这在当时是一种从未见过的病，"同上书，第 21 页。

周。房顶坍塌，墙壁都变成红色的了。虫子在街道和广场上繁衍生息，而墙壁上则溅满了脑浆。水是红色的，就像是被染过一样。我们就喝着这样的水。我们甚至喝了淡海水……在这件事上我们都一样，无论是年轻人、牧师、女人还是孩子……"①

大祭祀之后接下来就是饥荒。"饥饿是种残酷的疼痛，浮肿然后是翻搅的胃和肠子，直到死亡来临……这场大饥荒夺去了许多穷人和贫民的生命。"② 疾病、战争、饥荒——"末世"的"骑士们"正在他们的家乡消灭印第安人③。

由于剥削和支付纳贡的新系统被毁，这些破坏所造成的生产混乱和农场的瓦解就变得更加严重。"埃及压迫者使以色列人民遭受不幸……由于他们的邪恶的榜样，他们下毒、腐化了一切，就像沾满苍蝇的腐肉一样臭气难闻。"而黑奴和其监督者以同样的方式暴虐印第安人。在西班牙只不过是农民身份的侵略者们，其行为就像领主一样，开始向墨西哥的"本土"领导人发号施令；"比起成为这些人的领主，"黑人"使自己得到更多服务并令人更加恐惧。"④ 社会等级制度的瓦解的同时也有着其他同样不可控制的现象。黄金热驱使西班牙人"陷入魔鬼的束缚和枷锁中，要是不遭受严重的伤害他们根本就无法逃脱。"

作为曾经是本土首都的墨西哥城，已经变成"新西班牙的领袖"，身处漩涡的中心。重建这座城市是一项巨大的任务，"这项任务在开始的那些年里，比所罗门时代建造耶路撒冷圣殿需要的人还要多。"这事动员了一大群人，他们因被迫完成的任务而疲惫不堪："当他们工作的时候，有些人被横梁击中，有些人掉进空隙，或者被倒塌的建筑物夺去生命，这儿拆掉，那儿又重建。"如同"末世"一样，雷电交加把城市分为三部分，分别交给"肉体的欲望、眼睛的欲望和活人的傲慢"。这

---

① 特拉特洛尔科的描述，出版在《特拉特洛尔科编年史：墨西哥民族史实大事记及特拉特洛尔科抄本》（*Anales de Tlatelolco：Unos annales historicas de la nacion Mexicana y Codice de Tlatelolco*），由海因里希·波尔林（Heinrich Berlin）翻译（墨西哥城：波鲁阿出版社 1980 年版）第 70—71 页。

② 莫托利尼亚（1971），第 25 页。

③ 同上书，第 294 页。

④ 同上书，第 26 页。

就是莫托利尼亚笔下谴责胜利者的虚荣心的方式，他们迫不及待地想要建造他们祖先都从未想象过的巨大家园。

许多印第安人沦为奴隶。父母为了缴贡，卖掉自己的孩子。许多人受到迫害，这样他们的财产就可以被勒索；他们被扔进监狱，再也无法活着离开，"因为西班牙人对待他们的方式非常野蛮，对他们的关心还比不上对自己的动物和马。"① 到处都是成群结队的人往墨西哥城聚集，在那里他们被打上了烫铁的烙印。这是第八场灾难，尽管还不是最不重要的，因为第九场甚至更糟——被迫在矿井里劳动。莫托利尼亚的描述无需评论："至于那些在矿井中死去的奴隶，他们的臭味如此之大，以至于引发了瘟疫，特别是那些在华克夏克的矿井。在那里，周围半个里格的地方，在其一部分的道路上，你只能在尸体和骨头中行走。拜这残忍的屠杀所赐，秃鹫和乌鸦来到这里吞食了死者的尸体，喂饱了自己，它们的数量之多都遮蔽了阳光。"② 与此同时，村庄空无一人，因为印第安人都跑到山区避难去了。那是一个"可怕的、乌云蔽日的"时代。

这场危机也打击了胜利者的队伍。麻烦来自征服者之间的竞争；"分歧和派系"使这个国家处于内战的边缘。这就是为什么墨西哥的灾难要比埃及的更为严重——它们持续的时间更长，造成的死亡更多，而其原因更多是由于人类的残忍和贪婪，而不是上帝的怒火③。

灾变意象与千禧年的预表

莫托利尼亚借用了圣经中的《出埃及记》和《启示录》（"末世"）中的意象和解释。他有关灾变和体罚的措辞首先是要把大征服所引发的各类事件安放在超自然论和天定命运论的背景之下加以讨论。他对埃及灾难的回忆和对"末世"的第二、第六和第七位天使的召唤，使其叙述具有了普遍的视野，强调了事件的奇特性。腐臭的水域、血染的河流、从龙兽口中散发的恶臭、雷电、历史上与耶路撒冷陷落及其被提图

---

① 莫托利尼亚（1971），第29页。
② 同上书，第29页。
③ 同上书，第30—31页。

斯（Titus）毁灭的相似之处——一切都被用来传达当时的混乱，描绘疾病和战争的蹂躏，描述社会关系的腐败以及金银无可匹敌的统治。

自中世纪以来，有关末世的文本和图像就提供了一种用来设想混乱局面，并想象其可怕后果的方式，如意大利奥尔维耶托大教堂的新小礼拜堂墙上的示范。15 世纪末，正是在这个小礼拜堂里，卢卡·西诺雷利（Luca Signorelli）描绘了反基督统治的画面，艺术历史学家们对此进行过详细的讨论①。西诺雷利的湿壁画和莫托利尼亚的文本是用基督教的方式来描述和解释全球的动荡。对于莫托利尼亚来说，征服后笼罩墨西哥的危机，是惊人的突变和前所未闻的大灾难的牺牲品，只能用世界末日描述里的极端术语来表达②。

在这里使我们感兴趣的并不是太平盛世的角度，而是莫托利尼亚对始料不及的情况的解释方式③。末世和旧约的典故为他提供了由征服所引发的灾难模式，即使他认识到这个模式缺乏精确性："仔细观察，这些灾难和埃及的那些有很大的区别。"莫托利尼亚试图在他叙述的一系列事件之间建立联系。墨西哥遭受的接连不断的灾难，并非随机地构成了一系列相关的危机：流行病、战争的蹂躏、饥荒、中间人的暴政、各种敲诈勒索、疯狂的淘金热、墨西哥城的血腥重建、沦为奴隶、矿场劳役，以及胜利者之间的分歧。征服的直接影响——就是第一波的那三场灾难，随后又出现了西班牙统治的不稳定效果。新移民的安置造成了大范围的不稳定——殖民地基础设施的需求和建设耗尽了土著劳动力。将大部分被征服的人当作奴隶也破坏了原先的社会等级制度，甚至征服者之间的冲突将这片土地推向了灾难的边缘："叛乱和灾

---

① 卢卡·西诺雷利（Luca Signorelli）表述了从遥远的卡斯蒂利亚传入的世界末日之焦虑症，后来方济会传教士将其带到了新世界。参见乔纳森·里斯（Jonathan Riess）《文艺复兴时期的反基督者：卢卡·西诺雷利的奥尔维耶托壁画》（*The Renaissance Antichrist: Luca Signorelli's Orvieto Frescoes*）（纽约普林斯顿：普林斯顿大学出版社 1995 年版）。

② 这样的术语不是古老僧侣的唯一特权——第三个千年的方法释放了类似的表述，即使它们不再基于对神圣经文的了解。参见奥马尔·卡拉布雷斯（Omar Calabrese）《这些年中的一千年》（*Mille di questi anni*）（意大利巴里：萨基塔里拉特扎出版社 Sagittari Laterza，1992），第59—79 页。

③ 关于新西班牙的千年主义，参见约翰·L. 费兰（John L. Phelan）《新世界方济各会的千禧年王国》（*The Millennial Kingdom of the Franciscans in the New World*）（加州伯克利：加利福尼亚州立大学出版社 1970 年版）。

难彻底摧毁了家园，许多房屋遭到遗弃。没有人能不痛苦、不流泪，而这持续了数年。"①

　　根据莫托利尼亚的说法，分裂的特点是其快速的节奏和加速度。"西班牙人在早年就匆忙地制造奴隶……［还有］他们对印第安人强行征用，这一点影响巨大。"这位修道士注意区分直接与侵略有关的外源性、军事性和流行病学的冲击与西班牙定居者造成的内源性扰动。这种长期的不稳定在殖民化早期的几十年里占据了整个社会环境的主导地位。

　　最终，莫托利尼亚没有满足于一种信奉天意者的解释——即此为上帝对印第安人的责难——而是将人类的责任重新引入这由人所引发的一系列灾难中。而且有问题的人里，西班牙人和印第安人一样多。尽管这一流行病，甚至战争似乎是对土著民众中不同阶层人民的神圣惩罚，但其他的弊病却降临在无辜、无力和恐惧的失败者身上。这位修道士的目标从第三场灾难开始有了变化。他把西班牙征服者比作"折磨以色列人民的埃及压迫者"，把他们比作对待土著像对待动物一样的施虐者，把他们比作已落入魔鬼爪下的"黄金牛犊"的崇拜者。现在"印第安人所遭受的考验和磨难"已经成为一个问题。"被征服者的视角"已经取代了胜利者的。

　　然而，莫托利尼亚在他的结论中对事物的这种看法甚至提出了质疑。这一章以有关社会混乱的描述结尾：西班牙人四分五裂，随时准备互相残杀，周围都是打算向征服者猛攻的印第安人②。莫托利尼亚不接受二元的或摩尼教的解释，对他在 16 世纪 20 年代观察到的世界的不稳定和混乱做出了表述。不同于征服的亲西班牙或亲印第安版本，因这两者都同样简单化，莫托利尼亚的叙述使人们有可能了解其混乱和复杂的过去，而他从来没有放弃自己深刻的信念。他对过去的描述——不要与它所描绘的现实相混淆——表明文艺复兴时期的修道士对于我们将要描述的征服冲击的了解一点都不少。

---

　　① 莫托利尼亚（1971），第 31 页。
　　② "他们为战而生，他们修筑了武器库……在墨西哥，他们期盼一方扰乱另一方，借此消灭剩下的人。"同上书，第 29—30 页。

诸事混乱

在1530年前后，如果我们从阿兹特克大神庙（Templo Mayor）金字塔依然令人叹为观止的遗址顶端看向墨西哥城，我们会看到一座怪异的城市，由倒塌的废墟和新建的楼房组成的复合建筑群。战争摧毁了前哥伦布时期城市的常见外貌，随后是西班牙式城镇的建设。然而，它并没有成为牢固植根于被毁宫殿上的卡斯蒂利亚式的城镇。相反，城市的地平线统一并列起来，更常见的是，在其上叠加了一堆堆废弃的残骸、毁坏或翻新的印第安式建筑，以及具有卡斯蒂利亚风格的塔楼或是有着雉堞状防御城墙的要塞。这座新城——西班牙—印第安式和中世纪—文艺复兴式——出现在被征服的城市聚集区（前西班牙时期的城邦/alte-petl）、征服者所设想的模式、新霸主的城市野心以及重建的有效可能性之间的模糊间隙。城市人口的构成也同样令人吃惊：印第安贵族、土著奴仆、西班牙各地的征服者和来自非洲的黑人，他们在街道、房屋和公共建筑中擦肩而过，彼此的身体、气味和声音统统混杂在一起。

空间的无序伴随着时间框架的混乱，这是由于不同时间系统的对抗而产生的。在征服的这些年里，时间系统似乎正是呈现出它们所存在的样子，即每个世界都有合适的结构，通过风俗习惯、仪式和测量技术来表达时间的传递。前西班牙社会非常重视"计数时间"，因其在宇宙学中发挥着关键作用。精心制作的日历记录了时间的流逝，用以确定标志印第安一年的不间断的一系列活动。这些庆祝活动使纳瓦祭司能够按照时间的周期行事，这样他们能够根据情况加快或减缓时间周期。山谷各城市之间的激烈竞争加速了这一周期，而祭祀的受害者在遇到黑曜石刀的锋刃之前，爬上了金字塔台阶，这蓄意的迟缓暂时推迟了死亡时间。奢侈的供品和牺牲帮助延长了神祇的生命，他们以人类献祭者慷慨流淌的鲜血为食。

西班牙人的突然到来，以及盛大庆祝活动的废除——同活人献祭或其后由于缺少参与者、资源和行动自由而导致的无法庆祝一起被宣布为不合法——使土著民众陷入了日益空虚的境地。在几年的时间里，他们发现自己被剥夺了衡量和影响时间流逝的方法。时间——或者说是按土著方式计算的时间——正在逐渐减少。

现在，土著的计时系统无法立即被基督教的时间性所取代①。出现了被旧神和新鬼的幽灵所扰乱的奇怪时期。但是很难分析这种中间情境的奇特性，而想象一下它所产生的尴尬就更令人尴尬了。

冒着过时的风险，让我们回到拉尔斯·冯·特里尔的电影《欧罗巴》。我们永远不会想到将希特勒德国的失败与本土墨西哥的沦陷联系起来。然而，冯·特里尔的拍摄技术代表了一次相当成功的尝试，试图通过意象唤起两个崩塌的世界的末日结合。一个令人震惊的场景展现了集体记忆和时代的碰撞：夜间，一列火车在已被征服的德国的瓦砾中疾驰而过，从集中营的世界里出现了一些痛苦的人（那些熟悉的不幸场景里是身着监狱的破烂衣服、堆在简陋床板上的骷髅的形象）。《欧罗巴》像火车的车厢一样，将战争一结束的那段时期与纳粹的过去联系在一起，达成了难以想象的连续性。

在墨西哥城，无序的城市生活和混乱的时间系统加剧了社会和政治的混乱局面。在整个 16 世纪 20 年代，新政权所采取的政策失败了，更加剧了局势的混乱。西班牙当局要么无能为力，要么对造成土著人口剧减的流血事件漠不关心，除非西印度群岛的殖民化及其随后的灾难被视为墨西哥被占领的预兆，否则西班牙当局不得不临时创建出一个史无前例的社会。墨西哥城怎么能幸免于加勒比城镇的悲惨命运呢？这些城镇的建立和荒芜同样迅速，有时甚至成了恐吓过往旅客的鬼魂出没的地方。

"奇怪的地带"：征服与长期的不稳定性

在墨西哥，就像在新世界的任何地方一样，欧洲人的突然出现最初是混乱和无序的同义词。西印度群岛（1493—1520 年）、安第斯山脉（1532—1555 年）和葡萄牙的巴西殖民地成为了极度动荡的地区。如果忽视了这一基本事实，则既不能理解殖民的演变，也不能理解西班牙征

---

① 即使假设是这样，它们也是可以互换的。基督教时间系统的传播需要漫长的准备—西班牙传教士必须向印第安人解释新宗教的日历和仪式，并为天主教的庆祝活动设置物质环境。

服所引发的融合。

据编年史家费尔南德斯·德·奥维多（Fernandes de Oviedo）所说，令人不安的"新奇性"造成了"无序"①。既受到纷争、叛乱和内战的震动，又受到了先辈们等级制度和政治体系彻底瓦解的影响，在短短几年之内，这些"奇怪的地带"——用冯·特里尔的话来说——就成了当地社区分裂和社会加速质变的场景。他们受到各式各样的波动和扰动的折磨，其中大多数是人类无法控制的，例如疾病和死亡对当地居民的蹂躏，他们缺乏对抗欧洲疾病的免疫防御能力。欧洲人带来的流行病比锻造钢剑或散发刺鼻气味的震耳欲聋的大炮更有效地消灭了好几代人和他们的集体记忆。

在征服之后，加勒比岛屿、墨西哥、之后是秘鲁和巴西都出现了"奇怪的地带"。无法准确的将其描述为"殖民地社会"，因为这一术语是假定有一定程度的成就和相对稳定性的，而这一切只能在十年或几十年之后才能实现（更不用说数百万人的死亡了）。那里出现的并不是这样的社会，而是不确定未来且无法定义的"聚集地"。莫托利尼亚说，如果上帝没有使他们处于"盲目状态"和奇迹般的被动中，印第安人随时可能把在那儿的西班牙人扫地出门。诚然，权力的平衡一直是无法预测的，即使是像是由哲学家雷蒙德·阿伦（Raymond Aron）描述的一种必然性的怀旧错觉，也会让我们认为征服是不可避免的事实。这些"聚集地"或多或少经历了持续时间不同的剧烈动荡时期——有时通过人类灾难（1494 至 1508 年间西印度群岛 300 万人的死亡）② 或持续不断的战争（秘鲁）而加剧，有时演变为逐步稳定的局面（如墨西哥）。

这些聚集地产生于残酷的碰撞，然后强迫群体和由征服造成的长期不稳定的社会间的相互渗透。入侵者也受制于这种不稳定和无能为力。建造新设施所需要的工匠们刚到西印度群岛，就因疾病而变得虚弱且缺乏组织（而最早的殖民者，坚定地依附于自己的下级贵族身份/hidalgos——绅士阶层——拒绝动手干活）；大多数工匠都"生病、瘦弱、饥肠辘辘，

---

① "对于那些来到这里的人之中的某些人来说，这里的空气使其清醒，得以使他们看看事物的新奇与不同，"引用在贝尔南德和格鲁金斯基（1991），卷 I：第 263 页。

② 根据巴托洛梅·德·拉斯·卡萨斯（Bartolome de Las Casas），《印第安人的历史》（Historia de las Indians）［1559］（墨西哥城：文化经济基金会，1986），卷 I：第 254 页。

由于缺乏体力，他们什么也干不了"①。在墨西哥，欧洲入侵者只是与其岛屿基地（古巴和伊斯帕尼奥拉岛）隔绝开来的一小群人，远离其伊比利亚的发源地（埃斯特雷马杜拉、安达卢西亚、巴斯克地区等）。

"在那些离家这么远的国家定居的人中，怎么会有幸存者呢？"奥维多好奇地说，"他们把从小就习惯的所有玩意儿都抛在身后，远离了朋友和亲戚。"日复一日，他们被推入未知的，不可预测的世界。探险的不可预见性：1519 年 4 月，入侵者们已登陆韦拉克鲁斯热带海岸，到了当年 11 月份他们发现自己置身于冰雪覆盖的山脉中，面对着一座巨大的城市，甚至有可能是世界上最大的城市——墨西哥 - 特诺奇提特兰城（Tenochtitlan）。征服的不可预见性：实际上，西班牙阵营内部等级的纷争，和土著的反应一样，对科尔特斯及其军队来说都是危险的。

土著社会遭到攻击、打压和征服，政治崩塌，社会瓦解，被战争和流行疾病摧毁。纳瓦种族中的一群被叫做墨西加的人（今天被错误地称为阿兹特克人）失去了它在墨西哥中部大部分地区行使的统治权。然而，即使是与生活也并不富裕的西班牙人合作的土著人，也很快就意识到他们的处境并不安全，一种不确定性笼罩着他们。

胜利者、被征服者和合作者——所有这些人都来自有着不同轨迹的世界——之间的关系及其所造成的后果具有空前的复杂性。说其空前，是因为在伊比利亚半岛发生的中世纪杂交与这次征服的混血过程是不同的。尽管伊比利亚半岛的历史一直以来都是三个世界——基督教徒、犹太人和穆斯林——之间冲突、交流、融合和共存的产物，但这种联系是在经历了一段时间才建立起来的；几个世纪以来，西班牙的居民一直在"见证彼此"，他们从古老的异教信仰的共同背景走出来，一神论紧跟其后。

在美洲，这一冲击不可预见，非常残酷。既不能将其归结为一个简单的差异问题，也不能归结为两个稳定系统之间的冲突，其中一个系统突然被另一个系统的入侵所干扰。征服者所体现的社会环境并不是一个整体。入侵者认为自己在社会上是一群"不同类型的人"的混合体②。

---

① "大多数人身患疾病，骨瘦如柴，忍饥挨饿，因为缺乏体力而无能为力。"拉斯·卡萨斯（1986），第 376 页。

② 奥维多，在贝尔南德及格鲁金斯基（1991）中被提及：卷 I，第 262 页。

如果说他们自己的编年史家是可信的，那么大多数时候，他们几乎都是不值得称赞的人。"一开始，每有一个出身显赫的贵族，就有十个粗俗的人和其他出身卑微、默默无闻的人。"① 许多漂泊的、犯罪的人物涌入西印度群岛；另一些人则构成了定居巴西的葡萄牙人口的大多数②。地区差异加剧了社会差异：卡斯蒂利亚人、巴斯克人和埃斯特雷马杜拉人彼此深恶痛绝，难以相处。

土著的和欧洲的领导人在宗教、语言、身体和社会层面上的多样性以及他们之间的紧张关系，造成了一种差异性，这种差异性因失败造成的瓦解和政治框架的缺失而进一步加剧。传统地方当局在军事上被打败并剥夺了祖先的光环，遭受合法性危机的折磨，而新的西班牙当局难以界定和推行自己。征服最终腐蚀了全部政权。由新的主权当局行使的控制权——在来自统治西班牙或尼德兰的皇帝查理五世手中——是有限的，更不用说根本不存在了。大陆和海上的距离减缓了信息和秩序的传播。

莫托利尼亚认为，这段距离让墨西哥基本上无法控制："一个人不可能从那么远的地方治理这么大的国家；如不遭遇极端荒凉之苦，在日复一日缺少国王和领袖的崩溃情况下，一个与卡斯蒂利亚如此不同又如此遥远的地方是无法维持自我的。"③ 腐败泛滥，道德沦丧，西班牙宗教裁判所没有立足之地。强者为所欲为④。在任何时候，征服者之间都可能爆发内战，这些征服者分为"联盟和阴谋集团"、"派系"、"党

---

① 贡佐拉·费尔南德斯·德·奥维多（Gonzola Fernandez de Oviedo）："在那最初的时候，若有一位贵族以及一位血统高贵的人经过，就会有十位不恭之人、有色人种或有卑贱血统的人过来。"贡佐拉·费尔南德斯·德·奥维多被引用在贝尔南德及格鲁金斯基（1991），卷I，第262页。

② 安东内罗·格尔比（Antonello Gerbi），《新印度的自然界：从克里斯托弗·哥伦布到贡佐拉·费尔南德斯·德·奥维多》（La Naturaleza de las Indias nuevas：De Cristobal Colon a Gonzalo Fernandez de Oviedo）（墨西哥城：文化经济基金会，1978年），第390页；劳拉·德·梅洛·埃·索扎（Laura de Mello e Souza），《大西洋的地狱：十六至十八世纪的鬼怪学与殖民地》（Inferno atlantico：Demonologia e colonizacao，Seculos XVI – XVIII），（圣保罗：文字公司出版社1993年版），第89—90页。

③ 莫托利尼亚（1971），第222页。

④ 来自迭戈·德·奥卡尼亚（Diego de Ocana）书于1526年7月31日的书信，《墨西哥历史资料汇编》（Coleccion de documentos para la historia de Mexico）墨西哥城：波鲁阿出版社）卷I：第534页。

系"、还有"部族",所有的人都被激情和暴政野心迷住,形成了如此多的压力团体,以至于他们被指控试图模仿卡斯蒂利亚的考姆奈罗起义(comuneros)①。

想象的结构也受到了干扰。墨西加人很难将他们的侵略者定位:直到后来,在经过重新解释、掩盖和过滤事实的耐心努力之后,他们才把科尔特斯的到来与他们的羽蛇神奎茨科拉特(Quetzalcoatl)的回归联系在一起②。至于那些征服者,他们很快意识到被征服的人既不是犹太人也不是穆斯林,他们所发现的现实远比他们最初想象的更加令人不安。虽然从骑士的浪漫小说中得到的意象最初为他们无法自圆其说的事物提供了解释,但当他们不得不开始管理这片奇怪的、邪恶的土地时,这些意象几乎没什么用处。他们曾一度梦想着"白银夫人"山脉和她的贵金属宫殿,直到他们被来自秘鲁的惊人的消息和遥远北方的描述——西波拉的七座黄金城市是亚马孙埃尔多拉多河的北美版——所迷惑③。

混血过程

胜利者和被征服者之间的关系也采取了混血形式,这使得新当局试图维持在这两个团体之间的边界变得模糊不清。从一开始,生物混血就引入了一种新的不稳定因素——也就是说,生理杂交的结果——往往伴随着混血的信仰和实践。

绝大多数欧洲新移民都是男性:士兵、牧师、商人和各种各样的冒险家。这些欧洲人要么单身,要么与妻子分居(她们还留在卡斯蒂利亚或加勒比岛上),他们承袭了所有胜利者的特权。他们发现自己身处异

① 来自迭戈·德·奥卡尼亚(Diego de Ocana)书于 1526 年 7 月 31 日的书信,《墨西哥历史资料汇编》(Coleccion de documentos para la historia de Mexico)墨西哥城:波鲁阿出版社)卷 I,和贝尔南德及格鲁金斯基(1991)卷 I,第 353—356 页。

② 苏珊·D. 吉莱斯皮(Susan D. Gillespie)(1989)《阿兹特克国王:墨西加历史中的权力结构》(The Aztec Kings: The Construction of Rulership in Mexica History)(亚利桑那州图森:亚利桑那州立大学出版社 1989 年版),第 228—230 页。

③ 来自阿隆索·苏阿索(Alonso Zuazo)书于 1521 年 11 月 14 日的书信《历史资料汇编》(Coleccion de documentos),卷 I:第 363 页;参见贝尔南德及格鲁金斯基(1993),卷 II,第 338—342 页。

教徒的领地，几乎超出了天主教会的势力范围，因此他们的行为更加自由。长期以来，欧洲的神职人员数量一直被严格限制在最低限度，而陪同征服者们的少数牧师并不总是试图制止虐待行为。印第安妇女很容易成为入侵者的猎物，他们经常与这些女性发生粗暴且短暂的关系，毫不担心他们留下的年轻后代。强奸，姘居，更罕见的还有婚姻，产生了一种新的人口类别——混血儿——其身份模糊。尚不清楚混血儿是否应融入西班牙世界还是土著社团。理论上，在这个合法划分了"印第安人国家"和"西班牙人国家"的社会中，这些混血儿并未占据一席之地。在黑人妇女和西班牙男子或印第安妇女和黑人男子所生的穆拉托（译者注：mulatoo 混血，指的是黑人和白人的混血）混血儿的情况中，就更是这样了①。

由于所有这些原因，印第安人、黑人和西班牙人不得不日复一日发明新的共存方式，尤其是对第一群体来说是其生存下去的方式。在每一个领域，随机应变都胜于规范和习俗。因此，西方化的过程是在这种动荡的环境中开始的，这就解释了拉斯·卡萨斯（Las Casas）在他的《印第安人史》（*Historia de las Indias*）一书中所谴责的连续"过度"和致命爆发。当时的另一位主要人物，多明我会的修士多明戈·德·贝坦佐斯（Domingo de Betanzos）严厉批评了即将结束印第安问题的"折磨、实验、变化和新奇"②。入侵者的强取豪夺，加上完全缺乏殖民技能，引发了不可挽回的后果：黄金热、无能、拙劣和短期目标（再加上相当程度的蔑视和冷漠）导致了对土著劳动力的过分剥削，而西班牙人甚至都懒得去养活他们。随后发生了"毫无预谋"③的种族灭绝，而仓促实施的救济措施只会加剧这一切，最终导致从非洲大量输入奴隶。

墨西哥会像加勒比群岛遭遇同样的命运吗？一个简短的评论传达出

① 两种力量趋于缓和这种消极影响。以婚姻圣礼的名义，教会有义务规范混合婚姻。此外，以大家庭和触手家庭为基础的伊比利亚血统，尽管在下属驻地，也能够将情妇、孤儿和土著私生子纳入胜利者的营地。然而，这些力量对于在西班牙和印第安人蔓延时不堪重负的现象几乎毫无价值。

② 贝坦佐斯神父（Padre Betanzos）的意见，《历史资料汇编》（*Coleccion de documentos*），卷 II：第 196 页。

③ 雅克·鲁菲（Jacques Ruffie），引用于贝尔南德及格鲁金斯基（1991）卷 I，第256 页。

了 16 世纪 20 年代那里的混乱统治："这片土地迷失了……所有的一切都已失去，每一天都会失去更多。"① 这一评论同样适用于征服者们之间相互对抗的军事事件、皇家军官妻子的不体面行为、妓女们的放肆以及负债累累的西班牙人的命运，他们被扔进监狱，或被判在各个岛屿之间流浪。这种"万劫不复"的后果对年轻的土著一代同样是灾难性的："18 至 20 岁的年轻人成为彻头彻尾的无赖，他们无耻、酗酒和偷窃，有很多情妇，是杀手、是不听话的恶棍，他们粗野、傲慢和贪婪……。"②

很难描述这一连串的剧变。难以将其掌控不仅是因为所涉及的可变因素的数量、相交轨迹的不可预测性以及传统碰撞的差异。它还源于对立群体的模糊界限——土著的世界从哪里开始，征服者的世界又在哪里结束？他们的边界缠绕交织在一起，以至于无法分离。事实上，不可能用简单或直截了当的语言去描述那么不同的情况，例如西班牙人与他的当地随行人员之间的交流、墨西哥城内两大社区之间的融洽关系，或两群人民在整个国家层面的关系。同样程度的模糊性、不稳定性和临时性是所有这些情况的特点，不能简单地从文化适应或文化消亡的角度来分析。

从秘鲁的暴乱到巴西的马穆鲁克混血

（译者注：马穆鲁克 Memelucos 是葡萄牙语中用来表示欧洲和美洲印第安人产生的第一代后代，等于西班牙语中的梅斯蒂索 mestizo）

在秘鲁，这种无序甚至更深入、壮观和持久。和其他地方一样，征服者突然出现在安第斯山脉给社会、政治和宗教带来了冲击。但这片土地的政治不稳定和未来的不确定因为两起暗杀事件而更加突出：迭戈·德·阿尔马格罗（Diego de Almagro）于 1538 年被斩首；3 年后，弗朗西斯科·皮萨罗（Francisco Pizarro）被暗杀。一系列的暴乱延续了一种

---

① 讲述者罗德里格·德·阿尔博尔诺斯（Rodrigo de Albornoz）致皇帝的书信，《历史资料汇编》，卷 I：第 509 页。

② 迭戈·杜兰（Diego Duran），《新西班牙的西印度群岛及固土诸岛之历史》（*Historia de las Indias de Nueva Espana e Islas de la Tierra Firme*）（墨西哥城：波鲁阿出版社 1967 年版），卷 I：第 188 页。

由印加派系点燃的内战的气氛，印加派系分裂成西班牙的支持者和反对者两大类。这些事件有助于推迟建立一个强大的、受尊重的殖民政府。因此，秘鲁似乎体现了墨西哥人的经历所造成的恐惧，这种恐惧是在贵族内部的危机、印第安人口的高死亡率以及入侵者的漂泊感和自我毁灭的背景下产生的。

直到 16 世纪中叶，秘鲁的局势才开始稳定下来，直到作为总督的弗朗切斯科·德·托莱多（Francesco de Toledo）到来，王室才明确将其权威强加于所有政党。然而，征服和动乱的影响是不可逆转的。17 世纪初，印第安编年史作家费利佩·瓜曼·波马·德·阿亚拉（Felipe Guaman Poma de Ayala）描绘了一幅关于利马市的可怕画面，这里成了难以分辨的标志和群体的牺牲者：

> 他看见城里满是印第安人，他们离开自己的村庄，随心所欲地来来去去，尽管他们被派去矿井工作了，却也是雅纳科纳世袭贵族们的仆人或工匠；血统较低的印第安人穿得像西班牙人一样，佩戴颈圈和剑；其他人则剪短头发，以避免纳贡和在矿场服役。这是个颠倒了的世界……同样，作者也看到大量印第安妓女背着她们小小的梅斯蒂索混血儿和穆拉托混血儿，她们都穿着裙子、踝靴、戴着帽子；虽然她们都结婚了，但仍与西班牙人和黑人住在一起，甚至还有一些人不想嫁给印第安人，也不想离开这个城市，因为这就意味着要放弃妓女生活……①

长期的剧变，加上土著民众做出的更有力的抵抗，使得秘鲁的混血现象的特点与在墨西哥发现的并不相同。

巴西的殖民统治又提供了另一个例子，一个既没有经历过秘鲁内战也没有经历过帝国冲突的例子。虽然悬而不决的殖民政策和被战争大量削减人口的印第安人似乎把巴西的情况与墨西哥和安第斯山脉的情况联

---

① 费利佩·瓜曼·波马·德·阿亚拉，《第一个新的王权国家及好政府》（*El Primer nueva coronica y buen gobierno*）（1628 年），（墨西哥城：二十一世纪出版社 1980 年版），卷 III：第 1025 页。

系起来，可葡萄牙人淡然无力的存在却放慢了节奏，甚至为在那片新领土上定居的相关群体和个人留下了更大行使权利的空间。他们中有些人是流亡者/degragados，也就是说，是被判处海外流放的葡萄牙罪犯，而另一些人则是欧洲的冒险家。这就解释了为圣十字之地赚来可耻声誉的行为，以及庞大到足以创造自己名字的骤增的混血人口——马穆鲁克。与安第斯山脉和墨西哥相比，不同人群——欧洲人、梅斯蒂索混血儿、皈依的印第安人、丛林印第安人——之间的界限更加模糊不清，而且不断变化。但葡萄牙王室无法建立任何坚实的框架，特别是当它导致土著人民被奴役，随后大量从非洲运送黑奴时，更为这一占领增添了野蛮和残酷的色彩①。

无所适从

从征服开始的动荡时代对伊比利亚—美洲社会的生活方式产生了持久影响。由于环境的作用或失败的影响，对抗者失去了他们的方位。土著王朝的衰弱或崩溃、流行疾病的蹂躏、传统教育制度的破坏、公众形式的神像崇拜被视为非法、以及他们所遭受的肆无忌惮的剥削，引起了当地居民的迷失和崩溃。黑奴遭受的痛苦同样明显，他们被拖离了自己的非洲家园，强行运往墨西哥、秘鲁或巴西，而这些地区比伊比利亚大陆更为混乱。

征服者也没能幸免成为无根之人。他们断绝了与之相关的一切直接联系，包括祖先之地/casa solariega、家乡、当地节日的循环往复、超自然的保护者们——他们的崇拜仪式被伊比利亚的同族人保留下来。一种遥远的感觉萦绕在西班牙人的心头："离卡斯蒂利亚如此遥远，除了上帝的仁慈带给他们一点东西外，既得不到帮助，也得不到救济。"② 通

---

① 没有人比历史学家塞尔日奥·布阿尔克·德·奥兰达更好地描述和分析巴西的混血机制。他的《道路与边境》（*Caminhos e fronteiras*）（里约热内卢：若泽·奥林比奥出版社 1957 年版）一丝不苟地描绘了日常特色，这些特色由葡萄牙领土巨大空间的经验所转型。

② 贝尔纳尔·迪亚兹·德尔·卡斯蒂略（Bernal Diaz de Castillo），《征服新西班牙信史》（*Historia verdadera de la conquista e la Nueva Espana*）（墨西哥城：皮鲁阿出版社 1968 年版），卷 I，第 40 页。

过与美洲印第安男人女人们的不断接触，他们的习惯被那里的季节和食物所改变。这一切都需要不断努力的适应和理解。想到他的家乡佛兰德斯的严冬，方济各会修士佩德罗·德·甘特（Pedro de Gante）说，"人们可在任何时候播种和收获"。在欧洲，这些几乎没有引起注意的传统与生活方式的缓慢演变，突然被新经验和新教训的加速出现所取代。黑人和欧洲人不得不努力应对那些不熟悉的情况，这些情况不可逆转的改变了事物的意义以及人与人之间关系。

对于包括印第安人在内的每个人来说，都发生了一种生理和精神上的完全彻底的隔阂现象。受环境的影响，每个人都不得不与他或她的原生社会环境"保持一定的距离"，无论这意味着安达卢西亚乡村、非洲海岸、还是被征服以前的墨西哥。其他类似的现象也产生了同样令人不安的影响。传统社会和西欧的许多特征失去了最初赋予它们的意义。从一个世界过渡到另一个世界的东西最终从它们化身的集体记忆中消失；通过在不同的群体间流通，他们逐渐丧失了传统，有时也丧失了他们所拥有的权力。各种信仰和做法亦是如此。土著民众该如何解读他们对之完全没有概念的来自欧洲的彩绘或雕刻的图像？他们能用什么钥匙来解锁内容、分析形式、掌握欧洲人通过意象和表象在试图传达的东西？

当地的习俗和信仰也不能幸免于这种"去语境化"。它有时采取幻灭的极端形式，结果导致意义和合法性的缺失。一旦将它们与整体的生命或宇宙的形而上学观念联系起来的纽带被解散，生命和事物就失去了光环或力量。土著贵族的失败和屈辱破坏了几乎是有机分配给他们的一点点神性的概念[1]。对神像的破坏产生了更直接的影响——物质物品被化为灰烬、残渣碎片，贵重金属制品被熔化、永久消失。入侵者毁坏了神像，摧毁了金字塔，以显示旧神的无能。虽然这样的行为不足以证明神明完全不存在，其震慑效果也是相当惊人的。这是对生命和事物去神圣化的残酷剥夺的开始，它使美洲印第安人失去了方向，更多的是伴随着对重大仪式的永久压制。

---

① 阿尔福莱多·洛佩兹·奥斯丁（Alfredo Lopez Austin），《人体与意识：古纳瓦人概念的形成》（*Cuerpo humano e ideologia：Las concepciones de los antiguas nahuas*），（墨西哥：墨西哥国立自治大学，1980 年），卷 I：第 447—461 页。

伴随这些令人瞩目的侵略而来的，还有理解新殖民现实和不同知识技术所面临的挑战的困难。被迫皈依基督教显然摧毁了大量的行为和信仰类型，但变化也扩展到了许多其他领域。一项技术革新，如用字母书写、手稿和书籍取代古抄本，为信息（或被印第安人当作信息的东西）提供了一种新的联系。采用了令人惊讶的有效的写作媒介，与传统字形和色彩的多重内涵相竞争。字母书写的使用也改变了数据的选择和编辑，强化了线性叙事的速度。更具有决定性意义的是欧洲的绘画技术，它被限于描绘处于另一个时间或地点的现实，而印第安的"绘画"则使神性力量出现在眼前，几乎可以触及。在这方面，西班牙征服"世俗化"了信息①。

在其他领域，由西班牙传教士、官员和医生进行的调查对当地环境做出了一个解释性的坐标网格，将其降低到丧失圣化的水平、成了没有任何美洲印第安人的异教存在的"植物群"和"动物群"。除了少数例外，美洲印第安人为他们所处环境产生的"超自然的"方面受到欧洲人的指责、忽视或蔑视。在这个问题上，当地的信息提供者习惯于轻描淡写或忽视这些方面，以求努力转移他们强大发问者的侵略性好奇心②。然而，提供符合欧洲文人要求的答案的义务，却构成了一种令人困惑的，经常是特技般的做法。当土著画家被征服者强迫制作数百张印第安村庄地图时，这种做法再次出现。又一次，当地专业人员被要求为他们的新主人提供可阅读的信息，这意味着要发明一种部分适应欧洲人的眼光的制图和空间感③。

毁灭性流行病令人难以置信的规模也使当地居民心烦意乱，卸下了墨西哥治疗师（curanderos）的防备。由于无法继续将流行病解释为当地诸神的行为，受西班牙当局询问的受害者最终将其与社会和政治原因联系在了一起。疾病的冲击和新生活方式的强加，促使土著信息提供者

---

① 关于字母文字和书籍的传播，参见格鲁金斯基（1988）和米格诺洛（1995）。

② 例如，请参阅腓力二世的医生进行的研究周围的情况，见 F. 埃尔南德斯（F. Hernan-dez,）《全集》（*Obras completas*）（墨西哥城：墨西哥国立自治大学，1960）卷 I、II。

③ 杜齐奥·萨齐（Duccio Sacchi），《新世界全图：十六至十七世纪新西班牙的领土释义及地域制图》（*Mappe del Nuovo Mondo*：*Cartografie locali e definizione del territorio in Nuova Spagna，Secolo XVI - XVII*）（米兰：佛朗哥安吉利出版社 1997 年版）。

给出了超前的社会学原因，并创造了唯物主义的解释。无论这些言论是否反映了印第安人最深切的感情，它们都揭示了新秩序对被征服人群的表现方式不断施加的压力。因此，幻灭感可以沿着那些比起神殿的摧毁更少些痛苦，多些微妙的路径走下去——医学知识、地图学、写作。

但是，殖民压力也可以表现得更残酷和广泛，他们强迫印第安劳动力进入市场、矿场和作坊，迫使当地人接受这种生产节奏和关系——更不用说工作的概念了——与当地传统和古老的宇宙学没有任何关联。

然而，并不是只有黑人和印第安人才经历过这种间离化、去语境化和意义失去的幻灭。胜利者也受制于此，即使是以一种不那么悲剧性和往往不那么自觉的方式。那些学会了吃玉米的西班牙人远未想象出这颗神圣谷物，对于印第安人来说，具有的巨大且重要的意义；如果要寻求它的意义，他们就必须进入到印第安人所谓的神像信仰的领域。然后，他们可能会将当地玉米与卡斯蒂利亚小麦进行比较，并指出——在一个奇妙的转变中——两种谷物在崇拜和代表方面都发挥了核心作用。可可和烟草也经历了类似的命运，它们曾经沉浸其中的神圣存在感被清空；在征服之前，它们只被土著贵族享用，因其能够使人类与神圣的世界接触。在殖民时期，这些东西变成了普通的商品，最终成为世俗社交的焦点（如成为女性焦点的巧克力）。人们开始享用这些，发明了精致的"仪式"，使其失去了所有的宗教含义，变成仅仅是财富和社会地位的象征。任何对超出凡人的来世追求都被感官愉悦和物质奢华所取代，比如巧克力的享用和吸烟使用的配件①。

变幻莫测的沟通

征服的冲击并没有使感知世界的方式世俗化，但它足以扰乱历史悠久的习俗，从而播下怀疑、矛盾和优柔寡断的种子。丢失定位和丢失意义改变了突然被联系起来的个人和群体之间交流的条件和内容。这些丢

---

① 关于西班牙语的文化适应，参见索兰格·艾伯罗（Solange Alberro）《西班牙人在墨西哥殖民地：同化的历史》（*Les Espagnols dans le Mexique colonial: Histoire d'une acculturation*）（巴黎：阿莫德科兰出版社 1992 年版）。

3232222

失在可能发生的任何交换中都产生了持续的短缺，因为接触不是发生在"文化"之间，而是在欧洲、美洲和非洲的片段之间——这些片段和碎片一旦遇到别的，就不能长久完好无损。

通过增加迷失和扭曲的现象①，征服给人与人之间的交流赋予了极为特殊的约束、动力和要旨。从根本上说，交流是"混乱的"，因为所有的交流本质上都是零碎的、不规则的、断断续续的②——对话者出现又消失了，一天的安排到了第二天就不合适了。从发射到接收的所有通信阶段都不断受到干扰。解释产生于偶然情况，往往独立于各种传统所确立的标准和框架。因此，西班牙人描绘他们征服——新西班牙——的方式不断演变为他们设法获得的他们线人的背景和信息类型的功能。

模糊和困惑比我们的消息来源所承认的更为普遍③。编年史家奥维多报道了一名西班牙法官、律师/licenciado 阿隆索·苏亚佐（Alonso Zuazo）和墨西哥城的一群印第安人就图像问题引发的事件。1524 年，当科尔特斯还在洪都拉斯（Honduras）出征的时候，苏亚佐在这座城市安顿下来，他接待了一群印第安贵族——"这些地区中最有资格、最聪明的四个人"——他们跑来抱怨自己的神像被毁了。并非不合理，他们争辩说，西班牙人和他们一样，都信奉偶像崇拜："基督徒也有同样的偶像和形象。"④ 这一说法让苏亚佐感到尴尬，他通过翻译解释说，西班牙人"崇拜的不是图像本身，而是它们所代表的东西，这些东西可以在天堂中找到，我们从中得到了生命、死亡、善良以及与在下面的我们

---

① 乔治·库伯勒（George Kubler）在《古代美洲和欧洲艺术研究：乔治·库伯勒全集》（*Studies in Ancient American and European Art：The Collect Essays of George Kubler*）中描述了影响土著艺术的碎片化和去语境化，此书由托马斯·E. 里斯（Thomas E. Reese）编著，（康涅狄格州纽黑文和伦敦：耶鲁大学出版社 1985 年版），第 71 页。

② 我的想法借自奥马尔·卡拉布雷斯的《新巴洛克时代》（*La Eta neobarocca*）（意大利巴里：萨基塔里拉特扎出版社 1997 年版），第 132 页。

③ 在 1524 年的会议上，西班牙僧侣与墨西哥城的"偶像祭司"之间的首次和可能是最后一次的正式交流被重新编写，并在会议几十年后根据应该做的记录被写下来。参见贝纳迪诺·德·萨阿贡（Bernardino de Sahagun），《对话文学与基督教教义》（*Coloquios y doctrina cristiana*），米盖尔·莱昂·波尔蒂利亚（Miguel Leon-Portilla）编辑（墨西哥城，墨西哥国立自治大学/社会研究基金会，1986 年）。

④ 贡佐拉·费尔南德斯·德·奥维多，《西印度群岛编年史：西印度群岛通史》（*Cronica de las Indias：La historia general de las Indias*）（西班牙萨拉曼卡：胡安·德·拉·洪达出版社 1507 年版），第 159 页之文字。

有关的一切。"这么说着，他取下了一张挂在床上方的圣塞巴斯蒂安（Saint Sebastian）的画像，当着印第安人的面撕了起来，"在这个问题上给他们做了许多其他的解释，是为了使他们醒悟，把他们从异教信仰中解放出来；他告诉他们不要相信我们像他们一样崇拜偶像。"印地安人的反应很快。"看到这个，其中一个人对着翻译笑了笑，说他们认为法官不会觉得他们是这么愚蠢的人；他们很清楚，这样的形象是由 amantecas（工匠大师）制作的，就像他们自己的一样；他们并没有当成偶像来崇拜，而是像西班牙人一样，把它们看成太阳、月亮、星星，以及所有来自天空的影响，那里是生命起源的地方。"这一回答显然没有得到回应。苏亚佐"仍然有些尴尬，默默祈祷上帝会告诉他该怎样捍卫他的事业。"法官的尴尬不太可能是一个独特的事件——这促使他做了一个打破旧习的行为，可能会提醒教会不断注意那些破坏神像者。

在他们与法官的讨论结束时，印第安人要一张圣母的画像，"因为他们不太了解上帝和他的形象。"苏亚佐满足了他们的要求，没有想到过这个礼物会产生概念上的误解。许多印第安人认为上帝和圣母是一体的："叫着玛利亚或圣母玛利亚（Virgin Mary）的名字，〔印第安人〕以为他们喊的是上帝，他们把所看到的所有形像都称为圣母玛利亚。"在米却肯州别的地方，十字架被当成了上帝。这种在圣母、基督象征和上帝之间的混淆强烈地影响了在印第安土地上对基督教意象的接受。尽管苏亚佐和印第安人之间的对话并没有揭示西班牙人和他的对话者之间的全部误解（就他们被西方翻译和解释的论点而言），但它还是暴露了每一次讨论所产生的困难的迹象，不管这些讨论有多"文明"①。

这种变幻莫测的交流源于语言障碍，和无法找到用来解释这些完全对立的概念性宇宙与集体记忆一一对应的术语。通过研究纳瓦语民族为随着入侵者到来所做的新概念和对象所做的语言努力，可以了解障碍的程度②。在巴西，类似的混乱也出现在由土著背景下的救世主运动——

---

① 莫托利尼亚（1971），第37页。
② 詹姆斯·洛克哈特（James Lockhart），《征服后的纳瓦族人：十六世纪至十八世纪中部墨西哥印第安人的社会和文化历史》（*The Nahuas after the Conquest: A Social and Cultural History of the Indians of Central Mexico, Sixteenth through Eighteenth Century*）（加州斯坦福：斯坦福大学出版社1992年版）。

萨尔伏多尔·德·巴伊亚地区的"雅瓜里皮的圣提达德起义/the *santid-ade of Jaguaripe*"——所引发的困惑和混乱的解释中，因此，邪教信徒对基督教的解释也是这么总结的①。这并不是说，交流的障碍是纯粹概念性的；欧洲人的残暴和蔑视加剧了这些障碍，他们往往更关心贬低他们的土著对话者，而不是保留他们的知识遗产。

生存、适应、混血机制

这些沟通上的差距，仍然是长期现象，是混血机制中不可分割的一部分。虽然它们源于征服的持久冲击，但它们也预示着今天人们处理我们现代世界的多重现实的方式。我们都在努力拼凑不断来自地球上任何角落的碎片，这已经成为一个全球性的运动，强化的实践已经开始，实际上出现于文艺复兴时期的墨西哥——当然，有一个不同之处：我们绝不能忽视16世纪西属美洲的掌管这种"冲浪"的征服、冲击和身体暴力后的背景。对黑人和大部分土著居民来说，创造新的方位是一个事关生存的问题，甚至是个生死攸关的问题。即使对西班牙人来说，适应美洲新环境的能力也是一项决定性的、有时是至关重要的资产——在新征服的墨西哥难以扎根，促使许多人挑选并搬迁到他们认为更富有或更受欢迎的其他岛屿。

生存和适应的迫切性解释了为什么最直接参与征服的群体，不得不学会今后只能依靠当地的片面的知识。打败墨西加人的那些人在他们对其一无所知的土地上夺取了权力。对于印第安人来说，西班牙帝国同样令人费解，他们现在依赖的神秘政权是来自宇宙的一部分，其长辈们说，那里除了原始水域外什么也没有。这两个阵营都无法把握全局。谁能说出在开始的时候，有多少西班牙人，一旦他们的物质和宗教需求得到满足，就会去寻求与土著社会的真正亲近呢？

美洲印第安人和欧洲人就像迷宫中的囚犯一样，一步步地摸索前

---

① 罗纳尔多·瓦因法斯（Ronaldo Vainfas），《印第安人的异教：殖民地时期巴西的天主教及叛乱》（*A heresia dos Indios：catolicismo e reveldia no Brasil colonial*），（圣保罗：文字公司出版社1995年版）。

进，逐步解决他们面临的困难和选择。情况的复杂性、微妙性、不可预见性使前者的生存和后者的适应成为了目光短浅的事情①。最重要的也是最琐碎的问题必须得到解决——从发明免于人祭（从此被宣布为非法）的印第安仪式，到寻找当地的酱汁和调味品来搭配猪肉，这可是来自欧洲的新鲜玩意儿。从金字塔的顶端到后厨的这一过程中，妥协、修改和逆转是很常见的。在征服初期，这种不可思议的行为就成了一种可以容忍甚至普遍的做法，当时只是出于战术上的原因，西班牙人接受了土著盟友的食人做法（一旦他们有办法后就将其列为非法）。

推断、发现、学习：如果在迷宫中的人只能看到全球局面的部分景象，那么就需要向前迈进，这要求技巧和精明。它要求不断调动智力和创新能力。群体和个人必须或多或少地在他们设法捡到的零零碎碎之间编织出充分的和表面的联系。每个人都被迫构建一个基于所得到的印象、形象和观念的个人多层体系，赋予他们新的意义和新的价值。由于无法以线性方式解读从各个方面收到的信息，人们获得知识和实践——来对照以偶然、随机的方式收集到的数据和印象——从而构成了从未接近过自己的整体。

这就解释了为什么在错误、不理解和近似性的成倍增加中，征服引发的情况并不完全是无结果的和破坏性的。它激发了创造和即兴创作的能力，这是在极度困难、复杂和完全前所未有的背景下（美—非裔欧洲人）生存所必需的。这种限制在幸存者中形成了一种特殊的接受力——社会实践的灵活性、眼睛和知觉的流畅性，以及将高度多样化的片段组合起来的能力②。

这使得人们更容易理解人类学家，如乔治·福斯特（G. M. Foster），在早期所承受的压力。最初的几十年是一个对无数问题做出迅速选择和

---

① 卡拉布雷斯（1987），第 140 页。

② 斯图尔特·施瓦茨（Stuart Schwartz）指出，"文化接触的过程通常是'混乱的'并且是无方向性的，随着时间的流逝而发生变化，并且它是互动的，因为感知和行为在文化遭遇等式的两侧都相互影响。"《隐性理解：观察、报道和反思近代早期欧洲人与其他民族之间的对立面》（*Implicit Understandings：Observing，Reporting and Reflecting on the Encounters Between Europeans and Other Peoples in the Early Modern Era*）（英国剑桥：剑桥大学出版社 1994 年版），第 6 页。

即时决定——个人的和集体的、有意识和无意识的——的时代①。

　　征服的冲击迫使那些与适应支离破碎的、断裂的世界有关的群体，去忍受不安全、不稳定和不可预测的情况，并应对往往不成熟的沟通。这些特性有力地标志着西属美洲的混血过程产生的条件，创造了一个环境，这个环境在各种意义上都是混乱的，对甚少扰动的东西也很敏感。然而，还有另外一个也发挥着同样重要作用的过程。

---

① 乔治·M. 福斯特（George M. Foster），《文化与征服：美国的西班牙遗产》（*Culture and Conquest：America's Spanish Heritage*）（纽约：温纳格伦基金会，维京基金会文集出版物 27，1960）。

第四章　西方化

您的秘密就是宇宙，

对异国情调毫不陌生。

世界待您如宾客

天哪，走吧，

天哪，去西方吧。

——盖什·帕蒂（Guesch Patti）《侯爵夫人》歌词

　　尽管西属美洲的征服者们最初关注的是强行吞并从佛罗里达到火地岛、从小安的列斯群岛到太平洋海岸的土地，可是后来，民事和教会当局则努力在此培育与西欧几百年来发展起来的一切都相同的生活方式和环境。他们甚至还想把新大陆的"本土"居民变成基督徒。

　　西方化包括文艺复兴的欧洲在美洲使用的所有统治工具：天主教、市场机制、加农炮、书籍和图像。它采取了多种多样、且往往是矛盾的形式，其中一些是明显对立的，因为西方化同时是物质的、政治的、艺术的和宗教的（"精神征服"）。它不仅号召机构和社会团体（征服者、僧侣、法学家），还呼吁家庭、亲属和个人。一旦来到美洲，他们都在努力建立他们所抛弃的那个社会的复制品。在卡斯蒂利亚版本中，西方化意味着旧世界集体想象力和其制度的跨洋转移。这一事业是宏伟的，从16世纪持续到19世纪。西方化在它不同的掩饰（以及不同的内容、目标和速度）下一直持续到今天，并在整个星球上稳步蔓延①。

复制旧世界

在整个 16 世纪，西方化引入了新的物质、政治、体制和宗教框架，旨在控制由征服所引发的动荡。殖民地土地和社会的系统建设是通过复制的方式进行的。复制的规范，是在每一次征服者家族及其随从开始征服新世界的时候，都应该从中看到伊比利亚血统的重建或转移。也正是在这个层面上，我们必须分析欧式基础设施的出现：城镇、港口、道路、堡垒和武器库的建设；大学的建立；遍布美洲大陆的宏大建筑运动——教堂、主教堂、修道院、礼拜堂和医院。于是，出现了新西班牙（即墨西哥）、新加利西亚、新卡斯蒂利亚，以及许多其他有着熟悉名字的领地，这些名字在它们伊比利亚的家乡回荡。

欧洲机构的复制产生了迅速扩展到所有西班牙属地的网络。像在遥远的卡斯蒂利亚，城市由强大的市政委员会或卡比尔多（*cabildos*）领导。随着新的基督世界的发展，主教和大主教数量成倍增长。西属机构的扩张与美洲的开阔程度恰好吻合。即使是广阔的太平洋也不能阻止这种扩张，西班牙人后来还发现并征服了菲律宾群岛，试图把马尼拉变成卡斯蒂利亚的亚洲前哨基地，然后转向长崎，准备征服日本和中国（但从未进行过）。

这种不可抗拒的扩张伴随着语言和法律的标准化政策。从佛罗里达到智利，卡斯蒂利亚语是行政管理用语。胜利者、梅斯蒂索混血、黑人、穆拉托混血以及美洲印第安人的首领都说这种语言。法学家索洛扎诺·伊·佩雷拉（Solorzano y Pereyra）在《印第安政治》（*Politica indiana*）一书的介绍中赞扬了一个"统一了众多国王、众多富强地区的帝国，这是世界上有史以来最伟大的君主政体，因为它真正包融了另一个

---

① 这些想法的初稿出现在我的文章中，"文化之路：西方化及…（十四至十七世纪）""Le strade dell'acculturazione：occidentalizzazione e meticciaggi（secoli XIV – XVII）"刊于《欧洲历史—近代史：十六至十八世纪》（*Storia d'Europa，L'Eta moderna Secoli XVI – XVIII*），编辑莫瑞思·艾马德（Maurice Aymard），（都灵：埃纳乌迪出版社 1995 年版），卷四：第 83—122 页。

世界。"① 对美洲某一地区指定的法令适用于整个帝国。从 17 世纪开始编纂的著名的"印地群岛法令",即为卡斯蒂利亚的法律移植到这两个洲和两个半球的结果。从加利福尼亚州到布宜诺斯艾利斯,卡斯蒂利亚法——或者说是印地群岛的卡斯蒂利亚法（*Derecho indiano*）——管理着日常生活,确立了个人和集体与国家的关系,并规定了私有财产的范畴和利润的合法性。耶稣会修士何塞·德·阿科斯塔（José de Acosta）概括法律的这一标准化如下:"众多的印第安人和西班牙人组成了一个相同的政治共同体,而不是两个截然不同的实体。他们有相同的国王、受同样的法律管辖、由唯一的司法机构审判。对各色人种来说,[法律]没有任何不同,而是完全相同的。"②

西属美洲是一个真正的或理想的卡斯蒂利亚、罗马和欧洲帝国的复制品。正如为了与新世界一致,授予查理五世"凯撒"名号所显示的那样。事实上,美洲可以创新,因为与欧洲不同,并不需要考虑从中世纪的过去遗留下来的那些牵绊,而是可以自由地与土著底层人民保留下来的东西达成一致。美洲像在棋盘上似的,把城镇规划好,其最好的成就是那个帝国之城墨西哥—特诺奇提特兰城。在笔直的道路上纵横交错的城镇和城市构成了一个完全井井有条的模型,殖民社会只需要涌入其中即可。在所有城镇的中心高耸着代表胜利者的最高象征:教堂、市政委员会和皇帝代表的总部,还有一个带有喷泉的大广场。从一无所有而起的城市,如墨西哥的普埃布拉和秘鲁的利马,都预示着拉丁美洲城市的最新发展——是文艺复兴的巴西利亚。这一城市发展政策使得帝国主义的决心更加具体化,即把政府的胜利和信仰铭刻在美洲的风景上。

这是否意味着它只会建立一个欧洲化的舞台场景,而这一场景的设计就是为了在美洲复制中世纪的、复兴的（也许还有官僚且有征服感的）卡斯蒂利亚? 不,因为这个旧世界的复制品不仅不排斥美洲印第安

---

① "一个拥有如此多的国王和众多不同的、富饶的及强盛的省份的帝国,换言之,有史以来最幅员辽阔的帝国",胡安·德·索洛扎诺·伊·佩雷拉（Juan de Solorzano ye Pereyra）,《印第安政治》（*Politica indiana*）（马德里,拉贾塞塔的皇家印刷所,1776 年）,卷20。

② "环球的联盟正是印第安人与西班牙人共主的状态……"引用自何塞·德·阿科斯塔（José de Acosta）,《论为印第安人求取健康》（*De procuranda indorum salute*）[1588 年]（马德里:学术研究高级顾问委员会,1984—1987）,第516 页。

人，而且还根本离不开他们。从法律上讲，被征服的人民是殖民社会的两个核心和两大支柱（"印第安人共和国"和西班牙人共和国）之一。他们以卡斯蒂利亚模式为基础制度组成了社区。

西班牙王室即使在团结的时候也产生了分裂：它巩固了被征服的社会，使他们处于一种他者地位，尽管它是模仿西班牙世界的。在任何地方，美洲印第安人的领袖都充当着欧洲人和当地民众之间的中间人——他们往往是利己主义者。当地民众提供了中美洲、安第斯山脉和墨西哥无数建筑工地所需的劳动力队伍。正是那些民众生产了胜利者所需要的主食，白手起家地建造了新的环境，并从大地深处挖出了金银。当地民众有时是被利润或新奇性所吸引，但通常是被迫或被困的，他们面临着新的工作方式，与此同时，他们被推入一个将自己的命运与欧洲经济联系在一起的市场体系。

另一个基督教

"本地土著是一切欺骗性命令项目背后的动力和原因。"① 无论是劳工、法律上或事实上（de jure or de facto）的奴隶、仆人、消费者还是同僚，印第安人不仅在新大陆的王国中占有一席之地，而且还激起了新来的人中知识储备最精良的一群人——教会传教士——的浓厚兴趣。美洲印第安人融入殖民社会受制于一个强制的条件：被征服者必须放弃他们原有的宗教信仰。他们都被认为是"拜偶像者"，要么是魔鬼的受害者，要么是被上帝启示所忽视的人。因此，就像格拉纳达的摩尔人那样，所有人都必须皈依。

美洲印第安人的基督教化模仿了摩尔人的基督教化②。然而，尽管

---

① 哈维埃尔·戈麦斯·马丁内斯（Javier Gomez Martinez），《教团的法令：十六世纪新西班牙各修道院的说明及文件》（*Fortalezas mendicants: Claves y procesos en los conventos novohispanos de siglo XVI*）（墨西哥城：伊比利亚美洲大学，1997 年），第 100 页。有关这个问题，参见格鲁金斯基（1988）和（1990），以及出现在贝尔南德及格鲁金斯基（1991）卷 I 和卷 II（1993）中的参考书目。

② 安东尼奥·加里多·阿兰达（Antonio Garrido Aranda），《格拉纳达王国教会的组织及其在西印度群岛的计划》（*Organizacion de la Iglesia en el reino de Granada y su proyeccion en Indias*）（塞维利亚：拉丁美洲研究院，科尔多瓦大学，1980）。

它在反对偶像崇拜的斗争中把自己描绘成旧约的新版本，或者是在新的荒野中寻求禁欲主义的新的埃及隐居地，它还是试图重建最初的基督教。有一位西班牙文官，是琉善（Lucian）和人文主义者托马斯·莫尔（Thomas More）的伟大读者，后来成为米却肯州的主教。他断言把"新世界中的这种新型教会让我们这个世界成为了神圣使徒时代原初（primeval）教会的投影，并采取了原初教会的形式，这种新型教会具备原初（教会的式样），（较大主教大公教会而言义是）新颖的，同时也是（古老传统）重生的（产物）。"①

然而，皈依仅仅只是个救赎问题吗？对于文艺复兴时期的欧洲人来说，宗教和政治是密不可分的。美洲印第安民族的政治一体化需要他们基督教化，因为信仰是查理五世臣民中的唯一共性，他的臣民包括从根特的佛兰德斯人和格拉纳达的摩里斯科人（译者注：Moriscos，西班牙语中的摩尔人）到毕尔巴鄂的巴斯克人。此外，文艺复兴时期的基督教更多的是一种生活方式，而不是一套明确的信仰和仪式。它包括教育、道德、艺术、性行为、饮食习惯和社会关系，也仔细编排了日历和生活中的重要时刻。由于所有这些原因，基督教化是新世界西方化的一个关键环节。

这一皈依的种种方法展现了僧侣们采取的不同策略，使被征服的民众服从他们的律法，成为基督徒。然而，欧洲式的城市发展在土著民众眼中已经标志着一种有形的突破和肉眼可见的替代，实体的教会则真正地将这一项目具体化了。教堂建筑体现了精神和技术至高无上的地位，因为它们尊重了欧洲建筑的模式。在安第斯山脉，甚至在墨西哥还有更多，数以百计的高耸拱顶使印第安人感到震惊和着迷，他们从来不知道还有这样的建筑方法。这一大胆的技术帮助标志着新帝国的到来，它惊人地象征着教会所宣扬的尘世和天国领地②。有着雉堞状墙体的修道院

---

① 巴斯克·德·基罗加（Vasco de Quiroga），《论印第安》（De debellandis indis），编辑：雷内·阿古尼亚（Rene Acuna）（墨西哥城：墨西哥国立自治大学，1988）。

② 这也是新祭司经过的玄关拱门的情况。古典传统将这样的拱门与罗马的凯旋门以及被打败的民族联系在一起。参见瓦莱丽·弗雷泽（Valerie Fraser）《征服建筑：秘鲁总督府的建筑1535—1635》（The Architecture of Conquest：Building in the Viceroyalty of Peru 1535 – 1635）（剑桥：剑桥大学出版社1990年版）。

堡垒的大量扩散，给传教士的存在披上了非常明显的军事外衣，尽管今天还不完全清楚方济各会试图保护自己防备的是什么敌人——印第安人还是西班牙人①。

精神上征服的管理者和促进者勤勉地在美洲土地上散布新的地标，这些地标将一直吸引当地人的注意："内院和修道院的保护外墙、神奇的拱顶、壮丽的门廊，从基督教的上帝之家（或古代神庙/teocalli）俯瞰广场上纵横交叉的街道网格。"②

但是，这种环境，这种欧洲模式的典型复制品，只有在当地居民接受那个在本质上攻击偶像崇拜的基督教教育的情况下，才会有充分的意义。在墨西哥，第一批方济各会修士的到来，为受16世纪上半叶人文主义启发的教育事业打响了起跑的发令枪。修道院内开始建起学校；土著贵族的儿子学会了读和写；最好的学生获得了在墨西哥城的特拉特洛尔科的圣克鲁斯学院（College of Santa Cruz de Tlatelolco）学习的特权，他们在那里学习拉丁文、印刷术和古代经典。在托马斯·莫尔的思想熏陶下，伊拉斯谟式的人文主义引领了当地知识阶层的教育，几乎被牧师们接受，并为记录前西班牙时期的部分传统提供了有效帮助。这种以文艺复兴模式为基础的精英西方化让西班牙的世俗教徒们忧心忡忡，他们不愿意看到印第安人跟他们写得一样好——也许比他们写得更好。

征服灵魂的同时，伴随着对身体的征服，这一征服旨在使家庭、婚姻和亲密习俗服从教会普遍规范。到了16世纪20年代末，大规模推广基督教婚姻似乎是迅速和深入地实现土著人口基督教化的最有效途径。在征服之后的几十年里——甚至在特伦特会议（the Council of Trent）（译者注：1545—1563年间罗马教廷在意大利特伦特市举行的大公会议，是罗马天主教会为抗衡马丁·路德宗教改革冲击而进行的自我改革运动。）之前——僧侣们规定并调整了价值观、仪式和行为体系以规范被

---

① 戈麦斯·马丁内斯（1997）。同时，设计用来举办大型游行的 atrio 是西班牙修道院回廊的复制品，具有相同的功能。通常甚至连一个带有教堂的村庄的布局都将模仿 atrio 游行的布局："因此所有的印第安人的城镇均突出其修道院宽大的特色。"戈麦斯·马丁内斯（1997），第122页。

② 塞尔日·格鲁金斯基，《鹰和西比拉：墨西哥修道院的印度壁画》（L'Aigle et la sibylle: Fresques indiennes des convents du Mexique）（巴黎：国家印刷社，1994），第20页。

征服民族的婚姻和夫妻生活。基督教一夫一妻制是一项独特、统一的标准，不论种族背景或社会地位如何，它都有效。在成文的传统和法律的基础上出现的基督教一夫一妻制，都参与了西方化生活形式的复制——在各种意义上都是如此。最后，监控灵魂也意味着监控肉体及其带来的最私密的快乐，这一点在用土著语言编写的忏悔手册中有所披露①。

印第安人的复制品：生产与再版

再现西方也意味着再现其技术②。这种策略从一开始就伴随着福音布道的传播，因为基督教化的文艺复兴版本就意味着引进西方的生活方式。因此，神职人员的要求和征服者的需要暗示着向土著民众传授技术。这种传授和学徒制的条件的特点是，地方倡议的作用越来越大，土著复制品的质量也很高③。

这种适应的速度和其坚定同样令人惊讶——最容易受到入侵者压迫的土著工匠们，只要一有机会，就会马上窃用欧洲的技术，他们的技术往往超过其西班牙主人。印第安人不仅试图以任何可能的方式再现旧世界的艺术，他们甚至还领先了。例如，当谈到锤打黄金时，印第安人并没有花费长达八年的学徒期——这一时间通常被认为是成为一名西班牙大师所必需的时间——他们"观察了工艺的所有细节，数着锤子的击打数量，留意大师敲击的地方和他是如何一次又一次地调整模具的；然后在一年之内，就开始锻造黄金。他们都是趁着大师不注意，从他那里'借'了一本小册子来做的。"④ 所有用以发现西班牙人秘密的手段都是

---

① 塞尔日·格鲁金斯基，"新西班牙印第安人间的信仰、联盟与性欲：土著语言中的忏悔研究导论"，刊登于《心理历史研修：犯罪的热望与定型的渴望》（*Seminario de Historia de las Mentalidades，El placer de pecar y el afan de normar*）（墨西哥城：华金·摩尔迪斯出版社1987年版），第169—215页。

② 参见洛佩兹·梅德尔（Lopez Medel）的建议，引自阿莫斯·梅格德（Amos Megged），《天主教改革的输出：墨西哥早期殖民时期的地方宗教》（*Exporting the Catholic Reformation：Local Religion in Early-Colonial Mexico*）（莱登/纽约/科隆：E. J. Brill，1996），第85页。

③ 佩德罗·德·甘特（Pedro de Gante）（即根特的彼得）在方济各会传福音的第一批队伍中的作用是众所周知的。这位佛兰德斯僧侣是在北欧受训的，那里的灵性以修士修道会的作品为标志。他开发了针对土著青年的培训技术。

④ 莫托利尼亚（1971），第240页。

有效的，从观察每一个小动作①到仔细地分解和记住制作的各个阶段，甚至是查阅神秘的文本②。

卡斯蒂利亚织布机的使用同样取得了惊人的成功。印第安人仿造了服装、家具、甚至乐器，然后他们大规模生产："他们已经制造了维乌拉琴（vihuelas）和竖琴……他们制作出了在弥撒曲和复调歌曲所需要的所有音域里音高都正确的长笛。他们还制造了管乐器，铸造了高质量的伸缩长号。"③ 巴托洛梅·德·拉斯·卡萨斯（Bartolomeo de Las Casas）对土著手工制作的乐器的质量感到惊喜④。

尽管如此，仍然存在着大量障碍。制作第一批管风琴——在土著社会中没有类似的乐器，所以为此必须发明一个复杂的纳瓦词语⑤——就产生了不只一个问题。在这种情况下，在复制之前就得有创造性的替代品："他们在一个满是管风琴的地方，组织了一场笛子音乐会。演奏的笛子太多了，使得呈现出的乐声与木制的管风琴非常像。"⑥ 在其他情况下，印第安人依靠挽救和自己动手的技术："他们用烛台做了一个伸缩长号。"⑦ 乐器的制造和西方音乐的迅速传播——"音乐在这片土地上扎根了"——为评估印第安人的整体仿制技能提供了一个机会："这些人就像猴子：一些人做了什么，其他人便立即模仿。"在中世纪的修辞学中，猴子的形象就象征着模仿的能力。

---

① 莫托利尼亚（1971），第 243 页。"第一位避开的官员……"在制作服装方面。要学习和模仿皮革制品的编织和镀银——皮雕工艺品——土著工匠偷走了材料样本并向僧侣询问其来源："我们要把这卖向哪里？倘若我们有皮雕工艺品，尽管西班牙人把它藏起来，我们还会制作它并像卡斯蒂利亚的工匠一样，给它涂上金色或银色。"

② 复制发生在最多样的领域中——例如，根据西班牙的模型在尺寸、比例和金属合金方面铸造铃铛，以及皮革的去脂和手风箱（fuelles）的制造。莫托利尼亚满意地列出了当地工匠手工生产的皮革制品："鞋子，小刀，borceguies，alcorques，chapines。"

③ 莫托利尼亚（1971），第 242—243 页。复制是通过仔细观察和复制工具完成的："从水洗羊毛到在纺织机上把羊毛织在一起并印花，当其他印第安工匠要去吃饭以及在节庆之时，两人利用所有的机器与工具以及梳毛机、纺纱机、整经机，此外还有纺织机、篦子以及其他工具，想尽了一切办法，直至正式地产出羊毛。"

④ 巴托洛梅·德·拉斯·卡萨斯，《护教论简史》（*Apologetica historia sumaria*）（墨西哥城：墨西哥国立自治大学出版社 1967 年版），卷 I：第 327 页。

⑤ 洛克哈特（1992），第 281 页："*ehuatlapitzalhuehuetl* 隐藏风鼓。"

⑥ 莫托利尼亚（1971），第 237 页。

⑦ 拉斯·卡萨斯（1967），卷 I，第 327 页。

印第安人在建筑方面表现出了同样的模仿天赋："自从西班牙的石匠们到来，印第安人建造了他们看到的我们工人所做的一切：拱门和……门窗，这些需要大量的工作；所有他们看到的带有怪诞风格和怪物的装饰品，以及为西班牙人建造的漂亮教堂和房子，他们都能建造出来。"一件有趣的轶事说明了土著模仿能力的程度，甚至可以说是模仿过度。一位印第安手艺人遇到了一位戴着尖头帽，或者叫做桑贝尼多帽（sanbenito）的西班牙人，这种帽子是宗教裁判所强加给受害者的。而这个印第安人把它当成了在大斋期间穿戴的特殊服饰并被其深深吸引，于是他立刻开始制作桑贝尼多帽，并在街上叫卖，高喊着"Ticohua-znequi Benito?"（谁想买贝尼多帽?）。这个故事使镇上的居民觉得非常有趣，甚至因此出现了一句谚语。这种抄袭的狂热使得一些印第安生产商达到了制造任何老物件的地步。①

这则轶事还提出了另一个问题，即美洲印第安人与殖民市场的关系。他们非凡的仿制技巧远远超出了无谓的精湛技艺的表现或不知疲倦的独创性②。欧洲物品的制造满足了当地和西班牙客户的需求，他们渴望得到这些物品，并设法少花些钱去购买。当地的仿制品对西班牙和土著匠人们之间的竞争产生了直接影响。向城镇和乡村的消费者提供优质商品，这就允许当地人打破西班牙工匠的垄断。仿制似乎与进入市场的机会结伴而行。

仿制可能会产生矛盾的效果。它加速了印第安人融入西方经济和技术世界的进程。在建立起相互依赖关系的同时——这种模式下的效仿者与伊比利亚半岛上的墨西哥印第安人——它也为土著工人开辟了道路。最优秀的美洲印第安人享有一些回旋余地和发明空间，对此他们立即加以利用。

然而，这一回旋余地是否足以保留古老的信仰和习惯？仿制品的繁衍发生在一种去仪式化的背景下，失去了本土传统赋予人类劳动的意义。去仪式化也解释了欧洲机器所扮演的越来越重要的角色。如果西班

---

① 莫托利尼亚（1971），第243—244页。
② "用羽毛或秸秆，抑或用黄边龙舌兰的边刺缝纫，"莫托利尼亚（1971），第241、242、244页。

牙风格的织物看起来与西班牙的样式相同，那是因为它们都是在西班牙出产的机器上生产的，符合原始资本主义的生产模式。在前工业化的规模和数量上加速复制，是欧洲机器出现后的结果。印刷厂出版的书籍和版画更是如此。因此，市场、机器和仿制是联系在一起的。

复制与沟通

通过剧院和戏剧仪式对西方的集体想象的复制，为模拟过程提供了一个新的角度①。传教士们利用剧场来解释和传播基督教信仰的内容。教化性的作品"展现了"，也就是说使其可见，来自圣经故事的事件、基督教神殿的主要人物，以及西方的神圣地理位置。印第安人再一次扮演了直接的角色。剧本的情节是由修道士们提出，但却是印第安人自己创作的②。当地居民建造并安装了成套设备，表演音乐和歌唱，并扮演了所有的角色（通常是本色出演）。西班牙观赏者对土著们演出的质量和真实性感到震惊。"模仿"（contrahacer）和"自然的"（al natural）这两个词，经常被用来赞扬那些表演，他们如此忠实于所模仿的对象，以至于他们常常被误认为就是被模仿的对象。对多明我会的那位修士拉斯·卡萨斯来说，"他们要么是天使，要么是人群中的怪物"③。这一次，模仿的技巧不再是带有动物性的猴子模仿的样子，反而让人想起了那些有超人类能力的生物——天使或怪物。

模仿在天主教崇拜领域也发挥着作用。莫托利尼亚讲述了他在一个村庄访问时所产生的开心和钦佩之情。在他到来之前，印第安人把忠实信徒叫做弥撒大众（Mass），背诵教义并祈祷；他们甚至敲响了钟，仿佛那是奉献和献祭的时刻，"他们这样做已经有六年多了"。新皈依者

---

① 奥东·阿罗尼斯（Othon Arroniz），《新西班牙宣传福音的戏剧》（*Teatro de evangelizacion en Nueva Espana*）（墨西哥城：墨西哥国立自治大学出版社 1979 年版）。

② 新西班牙的僧侣试图通过舞台表演吸引土著观众，其中最为壮观的是 16 世纪 30 年代在特拉斯卡拉和墨西哥城举行的表演。参见费尔南多·霍尔卡西塔斯（Fernando Horcasitas）《纳瓦戏剧：新西班牙及现代时期》（*El teatro nahuatl：Epocas novohispana y moderna*）（墨西哥城：墨西哥国立自治大学出版社 1974 年版）及阿罗尼斯（1979）。

③ 拉斯·卡萨斯（1967），卷 I，第 328 页。

的激情可能会对教会耍些颇有恶意的小把戏，但这似乎并没有冷却方济各会的热情①。这一惊人的趋势可以用美洲印第安人在方济各会修道院接受了教育来解释。除了阅读和写作，还有音乐、素描、书法和绘画课程。土著年轻人在进入了图形和声音交流的新领域时，也学会了复制欧洲图像②。

很有意义的是，写作、音乐和绘画都是一起教的："许多十一二岁的孩子，他们知道如何读写，如何唱素歌（译者注：plainsong，意为教堂音乐）和格列高利圣歌，他们甚至可以自己记下这些音乐。"西方的三种表达方式实际上是基于相同的原则：字母符号、音符和"图像"，被用来再现语言、声音和视觉。在任何一个方面，土著学生都面临着他们家里没人知道的概念和技术③。欧洲体系的一致性有可能简化了修道教士的任务。他们的墨西哥弟子们意识到，在三维空间的数字排列，与书面文章、以及在西班牙—佛兰德斯和声中的音符分布一样遵循着相同的秩序原则④。

复制或演绎

美洲印第安人在戏剧表演中的直接参与——他们自己也受邀参与演出，解释了这些节目对观众的效能和影响。然而，土著们的参与也是剧院类模仿的局限和矛盾的标志。即使修道士们没有意识到这一点，土著的表演也倾向于偏离原来的西班牙的模式，因为他们受到印第安的表演和舞台表现方式的影响。演员和角色在美洲印第安人的头脑中成为一体，几个世纪以来，他们一直使用同一个词——伊克西普塔拉（*Ixipt-la*）——指代祭祀的受害者、他/她化身的神、以及以神的名字命名的

---

① 莫托利尼亚（1971），第 92 页。在许多社区中，印第安人定期代替西班牙神职人员。
② "艺术是为获得其精确的目的而被引导、被偶像化地规划、被完成，"引自萨尔托尔（Sartor）（1992）第 207 页。
③ 有除了音乐符号之外的可能。
④ 莫托利尼亚在对印第安人演奏雷别克三弦琴的技巧感到欣喜若狂时暗示了这一点："他拿起三弦琴，站在众多三管笛演奏者中，他的旋律时而配合群笛，时而高于群笛。"莫托利尼亚（1979），第 237—238 页。

祭司。因此，西方国家所要求的模仿很容易造成挪用，而这种挪用行为在碳纸复写本的错误外表下蓬勃发展起来。这种自相矛盾的结果在许多涉及西方化和土著人对其反应的情况中反复出现。

事实上，从最早的时候起，复制的概念就表现得非常灵活，从精确的复制品到漂亮的复本，再到创造性的表现。在技术层面上，写作是通过制作复本来教的，它们那么完美，以至于无法察觉原版和其复制品之间的区别。重要的是，第一次写作练习是制作一个教宗训令的特斯可可（Texcoco）印第安文的复制品。结果是惊人的逼真，"复制品是如此像真迹。"土著弟子们还擅长写字："他们［对文字］模仿得太好了，没有人能看出样本和他们所做的复本之间的区别。"拉斯·卡萨斯说过，当一位方济各会修道士给他看一本印第安人写的书时，他一度以为这是已经印刷出来的，因为这字迹与西方印刷机的字体非常接近[1]。拉斯·卡萨斯还举例提到一封墨西哥城的印第安人寄给他的信，他向印度群岛议会出示了这封信；议员们陷入混乱，因为他们无法确定这封信到底是印刷的还是手写的。美洲印第安人已成为书法大家，他们的作品可与印刷机的作品相媲美。模仿很难做到如此完美。

关于绘画，结果也同样清楚。以欧洲标准衡量，到了 16 世纪 40 年代，*特拉库依罗*（译者注：*tlacuilos*，纳瓦语抄本的绘制者，下文用斜体）（画家）已经成为杰出的模仿者："自从基督教徒到来，就出现了伟大的画家；自从西班牙人带来佛兰德斯和意大利的模版和绘画，无论是多么引人注目的祭坛画或画像，没有一幅是他们没有复制和模仿不了的，尤其是那些在墨西哥城的画家，因为所有从卡斯蒂利亚来的东西都注定是好的。"[2] 可能是受莫托利尼亚启发，拉斯·卡萨斯同样值得称赞。在描绘人类和动物方面的"进步"尤其值得注意[3]。贝尔纳尔·迪

---

① 拉斯·卡萨斯（1967），卷 I，第 327 页。

② 莫托利尼亚（1971），第 240 页。

③ 同上。与此同时，拉斯·卡萨斯毫不犹豫地将佛兰德斯艺术与墨西哥本土艺术进行比较："在之前及如今的官员中，不乏有一些技艺精湛的油画师。凡是他们想要画的画，无疑都是极富有创新性的。之后他们创作我们的画像，然后将这些画像变得极尽完美并有趣，其完美程度宛如佛兰德斯与其他任何国家的顶级画师所得那样。他们中有一些画师总是能在同行中脱颖而出。"拉斯·卡萨斯（1967），卷 I，第 322—323 页。

亚兹·德尔·卡斯蒂略（Bernal Diaz del Castillo）在他的有关征服墨西哥的"真正的历史"中也对墨西哥的画家们赞不绝口①。

不过，我们应当注意不要以我们自己使用照相机、影印机和扫描仪的方式来看待这些复制品，因为我们已非常习惯机械复制的准确性。在 16 世纪，复制品可在技术上达到完美的唯一领域——也是近乎是纯正的机器生产产品的唯一方面——与雕刻和图形印刷有关。在所有其他情况下（教义除外），特别是在艺术层面上，欧洲的再生产概念留下了很大的解释空间。即使欧洲模式在本质上仍然是征服者优越性的表现，印第安人在做复本时也有权做出自己的理解。拉斯·卡萨斯明确提到了这一点，他赞扬了"他们发明的极其巧妙和极为新颖的方式，"并补充说，"一切都为他们提供了材料，以装饰和完善他们打算表演的剧目。"②

最重要的是，欧洲绘画试图在基本元素的有限范围的帮助下传达一个主题，这主题总是从大多数观众熟悉的剧目中提取出来的③。这种艺术上的自由空间与墨西哥画家们缺乏准备的情况相吻合。他们对欧洲绘画的历史和文体的发展没有任何概念，而且他们努力复制的形式太过新颖，无法以一种内部约束的方式取胜。他们的无知和距离既是技术上的障碍，也是相对自由的来源④。

---

① 贝尔纳尔·迪亚兹·德尔·卡斯蒂略，《征服新西班牙信史》（*Historia verdadera de la conquista de la Nueva Espana*）（墨西哥城：皮鲁阿出版社 1968 年版），卷 I，第 275 页。"在当时的墨西哥城里有三位在行业中非常突出的、技艺精湛的印第安雕塑师与画师，正如马尔克斯·德·阿基诺、胡安·德·拉克鲁斯和埃尔克莱斯皮所说，他们三人与著名的阿佩莱斯、或者是米开朗基罗，抑或是贝鲁格特生活在同一时期，而这三位对我们来说是非常著名的。"也请参见第二卷第 362 页："就我看来，对我来说意味着那位非常著名的画家宛若古时候的阿佩莱斯以及与我们同时期的米开朗基罗和贝鲁格特，完全不似现在刚刚出名的那些画坛新秀，比如那个布尔戈斯人，……在其中，他好似阿佩莱斯，名声如雷贯耳。据马尔克斯·德·阿基诺、胡安·德·拉克鲁斯和埃尔克莱斯皮所称，三位技艺高超的墨西哥印第安匠人制作的金刚砂和圣物匣不是用非常纤细的画笔制作的。"

② 拉斯·卡萨斯（1967），卷 I，第 328 页。

③ 迈克尔·巴克桑德尔（Michael Baxandall）《十五世纪意大利的绘画与经验》（*Painting and Experience in Fifteenth-Century Italy*）（剑桥：剑桥大学出版社 1986 年版），第 45—46 页。

④ 然而，与欧洲的差距迅速缩小。随着旧世界的画家们开始习惯于依赖书本上的版画，而不是依赖于本地传统的缓慢风格演变。来自两个世界的艺术家最终都面临着相当相似的工作条件：刻版模型的可用性往往优先于其他传统。

混乱、西方化、混血现象

在安第斯山脉也发生了类似的过程，虽然由于内战以及与宗教秩序和被征服民众的特殊性相关的差异，而使其受制于时间间隔①。在南半球和北半球，殖民局势的明朗化都是在一项庞大的复制事业——西方化——的背景下进行的，它最初采取了残酷嫁接欧洲框架和生活方式的形式，但后来随着西欧经历的一系列变革到达西属美洲并被其修改，才重新焕发活力。

发生在令人不安、不可预测且不确定的环境中的西方化的拟态动力②，稳稳地牵引着由征服所造成的破坏。它们增强了趋同、平衡和消极抵抗的效果，反过来又产生了新的生活模式和表达方式。各种特征——体制的、宗教的、艺术的、法律的和经济的——都围绕着稳定吸引力的极点而凝聚在一起。对圣母玛利亚的形象（特别是瓜达卢佩圣母）的崇拜就是这种情况③，这在殖民社会中占有关键地位④。

因此，西属美洲的西方化似乎涉及对旧世界机构的复制、对西方物品的复制以及对欧洲共同想象力的描绘；新法国、新荷兰和新英格兰也都是如此。但与法国、荷兰和英国的实验不同，西班牙的征服者（Conquista）使土著人民成为复制的主角——不管是好是坏："在新西班牙的修道士们所拥有的所有教堂和修道院，如果不是印第安人用自己的双手

---

① 贝尔南德和格鲁金斯基《新世界的历史》（*Histoire du Nouveau Monde*）（1991 和 1993）；内森·瓦克泰尔（1971）。

② 我写的是西方化模仿的"动态"，而不是模仿的"逻辑"，因为后者暗示了源头反驳的自动，理性，甚至是不可避免的维度。

③ 格鲁金斯基（1990），第180—221页。

④ 新世界的殖民化可以看作是复制，模仿，复写，再生和表达的变化过程。至少从这个角度来看，欧洲与美洲之间的关系类似于原件与副本之间的关系。但是没有什么比这种类型的关系更复杂的了，这意味着这种依赖关系可能会随着时间而改变，从最全面的屈服演变为角色转换，而这实际上是不可逆转的中断。至于原件的复制，它们可能会以最多样化的形式出现：制作双份，发展真正的副本或制作不完美，草率，不完整的复制品，参照体系被颠覆或中和，甚至在极端情况下，捕获和反转。这些评论可能适用于西方化的其他情况，日本和沙皇俄国的情况马上就会浮现在脑海，即使彼此的速度和阶段并不相同。

和汗水建造的，那又是谁来建成的呢？"① 这种根本性的差异——除了卡斯蒂利亚的美洲以外到处都有，美洲印第安人不可避免地被边缘化、排斥或消灭——这解释了为什么模仿会自动成为创造力和混血现象的来源。由于土著版本的复制总是伴随着自己的理解，它引发了一连串的组合、并置、合并和叠加，它们在模仿和混血机制的交火中夹杂在一起。

显然，西方化遇到了从公开叛乱到各种形式的潜在敌意的反抗。一些"盲目崇拜者"拒绝接受基督教②。逃离"集会"（民众被迫参与的集会）的、逃入佩滕森林的③或在矿场故意不好好工作的印第安人，都表明他们拒绝接受国王和教会试图强加给他们的生活方式。但除了边境地区，这些态度从未真正威胁到西班牙的统治。最重要的是，他们总是与其他类型的对西方化的反应共存，那些利用回旋余地的人，不管这些余地多么小，都将其留给了由于基督教化和欧洲技术的引进而被征服的人。

因此，必须在这一全球的背景下理解西属美洲进行的混血过程——征服之后立刻出现的美洲的混乱、在整个大陆层面上强加上的西方化、由土著民众自己做出的模仿。从征服/Conquista、西方化和拟态这三重方面共同作用的角度上理解，混血机制首先表现为对不稳定、不可预见和基本上不可预见的情形的生存反应。在这方面，它们符合分裂的通常状态。但是，这些"权宜的"过程也代表了西方化的影响，因为这些过程起源于本土复制和对欧洲特色的挪用。

所以，拉丁美洲的混血现象必须同时被视为重塑一个破碎的世界所做出的努力，和对征服者强加其上的新框架进行局部调整的趋势。这两种趋势是无法分离的。两者都依赖于上面描述的那个非常不稳定的环境。

---

① 杰罗尼莫·德·门迭塔（Geronimo de Mendieta），《西印度群岛教会史（1596 年）》（*Historia eclesiastica indiana*）（墨西哥城：波鲁阿出版社 1971 年版），第 422 页；及戈麦斯·马丁内斯（1997），第 100 页。

② 在整个殖民时期，人类化身神灵的事件时有发生。参见格鲁金斯基（1985）。

③ 南希·M. 法里斯（Nancy M. Farris）《殖民统治下的玛雅社会：生存的集体企业》（*Maya Society under Colonial Rule：The Collective Enterprise of Survival*）（纽约普林斯顿：普林斯顿大学出版社 1984 年版）；格兰特·D. 琼斯（Grant D. Jones）《玛雅人抵抗西班牙统治：殖民地边界的时间和历史》（*Maya Resistance to Spanish Rule：Time and History on a colonial Frontier*）（新墨西哥州阿尔伯克基：新墨西哥州立大学出版社 1989 年版）。

第二篇

混血意象

第五章　半人马夫人和猴子

外国和中国式优雅的奇异混合，令人不安、引人注目又美丽。

——彼得·格林纳威，《枕边书》

在文艺复兴时期的墨西哥，混血现象几乎入侵了生活的每一个领域。通常，由于缺乏资料来源和方法论，这些现象并不适用于进行系统的讨论。然而，意象是个例外。彩绘手稿和修道院的壁画成就了伟大的收藏，广阔又方便见到（在新西班牙有近三百万平方英尺的画幅）。艺术史家们常常只对它们有点好奇而已，仿佛这些既没有文艺复兴的魅力，也没有前哥伦布时代艺术的"吸引人的神秘"的作品使得他们非常尴尬①。

一种"多重风格的杂乱堆积"

关于西方意象对新征服的土地的影响，有一些功能性的解释：无论是素描、雕刻还是用颜料画（在帆布或墙壁上）的，图像都符合传福音和反抗偶像崇拜的要求。图像帮助克服语言和概念障碍造成的困难；依靠通过几个世纪的图像和象形符号练习已经发展起来的同化技能②，

---

① 一个例外是康斯坦迪诺·雷耶斯 – 瓦雷里奥（Constantin Reyes-Valerio）所著《修道院的画家：十六世纪新西班牙的壁画》（*El pintor de conventos*：*Los murals del siglo XVI en la Nueva Espana*）（墨西哥城：国家人类学与历史学院，1998）。

② 关于前西班牙时期的技巧和征服前的画家，参见《过往的碎片：西班牙殖民时期之前的壁画》（*Fragmentos del pasado*：*Murales prehispanicos*）（墨西哥城：国家人类学与历史学院，圣伊尔德方索古校/墨西哥国立自治大学，美学研究，1989）。

而且还慢慢取代了古代的手抄本。宗教团体，特别是方济各会，从一开始就对基督教形象与印第安神像的战争起了决定性的推动作用①。

西方意象的传播使我们面临着最成功的模仿展示之一。在这些被征服的土地上，它被用来再现欧洲的视觉环境和集体想象的关键特征。从很早的时候起，经过了不同的传统训练的土著特拉库依罗就受到欧洲的图像启发而做出了复制品。这些墨西哥艺术家发现了新的样式，形成于令人吃惊的相异模具中，因为在美洲的欧洲艺术是从中世纪到文艺复兴时期的西班牙、佛兰德斯、意大利和日耳曼风格的组合。印第安艺术家们以更大的宽容度观察、复制并重新诠释了这些不同的模型，因为与欧洲同行不同，他们并不受制于旧世界的传统、学派和文体标准。这解释了风格和创新的结合，构成了墨西哥当地的文艺复兴最引人注目的特征②。

然而，从他们手中做出的艺术是否有可能仅仅是"永恒的混乱风格，"一种罗马风格与哥特式的、文艺复兴与西班牙—摩尔式的、美洲与伊比利亚和佛兰德斯式的无耻结合？或者，它是否代表了一系列巧妙的有关形式的混合和利用，这些形式摆脱了其历史背景，像在美洲定居的人们那样具有入侵性和根除性？这场融合是如何发生的，最终的结局又是什么？

在试图回答这些问题之前，通过电影艺术的侧面表现可以帮助我们评估这一现象的范围，因为电影制作者创造的意象可能和艺术史与文化史一样值得我们学习。

《枕边书》

彼得·格林纳威的电影《枕边书》中的影像，创造了一个阶段性和文明化交织在一起的世界。这不是该英国导演第一部摆弄历史典故的电影，但以前这类典故一般限于欧洲范围，而《枕边书》的灵感来自亚洲。具体来说，它是以日本典型的草子（soshi，或"忏悔"）文学为基

---

① 参见格鲁金斯基（1990），如需图像证据，参见格鲁金斯基（1992a）和（1994a）。

② 人们对这些艺术家知之甚少：一些名字，在给定秩序的修道院之间进行远大距离旅行的团队的可能存在，在每个土著人口中心，存在能够根据西班牙的要求绘制地图的特拉库依罗。参见瓦雷里奥（1989）和格鲁金斯基（1994）。

础的，这种文学类型在 10 世纪的日本很普遍。格林纳威从清少纳言（Sei Shonagon）的这本床边的书刻画了一系列的文本和图像，并以此作为影片情节的片段：在 20 世纪 70 年代的京都，一个书法家年年为庆祝他的女儿诺子（Nagiko）的生日，在小女孩的脸上写上祝福，并在她颈部签名。长大后，诺子开始寻找理想的书法家情人，想让他把她的整个身体当作纸来书写。她遇到了一个年轻的翻译，后者让她同意互换角色；于是她开始自己书写，通过成为在男性身体上写字的书法家来实现她的文学抱负。这十三具写满字的肉体讲述了诺子寄予在这十三卷分离的书中的致命激情①。

　　格林纳威的影像构成了一个"令人不安、引人注目又美丽的"马赛克式拼贴图案：10 世纪日本宫廷的影像、对 20 世纪 50 年代的日本电影的借鉴、以及 20 世纪末的香港当代时装秀。这些场景一幕幕被插入主画面出现在大屏幕上，与主要场景建立了沟通，通过创造一个如此均匀流畅的对话使得观众的眼睛再也不能忽视这第二影像。文字和图像以一种物理的方式相互渗透：画在脸上或画在人体上的文字变成了一本活生生的书；或者，文字以光和影的形式投射在人物背后的墙壁上。身体，与文字和影像同时被转化为真实鲜活的表意文字。不同性别的交合②；不同类型的国际音乐相互跟随——西方化的中式曲调伴随着日本的摇滚乐、法国歌手盖什·帕蒂奇怪的小步舞曲与老套的藏族音乐结合在一起，这反过来又呼应了阿富汗婚礼颂歌和当代音乐。观众也是融合的："中国、日本和欧洲的观众混在一起。"③

　　这些东方和西方的变化差异与欧洲通常看待亚洲的方式有很大的不同。在《寻找小津》里，维姆·文德斯（Wim Wenders）只是从一位欧洲游客的角度提出了关于日本意象的问题。西方电影无耻地利用亚洲的

① 　根据法国新闻资料袋中的描述，重印于《圣母夫人》（*Virgin Megapress*）（1997 年 2 月 13 日）39。还可参见清少纳言（Sei Shonagon）《枕边书》（*The Pillow Book*），伊凡·莫里斯（Ivan Morris）翻译和编辑（纽约：哥伦比亚大学出版社 1991 年版）。

② 　一对夫妻是混合和异性恋（诺子是日本人，她的恋人是西方人），另一对则是混合和同性恋（一位日本出版商和同一位西方人）。欧洲人的双性恋使诺子和出版商之间建立了物理联系。

③ 　彼得·格林纳威（Peter Greenaway）《枕边书》（巴黎：迪乌出版社 Dis Voir，1996），第 32 页。

东方异国风情的陈词滥调已经很长时间了①，而日本电影业能产生一种足够西方化的影像，就像黑泽明（Kurosawa）的电影一样，可在西方影院看到和欣赏。最近，中国导演们效仿黑泽明，以一种旨在吸引好莱坞的美学意象拍摄。

然而，除了制造异国陈词滥调或西方化的本土传统之外，新的选择已经涌现。艺术形式的加速流通，产生了由最为不同的领域的声音和图像组成的复合成语和集体想象②。通常使用的界标开始消褪。《枕边书》描绘了一个世界——日本、香港——在这里东/西方的冲突已经彻底改变，异国情调、中心、边缘和现代性的概念不再有令人信服的明确性。当相机呈现东西方之间的关系时，它不再提出"另一个"的问题；它探索了格林纳威改造过的各种形式的世界的融合。这就是他描述（通过拍摄）和概念化（通过产生）通常难以掌握的混血现象的方式。其结果令人不安，但也许这正是混血过程的标志。《枕边书》是一部日本风格的欧洲电影，还是一部模仿的作品？格林纳威是想让日本变得有异国情调，还是让自己被亚洲所吸收？他的影像显然是"受影响的"——但这影响是英国的还是日本的？混血过程容不得明确的答案。尽管格林纳威从一个遥远的、非西方社会的 10 世纪根源中汲取了他的影像，但他与日本过去的关系里没有什么考古学上的东西——而是立即以占有和再创造的形式出现。

为了达到这一目的，格林纳威采用了多种技术。他选择并组合了三种远程屏幕：一种彩色的超阔银幕格式，用于描述诺子在东京的生活（相机放在地面，就像小津/Ozu 的电影一样）；一个较小的屏幕，用黑白色记述诺子的早期和后来的结局；最后，更小的污迹斑斑的图像和非常精致的色彩，用来说明一些来自清少纳言原来的《枕草子》的段落，就像那么多来自那个遥远时期的动画缩影。这些珍贵的场景不是融合在最初的画面中，而是与之并存；这些相互联系产生了一系列的视觉效

---

① 在这个得分上，《末代皇帝》（*The Last Emperor*）的颓废尊荣延续了由《上海女士》（*The Lady from Shanghai*）和《北京 55 天》（*55 Days at Peking*）所体现的传统。

② 尽管北野武（Takeshi Kitano）的电影明确地"源于对日本西方化的反应"，但这并不是在《花火》（*Hana-Bi*）中这对夫妇向虚无的旅程的原因。这部电影引发的与死亡有规律的关联，与丹麦导演拉尔斯·冯·特里尔（Lars von Trier）《破浪》（*Breaking the Waves*）和加拿大导演戴维·克伦伯格（David Cronenberg）的《撞车》（*Crash*）中的破碎的宇宙一样。

果，而这些视觉效果使动作发生了变化。不同时期的这种并存说明并验证了诺子的计划，而过去精致的色彩强调或抵消了现代时期的灰暗。

虽然结局相差无几，格林纳威的电影运用不同的方式借用了书法艺术，创造了一个通过新的语言和字母不断重新焕发活力的视觉世界①。写作系统和语言——其中几乎有二十种——交织在一起。书法放弃了纯粹的装饰作用，把身体当成了字符移动的空间。这一装饰性的目标转移并解放了银屏上出现的各种借用——演员的身体上刻有古罗马文字、中国表意文字、印第安和伊斯兰教的知识。格林纳威建立的文本和图像之间的奇异关系为全球混血现象提供了一个框架，这些现象的组成部分从未失去自己的独特性。

《枕边书》无法为我们提供打开文艺复兴时期墨西哥混血意象的钥匙。但是，就像《欧罗巴》一样，这部电影可以训练我们的眼睛——通过捕捉、占有、交织、调谐——去发现通常会逃避它的现象、过程和机制。

猴子、花朵、半人马

Casa del Dean，或者说，主任牧师之家，是墨西哥有着丰富的殖民史的普埃布拉镇最古老的建筑。正如它的名字所表明的，这所房子属于一位牧师——托马斯·德·拉·普拉扎（Tomas de la Plaza），他从 1564 年到 1589 年担任普埃布拉教堂的第三任座堂主教。人们对他的了解甚少，但他的品味却使他的住宅成为墨西哥文艺复兴的奇迹之一②。

参观这座宏伟的住宅会带来许多惊喜。两间官方接待室中的一间被

---

① 秘鲁编年史作家瓜曼·波马（Guaman Poma）插图上的书法装置是在 17 世纪初精心设计的，也跨越了两个单词，与彼得·格林纳威的插图不相上下。

② 阿方索·阿雷利亚诺（Alfonso Arrellano），《主任牧师之家：十六世纪普埃布拉民间壁画的案例》（*La Casa del Dean：Un ejemplo de pintura mural civil del siglo XVI en Puebla*）（墨西哥城：墨西哥国立自治大学出版社 1996 年版）。最好的研究仍然是欧文·沃尔特·帕尔姆（Erwin Walter Palm）的文章，"普埃布拉的主任牧师之家胜利之象征性的合一，"《通讯文章：普埃布拉 - 特拉斯卡拉计划》（*Comunicaciones：Proyecto Puebla-Tlaxcala*）（普埃布拉：德国科技研究基金会，1973 年），卷八：第 57—62 页。此处开发的分析的初始版本出现在 "从猴子到半人马：印第安画家及文艺复兴的文化" 刊登于《在两个世界之间：文化边境及调解者》（*Entre dos mundos：Fronteras culturales y agentes mediadores*），由博尔塔·阿莱斯·盖伊哈（Berta Ares Queija）和塞尔日·格鲁金斯基编辑（塞维利亚：拉丁美洲研究院，1997），第 349—371 页。

彼得拉克（Petrarch）的《胜利》中的场景所覆盖①。另一间则呈现优雅的西班牙—佛兰德斯式装饰风格，一群骑在马背上的优雅女士，也就是西比拉们（译者注：传说中能传达神谕的女子），穿行其中。自从中世纪以来，基督教艺术就赋予了这些古老先知一个有关生命的新任务，因为据称她们曾预言了弥赛亚的到来。这一主题常常激发画家、织布工和雕塑家们的灵感。

西比拉们的游行队伍在墙上的两条带状饰板间行进，上面有叶片为装饰，其间有些令人惊奇的生物在玩耍：包括胸脯丰满的雌性半人马，正在为夸张的戴着耳环、剪成平头的猴子们献上鲜花。这些猴子和半人马的结合把生活场景带入其中，其乐趣与神秘性一样多。

猴子在欧洲绘画中并不是什么新鲜玩意儿。自中世纪以来，他们就嬉戏喧闹在吟游歌手和百姓间流传的手稿边缘；那些在《斯皮诺拉时祷书》（*Spinola Hours*）②的画有花朵图案的书边欢呼跳跃，或在卢浮宫的繁花织锦上精心打扮自己的猴子，都呈现出它们普埃布拉表亲们的形象。猴子的形象被赋予了象征意义，它的异国情调意味着它可与其他怪异而神奇的动物自然地联系在一起。在普埃布拉壁画被制作出的大约二十年前，老彼得·布吕格（Peter Bruegel the Elder）在木头上画了一小幅油画，这幅画现在柏林的国家美术馆（Germaldemalerie），画中有两只猴子蹲在拱门下，一只是侧面的，另一只是面朝前的。背景中，在被拴着的动物后面，可以看到施特德河和安特卫普港。有人认为，这一寓言象征着在西班牙统治下对荷兰的奴役。

然而，普埃布拉猴子们戴的耳环赋予它们一种不可抗拒的墨西哥气息。猴子在古墨西哥扮演着重要的角色。印第安人很容易驯服它们，因它们对女士的偏爱让人感到好笑③。那些画《佛罗伦萨抄本》（译者注：

---

① 彼得拉克（Patrarch）《胜利》（*Triumphs*）的主题可能已经在墨西哥城的女童学校教堂的佛兰德斯挂毯中找到，其存货可追溯到1572年。参见萨尔托尔（1992），第278页。

② 这份手稿现在布伦特伍德（Brentwood）的洛杉矶保罗盖提美术馆（J. Paul Getty Museum）中，转载于迈克尔·卡米尔（Michael Camille）《中世纪艺术的边缘》（*The Margins of Medieval Art*）（伦敦：利克欣书社，1992），第156页。

③ 贝纳迪诺·德·萨阿贡：《佛罗伦萨抄本》（*Florentine Codex*）（墨西哥城：国家档案总局，1979），第三卷，第11折第9页左面。

即《新西班牙诸物志》,《佛罗伦萨抄本》为其俗称。下文中该书名称依据作者所用名称翻译)的艺术家们描绘了一些顽皮的生物,它们的脸与人类的脸相差无已,表情忧郁或有趣[1]。猴子还出现在神话和仪式中。古墨西哥人认为,一个早期人类氏族在一场飓风过后被转变为猴子,这些被记录在16世纪后半叶的印第安人和混血儿的史册中[2]。

猴子也是墨西哥古代礼制历法中的二十个形象之一。被称为奥索马利(译者注:ozomatli,纳瓦语中表达猴子的阿兹特克占星术的象征)的猴子是第十一天的标志[3]。标准的描绘形象就像它的普埃布拉的亲戚一样,是戴着耳环饰品、剪成小平头的[4]。纳瓦族人把奥索马利与好运且欢乐的——在消极的内涵中——也就是放荡的生活联系在一起。在猴子的星座里出生的人注定要成为歌手、画家或舞蹈家,在生活中会有很多朋友,甚至经常见得到王公贵族。同时,在这个星座下出生的女人会很迷人,声音动听,生活也很轻松("既不受人尊敬也不纯洁")[5]。不

---

① 贝纳迪诺·德·萨阿贡:《佛罗伦萨抄本》(*Florentine Codex*)(墨西哥城:国家档案总局,1979),第三卷,第14页左面。

② 米歇尔·格劳利希(Michel Graulich)《古代西班牙裔墨西哥人的神话和仪式》(*Mythes et rituels du Mexique ancien prehispanique*)(布鲁塞尔:比利时皇家学院,1982),第75页。因此,僧侣是先前人类的幸存者:"(他们)遗忘了真理的应用,失去了言语以及……仅剩下一种手段,即现今我们看起来他们除言语外一无所有(他们变得缄默起来),并成为了完美的人,"引自迭戈·穆尼奥斯·卡尔马格罗《特拉斯卡拉省及特拉斯卡拉市之描写》,刊登于《十六世纪的地理联系:特拉斯卡拉》(*Relaciones geograficas del siglo XVI:Tlaxcala*),由雷内·阿古尼亚编辑(墨西哥城:墨西哥国立自治大学,1984),第202页。有关前哥伦布时期的猴子的信息,可在莫托利尼亚的《记录》(*Memoriales*),在《墨西哥历史》(*Histoire du Mechique*)里,在《诸太阳的传说》(*Leyenda de los Soles*)里以及在《库奥蒂特兰编年史》(*Anales de Cuanhtitlan*)中找到。

③ 有几种物种符合这只猴子的描述:"墨西哥白斑猴"、"墨西哥长毛猴"、"被忽视的猴子"等。参见贝纳迪诺·德·萨阿贡《新西班牙诸物志》(*Historia general de las cosas de Nueva Espana*)由阿尔福莱多·洛佩兹·奥斯丁及何塞菲娜·加西亚·金塔纳(Josefina Garcia Guintana)编辑(墨西哥城:巴纳美克斯出版社1982年版),卷II:第704页。

④ 参见《费耶尔瓦里—迈尔抄本》(*Codex Fejervary-Mayer*)米盖尔·莱昂·波尔蒂利亚出版,名字为《商人占星术》(*Livre astrologique des marchands*)(巴黎:差异出版社1992年版)第31、41卷。在《梅里亚贝奇抄本》*Codex Magliabechiano* 第56页中,穿着奥索马利猴子("en su lengua cucumate")皮的印第安人陪同着普奎酒神。《梵蒂冈抄本A》(*Codex Vaticanus A*)第6页右面显示了三只猴子被困在旋风之中。

⑤ 杜兰(1967),卷I:230。在《波波尔·乌》(译者注:*Popol Vuh*,古代玛雅人的圣书)中,猴子——"那些昔日的人"——被艺术家们尊敬;参见格劳利希(1982),第144页。

幸的人——因为这个标志有时会带来厄运——会过早死亡①。

带状饰板中的另外两个元素——花和雌性半人马——同样引人注目。半人马显然来自古典时代，尽管她到底是通过什么路径来到美洲还有待证实。至于这些或开放或枯萎的花，似乎属于墨西哥的植物群，也许是罗西塔可可花/poyomatli（或叫 puyomate），花开在墓地夸拉木/Quararibea funebris 中，一种名称很肃穆的灌木，或者更有可能是神奇喇叭花/ololiuhqui（伞房花序里韦亚/Turbina Corymbosa）。这两种植物都是强大的致幻剂，这是一个重要的细节②。湿壁画中昆虫的存在似乎证实了这一假设，因为它们出现在美洲印第安人治疗视觉药膏的配方中。

然而，猴子、半人马和花朵并不是随意排列的。雌性半人马和猴子的神秘姿势构成了一个场景，在整条带状饰板上重复和上下颠倒了好几次。半人马把花茎折弯，使猴子可以抓到或闻到花，我们应该如何理解她的手势？仅仅是猴子的存在——一个被异教记忆所占据的形象——以及有致幻作用的花朵就足够令人惊讶了。它们出现在一个天主教牧师的正式待客室里，这位牧师还和西班牙宗教裁判所有联系，而所处的这个时代，正在世界各地加强天主教正统性，我们该如何解释这一切？半人马赤裸的胸部为印第安人的迷信展示增添了一丝猥亵的氛围，加重了我

---

① 萨阿贡（1977 年），卷 I：第 349—350 页。关于秘鲁猴子在安第斯殖民艺术中的巴洛克式使用，参见吉斯伯特（Gisbert）和梅萨（Mesa）（1977），第 329—331 页。

② 另一个可能的候选是柳叶黄薇（*Heimia salicifolia* 或 *sinicuichi*）。古代墨西哥人将奥索马利猴子与献给君主和神灵的奥库马索奇特（*ocumaxochitl*）花朵联系在一起"期望借此薄礼获取他们大量的恩惠"，根据弗朗西斯科·埃尔南德斯（Francisco Hernandez），《新西班牙自然史：全本》（*Historia natural de Nueva Espana：Obras completas*）（墨西哥城：墨西哥国立自治大学，1959），卷 I：第 68、391 页。它类似于蓟叶矢车菊（*Huacalxochil*）的花"他们向英雄们鞠躬，他们叫塔拉托尼，因为只有他们才能在他们面前讲话。"Se ofrecian en ramilletes a los heroes y a los aue llamaban tlatoani porque solo a ellos les era permitido hablar en las asembles."同上书，卷 I：第 65、390 页。还可参见罗伯特·戈登·沃森（Robert Gordon Wasson）《奇妙的蘑菇：中美洲的霉菌病》（*The Wondrous Mushroom：Mycolatry in Meso-America*）（纽约：麦格劳希尔出版社 1980 年版），第 66—67、88—91 页；《梅里亚贝奇抄本》第 83 页右面，有神奇喇叭花的图片；多丽丝·海登（Doris Heyden）《前西班牙时期墨西哥植物区系的神话和象征意义》（*Mitologia y simbolismo de la flora en el Mexico prehispanico*）（墨西哥城：墨西哥国立自治大学，1983），第 31—34 页。

们的困惑①。当彼得·格林纳威利用日本传统元素时，他的写作和整体电影作品揭示了他所了解的混血意象。普埃布拉没有与之可比的东西。由于缺乏资料来源，这位艺术家的意图仍不得而知。我们最多能知道画家也许是墨西哥本地人，他们在 16 世纪 80 年代中期工作。他们或许属于建造罗马式/romanos（罗马式装饰，也就是怪诞风格）的团队之一，从 16 世纪中叶起，在墨西哥中部四处游走。

伊斯米基尔潘的半人马

在墨西哥的乡村，你遇到半人马的几率比遇到土著画家更大，尽管这意味着你要旅行几百英里。一些精美的样本可以在装饰伊斯米基尔潘的奥古斯丁教堂的壁画中找到②。现在，位于墨西哥城西北约 120 英里，在通往德克萨斯和美国的路上，印第安的伊斯米基尔潘村③（"qualities［马齿苋］生长的地方"）是一个小小的，但看上去很繁荣的城市。在有集市的日子里，主广场上挤满了人，热热闹闹的小巷里到处挂着用于挡住阳光的遮阳篷，那里的花香和炸肉的气味混在一起，与通往教堂空地上的死气沉沉形成了鲜明的对比。

在圣所内部，你那被高原区的太阳和金属般湛蓝的天空弄得头晕目眩的眼睛，一旦适应了阴凉的内室，就可以看到一幅长长的壁画，它向每一面延伸下去，超过 6 英尺高，覆盖了大约两千平方英尺。其

---

① 诚然，意大利贝加莫的圣玛利亚·马焦雷（Santa Maria Maggiore）教堂的镶嵌物上镶嵌着同样奇怪的东西：一只猴子和一只雌性半人狮在财富号帆船上被风吹起的风帆侧面。由艺术家洛伦佐·洛托（Lorenzo Lotto）设计的题铭（impresa）或徽记显然暗示着秉的各种状态。参见毛罗·赞奇（Mauro Zanchi）《洛伦佐·洛托及其炼金术画作中的虚构场景：贝加莫圣玛利亚·马焦雷大教堂祭坛镶嵌细工中的"人物形象"》（Lorenzo Lotto et l'imaginaire alchimique：Les "imprese" dans les marqueteries du choeur de la basilique de Sainte-Marie-Majeure a Bergame）（意大利贝加莫：法拉利埃迪特里斯出版社 1998 年版）。

② 壁画覆盖了中殿和边界的侧壁。

③ 关于伊斯米基尔潘（或 Itzmiquilpan）名称背后的词源可能性，参见阿里西亚·阿尔博尔诺斯·布埃诺（Alicia Albornoz Bueno），《遗忘之记忆：特拉奎罗的语言、希达尔戈州伊斯米基尔潘市圣米盖尔·阿坎赫尔教堂的竖沟装饰及壁画。献给特斯卡特利波卡的特奥潘》（La Memoria del olvida：El lenguaje el tlacuilo，Glifos y murals de la Iglesia de San Miguel Arcangel，Ixmiquilpan，Hidalgo. Teopan dedicado a Tezcatlipoca）（帕楚卡：希达尔戈自治大学，1994），第 14—15 页。

内容与普埃布拉的带状饰板上的一样令人惊讶。印第安的战士，赤身裸体或穿着美洲虎皮或土狼皮，在进行战斗，而另一些人则与半人马在一片奇异的动物和大量的树叶花环中发生争斗，这些花环缠绕着受伤或垂死的印第安人。几个战士挥动着被斩下的头颅。这一场面类似于张贴在市场广场外的功夫电影海报上的武术形象。更加令人惊讶的是这些壁画装饰了天主教教堂内部，在那里，弥撒所象征的祭祀已经庆祝了四百多年。通常情况下，唯一值得向信徒展示的被斩首的该是殉道者的头颅①。

　　欧洲和印第安的元素以一种奇怪的、迷人的、不可分割的方式编织在一起。可以说是由文艺复兴的刺激才出现了莨苕叶形装饰的花环，柱头装饰着看上去像是石榴的东西，勇士们的脸上出现勇猛、恐怖或痛苦的表情，扮着鬼脸的怪物般、头上有角的赤身裸体的勇士们展示着他们肉感的臀部，还有半人马、海马和怪异的象是植物的生物。正如戏剧的张力渗透在场景和人物中一样，战败和将死战士的仪态也是从欧洲样式中借鉴而来。奇怪的是，除了由半人马所挥舞的三支箭外，主壁画中几乎没有基督教的形象，而这三支箭与创建教堂和修道院的奥古斯丁教团的团徽相呼应。

　　另一方面，美洲印第安人世界被认为是缺乏深度、背景的统一色调（在某些部分已褪色为橙色）、对人物的刻板描绘（头像侧面展示、胸部正面显示）、上色和颜料。绿松石蓝，或说西惠特（*xihuitl*），虽然随着时间的推移通常会褪色，但它意味着珍贵的，神性的神圣之美；它突出了绿叶花环和羽毛装饰品。用淡粉色给旗帜和大块的绿色羽毛的底色上色。前哥伦布时期的象形符号随处可见——从嘴巴做出的涡旋形状表示说话或唱歌，还有表示伊斯米基尔潘村庄的地名。

　　战士们的武器和服装是美洲印第安人的。在伊斯米基尔潘的壁画上，战士们用大棒、黑石剑和传统盾牌战斗。这些人要么是赤裸的，要么全身都是美洲虎皮或土狼皮，或鹰羽。一些人裹着缠腰布②。一些

---

①　如圣丹尼斯和施洗者圣约翰。

②　从背后看到的一个角色穿着西班牙风格的短裤，这可能是后来增加的设计，用来遮掩裸露的臀部，而另一个则似乎穿了一种古希腊式的披衣或短斗篷。

战士挥舞着传统的旗帜。"美洲虎骑士"的首领戴着领主戴的可披丽（copilli）或三重冠头饰。脚穿卡可提丽（cactli），或说印第安风格的凉鞋。

人物的姿势也展现了美洲印第安人的传统和"经典"行为：俘虏囚犯的战士与《门多萨抄本》（Codex Mendoza）中发现的非常相似。所有这些人物显然都属于在西班牙人到来之前统治伊斯米基尔潘地区的纳瓦贵族。征服之后，在新的天主教节日期间，当地的贵族继续保留着两支以勇敢和卓越而闻名的精锐队伍的记忆，这两支队伍被称为"美洲虎骑士"和"鹰骑士"①。

从高平原动植物中提取的其他元素将壁画与土著的宇宙学联系起来：对美洲虎和鹰的描绘体现了"夜与日"的结合（美洲虎的斑点长袍暗示着夜间的黑暗，而大鸟则会让人联想到太阳神托纳蒂乌/Tonati-uh②。壁画上茂密生长的花很可能是烟草，它有很多仪式性的用途③。还有带刺梨（象征墨西哥本土城市特诺奇提特兰城的建立）和玛古伊（maguey，龙舌兰的一种），它们的果汁被发酵成普奎酒/pulque，是人、神和祭祀牺牲品的饮料。

这个简短的清单突出了工作的综合性质。然而，通过分离构成它的元素，我们最终忽略了这个组合的奇异独特性。穿着印第安凉鞋的是半人马，而不是印第安武士。征服前的战士们从绽放的巨大花朵中出现——这是为什么？半人马所持的三支箭有其特别之处：从理论上说，在奥古斯丁团徽上发现的箭通常是指向下方的，插入一颗心脏；而半人马的箭是指向上方的，就像《博尔吉亚抄本》（Codex Borgia）中提到的特斯卡特利波卡神（Tezcatlipoca）④。那么，这些是基督教还是异教的象

---

① 可在《特拉特洛尔科抄本》（Tlatelolco Codex）中找到一个例子；参见罗伯特·H. 巴尔罗（Robert H. Barlow），"特拉特洛尔科抄本"，载于海因里希·波尔林《特拉特洛尔科编年史：墨西哥民族史实大事记及特拉特洛尔科抄本》（Anales de Tlatelolco：Unos annales historicos de la Nacion Mexicana y Codice de Tlatelolco）中（墨西哥城，1948），第105—128 页。

② 在教堂里发现了至少五只鹰，其中一只翅膀展开。

③ 阿尔博尔诺斯·布埃诺（1994），第58 页。

④ 特斯卡特利波卡神是十三天日历周期的主人。珍奇羽毛月份（译者注：Quecholli, 阿兹特克太阳历的第十四个月）第一天的标志，显示了狩猎之神卡玛兹特利（Camaztli），还包括三个向下的箭头。参见杜兰（1967），卷I：第十七章，第281 页。

征呢？或者，他们也许是基督教的标志，却偏离了其原意从而印第安化了？或者，也许根本就是完全模棱两可的特征？当人们意识到在奥古斯丁团徽上看到的心形图案可能被解释为是对古墨西哥人献祭的一种暗示时，困惑就产生了①。壁画中大量的细节将这两个世界紧密地联系在一起，以至于若把它们归因于其中任何一个，都有可能掩盖它们的复合多重的本质。

墨西哥和伊比利亚传统在仪式上的对决

壁画的统一很大程度上源于战士题材。天主教会出现的这些战斗场面令人不安，它们明显的本土气息促使我们往墨西哥方面寻求初步的解释。西班牙的征服并没有立即结束墨西哥文明的所有表现形式。新的民事和宗教当局允许印第安人保留他们的一些舞蹈，只要内容不再明显是异教徒的。在天主教节日期间，打扮成"鹰骑士"和"美洲虎骑士"的贵族们会跳起舞。他们唱着关于阵亡战士的战争歌曲，模仿战斗场面。

这类庆祝活动通常在教堂前举行，但也可能会在圣所内继续进行，尽管教会禁止这样做。他们达观的天性，预示着今天的民间艺术，很可能会取悦正在寻找新的消遣的西班牙观众。然而，他们还是延续了与入侵者的基督教格格不入的思想。16世纪中叶，在特拉特洛尔科的主广场上起舞的"美洲虎骑士"，是一位军事精英的继承者，不久之前，他就献身于崇拜战神维齐洛波奇特利（译者注：阿兹特克神话中的战神Huitzilopochtli）。西班牙神职人员意识到，在前西班牙时期，这种舞蹈代表着光明和黑暗力量之间的终极斗争。

在伊斯米基尔潘，战斗场景中繁茂的树叶让人不可避免地想起印第安的"花战"概念，这是一种仪式化的战斗形式，旨在俘虏囚犯，然后将他们献祭给神："战士们抓了俘虏但没有杀死他，而是把他作为贡

---

① 在其中一个教堂中出现了相同的歧义，托伦蒂诺的圣尼古拉斯鹌鹑与特兹卡第波利卡所牺牲的鹌鹑相同。

品带回，然后用他献祭。"① 这是前西班牙时期的典型战斗，正是基督教化想终止的那种。那么，壁画是代表了人类祭祀的形象还是对地狱特斯卡特利波卡神（Tezcatlipoca）的赞美呢？这可能有点过头了。对前哥伦布时期的元素进行过度探索可能会导致过度解读，从而使作品因放弃了其他角度而变得贫乏②。尽管如此，壁画中确实充斥着暗示传统宇宙学的前西班牙时期的遗迹：巨大花环从带状饰板一端到另一端的起伏运动，很可能足以唤起古代宇宙力量③的旋转运动。同时，关于欧洲起源的许多详图也可以被解读为墨西哥的字形④。在征服后不久，异教徒的过去——至今仍在土著人心中——遭遇了来自大西洋彼岸的一种新的仪式的竞争：摩尔人和基督徒的化妆游行（Moros Y Cristianos）。几个世纪以来，伊比利亚半岛和西地中海地区的居民一直在与穆斯林作战，他们创办了节日的仪式战，让那些装扮成摩尔人的人和装扮成基督徒的人打成一团。这些斗争不可避免地随着伊斯兰的失败和皈依基督教而告终。

在墨西哥，福音传教士不断向新的皈依者灌输十字军理想和对穆斯林的仇恨。为了实现这一目标，他们尽可能地宣传摩尔人和基督徒的化妆游行。早在 16 世纪 30 年代，墨西哥城和特拉斯卡拉（Tlaxcala）城的壮观表演给人留下了深刻的印象⑤。修道士们的鼓励加上印第安首领层的合作，摩尔人和基督徒的化妆游行的墨西哥化版本得以组织起来并

---

① 贝纳迪诺·德·萨阿贡，《佛罗伦萨抄本》，由查尔斯·E. 迪宝（Charles E. Dibble）及亚瑟·J. 安德森（Arthur J. Anderson）翻译（新墨西哥州圣塔菲：美国研究学院，犹他大学，1951），卷 II：第 46 页，在约罗特尔·冈萨雷斯·托雷斯（Yolotl Gonzalez Torres）的《阿兹特克人的人祭》（El sacrificio humano entre los Mexicas）（墨西哥城：文化经济基金会，1985年），281 页引用并被讨论。还可参见罗斯·哈西格（Ross Hassig）《阿兹特克战争：帝国扩张和政治控制》（Aztec Warfare: Imperial Expansion and Political Control）（俄克拉何马州诺曼：俄克拉何马州立大学出版社 1988 年版），第 119 页。《瓦曼特拉抄本》（The Codex de Huamantla）显示胜利者抓住了俘虏的头发，但没有切下头部，（可以在冈萨雷斯·托雷斯［1985］，216—217 页中看到其他示例）。只有在献祭杀害和移除牺牲者的心脏之后才进行斩首。
② 这就是在阿尔博尔诺斯·布埃诺（1994）里提供的解释。
③ 宇宙力量所采取的交织路径被称为玛丽娜丽（malinalli）。参见洛佩兹·奥斯丁（1980），卷 I：第 67—68 页，以及他的"古纳瓦人中关于神话时代的一些思想"，刊于《历史、宗教、学派》（Historia, religion, escuelas）第十三期（墨西哥城，墨西哥社会人类学，1975），第 296 页。
④ 一支箭插在躺在地上的战士的腿上，表示为 temiminaloyan，"射箭的地方"，意为第九个天堂或特斯卡特利波卡天堂（Tezcatlipoca）。参见阿尔博尔诺斯·布埃诺（1994），第 90 页。
⑤ 莫托利尼亚（1971），第 107 页。

推广到乡村中去。摩尔人的伊比利亚对抗者与基督徒，对于本地观众来说可能太过奇异，于是被"皈依的印第安人"和"野蛮的印第安人"（或奇奇梅克人/Chichimec）所取代。信仰向野蛮开战，总会取得压倒性胜利。值得补充的一个重要细节是，伊斯米基尔潘的教堂是献给天堂军队的领袖之一的天使长米迦勒的，按照传统，他被描绘成挥舞着宝剑对付撒旦并将其砍杀的样子。神圣战争的主题把教会的守护神和描绘在中殿墙壁上战斗的土著战士联系在一起。

　　墨西哥版的摩尔人和基督徒的化妆游行变得更加容易，因为它符合前西班牙时期的模式和当时的情况①。前西班牙时期的先例提供了一个宇宙角度——太阳和黑暗之间的斗争——还有一个历史的角度，因为印第安人在定居部落和游牧部落之间扮演着一个古老的对立角色。土著人的记忆中充满了来自北方的印第安人的迁徙，他们袭击了定居的部落，并从他们手中夺取了权力。游牧民族有着既令人恐惧又迷人的名字——奇奇梅克人。

　　在 16 世纪，狂野的、侵略性的游牧印第安人也是纠缠住殖民社会的一群人。西班牙向北扩张遇到的土著居民，比墨西哥中部的印第安人抵抗得更厉害。这些流动群体知道如何从沙漠的资源中获利，同时这些沙漠也是他们的避难所，他们宁愿掠夺新到者的商品，也不愿屈从于国王和教会。1546 年发现了丰富的银矿后，他们的反抗就更麻烦了，这一发现引得大批西班牙人涌向北方。矿工和他们的补给车队经常受到熟悉这些沙漠地区的印第安人的袭击。

　　伊斯米基尔潘位于奇奇梅克世界的边缘，生活在土著人袭击的威胁下，在壁画中可以见到由这产生的直接可察的受困心态。这个地区到处都是帕姆人，这是最令人恐惧的奇奇梅克人集团之一。在被捕后，帕姆囚犯会被处决或被判处在伊斯米基尔潘附近的矿场劳动。

　　在那些动荡时期，基督教化的奥托米人/Otomis 和西班牙人一样感到受到了大屠杀的威胁。奇奇梅克人会杀死奥托米男人，剥下受害者的头皮，然后毁掉庄稼，带走妇女和儿童。当伊斯米基尔潘成为运银线上

---

①　阿尔杜尔·瓦尔曼（Arturo Warman），《摩尔人与基督徒之舞》（*La Danza de Moros y Cristanos*）（墨西哥城：九月七十出版社 1972 年版）。

的主要车站时，这个地区似乎更加暴露无遗。武器、玉米、衣物和工具等货物运抵该镇，然后前往萨卡特卡斯和北部的矿场。这样的交通解释了这个城镇的繁荣和定居在那里的西班牙殖民地的规模[①]。

奥维德的《变形记》

当前的事件、新的基督教节日和前西班牙时期的典故解释了伊斯米基尔潘的特拉库依罗对战争和战斗主题的重视。然而，对这些冲突也需要基督教和寓言式的解读，表明它是善与恶之间的斗争。只有在这种情况下，才能在一个所有人都能看到的地方保护教堂内的这些画，如此设计通常是为了传达从圣经中摘取的用于教化的信息。但是，印第安元素如何被转化为寓言或道德意象？又是谁构思并完成了这一改编呢？

目前还没有讨论一系列令人费解的特征，即半人马参与了这场战斗。带着盾牌、弓箭的这些奇怪物种，不属于连马是什么都不知道的前西班牙时期的世界。它们有可能是从古代物品中借鉴来的装饰元素吗？或者他们可能代表奇奇梅克人，他们如此充满激情地骑起了欧洲马，以至于与坐骑融为了一体？或者他们甚至有可能是描述欧洲的侵略者，印第安人最初认为他们也是马的一部分？最后，一个大胆的解释提出，半人马拿着奥古斯丁教团的箭，以表明他们属于是教会和欧洲人一方的。

考虑到奇奇梅克人和西班牙人都是当地战士的敌人，这两种对半人马的解释——即为奇奇梅克人和欧洲人——是可以共存的。无论如何，半人马的存在引发了关于这些畸形动物的起源以及它们在这些壁画中的扮演什么角色的问题。这样的"添加"，如果是添加的话，可能被解释为印第安艺术家或他们的欧洲赞助人的一时兴起——一个修道士或特拉库依罗可能从欧洲版画中取了一个装饰性的人物，并将其添加到本土的意象中。但是，在战斗场景中加入半人马是非常复杂的，只将其看作纯粹装的饰假设是远远不够的。

其他细节似乎汇合在一起，指向了同一条道路。战斗的半人马立刻让人想起了半人马人和拉庇泰人之间的那场著名的战斗，这一战役在帕

---

① 格鲁金斯基（1994），第54—61页。

台农神庙的墙面间板上永久流传。还有另外两个同样有趣的场景有着同样的指向，那就是骄傲的战士挥舞着被砍下的头（同时他转过身），而从这头颅中长出了仙人掌。

在严谨的美洲印第安人传统中，战士的行为让人难以理解，因为"花战"中的参与者并没有立即杀死他们的敌人，而"总是试图让他们活着，然后用他们献祭。"① 如果我们不看当地人的衣服，只看战士的姿势，会让人想起珀耳修斯的功绩——他杀死戈尔贡蛇发女怪，把她那爬满了蛇的头高高举起，作为对付对手的武器："他转过身，美杜莎的头露了出来。"② 在一个战士的盾牌上描绘正面的、长发散落的头颅，这似乎是对戈尔贡的添加的一种暗示，她的"闪亮的头发变成发出嘶嘶声的蛇。"③ 在古典肖像学中，美杜莎的头颅用于装饰雅典娜的盾牌。

至于另一个脑袋，也许是指达芙妮的故事，她的头发长成了叶子，胳膊变成了树枝。在其他人物和奇异的动物身上看到的一簇簇的克沙尔鸟的羽毛，在这里变成了一种锋利的叶子状的玛圭（龙舌兰）。因此，达芙妮神话中的月桂树就变成了一种当地的神圣植物，印第安人用它来制造他们神圣的饮料——普奎酒。

珀耳修斯、戈尔贡、达芙妮、半人马和拉庇泰：所有这些事件在奥维德的《变形记》和许多受此杰作启发的选集中都有描述。这首诗可能是*特拉库依罗*通过研究制作一件非常精致的混血艺术品，来实现"印第安化"的思想来源。由于在教堂的其他壁画中可以看到这一过程，所以这种印第安化是很难反驳的。"美洲虎骑士"挥舞大棒，抓住俘虏头发的姿势，是教堂圣器室中带状饰板上墨西哥版本的装饰图案，挂在分枝上的一个布托小天使抓住了一只植物般的野兽的叶状羽毛。有关印第安人的唯一一点就是死刑。相比之下，在这幅中殿的大壁画中，美洲虎皮和墨西哥的缠腰带遮住了布托小天使裸露的部分，而野兽却变成了一

---

① 胡安·波马尔（Juan Pomar），"关于特斯可可的描述"，刊于《十六世纪的地理联系：墨西哥》（*Relaciones geograficas del siglo XVI：Mexico*），由雷内·阿古尼亚编辑（墨西哥城：墨西哥国立自治大学，1986），第93页。

② 奥维德（Ovid）《变形记》（*Metamorphoses*），第四本，由加斯和德莱顿等人翻译（伦敦，1826）。

③ 同上。

个拿着盾牌的战士。

这种解释可能显得过于大胆或鲁莽。它与我们所看到的美洲印第安土著的形象格格不入，在前哥伦布社会的辉煌和随后的彻底崩溃之间被撕裂。而且，这也不符合西班牙人作为血腥的、粗俗的征服者来摧毁古老文明的刻板形象。此外，土著艺术家如何在奥维德那里找到灵感？这个问题引发了另一个，甚至可以说是更令人不安的问题：他们可能会利用《变形记》做点什么？

第六章　墨西哥的奥维德

> 有意识地努力在已分隔了几个世纪的两个世界之间创造和谐。
> ——让·塞兹内克（Jean Seznec）《异教徒的生存》
> （*La Survivance des dieux antiques*）

　　奥维德的书最先是如何到达墨西哥的？乘船：在修道士们的行李中和通过书商的订单。仅在 1576 年，就有不下九本《变形记》抵达墨西哥城①。到 16 世纪末，在安第斯山脉、葡属巴西、利马和巴伊亚地区也可以读到这位拉丁诗人的书②。奥维德在美洲的出现并不神秘。我们的惊讶——或者说怀疑——仅仅是因为我们对 16 世纪的无知，以及我们与拉丁经典的距离日渐遥远。对于文艺复兴时期有文化的人，以及比我们所意识到的更广泛的欧洲公众来说，奥维德的书既是一本经典，也是一本畅销书。它是通用知识的一部分，是当时被出版、讨论、翻译和模仿最多的书籍之一③。

---

　　① 欧文·伦纳德（Irving Leonard）《征服者之书》（*Los libros del Conquistador*）（墨西哥城：文化经济基金会，1996），第 144、178、212 页。[《勇者之书》（*Books of the Brave*）（马萨诸塞州剑桥：哈佛大学出版社 1949 年版）]。

　　② "奥维德在《变形记》中用语言表达的自白【原文如此】"被引用在"努诺·费尔南德斯（Nuno Fernandes）的自白，"1592 年 2 月《海湾的接纳》（*Confissoes da Bahia*），由罗纳尔多·瓦因法斯（Ronaldo Vainfes）编辑（圣保罗：文字公司出版社 1997 年版），第 300 页。

　　③ 米歇尔·简纳雷特（Michel Jeanneret）《永久移动：从达芬奇到蒙田的身体和作品的变形》（*Perpetuum mobile*：*Metamorphoses des corps et des oeuvres de Vinci a Montaigne*，巴黎：马库拉出版社，无出版日期），第 124 页；伦纳德·巴汉（Leonard Barkhan）《众神制造了肉体：变形与异教的追求》（*The Gods Made Flesh*：*Metamorphosis and the Pursuit of Paganism*）（康涅狄格州纽黑文，1986），引用在乔纳森·贝特（Jonathan Bate）的《莎士比亚与奥维德》（*Shakespeare and Ovid*）（剑桥：克拉伦登平装本，1998），第 25 页。

从欧洲到新世界

中世纪没有忘记奥维德。相反，早就有人重述、传播和讨论过他。随着印刷术和文艺复兴的到来，奥维德的作品得到了更广泛的传播。可以在每一个图书馆和每一个书房中找到它；诸如庇护二世（Pius II）等教皇都对《变形记》赞不绝口①。这本书是由尼科洛·阿戈斯蒂尼（Nicoló Agostini）、卢多维科·多尔斯（Ludovico Dolce）（1553）和乔万尼·安德烈亚·德尔·安圭拉拉（Giovanni Andrea del Anguillara）（1563）翻译成意大利语的。缩减版本和插图版本使整个欧洲的读者和艺术家都可以读到奥维德。西班牙依然领先：据说卡斯蒂利亚版本可以追溯到1466年，在发现美洲仅仅两年后，加泰罗尼亚语的第一个译本就在巴塞罗那出版了②。豪尔赫·德·布斯坦曼特（Jorge de Bustanmante）的西班牙语译本始于1542年，也就是《密耳拉》（Myrrha）出版六年后，这是由克里斯诺巴·德·维拉隆（Crisobal de Villalon）根据《变形记》第十卷改编的一部悲剧。西班牙戏剧广泛借鉴神话，以胡安·德·拉·奎瓦（Juan de la Cueva）的戏剧为证，里面充满了对奥维德和维吉尔（Virgil）的借用③。

在16世纪下半叶，由于采用了新的形式，流行面更广了。学者们向需要灵感的诗人提供了现成的秘诀和格式，这是安东尼奥·特里托尼

---

① 让·塞兹内克（Jean Seznec）Solorzano（巴黎：弗拉马利翁出版社1993年版），第311页。关于奥维德在学校的存在，参见贝特（1998），第22页。奥维德的《变形记》（Metamorphoses）是蒙田读的第一本书，那时他只有七岁。

② 胡里安·加列戈（Julian Gallego），《黄金世纪西班牙画作的视野及象征》（Vision y simbolo en la pintura espanola del Siglo de Oro）（马德里：讲坛出版社1987年版），第39页。

③ 乌姆贝尔托·马尔多纳多（Humberto Maldonado），《总督辖区的百姓与文字，向H. M.致敬》（Hombres y letras del virreinato，Homenaje a H. M.）（墨西哥城：墨西哥国立自治大学，1995），第208页。参见M. 梅嫩德斯·佩拉约（M. Menendez Pelayo），《西班牙—拉丁美洲经典书目》（Bibliografia hispano-latina clasica）（桑坦德，1951年），卷七：第77页起，关于奥维德的西班牙语版本，参见加列戈（1987年），第39页。值得一提的是胡安·史蒂西奥（Juan Steelsio）于1551年在安特卫普出版的卡斯蒂利亚早期版本，其后在布鲁日（1557）和托莱多出版（1558）。安东尼奥·佩雷斯（Antonio Perez），费利佩·梅伊（Felipe Mey）和桑切斯·德·维亚纳（Sanchez de Viana）发行了其他西班牙语翻译。关于16世纪的神话绘画，无论是否受奥维德的启发，请参见加列戈（1987），第50—51页。

奥（Antonio Tritonio）在 1560 年讲述的一个方法："我设法收集从《变形记》第十五卷中摘录的神话例子，并以家常话的形式重写它们，以便在写诗时能够适应大多数事物。"① 结果是：抄袭和剽窃。例如，阿隆索·佩雷斯（Alonso Perez）博士可以为豪尔赫·蒙泰马约尔（Jorge Montemayor）的《狄安娜》写第二部分——"一个满是卖弄学问并对桑纳扎罗（Sannazzaro）和奥维德有明显模仿的故事"——远到巴西海边都有人读到这个故事②。欧洲艺术家们都参考了"简写［版本］，而这些版本只不过是一系列图片而已。"③

　　换句话说，奥维德无处不在，越来越容易找到。毫不奇怪，编年史家、学者、僧侣、耶稣会修士和管理人员都会把他带到大洋彼岸④。有人运来他的书、有人阅读，还有更好的印刷。1577 年在墨西哥城，第一次在美洲出版了《哀歌集》和《黑海书简》的选集⑤。从那时起，奥维德在墨西哥出版的大多数选集中就占据了一席之地⑥。此外，奥维德

---

① 安东尼奥·特里托尼奥（Antonio Tritonio）《神话、寓言示例……》（*Mythologia*，*fabulosa exempla*）（博洛尼亚，1560 年）。

② 伦纳德（1996），第 193 页。瓦因法斯（Vainfas）（1997），第 99 页；《狄安娜》（*Diana*）由豪尔赫·蒙特马约尔（Jorge Montemayor）于 1559 年，（巴塞洛缪·弗拉戈索［Bartolomeu Fragoso］做的忏悔，1591 年 8 月）。

③ 塞兹内克（1993），第 305 页。《变形记》的删节和插图版本包括加布里埃勒·塞梅尼（Gabrielle Symeoni）《奥维德变形记中的生命》（*La vita ef*［*sic*］*metamorfoseo d'Ovidio*）（里昂：1584）和坦佩斯塔（Tempesta）的专辑《变形记第十五卷》（*Metamorphoseon sive Transformationum Ovidii libri XV*）（阿姆斯特丹，1606）。

④ 关于奥维德对编年史家奥维多的影响，参见安东内罗·格尔比（Antonello Gerbi）《新印度的自然界》（*La Naturaleza de las Indias nuevas*）（墨西哥城：VCE 出版社 1978 年版），第 450 页。根据乔治·鲍多特（Georges Baudot）《墨西哥的乌托邦与历史：墨西哥文明的早期编年史家 1520—1569》（*Utopie et Histoire au Mexique*：*Les premiers chroniqueurs de la civilisation mexicaine 1520—1569*）（图罗斯：普莱瓦出版社 1977 年版），像巴列（Valle）的第二任侯爵这样的外行正在阅读奥维德。迭戈·德·西斯内罗（Diego de Cisneros）于 1618 年引用了他的话，参见《国家图书馆公报》（*Boletin de la Biblioteca*）（墨西哥城，1968 年），第 18 册，总 4 卷第 1 卷，第 118 页。

⑤ 此为《哀歌集与黑海书简》（*P. Ovidii Nasonis tam de tristibus quam de Ponto*）下的内容。参见奥索里奥·罗梅罗（Osorio Romero），《在新西班牙教授拉丁语的耶稣会学校及教师，1572—1767》（*Colegios y profesores jesuitas que ensenaron latin en Nueva Espana，1572—1767*）墨西哥城，墨西哥国立自治大学，1979），第 75 页。

⑥ 例如，参见 1605 年由贝尔纳迪尼奥·德·利亚诺斯（Bernardino de Llanos）创作的《诗意原则的自由》（*Poeticarum Institutionum*），引于奥索里奥·罗梅罗（1979），第 75 页。

作为一位被流放到已知世界边缘的博学诗人的形象，会吸引数百名注定要在美洲度过余生的神职人员，他们离开家乡几千里格，身处不比黑海各民族人好多少的野蛮人中间。

所有这些都解释了在新西班牙——很可能包括伊斯米基尔潘——的全新图书馆里奥维德的存在。这个边境城镇不仅是运银路线上的一站，也是奥古斯丁修道院（1548）的所在地，还有，从1572年开始，这里成为培养学习神学、拉丁语和人文学科的年轻修道士的学校。仅仅四十年前，在一个有点类似好莱坞西部片的地方建立起了伊斯米基尔潘，这里成为一个非常值得尊敬的西方文明的前哨基地。

至于在那里的西班牙人，他们并不都是无知的官僚、不光彩的冒险家或粗鄙的矿工。在可可贸易中发了横财的巨富阿隆索·德·维拉塞卡（Alonso de Villaseca）曾在伊斯米基尔潘待过一段时间；这位西班牙赞助人的活动范围包括资助墨西哥城大学的发展和支持耶稣会修士的到来。是维拉塞卡把他的亲戚塞万提斯·德·萨拉萨尔（Cervantes de Salazar）带到墨西哥城来的，后者是该校第一位担任拉丁语主任的人，也是一位才华横溢的编年史家。如果"可可之王"和他的随从们，加上少数受过教育的修道士们，再有几名热衷保持知识水平的政务人员和少数西班牙化了的本地首领加入，那么教堂里忠实的参拜者的形象，就会不同于一个由奥托米印第安人、梅斯蒂索混血儿和黑人奴隶居住的村庄里的人们所能展现的形象。做弥撒的欧洲人可能接受过一点儿古典教育，尤其是那些在伊斯米基尔潘做训练的修道士们。他们中的许多人肯定比我们更熟悉奥维德。

然而，他们并没有以我们的方式来解读他：自从中世纪以来，这位伟大的拉丁诗人与其说是神话故事和相对下流的异教徒传说的来源，还不如说是道德教化的集大成者。人们学会了在字里行间阅读奥维德；这个"道德化的奥维德"在古代诸神的华丽外表下隐藏了深刻的真理和典范。工作坊大量制作了奥维德的故事梗概，出现了许多有教化作用的道德故事。每一篇章都变成了一个需要解读的寓言。请注意，当时的意大利专家卢多维科·多尔斯是如何提到可能出现在伊斯米基尔潘墙上的一个人物的："珀耳修斯象征着一个值得尊敬的人，他用谨

慎和智慧武装自己，战胜一切阻碍。"① 正如一位评论家解释的那样，
"在这些令人愉快的故事的封皮下，包含着道德和神学的全部力量。"②
这种运用在伊比利亚半岛也很常见，在那里，莱昂·希伯莱（Leon
Hebreo）的卡斯蒂利亚版的《爱情对话》（Dialoghi d'amore）对神话的
寓言解读做出了重大贡献③。当谈到珀耳修斯的神话时，莱昂·希伯
莱把它解释为心灵的寓言式表达，是天地力量之间、思想和物质之间
的一场斗争④。

奥维德和美洲印第安人

事实上，这些壁画的画家不是欧洲人，而是属于土著贵族的*特拉库
依罗*，他们的风俗习惯和独特的特征为艺术家们所熟悉。毫无疑问，修
道士们一定是同意了这个项目，并监督了绘画过程；他们必须得这么
做，因为教堂是属于他们的。还有毫无疑问的一点是，画出的东西不会
让他们感到不快。提到印第安化的奥维德，很可能会让神职人员感到好
笑。无论如何，他们总是会先经过基督教筛选后再来赏阅这位诗人，像
刚才所描述的那样让奥维德说教；此外，壁画还是当时流行的风格——
怪诞风格——这是由整个西方世界所培育出来的。

印第安人对神话改编和剪裁的精通似乎令人惊讶。但这可以从西
班牙征服后本土画家和贵族所接受的训练中得到解释。他们直接或间
接地接触到源自古典异教的作品和图像。到了 16 世纪 30 年代，墨西
哥贵族的儿子们开始学习拉丁语，其中最聪明的成为了杰出的拉丁语
学者，据说他们有能力与古代作家抗衡。来自首都和周边山谷的青年

---

① 卢多维科·多尔斯（Ludovico Dolce），《奥维多的部分转换》（*Le trasformationi tratte da
Ovidio*）（威尼斯，1554 年）。多尔斯在 1568 年版中为每一本《变形记》提供了寓言性的解释，
参见加列戈（1987），第 71 页。

② 贝特（1998 年），第 10 页。

③ 加列戈（1987），第 72 页。

④ 参见《爱情对话》（*Dialogos de Amor*），第 76 页，该版为 1590 年加尔西拉索·德·
拉·维嘉（Garcilaso de la Vega）译自莱昂·希伯莱（Leon Hebreo）的《爱情对话》（*Dialoghi
d'amore*）（译者注：意大利语版），由米盖尔·德·布尔格斯·努涅斯（Miguel de Burgos Nun-
ez）编辑（塞维利亚：帕迪拉书业，1989）。

在特拉特洛尔科的圣克鲁斯学院接受培训，这是一所早在墨西哥大学成立之前就建立了的高等教育机构。大学图书馆不仅向他们提供访问大量基督教作家的渠道，而且使他们可以接触到卡托、西塞罗、尤维纳利斯、普卢塔克、萨勒斯特、塞内卡、维吉尔、李维和弗拉维尤斯·约瑟夫斯的作品①。这个机构和地区学院一起，造就了略带人文主义色彩的拉丁贵族。在同一时期，本土的画家和音乐家开始崭露头角，他们的才华使西班牙人感到震惊，因为他们有着与老征服者贝尔纳尔·迪亚兹·德尔·卡斯蒂略一样高超的技能。到了 16 世纪 40 年代，拉丁语的教学非常成功，以至于一些西班牙人开始警觉，他们认为"阅读和写作就像魔鬼一样有害。"据报道，"每天都有更多的印第安人说着和西塞罗说的一样优雅的拉丁语……看到他们用拉丁语写的信件和对话录，以及他们（用那种语言）说的东西，真是令人钦佩。"②

唐·巴勃罗·拿撒雷奥（Don Pablo Nazareo）就是那种教育制度下的纯粹产物。1566 年 3 月，奥维德的作品首次在墨西哥城出版的十年前，这位来自夏尔托肯的印第安王子在写给腓力二世（Phillip II）的一封长信中引用了奥维德的话："Munera, credi mihi, capiunt hominesque deosque; Placatur donis Jupiter ipse datis. Ouid sapiens faciet? Stultus munere gaudet. Ipse quaque accepto munere mitis erit."（相信我，礼物征服了人和神。礼物甚至能安抚朱庇特。聪明人该怎么办？礼物使傻瓜高兴，礼物也会使聪明人软弱。）③

这句话更令人惊讶，因为它摘自《爱的艺术》（Ars amatoria），这本书没有奥维德的诗歌和《变形记》那么具有启发性和知名度。唐·巴勃罗对他的那本奥维德非常了解，甚至还提到了他所引用的那本书：

① 米盖尔·马特斯（Miguel Mathes），《特拉特洛尔科的圣克鲁斯学院：美洲的第一个学术图书馆》（Santa Cruz de Tlatelolco: la primera bibioteca acadeica de las Americas）（墨西哥城：外交秘书处，1982 年），第 32、33、58、64、65 页。印第安人也可以在波伊提乌（Boethius）的书《论安慰的哲学》（De consolation philosophiae）中找到关于神话的寓言；参见加列戈（1987 年），第 76 页。

② 杰罗尼莫·洛佩兹（Jeronimo Lopez）致皇帝的信（墨西哥城，1541 年 10 月 20 日），辑录于《文献汇编》（Colleccion de documentos），卷二，第 149—150 页。

③ 奥索里奥·罗梅罗（1990 年），第 13 页。

"奥维德是三分之一的艺术（ut ait Ovidius ille libro tercio de arte）。"① 引用朱庇特的例子并不是皇帝莫克特祖马（Moctezuma）的亲戚笔下的风格或装饰的单纯表现。这样设计是为了吸引慷慨的西班牙国王，唐·巴勃罗把他比作太阳神菲比斯·阿波罗②。唐·巴勃罗不仅是一个不知疲倦的《圣经》译者——就像他不断提醒西班牙国王的那样——而且在他的征服者的神话世界里也同样自在：这位本土学者熟悉缪斯和密涅娃，可以很自然地给基督教的上帝一个从贺拉斯那里取来的绰号：狄乌斯·奥林匹斯·奥提姆斯·马克西姆斯（Deus Olympicus Optimus Maximus）。新柏拉图主义者的主题、典故和这些书页的基调从根本上将它们与墨西哥修道士们所写的区别开来，但却没有引起丝毫的指责。在 16 世纪 60 年代，如果一个人出身高贵，并得到教会的支持，他可能是印第安人、基督教徒、拉丁语学者和人文主义者，甚至在模仿墨西哥宫廷讲的纳瓦语的优雅时，允许自己使用文艺复兴时期的欧洲学术语言矫揉造作一番。

就这一点而言，唐·巴勃罗并不是一个孤立的案例（尽管在这里我们只关注了一位知识分子精英）。圣克鲁斯学院的另一名学生兼教师安东尼奥·瓦莱里亚诺（Antonio Valeriano）的才华也让与他同时代的人感到惊讶，因为"即使在他生命的最后几年，他说的拉丁语从某一时起（ex tempore）也是如此优雅和恰当，以至于他似乎就是西塞罗或昆体良本人。"③ 瓦莱里亚诺的教育和人脉使他得以统治墨西哥城的印第安人，直到其 1605 年去世。

然而，印第安贵族们还有其他方法来了解希腊—罗马世界的众神。翻译是通向古代古典文本的主要途径之一——纳瓦语的伊索寓言展现了美洲印第安人对古文本的渗透程度，使其得以适应墨西哥的观念框架和

---

① 正如著名的奥维德在他的《艺术》（*Art*）第三本书中所说。

② 在同一时期，杰罗尼莫·鲁谢里（Jeronimo Ruscelli）在其对《杰出的企业》（*Imprese illustri*）的皇家奉献中将腓力二世（Philip II）和太阳神阿波罗（Phoebus Apollo）进行了比较，1566 年此书由弗朗西斯科·兰帕泽托（Francisco Rampazetto）出版于威尼斯；参见加列戈（1987），第 47 页。

③ 格鲁金斯基（1988），第 26 页。

现实；他们甚至通过加上一句："我不知道为什么。"① 就清楚地标明了任何混淆了他们理解或似乎难以参透的东西。

　　公众形象在神话传播中也起到了一定的作用。1559 年，在墨西哥城圣方济各会大修道院举行的查理五世葬礼上，建筑师克洛迪奥·德·阿西涅加（Claudio De Arciniega）竖起了一座宏伟的纪念碑，以纪念这位皇帝②。纪念碑庄严典雅，装饰着铭文和绘画，其主题是古代神话的简短呈现：表现了代达罗斯、阿波罗、朱庇特、忒修斯和尤蒙尼得斯的迷宫。还可以看到"大力神赫尔克里斯（Hercules）和有着许多头的水蛇海德拉（Lernaean Hydra）作战。这一幅图像意味着凯撒击伤并打败了各种错误之根源的路德教异端。"③

　　但是，这些神话中的人物并不是孤立的；纪念碑的画家们把莫克特祖马、阿塔瓦尔帕（Atahualpa）、朱庇特、科尔特斯、凯撒、太阳神菲比斯、法厄同、维齐洛波奇特利、教皇亚历山大六世（Pope Alexander VI）、天主教的费迪南德、费穆（Fame）等许多人结合在一起。虽然挤进圣方济各会修道院的土著们很难理解这些像是昙花一现的绘画的神话典故，但在特拉特洛尔科的圣克鲁斯学院学习过的贵族们有可能只是苦苦地思索他们在学校的记忆，或者询问曾经教过他们的修道士们。

　　很快，对古典时代的熟悉促使土著贵族得出的结论并非总是对西班

① 可能是阿库修斯（Accursius）的拉丁文汇编，《伊索寓言［原文］和拉丁美洲》（Aesop Fabulae graece［sic］et latine）参见戈登·布拉泽斯顿（Gordon Brotherston）（编辑），《伊索寓言在墨西哥：阿兹特克语版伊索寓言》（Aesop in Mexico：Die fabeln des Aesop in aztekischer Sprache）《伊索寓言的十六世纪阿兹特克克版本》（A Sixteenth-Century Aztec Version of Aesop's Fables）（柏林：曼恩西南出版社 Gebr. Mann Verlag, 1987），以及布拉泽斯顿的《第四世界之书：通过文学阅读美洲原住民》（Book of the Fourth World：Reading the Native Americas through Their Literature）（英国剑桥：剑桥大学出版社 1992 年版），第 315 页。

② 纪念碑的描述发表在弗朗西斯科·塞万提斯·德·萨拉萨尔（Francisco Cervantes de Salazar）《墨西哥大城市的皇家园陵》（Tumulo imperial de la gran ciudad de Mexico）（墨西哥城：安东尼奥·德·埃斯皮诺萨，1560）。

③ 华金·加西亚·易卡斯巴尔塞塔（Joaquin Garcia Icazbalceta），《十六世纪墨西哥的书目》（Bibliografia Mexicana del siglo XVI）（墨西哥城：文化经济基金会，1981），第 173 页；吉叶墨·托瓦尔·德·特蕾莎（Guillermo Tovar de Teresa），《新西班牙艺术书目：第一部分，与十六至十八世纪的艺术相关的墨西哥印刷品》（Bibliografia novohispana de arte：Primera parte Impresos mexicanos relativos al arte de los siglos XVI y XVIII）（墨西哥城：文化经济基金会，1988），第 34 页。

牙人有利。到了 16 世纪 40 年代，以入侵者为背景的拉丁语书籍告诉墨西哥拉丁语学者，卡斯蒂利亚人被罗马人征服并皈依异教，直到后来才接受洗礼。美洲印第安人因此发现，西班牙人和他们一样，都是异教徒；他们想知道为什么流传千年的基督教没有把他们变成模范基督徒①。

到 16 世纪中叶，受过教育的印第安人已经足够了解异教的古老文化，连同异教的文学、信仰、诸神和在文艺复兴文化中的作用，印第安人把这些融入他们自己的思想。在这种情况下，在奥古斯丁派的导师们严格指导下，伊斯米基尔潘的特拉库依罗画的壁画能否简化成绘画精湛的简单练习呢？这些画家并没有被动地复制展现在他们眼前的图示。他们改编了古典主题图案，为印第安场景赋予一种古老的氛围，而不是制作其基督教图案。从壁画的外观和内容来判断，很难想象是奥古斯丁派决定了这一切。土著主题的压倒性优势限制了欧洲干预的范围，而且以牺牲基督教形象为代价来提及古老的异教，这与福音派的角色很不协调。最后，奥维德主题与印第安主题的微妙结合显示，这是一种超出欧洲人的思维方式的有想象力的且聪明的尝试。可是，为什么要这么做？

了解奥维德

虽然说教的奥维德的印第安化可能会使伊斯米基尔潘的奥古斯丁派感到满意，从而使怀疑的人感到安心，但它可能掩盖了点不那么正统的意图。一切都表明，土著艺术家利用有利的环境来迎合奥维德，并且多亏了他，才掩盖了无数隐藏在壁画中的异教典故，而且还没有牺牲掉它们的壮观本质。经典的植入——无论是直接的（半人马）还是印第安化了的（珀耳修斯）——都转移了人们的视线，使其远离可疑的盲目崇拜

---

① "在向印第安人普及拉丁语的过程中，传教士们让他们阅读书籍，在书中印第安人知道了其生命的起源、从何处来、如何被这些殖民者奴役的以及如何成为异教徒的，在这种情况下所有所写的东西使得这些殖民者认为我们（印第安人）来自于异教，我们也知道了我们成为了殖民者那如同牲畜般的个人财产。我们起义反抗，我们进行洗礼，然而我们并不是好的基督徒。"来自杰罗尼莫·洛佩兹给君主的信（墨西哥城，1545 年 2 月 25 日），在弗朗西斯科·德尔·帕索 - 特隆科索（Francisco del Paso y Troncoso）的《新西班牙书信集》（*Epistolario de Nueva Espana*）（墨西哥城：利比里亚罗布雷多古书店 Antigua Liberia Robredo，1939），卷四（1540—1546）：第 169 页。

特征。他们产生了梅斯蒂索混血式意象，其令人安心的特性将征服前的典故埋藏在古老的引语和繁复的装饰之下。借用神话来抵消无处不在的印第安形象①。因此，印第安化的奥维德可能是一种诱饵或伪装，其目的是隐藏美洲印第安人的信息，尽管它掩盖了这样一个事实：在欧洲人对这个术语的理解中，前西班牙时期的形象并不仅仅是个意象，而是由特拉库依罗艺术家创造的真实存在。如果这些画的橙色背景被解读为太阳天堂的召唤——托纳蒂乌希希卡特（*tonatiuhilhicatl*）——那么这些壁画就会突然将我们带入在战争中死去的印第安人的天国和辉煌的世界。另一方面，如果那些挥舞着被砍下的敌人头颅的战士们只是舞蹈演员，那么他们就做回了那些在牺牲受害者后向神西佩·托提克（Xipe Totec）献祭的印第安人："在那里的那些人，祭司、贵族和奴隶的主人，开始绕着俘虏们被处死其上的石头周围跳起舞来……；俘虏的主人们一边跳舞，一边唱歌，抓着头发的右手拎着［被献祭者的］头；这支舞被称为莫宗提克麦托提亚（*motzontecomaitotia*）。"②

　　在壁画中发现的前西班牙时期的元素所提出的种种解释中，仅仅支持其中一种也许是不可能的。在这里，我只能提出假设，因为任何原始内容的记录都只保留在绘画图像中。另一方面，人们可能会认为，在16世纪，图像得益于口头的对应物——就像前西班牙时代的情况一样——通过类似于墨西哥山谷的文本和舞蹈（仅有少数抄本得以保存）来强化它。在这种情况下，将基督教和异教结合起来的通常较为隐秘的歌曲中，会有大量的解释要点③。

梅斯蒂索式混血的形式和概念

　　幸亏有伊斯米基尔潘画家们的艺术才能，古典神话才很有可能使美

---

　　①　老鹰和美洲虎，无论是画在教堂内部的，还是在外立面上刻成徽章的，都是不可忽视的一对。
　　②　萨阿贡（1977），卷二：第146页。献给圣米迦勒的教堂也许建立在特斯卡特利波卡神庙的所在地；参见阿尔博尔诺斯·布埃诺（1994），第19页。
　　③　在伊斯米基尔潘，这种缺乏是残酷的。我们晚点再来看（第十章和第十一章）殖民时代的印第安"歌曲"，其梅斯蒂索混血特质与绘画中的那些相似。

洲印第安人的神话复活，而这一戏法还有可能在别处上演。举个例子，教堂中一些场景的奥维德式起源可能有助于识别普埃布拉的雌性半人马。这些生物的性别使得更加容易认出它们，因为雌性半人马远比雄性的稀少。

《变形记》中两位有特点的雌性半人马，一位叫做"美丽的许罗诺墨（Hylonome）"①，因为她住在树林里。这个希腊名字（hylo，意思是树林）与方济各会修士贝纳迪诺·德·萨阿贡在《佛罗伦萨抄本》中给奥索马利猴子的名字完全一致："住在树林里的人。"② 另一位雌性半人马，是半人马凯龙（Chiron）的女儿，叫做俄库罗厄（Occyrhoe），她"讲述预言故事"③。我倾向于选择后一位候选人是受到几个巧合的启发：她对猴子的陪伴来自用于预言的礼历；那些在他们头上欢呼跳跃的西比拉们是古代异教最伟大的先知；主要的壁画预示着基督生命中的一些插曲。因此，预言的主题在这三个场景的意象中都是核心。

这些来自古典神话的生物的存在可以用在伊斯米基尔潘使用的同样方式来解释。神话被用于掩盖土著的组成部分，帮助呈现"可意的"人物和基督教所摒弃的信仰。在这里，一位雌性半人马可能会为古墨西哥人礼历的第十一个标志提供一个经典的不在场证明；不过，这种解释有点过于简洁，因为猴子只是一个被移植到了一个明显西化框架上的孤立形象。此外，戴着耳环的动物也许只是一个借来的设计，根本毫无意义——是一个异国情调、具有装饰性的"幻灭"形象。而简单伪装的理论提出了另一个问题：它没有解释花的存在，而这种花与猴子和半人马都有关联。

如果我们同意这种花代表的是神奇喇叭花（ololiuhqui）或罗西塔可可花（puyomate），即征服前后印第安人使用的强烈致幻剂，那么它就有可能回答出这个问题。即使在基督教的影响下，这种植物的使用也根本没有消失，而是蔓延到梅斯蒂索混血儿和穆拉托混血儿的人群中。尽管一再受到谴责，教会从未设法根除迷幻植物的消费，甚至从未将它们

---

① 奥维德（1826），第十二册。
② "密林向导。"参见萨阿贡（1979 年），卷六：第 14 行。
③ 奥维德（1826），第二册。

限制在土著社会里。从 16 世纪末开始，混血儿、黑人和贫穷白人发现了这些本土的致幻媒介，并试图用这些新奇的植物来预测他们的未来①。鉴于这种普遍的迷恋，迷幻药可以将两个世界的人们联系在一起，并将他们联合起来从事同一项任务。因此，带状饰板上描绘了一个古典异教的半女神（semi-goddess）和美洲印第安人的神之间的共谋。两者都在进行一种预言仪式——半人马俄库罗厄把植物的茎弯向猴子奥索马利，这只猴子也许被那令人陶醉的气味所吸引，这一切预示了未来②。

　　与伊斯米基尔潘的壁画不同，普埃布拉的带状饰板仅占全部绘画表面的一小部分。冒着使其失去意义的风险才能把它的形象与别的分离出来。通过仔细研究，我们可以忽视那些飘飘在上的漂亮西比拉们。与彼得·格林纳威的画面一样，各种平面的并置不是任意的。护送西比拉们游行的雌性半人马和猴子，也许对她们来说不仅仅是一种纯粹的装饰关系。它们也极大地增加了意义，或者确实为全部整体提供了意义③。

　　人们会记得，每一位美丽的骑手都预示了基督生命中的一件事，她头顶上的奖章显示了这一点。因此，预言的主题贯穿了整个作品，它叠加了三个神祇对称的层次：西比拉坐于古典异教和基督教之间，就像迷幻剂在古典异教——雌性半人马——和美洲印第安异教——猴子奥索马利之间建立了联系一样。把猴子和半人马联系起来不仅把美洲印第安世界提升到了古典世界的水平，而且通过西比拉们和半人马们的异教徒形象，在美洲印第安人信仰和基督教之间建立了间接关系。

　　因此，古典遗迹的使用在这里的意义与在伊斯米基尔潘不同。这不再是一个伪装古代信仰的问题，而是通过以更肯定的方式和更详细的话语来阐明他们与基督教的连续性，从而恢复他们的信仰的问题。这条路

---

　　①　塞尔日·格鲁金斯基，"异象与基督教：墨西哥的经历"在《印第安的异象与巴洛克的异象：无意识的混合》（Visions indiennes, visions baroques: Les metissages de l'inconscient）一书中，由让·米歇尔·萨尔曼（Jean-Michel Sallman）编著（巴黎：法国大学出版社 PUF，1992），第 117—149 页。还可参见阿吉尔雷·贝尔特兰（Aguirre Beltran）《随机》（passim）。

　　②　在《佛罗伦萨抄本》中，一个跪着的男人闻到一种致幻植物——曼陀罗——并开始说话。参见海登（1983），第 133 页。

　　③　关于装饰与主要主题的关系，以及装饰对"庆祝意义或功能"的支持作用，我非常感谢让－克洛德·波纳（Jean-Claude Bonne）的作品。

是由那些异教的占卜者们——西比拉所指示的，她们又回到了基督教启示的故事中。为什么不像中世纪欧洲人在古典宗教和他们自己的宗教之间架起桥梁那样，把美洲印第安人的异教和胜利者的基督教之间也联系起来呢？如果土著精英们希望跨越因皈依基督教而出现的可怕鸿沟，用一切可能的手段将前西班牙的过去与墨西哥基督教的现在联系起来，那么就没有什么比这更重要的了。

因此，在普埃布拉和伊斯米基尔潘，殖民时代的*特拉库依罗们*通过利用文艺复兴艺术提供给他们的古典材料，重新构想了他们与过去的关系。这个实验引导他们设计出梅斯蒂索混血式意象，这些意象体现了惊人的复杂性的具象概念化。

异教的过去，基督教的现在

这种对古典神话的独特运用需要在 16 世纪的欧洲稍作绕道。文艺复兴时期的教育和艺术界赋予奥维德作品的作用证明了他们对古典的熟悉。古代世界可以被视为一个前基督教的世界，可称得上是异教徒的天下；抛去时间上的久远不谈，受过教育的人对那段时期并不陌生，因为中世纪是其直接继承者，并在这之后繁荣起来。

虽然教会内部的某些团体很谨慎，但古典作家仍然不断地被抄袭、引用和评论。尽管嘉玛道理会修道士、多明我会修士和萨伏那洛拉（Savanarola）这样的激进分子对异教恶魔进行过抨击，开放的心态却仍然盛行[①]。文艺复兴时期的学者们仍然认为有必要与古典世界建立联系，这种关注促使"有意识地努力在已分隔了几个世纪的两个世界之间创造和谐"[②]。对古代诸神的回忆依然生动；在中世纪被保存和传承下来的神话随处可见：被画在和刻在珍贵的物品上、展示在宫廷中的精彩表演以及在出现在花园中的雕塑上（奥维德为位于蒂沃利、普拉托里诺、博马尔佐和卡普拉罗拉的大型意大利别墅的装饰提供了灵感）。

---

① 塞兹内克（1993），第 308—309 页。
② 同上书，第 376 页。

16 世纪出现的敌意反应，与其说是来自对古代神灵的彻底否定，倒不如说是对古物的过度利用。当然，教皇们赶走了异教的众神——庇护五世（Pius V）禁止在梵蒂冈设立神像，而西斯笃五世（Sixtus V）试图限制古代神祇的存在。一些艺术家也加入了抗议的行列：1582 年，巴尔托洛梅奥·阿曼纳蒂（Bartolommeo Ammannati）觉得"到处制造裸体雕像、萨提尔神（译者注：satyr 是古希腊神话中半人半羊的森林之神）、费恩（译者注：农牧神 faun 见于古罗马故事，呈人面人身羊腿羊角）和诸如此类的东西是一个彻头彻尾且极为严重的错误。"在特伦特会议之后，告诫和警告更多了。枢机主教帕里奥蒂（Cardinal Paleotti），在他的《我不同意——我想象的神圣和亵渎》（*Discorso intorno alle imagini sacre e profane*）（博洛尼亚，1584）一书中，挑战了"把神的形象放在视野中"的习惯；他建议慎重地保护它们，只有当它们有助于了解古代知识时才容纳它们[①]。

古典主义的支持者们用各种各样的论据来反击。艺术家们为承认呈现的无害性而奋斗，强调保存与崇拜之间的区别。他们的论点是经济和技术方面的：他们怎能忽视自己的赞助人对异教故事的热情呢？当他们需要一套适合复杂装饰方案的多样化的、渊博的剧目时，他们怎么能避免依赖神话呢？然而，他们最好的辩护方式是提供一份道德证明：面对不当的和"不体面的"图像的批评时，艺术家们强调的是异教徒形象的道德比喻寓意。据说它具有启迪性的美德，甚至具有象征意义的表达能力，这使得它非常适合描述恶行和美德[②]。

在 16 世纪下半叶，众神依然装饰着王子和主教们的宫殿。无论是辩论家还是特伦特会议的法令都未能根除古代意象。那些委托或设计装饰方案的文人是牧师。不仅在罗马和卡普拉罗拉的法尔内赛家族的住宅是这样的，在西班牙也一样，胡安·佩雷斯·德·莫亚（Juan Perez de Moya）在那里发表了他的《在神话故事的背后包含许多有用的知识的

---

① 塞兹内克（1993），第 312 页；A·W. A. 博施洛（A. W. A. Boschloo）《博洛尼亚的安尼巴勒·卡拉奇：特伦特会议后艺术中的可见现实》（*Amibale Carraci in Bologna: Visible Reality in Art after the Council of Trent*）（海牙，1974）。

② 塞兹内克（1993），第 313—319 页。

秘密哲学……以及异教的偶像和众神的起源》（1585 年）[1]。伊斯米基尔潘的奥古斯丁派修道士和普埃布拉大教堂的座堂主任牧师也是如此，他们容忍在他们的教堂和家中看到神话生物。古迹遗产的这种存在，使其不可能，也无法想象被抹去。

古典的无所不在始于学校，因为在那里是无法避开古代作家的。无论是在佛罗伦萨还是墨西哥城，在西班牙大学还是特拉特洛尔科的圣克鲁斯的印第安学院，学习拉丁语需要熟悉异教文本。这些文本指的是仍然享有相当威望的非基督教的过去。和欧洲人一样，土著学生也面临着图书馆书架上和修道院壁画上所展现出的矛盾现实。在伊斯米基尔潘东部的阿托托尼尔柯（Atotonilco）的奥古斯丁修道院里，当地印第安人可以欣赏满是古代伟大哲学家肖像画的一整面墙。在阿科曼的奥古斯丁教堂，教堂正厅的上部装饰着西比拉们和古典青年。

像欧洲人一样，识字的美洲印第安人有理由认为，正如上面提到的，他们的异教过去不仅仅是一个前基督教时代或恶魔般的黑暗时期，有一些人毫不犹豫地提醒西班牙人——他们自己的伊比利亚祖先也是异教徒。对古典主义的崇拜表明，一个无可争辩的异教的过去可以享有相当的地位和价值。官方的画作小心地提醒了印第安的头领们有关这一点——在 16 世纪，特拉斯卡拉镇的当地议会是在一个布置着一系列历史题材绘画的接待室里举行的；几乎每天都有当地的贵族们在关注着哥伦布、科尔特斯、皮萨罗和查理曼大帝，以及三位古代英雄——赫克托耳、凯撒和亚历山大[2]。关于名声和记忆的寓言指出，最近和遥远的过

---

① "位于虚构的历史之下的《隐秘的哲学》包括对所有的研究来说都有用的知识，有所有异教的崇拜偶像的起源或神祇。"（*Philosophia secreta donde debajo de historias fabulosas se contiene mucha doctrina provechosa a todos los estudios, con el origen de los idolos o dioses de la gentilidad*）在下一个世纪，根据加列戈（1987 年），第 38 页，"经典的寓言仍然……萦绕在一大群几乎毁掉荷马、维尔吉利奥、贺拉斯、奥维德以及最重要的西塞罗的评论者及变形者周围。"迭戈·委拉斯开兹（Diego Velazquez）的图书馆拥有两版奥维德的《变形记》，一版是西班牙语版，另一版是意大利语版；而佩雷斯·德·莫亚（Perez de Moya）的《隐秘的哲学》（*Philosophia secreta*）也是如此（同上书，第 34—35 页）。

② 穆诺兹·卡马戈（Munoz Camargo）（1984 年），第 47—48 页；塞尔日·格鲁金斯基，"发现新世界的第一百年：来自新西班牙的见证"《正在形成的回忆：拉丁美洲十六至二十世纪》（*Memoires en devenir, Amerique latine XVIe – XXe siecle*）（波尔多：伊比利亚国家议院 Maison des pays iberiques, 1994），第 86—89 页。

去其实是一体的，把美洲印第安人融入他们自己的历史。在特兹卡塔佩克（Tezcatapec）的教堂里，不仅仅是赫克托耳，整个特洛伊战争都呈现在信徒的眼里①。

这种聚合可以更进一步。如果古典时代的异教徒没有像西比拉们预言所证明的那样，被排除在基督教启示之外，那么美洲的异教徒——按照拉斯·卡萨斯的说法，与古代的异教徒一样——也许受益于同样的恩惠。印第安人可能在被征服之前就对基督教有了初步的认识；西班牙的编年史家们推测出古代基督教化也许是被遗忘了的可能性。甚至有人提到了印度的使徒圣托马斯，据说在美洲的几个地区保留了他的遗迹。奎茨科拉特神的形象，羽蛇，也许掩饰了一个其教诲已被败坏了几个世纪的传教士。不仅沿着古典时代的线索进行了修复，而且还受到恩典影响的过去，使其即使在恢复大量传统遗产的同时，也有可能避开偶像崇拜的黑暗。

前西班牙时期的一神教的典故也指向了这个方向。他们强调与异教徒过去的延续性，并将征服和传福音造成的分裂最小化②。与此同时，神话为基督教和异教之间的和平关系提供了一个例子，这是一种可以接受的折衷方案，它可以激励那些太过于依赖异教过去而无法将其放弃的土著贵族。

神话和杂交的概念化

希腊和拉丁寓言——我们现在所说的古典神话——在历史上具有的类似有机特征，可以解释它在混血过程中的作用。它在各种融合里得到了滋养。自古以来，神话的传播就走上了一条充满惊奇和蜕变的道路，在时空里进化。到了中世纪，神话已经分化成两种传统，其发展和方向并不总是交叠的：一种为视觉传统，融合了中世纪艺术家构想的古代诸

① 萨尔托尔（1992），第215页。

② 杜兰（1967），卷一，第10页；卡拉斯科（Carrasco）（1982），第56—58页。特斯可可君主内扎胡库约特（Nezahualcoyotl）被美化为一个比"神圣的柏拉图"更聪明的人就是一个例子。参见费尔南多·德·阿尔瓦·伊克特利切特尔（Fernando de Alva Ixtlilxochitl），《历史作品》（Obras historicas），由埃德蒙多·奥戈尔曼（Edmundo O'Gorman）编辑（墨西哥城：墨西哥国立自治大学，1975年），卷Ⅰ：第404—405页。

神的所有形式；另一种为文学传统，由学者、诗人和百科全书编撰家所作的描述汇编而成。这两种传统都是解读和再解读的结果，也是疏忽、误解和修改的成果。

这一系列改变可以通过神话表达的材料和联系的可塑性来解释。追溯到古代时期，神话就已经忽略了地理和历史指标并将时间和地点混合。即使在 16 世纪，神话仍然对新兴的考古发现至关重要，很少试图将其结合起来，或用作系统性修订的来源。相反，正如欧洲文艺复兴时期流传的版画所揭示的那样，它融合了最奇怪的信息和数据。卡塔里（Cartari）和孔蒂（Conti）所作的意大利手稿广泛地融合了诸多来源和传统，从晚期帝国的融合遗产，从东方迷人的赫尔墨斯主义，从神秘埃及那里毫无区别地借鉴。神话是一种将杂交融合概念运用于实践的理想媒介。

编撰者总是将各种不同的传统融合在一起，奥维德的《变形记》就是最好的例证。从一开始，神话就表现出对异域风情和异想天开的偏好，促使它偏爱远方、异国情调和猎奇。生动的神话常常像一堆杂乱的小装饰品。它的包容性使其在奇怪、畸形、封闭的方面鼓励博学多才的优势——每个人都试图表现出最为奇异的特征。汇编后的版本相互矛盾，而这从来都不重要；它们被收集起来，与不断增加的评论和解释搁置在一起。因此，作为回应，对神话知识进行盘点的文本——即奥维德所依赖的文本——试图在形式和属性上建立一个小小的秩序，这毫不令人奇怪[①]。这导致出现了越来越多对艺术家和学者来说都是不可或缺的手稿。

这种一个比一个更让人吃惊的贪得无厌的细节，被东方和埃及神话的吸引力激发，还产生了其他的效果。它不仅为产生比较神话学的和解和比较做好了准备，还对美洲概念化的方式产生了影响。

神话和美洲印第安人

巴托洛梅·德·拉斯·卡萨斯的《护教论简史》（*Apologetica histo-*

---

① 塞兹内克（1993），第 283、306—307 页；卡塔里（Cartari）（1556）；孔蒂（Conti）（1551）。

ria sumaria）（1556）在很大程度上归功于它之前的神话汇编①。根据古代作者和教父们的说法，这一关键工作将旧世界的神与新大陆的神联系起来②。绕开古代文典，美洲的宗教可以存在，而美洲印第安人的信仰可以"被塞入"古代的信仰，这都要归功于神话。这种联系是牢固的，因为古典异教和美洲异教都表现为同样的现象：偶像崇拜。据拉斯·卡萨斯称，前者甚至在一定程度上启发了后者③。正是由于这种联系，普埃布拉和伊斯米基尔潘的印第安艺术家后来会用他们自己的方式重新诠释。

　　不用说，《变形记》、《爱的艺术》和《岁时纪》（*Fasti*）（日历）的作者被经常当成写作《道歉的历史》的人。在拉斯·卡萨斯从奥维德那里获取的许多细节和轶事中，他讲述了朱庇特和丽达（Leda）的故事，并提到了伊西斯（Isis）、潘（Pan）、喀尔刻（Circe）和酒神节的庆祝。他还讲述了阿克特翁（Actaeon）变成一只雄鹿和达芙妮（Daphne）变成一棵月桂树的故事④。这些引用唤醒了普埃布拉和伊斯米基尔潘壁画里的灵魂，并提出了新的问题：雌性半人马身上的奇怪蹄子难道不可能是从鹿那里借来的吗？伊斯米基尔潘壁画顶上长出的一绺玛圭叶，难道不可能是神话中月桂树叶的印第安版吗？虽然美洲印第安人不可能早就读到过拉斯·卡萨斯，但这些"大量的图像"肯定可以在新西班牙的许多手稿和所有图书馆中或多或少接近的形式中找到。

　　到了16世纪60年代，方济各会修士萨阿贡在墨西哥城内外的当地合作者们已经熟悉了在纳瓦神和古典神之间建立联系的小把戏（不管他

---

　　①　其资源均记入拉斯·卡萨斯（1967年），卷一：123—161页（《阿尔布利库斯的论下向图像》《福尔根策的神话之书》奥维德的《纪年表》等等）（*De Deorum Imaginibus de Albricus*，*Mithologiarum Libri de Fulgence*，*Ovid's Fasti*，etc）。

　　②　卡门·贝尔南德和塞尔日·格鲁金斯基，《偶像崇拜：宗教科学考古学》（*De l'idolatrie：Une archeogogie des sciences religieuses*）（巴黎：塞伊出版社1988年版），第41—74页。该项目已多次宣布并得到强调："仿佛像是我们比较……古人的神祇与今人的神祇之时"（拉斯·卡萨斯，［1967年］，卷一：第369页），以及"剩下的人比较一些人的神祇与另一些人的神祇"（卷一：663页）。

　　③　同上书，卷一：第632页。

　　④　同上书，卷一：第416页。还可参见拉斯·卡萨斯的《西印度群岛史》（*Historia de las Indias*）（1986年），卷一：59页（舵手提菲斯）和卷二：54页（春天的女仙阿瑞杜萨）。

们只是记录了萨阿贡的解释，还是也积极贡献了自己的看法）①。因此，这两个神殿之间的比较和相似之处出现在《新西班牙诸物志》（*Historia general de las cosas de la Neuva Espana*）的第一本书中："维齐洛波奇特利就是另一个大力神赫尔克里斯……查尔丘特利奎（Chalchiuhtlicue）是另一个朱诺（Juno）……休特库特里（Xiuhtecutli）是另一个火神伏尔甘（Vulcan）……特拉佐提奥托（Tlazolteotl）就像是女神维纳斯。"② 在这几章的标题中，这些联系无法逃脱美洲印第安人艺术家，他们为华丽的《佛罗伦萨抄本》增色不少——其中有些专门献给印第安神祇的章节使用了双标题，纳瓦语的在左边，希腊—罗马版的在右边③。因此，古典神话既建立了一个异国情调的神殿，也为手抄本的欧洲读者提供了即时和熟悉的参考点④。这些比较不仅仅是风格上的应用。对于识字的文艺复兴时期的读者来说，古代的神被认为是神化的英雄⑤或神话中的欧洲民众的教父，因而更加为人所熟悉。古代的神和圣经中的先知们在诸如帕维亚的卡尔特教团的修道院和贝加莫的科莱奥尼礼拜堂等地方快乐地共存⑥。

在其他文档中，奥维德的形像可以在字里行间看到。法国国家图书馆（Bibliotheque Nationale de France）的一个手稿上描绘的那段对阿弗雷门托（aperramiento）的折磨，可能是《变形记》中一个神话的再现：这位被征服者的狗吞吃了的美洲印第安王，很像被狄安娜的猎犬所吞噬的阿克特翁⑦。这种折磨的方式对于当地画家来说已经太频繁

① 参见安琪尔·玛利亚·加里贝·K（Angel Maria Gabibay K）有关帕拉西奥手稿的评论，见于萨阿贡（1977），卷一：第36—37页。人们也知道，塞维利亚《词源》（*Etymologies*）的圣伊西多尔（Saint Isidore），以各种手稿为例，在传播神话知识方面发挥了重要作用。

② 同上书，卷一：第43、50、56、91页。

③ 萨阿贡（1979年），第10页第12行。

④ 在杜兰（1967），卷一：15页可以找到与战神的另一种比较。

⑤ "我们被称为神的名字，"波利多罗·维吉利奥（Polidoro Virgilio），《造物主，第八卷》（*Degli inventori delle cose，libri otto*）（佛罗伦萨，1592年）。

⑥ 米歇尔·简纳雷特《永久移动：从达芬奇到蒙田的身体和作品的变形》（*Perpetuum mobile：Metamorphoses des corps et des oeuvres de Vinci a Montaigne*，巴黎：马库拉出版社，无出版日期），第33页。

⑦ 亚历山德拉·鲁索（Alessandra Russo）《十六世纪西班牙统治下的墨西哥土著艺术形式：［波旁尼克抄本］和［杜兰抄本］》（*Les Formes de l'art indigene au Mexique sous la domination espagnole au XVIe siècle：Le Codex Borbonicus et le Codex Duran*）（巴黎：DEA 主题，社会科学高等学院，1997），第51页。

了，以至于他们不可能不去描述它，但是这只有在找到一个西方模式的条件下才能做到，因为这种可怕的行为在前西班牙的社会中是不为人知的。

"最后的世界"

古典神话的联想和吸收倾向伴随着一种知识类型的虚拟。因为神话很容易被各个层面借鉴，所以它为寓言提供了一个选择的平台。它与耶稣会在狄安娜和圣母玛利亚之间建立的联系一样，具有杂技般惊人的相似之处①。学者们甚至最终建立起了非常微妙的联系，以至于要想解读神话形象的意义就需要借助他们的作品②。土著作家也被这种贪得无厌的赫尔墨斯主义和学术势利所感染③。

奥维德的想象所体现出的非凡潜力，最好的体现或许是克里斯托弗·兰斯梅尔（Christoph Ransmayr）的小说《最后的世界》④。兰斯梅尔利用《变形记》中的材料，从零塑造了一个处于罗马帝国边缘的失落的社会。小说的主人公科塔（Cotta）是奥维德的崇拜者，他追随这位伟大诗人的脚步，走到天涯海角。他既没有发现在残酷流放中的天才，也没有发现《变形记》的珍贵手稿，而是发现了托米小港，一个"铁镇"，那里奇怪的居民在黑海的浓雾中迷失了。这个故事如此巧妙地编织了神话、古代历史和现代世界的脉络，把时间段和现实与高超的艺术结合在一起，以至于读者再也不知道到底是奥维德根据托米镇的居民写了《变形记》，还是托米镇的居民是这位流亡诗人痛苦想象的化

---

① 塞兹内克（1993），第 311 页。

② 事实发生后，可能会通过在作品中包含解释性文字或题词来提供含义。路易斯·德·西斯内罗（Luis de Cisneros）在墨西哥城山谷中的罗斯·莱迈迪奥斯的教堂上写的这段话中可以找到这种描述性的解码文学的例子：《罗斯·莱迈迪奥斯的圣母神像……最初的起源史》（ *Historia del principio origen ··· de la santa imagen de Nuestra Senora de los Remedios* ）（墨西哥城：胡安·布兰科·德·阿尔卡萨尔，1621）。

③ 参见由奥索里奥·罗梅罗（1990 年）整理的巴布罗·纳萨莱奥至给腓力二世的信，第 11—12 页。

④ 克里斯托弗·兰斯梅尔（Christoph Ransmayr）《最后的世界》（ *The Last World* ），由约翰·E. 伍德（John E. Woods）翻译（纽约：格罗夫/魏登费尔德出版社 Grove/Weidendeld，1990）。

身。每个角色的命运都是以《变形记》为依据的，每一个人都有着神的名字，而且与他或她同名的著名人物有着同样的归宿。就像普埃布拉和伊斯米基尔潘一样，在托米，奥维德书中的生物被写进了其他故事中，这些故事将他们带入了一个既陌生又熟悉的世界，里面交织着战争的痛苦、殖民的暴力和西方边境的陌生感①。

早在兰斯梅尔之前，墨西哥画家就能利用神话的力量穿越时代和文明。与基督教不同，神话并不排除新的或外邦的神话。雌性半人马可以在西班牙主教的眼前与墨西哥猴子调情。神话为之提供了一整套独特的、可塑的参考、情境和图像。它可以把最意想不到的、矛盾的形式和意义赋予它的图画和描述。西班牙人胡安·佩雷斯·德·莫亚这样解释了有关变形的几种类型：变身为石头意味着死亡；变成一朵花则为优雅；变成一棵树，就是贞洁。那么是什么阻止了佩雷斯·德·莫亚的奥古斯丁派的读者用这把钥匙来解锁伊斯米基尔潘的*特拉库依罗*们的创作呢？

所以，让我们来想象一下座堂主教托马斯·德·拉·普拉扎在他的住所里看到那些带状饰板的样子吧。毫无疑问，关于西比拉的壁画是由牧师委托的，但不太确定他是否系统地规定了装饰细节；事实上，他建议把猴子和雌性半人马结合在一起本身就是很不可思议的。然而，这些取悦他的东西很可能也同样的取悦了文艺复兴时期的大多数主教。而且很有可能主任牧师会把——或者说想把——奥索马利猴子看作是一种有趣的寓言性动物。普埃布拉的猴子很可能已经成为墨西哥世界所有异域风情的象征，包括偶像崇拜②。这种解释可能足以说明这种神性动物的存在，而不会引起更多对非正统组合和意义的焦虑。这完全有可能，这种受过教育的文艺复兴观点也代表了这些壁画的真相。

---

① 兰斯梅尔在《狗王》（*The Dog King*）（纽约：诺夫出版社 1997 年版）中进一步探讨了这个主题，在那里压抑的气氛与拉尔斯·冯·特里尔的《欧罗巴》中的压抑气氛无异。

② 在阿克多潘的回廊里，带有恶魔脑袋的猴子坐在形成第五太阳纪奥林（*nahui-ollin*）标志的叶子中，这些标志可在《科斯比抄本》（*Codex Cospi*）与《博尔吉亚抄本》（*Codex Borgia*）（雷耶斯－瓦雷里奥［1978 年］，第 258 页）中找到，）正如在尤特贝克的殖民时期建筑一样。（同上书，第 242 页）。参见路易斯·马克格雷格（Luis MacGregor），《阿克多潘》（*Actopan*）（墨西哥城：国家人类学与历史学院，1982 年），第 109 页。

神话的恰当运用

神话还有其他优点。当寓言宣告异教徒形象过于放荡的时候，它采取了一种权宜之计，使其有可能逃避审查。神话由此提供了艺术家可用、甚至是滥用的一些轻松和自由的表达方式：当提香（Titian）在表现阿多尼斯（Adonis）挣脱维纳斯的怀抱时，他就背叛了奥维德，而这一点都无关紧要——他没有义务尊重被教会密切监督的肖像标准。神话提供了一种比神圣艺术更少障碍的全部技能。

这种创造和发明的自由可能会出现智力或哲学上的转变。在文艺复兴时期的欧洲，隐藏在神话场景之下的意义有时传达着神秘的哲学。很有可能的是，真相正隐藏在"表面现象"背后①。例如，与新柏拉图主义以及象形符号谜语的破译有关的思想和象征就是如此②。这种赌注甚至可能是政治上的——提香为腓力二世所作的画中暗含着国王的暴政，这在渴望权力的朱庇特的肖像后面几乎一目了然③。在强烈的悲观主义和怀疑主义的驱使下，这位艺术家重新为神话注入了暴力和野蛮色彩，这是说教的奥维德的推广者所能同意的最大限度。欧罗巴、珀耳修斯和安德罗墨达（Andromeda）、狄安娜和阿克特翁的形象都被借以谴责诸神的虐待和罪行。

神话的颠覆力量与原始世界就这样联系在一起，所以原始世界会不断地复活。在近代，剧作家海纳·穆勒（Heiner Muller）意识到了这一点，他从古典神话中汲取灵感，以逃避东德的审查制度。比"安全出口"更重要的是，神话为穆勒提供了一个"史前的"框架，一个充满着对恐怖和暴力有着同样的看法的人们的过去，而这些早就被提香巧妙地利用过了④。

---

① 塞兹内克（1993），第 315 页。

② 同上书，第 319 页。

③ 奥古斯托·根提利（Augusto Gentili），《从提香到提香：十六世纪意大利艺术威尼斯文化中的神话与寓言》（*Da Tiziano a Tiziano：Mito e allegoria nella cultura veneziana del cinquecento*）（米兰：费尔特里内利出版社 1980 年版）。

④ 菲利普·布雷迪（Philip Brady）在《时代文学增刊》（*Times Literary Supplement*）（1995 年 12 月 8 日，第 18 页）中海纳·穆勒（Heiner Muller）的《戏剧机器》（费伯出版社 1995 年版）上。

正如神话能够为"政治不正确"的想法提供异域风情的伪装一样，神话也善于表现混乱世界的不稳定性。

伊斯米基尔潘的艺术家们没有把奥维德的作品看作是异国情调、虚幻和装饰性主题的集合，而是详细描述了对生命的残酷冲击、冲突和转变的画面。半人马和狮鹫被召来封锁古墨西哥"美洲虎骑士"的道路。这些美洲印地安画家不知道在大洋彼岸还有提香的存在，但他们在同一时期工作，通过避开神话中更老练的版本来探索相似的道路。神话帮助他们挣脱了强加在身上的基督教形式的枷锁，即使神话成为了概念的载体，要么是伪装的或谨慎的，要么是颠覆性的或只是异教的。神话的混合本质有利于各种形式的借用和联想。通过打开通往遁词或双重和三重含义的途径，神话会吸引那些一直被怀疑崇拜偶像的印第安人。在普埃布拉和伊斯米基尔潘，其标准化的、现成的图像和寓言能够分散过于好奇的目光。

第七章　怪诞风格的入侵或移动中的意象

> 起初，只有隐形的、透明的根，然后长出些小小的绿色手指和欺骗性的花，最后是长满苔藓树皮的强壮手臂——荒原向外延伸，想要抓住铁城。
>
> ——克里斯托弗·兰斯梅尔《最后的世界》

即使我们设法发现了土著艺术家的意图，我们仍然需要很长时间才能确定梅斯蒂索混血思想的所有主要来源。除了知道把猴子和雌性半人马联系在一起的正式来源外，我们对导致这个西班牙—印第安世界的视觉表达过程一无所知。

乍一看，普埃布拉的带状饰板和伊斯米基尔潘的壁画几乎没有什么相似之处。在奥古斯丁的教堂里，人们的目光被墨西哥战士的战斗所吸引，从而忽略了上方结合了一些神奇生物的西方风格的带状饰板。相比之下，在普埃布拉，由猴子和半人马结合成对的两者占据了从属地位，这显然是留给这位土著艺术家的装饰想象的空白。西比拉们的游行队伍吸引了游客强烈的关注，以至于人们忽略了一旁的带状饰板；观赏者的眼睛只盯着那些衣着华丽的女士们，她们在斯堪的纳维亚或佛兰德斯氛围的欧洲风光中穿梭。这可能意味着被征服了的人们的世界被降到了第二等级，以此来强调基督教对异教的胜利[①]。

但至少有两个理由让人怀疑这一暗示。第一个是关于边界和装饰在欧洲艺术中的地位。由于我们对中世纪和文艺复兴过去的落后看法，使

---

① 帕尔姆（1973 年），第 57 页，引自阿莱里亚诺（1996 年），第 78 页。

得它们的重要性一直被忽视。现在是时候为这些特征赋予它们应有的作用和意义了，重现其与主题有关的偶尔幽默又偶尔微妙的关系。第二个，更加本土的原因是有关西比拉们、猴子和雌性半人马之间的联系。他们的元素并没有被系统地变质和边缘化，即使美洲印第安人缺乏其在伊斯米基尔潘所拥有的壮观的一面。

　　普埃布拉和伊斯米基尔潘的绘画之间的明显差异比表面上看起来的还要肤浅。首先，壁画内容相似。它们包含一个"信息"，或者更准确地说，它们表达了我们在这里试图解密的意图。两者都没有纯粹的装饰功能。如果我们考虑到被描绘的空间，它们也呈现出类似的正在经历混血过程的世界阶段。在伊斯米基尔潘和普埃布拉，居住着奇异生物的茂密植被为印第安文艺复兴时期的创作提供了背景。在普埃布拉，一种致幻的植物沿着主任牧师的接待室的墙壁蜿蜒而行，引导着一群猴子、布托小天使，半人马和翩翩起舞的昆虫。在伊斯米基尔潘，印第安战士、植物般的生物和怪物在一系列场景中发生冲突，这些场景随着巨大花环起伏的节奏展开。海马，有翼狗，和被布托小天使骑着的长着叶状羽毛的鸟构成了上层区域。在每一种情况下，艺术家都把自己投射到了这一装饰中。然而，这一装饰性区域——理论上是为琐碎的装饰、表面的效果和细节的痴迷的贡献——是如何被这样利用的，以及艺术家是怎样将其殖民化的，还有待解释。

移动影像与杂交化

　　伊斯米基尔潘壁画是由一个难以用文字描述的不可抗拒的运动而产生的。只有一部电影能呈现出与这一连串梦幻般的影像相媲美的画面，正如彼得·格林纳威的另一部电影《普洛斯贝罗的书》中所看到的，这部电影比《枕边书》还要早上五年①。作为对莎士比亚的《暴风雨》的自由解读，这部电影就像是呈现了一副巨大的带状饰板，在观众眼前无止境地行进。通过序曲，长距离镜头展示了一群赤裸着身体的队伍，

---

① 关于彼得·格林纳威，参见戴维·帕斯科（David Pascoe）《彼得·格林纳威、博物馆与移动图像》（*Peter Greenaway，Museums and Moving Image*）（伦敦：利克欣书社，1997）。

他们或是扭曲，或是饱受折磨，或在跳着舞，夹杂着阵阵火焰和喷涌的水，随着迈克尔·尼曼（Michael Nyman）音乐的催眠节奏前行。在看不到头的圆柱和拱廊的背景下，不同寻常的物体和奇怪的生物在屏幕上以明暗交替的效果和闪亮的色彩交替出现。角色被不断的移动席卷，卷入复杂的编舞之中，突然扎进急流并沉入无底的水中。在《普洛斯贝罗的书》中，一切都是移动的，就像在伊斯米基尔潘壁画中一切都在移动一样，它们的触手花环插入战士和怪物们亢奋的身体中。

在格林纳威的作品中，"装饰性"结构为表演注入了一种舞蹈节奏，同时建立了一个对最奇怪的发明开放的奇妙现实：在巨大的水族馆里，裸体生物变成美人鱼，夸张的野人披着血红的羽毛，剥了皮的女性在展示自己的肠子，布托小天使们一边在上方荡着秋千，一边往普洛斯贝罗的泳池里撒尿。就像在伊斯米基尔潘和普埃布拉一样，那些出乎意料的怪诞东西都密集出现在眼前。卡利班（Caliban）是奥索马利猴子和雌性半人马的令人可憎的兄弟，就像普埃布拉的布托小天使是美人鱼爱丽儿（Ariel）可爱的表兄弟一样。

对普洛斯贝罗来说，融合才是王道。在整部影片中，通过主人公收集的魔法书籍清单都为此提供了例子。普洛斯贝罗的学习包括真实的和想象的知识。俄耳甫斯（Orpheus）参观的冥界地图、有关航行的记述、以及世界各地的神话，都与宇宙中的每一种现象的普世宇宙观一样重要。普洛斯贝罗的兽舍里到处都是"驼豹"（译者注：Camelopard，长颈鹿的旧名，因其头、颈如骆驼而体斑似豹，故名）和喀迈拉（译者注：chimeras 是古希腊神话中狮头、羊身、蛇尾的吐火怪物）。在对奥维德的《变形记》进行的模仿中，第十三本名为《牛头怪的九十二种自负》的书中列出了最为臭名昭著的后代①。它包括像卡利班那样古怪的生物：半人马、美人鱼、狼人、鹰身女妖和吸血鬼。在神话的书中，"仙女和布托小天使……费力翻开下一页，以让下一章的居民——那些已经挣扎着要出来的费恩和金缕梅精——解脱出来。"②

---

① 这个模仿奥维德的《变形记》只包括了 92 个混血儿，而不是一百个混血儿，因为疲惫的忒修斯为弥诺陶洛斯（译者注：人身牛头怪物）的故事较早的画上了句号。

② 彼得·格林纳威《普洛斯贝罗的书》（*Prospero's Book*）（纽约：四面八方出版社 1991 年版），第 57 页。金缕梅是森林仙女（Hamadryads are wood nymphs）（维吉尔）。

杂交贯穿于这些生动的壁画中，在这里，魔法和幻想经常发生在怪物身上。杂交对于《普洛斯贝罗的书》来说，就像混血机制对于《枕边书》一样。这部电影的活力来自于它有能力融合西方传统的形式、流派和语域。影像叠加在屏幕上，形成了一个将电影、舞蹈、歌剧和戏剧融为一体的区域。普洛斯贝罗的小岛本身是无法确定的，位于神话的虚构和世俗现实的领土之间。杂交，就像普洛斯贝罗的魔法一样，为各种挪用、借用开辟了道路。它蔑视通常的逻辑，颠覆空间、时间和合理性的规律，根本不考虑万有引力定律，并无视呈现的惯例，而这一切都是冒着失去观众的危险：普洛斯贝罗是不是不仅扮演了自己，还扮演了《暴风雨》中的其他角色？

不过，杂交仍然相对一致。《普洛斯贝罗的书》里并不是杂乱无章、难以理解的影像集合。虽然幻景可以创造怪癖和惊喜，但它是建立在尊重"最低形式条件"的一些原则之上的[1]。例如，使观众感到不安的引文的蒙太奇与纠缠和拼贴的相互作用，是遵循与普洛斯贝罗魔法书的呈现相同的顺序。事实上，这部电影令人不安的复杂性取决于有限的和重复的元素范围。

通过发展杂交和奇异的虚拟性，通过培养人工和装饰的力量，格林纳威设计了必须由观众破解的影像。屏幕上充斥着符号、典故和联想，只靠关注表像是无法理解的。普洛斯贝罗的 24 本书代表符号字典，就像切萨雷·里帕（Cesare Ripa）的《古像考证》（*Iconologia*）和安德烈亚·阿尔西亚蒂（Andrea Alciati）的《徽标解读之书》（*Emblematus Libellus*）一样[2]。细心的观众应邀以解读晦涩难懂的文本的方式去解读这神秘的影像，要有所需的空闲和今天的盒式录像机才有可能得以重新观看。杂交和赫尔墨斯主义在这里被联系在一起，就好像建立事物之间的

① 菲利普·莫雷尔（Philippe Morel）《怪诞：文艺复兴末期意大利绘画中的虚构人物》（*Les Grotesques: Les figures de l'imaginaire dans la peinture italienne de la fin de la Renaissance*）（巴黎：弗拉马利翁出版社 1997 年版），第 84 页。

② 切萨雷·里帕（Cesare Ripa），《古像考证》（*Iconologia*），由皮埃罗·布斯卡罗利（Piero Buscaroli）编辑（米兰：协作出版社［1593 年］，1992 年再版），安德烈·阿尔西亚特（Andre Alciat）（安德烈亚·阿尔西亚蒂）（Andrea Alciati）《徽标解读之书》（*Les Emblemes*）（1551 年里昂版本影印版）（巴黎：克林西克（Klincksieck）出版社 1997 年版）。

秘密联系的努力应该克服障碍，保持神秘①。

杂交、赫尔墨斯主义、复杂性、移动影像：《普洛斯贝罗的书》中编造的概念提出了亟待解决的新问题，涉及墨西哥混血绘画不仅是关于杂交与混血、组织与复杂性之间的关系，还有关于由矫饰主义、怪诞风格和装饰长期构成的多产三件套②。

怪诞风格的艺术

通过培养杂交和装饰性相结合的艺术，《普洛斯贝罗的书》借鉴了矫饰主义的装饰性，更具体地说，那种怪诞风格的传统。难道这不正是我们墨西哥艺术家四个世纪前在新西班牙的作坊中所做的吗？

当特拉库依罗们开始复制来自文艺复兴时期的欧洲的形式时，他们没有意识到怪诞风的流行可以追溯到 15 世纪末，1480 年尼禄宫——金宫——的偶然发现，展现了带装饰板的装饰，欧洲艺术家立即开始仿制③。结果是众所周知的。在圣伯多禄锁链堂——被认为是提图斯皇帝以前的宫殿——的"岩洞"中的艺术据称启发了乔万尼·达·乌迪内（Giovanni da Udine）和拉斐尔（Raphael）。多亏了这两位艺术家，"怪诞风"装饰在文艺复兴时期的意大利流传开来④。一个显著的例子是在罗马圣天使堡，由佩里诺·德尔·瓦加（Perino del Vaga）（1543—1548）完成的珀耳修斯大厅。诸如无名的文集《野人和野人的图片》

---

① 正如亚历山德罗·本奇维尼（Allesandro Bencivenni）和安娜·萨穆埃利（Anna Samuil-ly）在《彼得·格林纳威：一部关于理想的电影》（*Peter Greenaway：Il chinema delle idee*）（热那亚：玛尼出版社 1996 年版），第 128 页中所指 "在＜最后的暴风雨＞中感兴趣的主要领域之一是玫瑰十字会的神秘学。以派拉塞尔索、布鲁诺和 17 世纪初的主要哲学家为代表，他们对创建全球视野感兴趣……"

② 批评家们过于仓促地宣称是矫饰主义而不是巴洛克式。

③ 安德烈·沙泰尔（André Chastel）《怪诞：关于无名装饰品的文章》（*La Grottesque：Essai sur l'ornement sans nom*）（巴黎：普罗门努尔 Le Promeneur 出版社 1988 年版）；妮可·达科斯（Nicole Dacos）《文艺复兴时期的多莫斯·奥里亚（Domus Aurea）发现和怪诞的形成》（*La Decouverte de la Domus Aurea et la formation des grotesques a la Renaissance*）（伦敦和莱顿：沃尔伯格学院，1969）。

④ 通过驱散罗马艺术家，1527 年的罗马之劫进一步推动了这一现象。参见安德烈·沙泰尔《罗马之劫》（*La Sac de Rome*）（巴黎：1972）。

（*Leviores et extemporaneae picturae quas grotteschas vocant*）揭示了这种表现方式引起的兴趣和保留意见。最早的意大利艺术的历史学家之一的乔尔乔·瓦萨里（Giorgio Vasari）对这种新时尚发表了严厉的评论："怪诞风是一种放肆和极其荒谬的绘画风格，古人用它来装饰空白空间……"① 请瓦萨里不要见怪，怪诞风并不是一种边缘或轶事般的现象。它们利用了文艺复兴时期欧洲盛行的风尚——矫饰主义展示的流行趋势，这种风尚通过哈布斯堡帝国成为一种世界性的语言②。矫饰主义视装饰为第一任务，正如舞台上有着巨大舞台机械的剧院所示，它的幕间剧的特点是华丽的编舞和令人眼花缭乱的美化属性。矫饰主义者的创作包括阿尔钦博托（Arcimboldo）（其"火的寓言"可追溯到 1566 年）的华丽绘画、布隆齐诺（Bronzino）的滑稽诗（寻找能将异质元素组合成微妙嵌合体的听觉和精神联想），以及著名的"温德卡门艺术馆"（Wunderkammern）（装有最令人难以置信的奇珍异宝的"橱柜"）、博马尔佐（Bomarzo）的雕塑以及米兰和热那亚的女像柱③。矫饰主义偏爱移动的而非静态的形式，热衷于奇怪的、不寻常和怪异的现象，对奇异和异想天开的事物和"变态和幻觉"有着浓厚的兴趣。

从西班牙到美洲

意大利怪诞风格横扫欧洲和伊比利亚半岛。他们很快在卡斯蒂利亚找到了肥沃的土壤。穆德哈尔（mudejar）的传统和伊莎贝拉式风格，以及银匠式风格作品的时尚，对阿拉伯式、枝状烛台、神奇的怪物大全④

---

① "怪诞的画是一种荒唐而又非常可笑的画，是古代人为装饰房间而制作的，在某些地方，除了空中的东西外，别无其他。由于大自然的怪异以及艺术家的任性与异想天开，他们在这些作品中都"毁坏"了怪物。"乔尔乔·瓦萨里（Giorgio Vasari）《从奇马布埃到今天：意大利著名建筑师、画家和雕塑家传记［1550］》（*Le Vite de piu eccelenti architetti, pittori et scultori italiani, da Cimabue insino a giorni nostri*［1550］）（都灵，1991），第 73 页。

② 安东尼奥·皮内利（Antonio Pinelli），《美丽的方式：在典范与标准之间的五百位艺术家》（*La Bella maniera: Artisti del cinquecento tra regola e licenza*）（都灵：埃纳乌迪出版社 1993 年版），第 83 页。

③ 同上书，第 155 页。

④ 比如参见由胡安·古阿斯（Juan Guas）设计的瓜达拉哈拉王子封地的中庭，饰有狮鹫、鹰及狮。

和意大利风格的大徽章式项链保持了明显的品味。与欧洲其他地方一样，中世纪的传统是将怪诞的物种分散在手稿边缘或教堂的雕刻墙壁上。"银匠风格的怪念头"进入观赏性成分，重复相同的主题，产生了浮雕的有限深度所强调的巨大的整体一致性①。

如果弗雷·何塞·德·西古恩扎（Frey Jose de Siguenza）可信的话，那么其实将怪诞风格介绍到西班牙的是胡里奥·德·阿奎利斯（Julio de Aquilis）和亚历山大·迈纳（Alexander Mayner），这两人都在1530年左右去世②。艺术家们早就到了安达卢西亚的乌贝达，来装修皇帝秘书弗朗西斯科·德洛斯·科博斯（Francisco de los Cobos）（1477—1547）的宫殿。他们接着装饰了格林纳达的阿尔罕布拉皇宫，在那里他们留下了蛋彩画和湿壁画。从那以后，怪诞风格的装饰蔓延到带状饰板和壁柱上，覆盖了箱子和祭坛，布满贵族们穿的衣服，不留下任何空白。这些图案和在意大利发现的一样；"怪诞风、有藤蔓、树叶和有活力的东西"都从多多少少有些才华的艺术家的笔触中诞生。至少，这是一个世纪后的画家弗朗西斯科·帕切科（Francisco Pacheco）（1564—1654）在他的《绘画的艺术》（Arte della pinture）（1649）中提出的主张，这是关于黄金时代的西班牙绘画的伟大论著之一③。

在欧洲，矫饰主义和怪诞风格的流行在那些偏爱火焰（Flamboyant）——或晚期哥特式风格的地区更为明显，而且只是表面上被高超的文艺复兴时期的美学所打动——西班牙就是如此，德国和低地国家更是如此。

在神圣罗马皇帝查理五世，以及随后的腓力二世的王权下联合起来的北部和伊比利亚的欧洲的庇护下，美洲的矫饰主义得以兴盛。到了16世纪40年代，被称为罗曼诺/romano（或怪诞）的艺术已经传

---

① 库伯勒（1984），第473—474页。还可参见乔纳森·布朗（Jonathan Brown）《西班牙绘画的黄金时代》（*The Golden Age of Painting in Spain*）（康涅狄格州纽黑文：耶鲁大学出版社1991年版）。

② 《圣杰罗尼莫教团史》（*Historia de la orden de San Jerronimo*）（马德里，1600—1605年），引用于加列戈（1987），第68页。

③ 扎希拉·韦利兹（Zahira Veliz）《西班牙黄金时代艺术家的技巧：翻译的六篇论文》（*Artists' Techniques in Golden-Age Spain: Six Treatises in Translation*）（英国剑桥：剑桥大学出版社1986年版），第57页。

播到新西班牙。位于遥远的尤卡坦地区梅里达的蒙蒂约宫，就是由半身像、大项链和怪诞风格装饰完成的①。大约 20 年后，两位才华横溢的欧洲画家，塞维利亚的安德烈斯·德·孔查（Andres de Concha）和佛兰德斯的西蒙·佩里恩斯（Simon Pereyns），搬到了墨西哥，在那里他们帮助新的形式得以流行起来②。前者推广了与佩里诺·德尔·瓦加（Perino Del Vaga）一起在意大利学习的塞维利亚艺术家路易斯·德·瓦尔加斯（Luis De Vargas）的风格，后者则引入了马丁·德·沃斯（Martin De Vos）和弗朗兹·弗洛里斯（Franz Floris）画作中的北方氛围。

然而，西班牙—佛兰德斯式的矫饰主义并不是在处女地上培育出来的。土著传统可能促进了矫饰主义装饰的采用，就像旧世界中火焰哥特式风格和银匠风格一样。修道士们已经注意到了当地对于装饰（或西班牙文艺复兴时期的术语 ornato）的品味的自然倾向（la natural inclinacion）："他们喜欢装饰自己的神殿，所以在每个城镇，无论大小，都有非常漂亮的、保存完好的神殿，在他们的理解所允许的范围内尽可能的装饰漂亮。在基督教化之后，他们也对其进行了细致入微的守护。"③

这种倾向可以从莫托利尼亚对征服前接受训练的土著画家的评价中看到："以前，他们只会画花鸟和各种各样的怪诞的东西，如果他们画的是人或马，那就简直太丑了，活像一个怪物。"④ 方济各会对当地艺

---

① 萨尔托尔（1992），第 70 页。

② 吉叶墨·托瓦尔·德·特蕾莎，《新西班牙的绘画及雕刻（1557—1640）》（*Pintura y escultura en Nueva Espana*，1557－1640）（墨西哥城：阿萨巴切出版社 1992 年版），第 61 页；豪尔赫·阿尔贝尔托·曼里克（Jorge Alberto Manrique），《新西班牙的矫饰艺术》（*Manierismo en Nueva Espana*）（墨西哥城：散逸作品出版社 1993 年版）。

③ 他们对神殿极其着迷，以至到处都建有神殿。不论大小，均美丽而引人注目，并且他们尽其所能来装饰这些神殿。在进行基督教改造之后，这些神殿是如此的精美，以至于备受人们敬仰。"胡安·德·托克玛达（Juan de Torquemada），被引用在华金·加西亚·易卡斯巴尔塞塔《墨西哥历史的新文件集》（*Nueva coleccion de documentos para la historia de Mexico*）（墨西哥城：迪亚兹·德莱昂，1986—1992），卷二：99 章，第 174—175 页，引用在戈麦斯·马丁内斯（1997），第 107 页。

④ "先前他们不知道绘画，只知道画花鸟或像罗马人那样画耕作的情形，抑或画一个人或一匹马，他们画得画丑的就像怪物一样，"莫托利尼亚（1971），第 240 页。

术的看法包括一整套主题——植物、动物、怪物和罗曼诺的细节——融入满是怪诞风格的带状饰板毫不费劲。事实上，到了 16 世纪 40 年代，土著艺术家不仅可以接触到熟悉罗曼诺风格和新艺术的样本的修道士，而且还毫不费力地制作了 *romanos y bestiones*，也就是说，"怪诞和怪物的装饰"①。他们这样做也得到了教会的祝福。将近半个世纪后，第三届墨西哥理事会强烈鼓励印第安人绘制"花朵、水果、动物、鸟类和怪人……还有其他任何可以避免绘制圣徒的拙劣画作的不敬。"② 这并不意味着怪诞风格得到了一致认可：到了 1560 年，西班牙艺术家们开始抱怨"不雅和荒谬"意象的泛滥；四分之一个世纪后，其他人仍然要求将萨提尔神和其他神话中的生物从教堂祭坛上驱逐出去③。还可以加上一点，绘画对雕塑的超越——这可以用技术和示范的因素来解释——也有助于传播怪诞风格，即使雕塑版本也确实存在④。

比艺术家还多的书籍，印有版画和装饰华丽的卷首插图，给美洲带来了矫饰主义的装饰风格。它们是在西班牙或荷兰印刷，提供了西班牙人和印第安人都乐于使用的方便的材料，这在以前一直是难以接触到才无法模仿的遥远欧洲的作品⑤。尽管宗教战争肆虐欧洲，尽管在墨西哥城和利马建立了密切监视图书贸易的宗教裁判所，来自里昂、巴黎和欧洲北部（安特卫普）的出版物还是陆续抵达新大陆；随之而来的还有加入到书页边缘，或出现在卷首插图中的北方矫饰主义的例子。到 1539 年，这些书与墨西哥城自己的出版社直接出版的书共存。最初来自意大利（伦巴第的胡安·帕布洛斯/Juan Pablos）、西班牙和法国（鲁昂的皮埃尔·奥沙尔特，Pierre Ochart）的印刷商对他们图书的设计很

---

① 莫托利尼亚（1971），第 242 页。"无数罗马人与粗鲁之人见到此景，每人都会如此做。"1557 年画家们要求签发的墨西哥城规章，规定壁画画家必须"根据罗曼诺、枝叶等绘画形象准则检视作品（examinados en las cosas siguientes de lo Romano y de follajes y figuras）"图森特（1982），第 221 页。

② G. 艾斯塔尔达（G. Estarda），《新西班牙行会条例》（*Ordenazas de gremios de la Nueva Espana*）（墨西哥，1921），引用自图伦特（1993），第 151 页。

③ 图森特（1982），第 37 页。

④ 库伯勒（1984），第 436 页。

⑤ 有几个十六世纪西班牙书籍插图装饰丰富的例子可在詹姆斯·P. R. 莱尔（James P. R. Lyell）的《西班牙早期书籍插图》（*Early Book Illustration in Spain*）（纽约：海克艺术书店，1976），171、183、211、241 页中找到。

谨慎①。除了这些大部分是宗教内容的书之外，还有涉及教化或文学主题的 folletos 和 pliegos suiltos，或说是小册子和活页。这些出版物比书籍更便宜，数量更多，但更脆弱，于是反过来又传播了矫饰主义风格的装饰②。

随着新货的到来，奇幻和怪诞意象的材料也越来越多，修道士和印第安人只需求助于这些极其多样化和分布广泛的源头。因此，像侠义小说《骑士蒂朗》（Tirant lo blanch）、天主教的费迪南德的《宪法》（Constitucion）和安东尼奥·德·内布里哈（Antonio de Nebrija）的拉丁语法这样风格迥异的书籍，都包括了半人马和拉皮斯（Lapiths）人之间的战斗场景，预演了近一个世纪之前的伊斯米基尔潘的壁画③。

怪诞风格可能出现在任何类型的书中，甚至在一些相当出人意料的组合中。1567年，《圣母祈祷书》出版于墨西哥城，该书以蒙特塞拉特圣母（Virgin of Monserrat）的晚期哥特式雕刻开场。圣母坐在世界之上的宝座上，圣婴坐在她的膝盖上，她俯瞰着一个布满十字架和几幢房子的岩石景观④。这一虔诚的画面是由神奇且怪诞的生物构成的，它们的

---

① 许多在新西班牙印刷的书籍都配有插图、装饰、和以怪诞风格制作的华丽首字母。举例说明，可见阿隆索·德·拉·维拉克鲁兹（Alonso de la Veracruz）《辩证法》（Dialectica）（1554）、由胡安·帕布洛斯（Juan Pablos）出版于墨西哥城的《物理》（Physica），圣彼得和圣保罗的版画见于《刻度》（Graduel），由安东尼奥·德·埃斯皮诺萨（Antonio de Espinosa）出版于1576年，和皮埃尔·奥沙尔特（Pierre Ochart）及佩德罗·巴里（Pedro Balli）使用的首字母。参见加西亚·易卡斯巴尔塞塔（1981年）及赫苏斯·伊莫夫·卡布雷拉（Jesus Yhmoff Cabrera）的《墨西哥国家图书馆藏十六世纪的墨西哥印刷品》（Los Impresos mexicanos del siglo XVI en la Biblioteca nacional de Mexico）（墨西哥城：墨西哥国立自治大学，1989）。还有值得研究的几件精美的卷首插画被复制于《十六世纪墨西哥的印刷品》（Impresos mexicanos del siglo XVI）（墨西哥城：孔度麦克斯出版社1995年版），特别是第27页（1559年由马杜里诺·吉尔贝尔迪编纂的《麦却肯语词汇》[Vocabulario en lengua de Mechuacan]），第33页（1554年由阿隆索·德·拉·维拉克鲁兹编著的《辩证法解析》[Dialectica resolutio]），第61页（《皇家审问院规定》）（[Prorisimes e Cédulas]，1563年）及第67页（于1578年由阿隆索·德·莫利纳编著的《至高忏悔规则》[Confessionario mayor]）。

② 欧文·伦纳德（Irving Leonard）"关于墨西哥书籍交易"《十七世纪的西班牙观点》（Hispanic Review XVII）（1949）：第10—20页。

③ 参见莱尔（1976），第19—20页；《骑士蒂朗》（Tirant lo BLanck）（瓦伦西亚：尼古拉斯·斯宾德勒，1490年）；《由 D. 费尔南多编著的事实构成》（Constitucions fets per D. Fernando）（巴塞罗那：胡安·罗塞姆巴赫，1494）；安东尼奥·德·内布里哈（Antonio de Nebrija），《语法入门》（Grammaticae introductiones）（巴塞罗那：胡安·罗塞姆巴赫，1500）。

④ 与圣波拿文彻（Saint Bonaventure）的《教学创新》（Instructio Nouvitiorum）（蒙特塞拉特：J. 李施奈尔，1499年）十分相似的版画可以在莱尔（1976），98页中找到。

姿势和风格与位于中心的朴素神圣的雕刻截然相反。有翅膀的女性狮身人面像让人想起梵蒂冈教皇宫的公爵厅和佛罗伦萨的维奇奥宫里相似的东西①。至于长了角的男性头部，则与圣天使堡的阿波罗宫和范佐拉埃莫山庄里的头部相对应②。这本书的印刷者不是别人，正是来自法国鲁昂的皮埃尔·奥沙尔特，即北部欧洲人殖民地的一员，正是他们使得北方风格适应了西属墨西哥。卷首插图中的几个装饰图案使人想起了可追溯到 16 世纪中叶的科尼利斯·博斯（Cornelis Bos）（1510—约 1570年）的装饰作品③。后果是文艺复兴时期的杂交，毫无拘束地将异教徒的裸体和流露出圣母玛利亚般虔诚表情的咧嘴而笑的面具结合在一起。然而，所有这些都是在当时流传——我们只需要记得这是另一本祈祷书，是为枢机主教亚历山德罗·法尔内塞（Cardinal Alessandro Farnese）而作，是最早使用怪诞风格装饰的手稿之一④。四年后，同样的拼凑将会出现在瓦斯蒂克语的教理问答中，要比《圣母祈祷书》更有可能被印第安人得到⑤。

怪诞风格的自由

奥沙尔特的卷首插图反映了矫饰主义装饰的大胆和常规方式。在欧洲和墨西哥，怪诞的装饰为画家提供了丰富的表现方式，想象力得以借此自由发挥。所有的合并都是可能的，即使是在最不相似、最不协调的

---

① 莫雷尔（1997），第 136 页，第 29 行。

② 同上书，第 82 页，第 138 行。

③ 法比恩·艾米丽·海伦多恩（Fabienne Emilie Hellendoorn），《墨西哥总督区宗教建筑矫饰及北欧风格的影响》（*Influencia del manierismo-nordico en la arquitectura virreinal religiosa de Mexico*）（德尔福特：墨西哥国立自治大学，1980），第 6 页。

④ 这种组合的其他示例可以在书籍或修道院墙壁的私密性中找到。安布罗西奥·蒙特希诺（Ambrosio Montesino）的《歌集》（*Cancionero*）（塞维利亚，1537）同时列出了一个主教的形象，该主教在阅读《圣经》时旁边还有两个怪异的人物形象。阿克多潘上的怪诞风格甚至侵入到僧侣的小房间（马克格雷德［1982］，第 151—152 页），并以奇妙的动物和装备有棍棒的小天使的形式（婴儿大力神）出现在主楼梯上；还有一些更为传统的形式，装饰着教会食堂的门廊（第 125 页）。

⑤ 《瓦斯蒂克语的基督教教义》（*Doctrina christiana en lengua huasteca*）（墨西哥城：佩德罗·奥沙尔特，1571）。

元素之间也是如此。其形式是以一种自动结合的方式组合在一起的，它将理论上相距甚远的元素并列或联系起来。原则上，唯一占上风的是"艺术之一时冲动奇思妙想的和难以避免的过度误解"。原则上，艺术家们可以设计出"没有任何规则的东西，在一根细线的末端放置一个它根本无法承受的重量，把叶状的腿放在马的身上，或者把天鹅的脚放在人的身上。"①

"随着世纪的发展，创造性和奇异的许可的范例越来越明显"②，因此摆脱了对真实的或可行的奴役，意大利的怪诞风格拒绝了体面的约束③。由于所有这些原因，怪诞的装饰使得文艺复兴时期的人文主义所构想的西方表征发生了倒退。安德烈·沙泰尔（André Chastel）认为："因此，怪诞的领地是表征领域的相当精确的对立面，其规范是通过对空间的透视以及类型的区分和塑造来界定的。"④

这种自由并没有被忽视。枢机主教帕里奥蒂是特伦特教会的拥护者，也是古典意象的敌人，他以理性、自然、相似和高贵的名义谴责怪诞风格⑤。在西班牙，艺术家兼理论家弗朗西斯科·帕切科（Francisco Pacheco）对这种技术的普遍流行感到震惊，这一技术侵犯了所有的空间，包括民间的和教会的。这位画家强烈反对它在宗教场合中的使用。教堂的装饰和宗教物品应该远离这些丑恶的面孔、这些狂野的萨提尔和女像柱，它们应该是专为贵族住宅的私人公寓［卡马林/camarines］所保留的⑥。

---

① 乔尔乔·瓦萨里，引自皮内利（1993 年），第 133 页。

② 亚历山德罗·切基（Alessandro Cecchi），"马尔科·达·法恩萨的荒诞在佛罗伦萨旧宫中的实践、骄傲与恐惧"《帕拉贡》（Paragone）327（1977）：第 25 页。

③ 怪诞变成了"画家的梦想"，皮内利（1993 年），133 页中提到其成为"超越自然的隐喻"。

④ 引自莫雷尔（1997），第 87 页。

⑤ 加布里埃勒·帕莱欧迪（Gabriele Paleotti），"关于神圣的与亵渎的图像的演讲"，由 P. 巴罗基（P. Barocchi）编著《在矫饰主义与反改革之间的五百篇艺术论文》（Trattati d'arte del cinquecento fra manierismo e controriforma）（意大利［1581—1582］巴里：1960），卷二：第二章，第 37—42 页。

⑥ 韦利兹（1986 年），第 59 页。帕切科（Pacheco）在《绘画的艺术》（Arte de la pintura）（死后于 1649 年出版）中保持不变：即使小天使，六翼天使和水果表现出基本的体面，艺术家也必须提防过度使用它们——它们仅用于边界，框架和帷幔中，在这些地方它们可以得到大众的欣赏。

墨西哥城、帕尔马、佛罗伦萨

在西方化、殖民化和基督教化的大环境下，怪诞风格提供的自由一旦被运送到美洲并适应了其土壤，就有了一个新的层面。在墨西哥，土著画家把欧洲的怪诞看成是教会试图强加的视觉秩序的颠覆或否定、基于由万有引力定律控制的、有利于系统拟人化的三维人类空间的秩序。怪诞指出了另一条道路，这条路与美洲印第安人的传统不谋而合。怪诞装饰的典型特征确实存在于前西班牙时期的古抄本中："空间否定"、"形式失重"和"杂交的奇怪扩散"，这些都是有坚实背景的。这些古抄本还通过对主题图案的对称排列来组织构图，而牺牲了人物的表现力。所有这些特征对于意大利的怪诞和墨西哥的"绘画"都是再平常不过的了。

另外一个因素可能刺激了土著们对怪诞风格的兴趣。这种装饰背离了西方呈现的目标，即叙事。它推翻了中世纪修辞所确立的规则，这些规则以模仿和相似原则为基础。根据亚里士多德的说法，艺术只能是对真理和真实的模仿。现在，无论是怪诞的装饰，还是墨西哥的古抄本，都不是为了传达眼前的现实，即使怪诞借用了其中的片段或元素（关于这一点，就像其对古抄本的做法一样）①。

回归意大利将揭示怪诞装饰和墨西哥古抄本之间形式上的相似之处。帕尔马不仅以得到艺术史学家的高度推崇的修道院的画作而自豪，而且还有成套的令人称赞的怪诞装饰，这是我在 1997 年冬天去意大利的旅行中偶然发现的。距离大教堂一箭之地的圣乔万尼福音堂（San Giovanni Evangelista）的图书馆内，其拱形天花板的独特魅力，可真正是令人难忘。修道院的图书馆的绘画完成于 1573 年至 1575 年之间，里面装饰的画作几乎和墨西哥古抄本中的一样神秘。普通的东西、奇怪的物体、神奇的动物和奇异的符号都是在统一的背景下排列的，其中包括一组显然不是为了装饰的令人眩晕的怪诞图案。一旦某些墨西

---

① 两种传统都源于深思熟虑的选择，而不是因为无法照搬现实。征服之前土著雕塑家的作品证明，墨西哥艺术家完全有能力与意大利文艺复兴时期的具象现实主义相抗衡。

哥的古抄本完全展开，与这画作就非常相似。它的排列方式更像是按照印第安的象形符号，而非字母文字。当然，这些形式上的相似之处并不能消除意大利怪诞风格与前哥伦布时期的象形符号之间的距离①，但这种视觉关系是两个世界之间丰富交流的基础——有时也是唯一的基础。

佛罗伦萨证实了帕尔马提供的东西。乌菲齐美术馆不仅是世界上最好的博物馆之一，而且其墙壁上还覆盖着怪诞图案，其中一些灵感来自美第奇家族的墨西哥古抄本收藏②。游客如果能把目光从墙上的意大利杰作上移开，就会发现天花板上装饰着全副武装的墨西哥战士和神奇的蛇，它们都是在传统的矫饰主义风格的装饰框架下完成的。美洲的爬行动物也在文艺复兴的怪物大全中找到了一席之地，就像伊斯米基尔潘的怪诞风格变的印地安化了一样容易。另一个令人惊讶的发现是，1589年的《幕间曲》（*Intermezzi*）——艺术史学家阿比·瓦尔堡（Aby Warbury）所研究的佛罗伦萨的一个久负盛名的节日③——的舞蹈家的头发上所描绘的一簇羽毛，与伊斯米基尔潘战士佩戴的相似。这并不是说画在墨西哥城镇上的壁画启发了贝尔纳多·布恩塔伦蒂（Bernardo Buontalenti），而是说在这两个示例中，在相距几千英里的地方，同样的传统有了交集。

尽管这一挪用发生在文艺复兴时期的意大利的主要都城之一，但它仍然是一种例外现象。这是欧洲艺术展示了自己能够采用墨西哥形式的

---

① 尽管怪诞故意通过提高"不连续性和不连贯性到原则的等级"（莫雷尔［1997］）来违反阿尔伯蒂（Alberti）的构成规则，而抄本则并非如此，后者遵循了完全独立于基于阿尔伯蒂的模型的空间组织规则。

② 关于意大利文艺复兴时期的墨西哥物品，参见德特莱夫·海坎普（Detlef Heikamp）的《墨西哥与美第奇家族》（*Mexico and the Medici*）（佛罗伦萨：埃德姆出版社1972年版）和劳拉·劳伦奇·米奈丽（Laura Laurencich Minelli）的"十六世纪至今的意大利美国博物馆"（*Museografia americanista in Italia dal secolo XVI fina a oggi*）《皇家艺术历史博物馆公告63》（*Bulletin des musees royaux d'Art et d'Histoire 63*）（布鲁塞尔，1992），第233—239页。历史学家也对由博洛尼亚医生，博物学家和收藏家乌利斯·阿尔德罗万迪（Ulisse Aldrovandi）于1549年创立的博物馆表现出了浓厚的兴趣。

③ 参见阿比·瓦尔堡（Aby Warburg）的关于"1589年中期的剧院表演：贝尔纳多·布恩塔伦蒂（Bernardo Buontalenti）的设计与卡瓦利埃里：耶利米（Emillo de'Cavalieri）的'帐簿'"的章节，《古代异教的重生》（*La Rinascita del paganesimo antico*）（佛罗伦萨：新意大利出版社1996年版），第59—107页。

罕见例案。无论如何，值得注意的是，这种怪诞的装饰使得这两个世界得以交流——普埃布拉和伊斯米基尔潘的美洲印地安艺术家在佛罗伦萨画家受到墨西哥古抄本启发的那一刻，深入探究了欧洲的作品。如果说这本书是为了指明混血过程的途径和机制，那么我们在这里似乎有一个至关重要的联系，而它没有得到充分的研究①。

在美洲印第安人看来，矫饰主义的装饰可以为形象的基督教艺术提供一个潜在的替代品。它的边缘或从属本质，使它不那么具有侵略性，并且对土著艺术家来说更有吸引力。通过在西方的视觉秩序中提供一个相对自由的空间，怪诞风格给印第安人提供了灵感，他们对新形式感兴趣，并关心保留——或复兴——他们自己的传统。

简单的配方

风格的魅力和表达的方式与其易于复制息息相关。不去考虑怪诞风格具有的奇特且令人意想不到的感觉，它们其实是定型创作的。矛盾的是，蔑视主流规则——antiregola——有它自己的规则。图像的剧目材料不仅有限，而且还相当传统。同样的装饰品和物品被重复到令人恶心（ *ad nauseam* ）：相同的叶状花环、喀迈拉、彩饰、变化万千的烛台、面具、飞翔或摇摇欲坠的雕像等。

因此，这种对既定形式的尊重很快就将创造性和自发性限制在了技术诀窍或"方式"层面。从此以后，只有执行力的素质才能维持一种不断即兴创作和无限想象的假象，仿佛画笔取代了充满奇思妙想的灵活头脑。然而，这是个只有最有天赋的人才能达到的理想目标。通常情况下，怪诞东西的制作要求较低，这进一步吸引了印第安助手们，他们不一定喜欢宏大的具象构图。

在欧洲和美洲，怪诞东西的制作通常是团队努力的结果，团队以重

---

① 在《形象大战》（ *La Guerre des images* ）中，我将欧洲图像简化为基于模仿和幻觉的具象的，"现实"和拟人化模型，从而忽略了此处描述的方法。我强调了两个世界之间的破裂和差异，有使它们漫画化的风险，并且我还强调了北方艺术家的影响力，却以意大利的影响力为代价；我现在感到过去更加复杂。

复任务的机械分工和使用各种复制的装置和技术为基础①。多亏了画出的图案，怪诞风格才布满了普埃布拉和伊斯米基尔潘的墙壁。通过将最初的画作复制和转化，画家可以很容易地覆盖整个可用的墙面。对于这种基本的设计，他们可以对自己的计划进行修改或解释。例如，他们可以丰富图案；在伊斯米基尔潘，图案的使用伴随着范围的变化——将装饰放置在图像空间的正中心。大天使圣米格尔（San Miguel Arcangel）教堂的墙壁被巨大的怪诞风格图像覆盖着，其波浪状起伏使装饰布置和战斗场面的场景都得以精心安排。事实上，美洲印第安人艺术家什么也没发明出来，他们只是利用了这种表达方式的一种空间虚拟性——即像河流溢出河床的泛滥出边界的可能性——来作为一种组织整体呈现的方式。当怪诞风格超越他们的应用领域时，就成为了"古抄本的第一个有机建筑集合体"，这正是欧洲的情况，就像北方的滚柱（Rollwerk）和怪异的风格（estilo monstruoso）一样②。在安第斯山脉，也有这样的情况，在这里"怪诞不再是严格从属于建筑的装饰，而变成了巨大的浮雕，它的重要性等同于或超过了建筑元素……一旦放大几倍，这些怪诞的东西就会对观者产生巨大的影响。"③

杂交的创造和概念化

虽然那些没有预见到的、奇怪的和令人惊讶的东西遵从了风格上的步骤和惯例，这一切却也暗示着一种自然观，以及文艺复兴时期人们培养出的无限可能性④。在 16 世纪，远距离探索引起的好奇、古老异教的传统、对奇妙物品的品味以及基督教超自然的力量都助长了一种精神状态，这种状态不受逼真性的妨碍，并信奉物种的融合。在这方面，奥维

①　例如灰泥模具，痕迹图案和这个行当里其他暗示明暗对比的技巧。参见皮内利（1993），第 134—135 页。

②　同上书，第 156 页。

③　吉斯伯特和梅萨（1997），第 339 页。

④　沃尔夫冈·凯泽（Wolfgang Keyser）《艺术与文学中的怪诞》（The Grotesque in Art and Literature）（纽约：哥伦比亚大学出版社 1981 年版）。毋庸置疑，怪诞绝不能代表这些概念的精确翻译——异想天开，想象力，以及相反的方向，本应反对它的工作室的惯例。但是，这些形式在圈子里激增，其关心的事情不容忽视。

德的确充当了复活的"变革主义"的圣经①。通过"所有这些神话，
［奥维德］会让我们明白这个事实，在事物的本质上，形式是不断变化
的，物质永远不会消亡。"②《变形记》大受欢迎，在很大程度上是因为
这本书融合了许多超越人文主义圈子的思想，这些想法可以在神职人
员、医生、学者和编年史家那里找到。

　　所有杂交的事物都吸引着文艺复兴时期的思想，这些思想关注着自
然创造的一切，特别是介于标准范畴和类型之间的那些。这就解释了像
杰罗拉莫·卡尔达诺（Gerolamo Cardano）和昂布卢瓦·帕雷（Ambro-
ise Paré）这样的人对鬼怪和奇怪动物表现出的兴趣。事实上，这种好
奇也并不新鲜③。因其并没有把鬼怪视为来自地狱的恶魔般、具有威胁
性的生物，而是把它当成每个人都可以记录和解密的信号④。这些位于
动植物王国之间边界上的奇观，展示了创造的无限财富，蒙田称之为
"无限的［神性］创造"。它们揭示了连续性，看起来似乎建立了严格
的边界："文艺复兴时期自然主义者经常使用的中间性概念，在事物的
秩序内，为美人鱼和半人马、狮身人面兽和狮鹫以及其他许多充满怪诞
装饰的鬼怪的存在提供了某种理论依据和意义。"⑤ 因此，怪诞揭示了
王国之间的"关系"（蒙田），也就是说，元素之间的对应显然是高度
不相容和高度不相同的。它们还体现了如阿尔钦博托所描绘的似乎存在

---

　　① 简纳雷特（未知年份），第 124 页。这应该与被认为是阿拉伯思想改编的中世纪思想
的根本融合性相区别（根据阿兰·德·利维拉［Alain de Libera］，《中世纪想象》［Penser au
moyen age］［巴黎：索力出版社 1991 年版］）。阿维森纳（Avicenna）作品的翻译方式说明了
梅斯蒂索混血思想："在那里，我们看到一位犹太人和一位基督徒在以阿拉伯语传递的波斯文
的知识占有上进行合作。那是一种混杂的形式，当然是值得的"（第 112 页）。但是，尽管起
源于混杂，但这种哲学试图产生一种均质的，统一的知识，与这里讨论的混合心态不同。
　　② 巴瑟勒密·阿诺（Barthelemy Aneau）奥维德序言，《变形记的前三本》（Trois premiers
livres de metamorphose）（里昂：纪尧姆·罗维尔出版社 Guillaume Roville，1556），引用在简纳雷
特（未知年份），第 124 页。
　　③ 佳美里（1992），第 65 页写到："与后来的哥特式一样，在罗马式中，边缘怪异的境
界与人类想象力创造和比较的能力不可撤销地联系在一起。"还可参见让·塞德（Jean Ceard）
《自然与奇观：法国十六世纪的不同寻常》（La Nature et les prodiges：L'insolite au XVIe siecle en
France）（日内瓦：德罗茨出版社 1977 年版）。
　　④ 对于蒙田，"对于上帝而言，所谓的怪物并非如此，因为上帝看到了无数形式的事物，
这些形式包含在他的创造的庞大之中。上帝是全智的；来自他的任何东西没有不好的，一般的
和常规的：但是我们看不到其中的倾向和关系。"蒙田（1991）卷二，第 30 章，第 808 页。
　　⑤ 莫雷尔（1997），第 80 页。

于人类和蔬菜王国之间的中间状态，或新教教徒纪尧姆·杜·鲍尔塔什（Guillaume du Bartas）提到的那些："两种不同物种的动物，违背了共同的秩序……形成一种动物"其"杂交身体包含这个和那个的许多部分特征"①。花环变成了人类，只不过是在这个相同主题的不同变体。

杂交不仅仅是神圣创造延续的标志。它们是运动的产物，是事物结构不稳定的产物。奥维德更感兴趣的是过渡的形式、变化和转形的阶段，而不是变形的最终结果，这也许并不是巧合。杂交是在充满趋同和冲突的宇宙范围内"同情"的惊人结果。文艺复兴世界的同情和厌恶规则也在墨西哥的绘画形象中有了精心安排：厌恶引发了伊斯米基尔潘的印第安人和半人马之间的战斗，而同情则解释了普埃布拉的猴子和雌性半人马之间的亲密关系，或者说是共谋。

这种自然观是建立在一种思想形式的基础上的，这种思想倾向于仿效（aemulatio），是一种没有接触的模仿或相似性类型，具有内在或外部的相似之处②。通过强调隐藏其中的联系，这种类比思维探索了现实和想象，而不关心将两者分开或加以区别的界限。通过充分利用尚未完全实现的创造力的多种可能性，它审查了现实和真实性的各种领域。它没有拒绝一切异域的、外来的、遥远的东西——难以进入的、往往是恶魔般的他者的场所——而是试图将它整合到能调和惊喜与和谐的展示和再展示中。有时，它选的是赫尔墨斯主义和魔法——不仅可在普洛斯贝罗的书中发现，在哲学和新柏拉图主义的书中也可找到——更为谨慎的路③。

自然史和文艺复兴时期装饰用语间发生的交汇充分证明了这种心态。这种想法也可以很容易地以文学和物质形式表达出来，就像蒙田的《随笔集》这样的书所见证的，他采取了一种融合手法的蒙太奇④。这还可以在收藏家的橱柜里堆积的艺术品中看到：鹦鹉螺的壳、鸵鸟蛋和

---

① 纪尧姆·德·巴塔斯（Guillaume du Bartas）《一周》（*La Semaine*）（巴黎：亚伯·安杰利尔出版社 1583 年版）卷五：第 1029—1034 页，引用于简纳雷特（未知年份），第 20 页；莫雷尔（1997），第 126 页。

② 米歇尔·福柯（Michel Foucault）《言语与事物：人文考古》（*Les Mots et les choses: une archeologie des sciences humanines*）（巴黎：伽里玛出版社 1966 年版），第 40—45 页。

③ 新柏拉图主义提供了一种和谐与爱的理论，吸引了莱昂·希伯莱（Leon Hebreo）和他的印加翻译家加尔西拉索（Garcilaso）的混血思想。

④ 简纳雷特（未知年份），第 235 页。

珊瑚镶嵌在美丽的背景中，构成了人为的创造，其考究的线条和珍贵的材料扩展了自然的本来形态①。

另一个例子是欧洲人从墨西哥带回的羽毛镶嵌，得到了包括罗马教会的教皇和主教们的文艺复兴时期收藏家们的赞赏：热带鸟类羽毛的自然光泽被堆砌得像是一幅画。在罗马以及整个意大利，学者和收藏家们都对这种完美的天然剧场（theatrum naturae）的展示充满热情②。在博洛尼亚，博物学家乌利斯·阿尔德罗万迪（Ulisse Aldrovandi）（1522—1605）在他的《鸟类学》（Ornithologiae）一书中用了好几页来描述墨西哥的羽毛镶嵌，并提到枢机主教帕里奥蒂给他看了一幅《圣杰罗姆》，他将之放在其博洛尼亚的博物馆里继续欣赏③。

因此，陈列柜中包含了许多罕见的物品和大胆的组合，艺术和自然之间的界限、遥远的物体和本地传统之间的界限、宗教用途和神奇用途之间的界限都模糊了。他们的作用与那些在王国之间建立了联系的怪诞物品的作用几乎没有什么不同。尽管它们缺乏逼真性，但这里出现的生物，往往与当时出版的那些自然历史和宇宙学书籍的装饰硬皮上的生物相类似④。

这些稀奇古怪的东西表明，文艺复兴时期的思想并没有被冻结在一个封闭的、僵化的框架中，即艺术家们或作家们那时将其强加于周围世

---

① 马丁·坎普（Martin Kemp），"没有艺术家的手工锻造：文艺复兴时期的人工制品中的自然、人工、异国情调和科学性，"《重塑文艺复兴：欧洲和拉丁美洲的视觉文化，1450—1650 年》（Reframing the Renaissance：Visual Culture in Europe and Latin America，1450—1650），克莱尔·法拉戈（Claire Farago）编著（康涅狄格州纽黑文和伦敦：耶鲁大学出版社 1995 年版），第 178—196 页。可以在贝尔纳德·帕里西（Bernard Palissy）的陶瓷中看到这一点，尽管这种做法和概念在哥特式晚期就已经存在了（坎普，第 181 页）。

② 例如，参见洛伦佐·德·阿纳尼亚（Lorenzo de Anania）编著的《分为四部分的世界工厂与宇宙》（Fabrica del mondo ovvero Cosmografia divisa in quatro trattati）（威尼斯，1576 与 1582 年）。

③ "想象一下……如果阿佩莱斯重生……另一个是一位杰出的艺术家或更好的画笔"，引自亚历山德拉·鲁索的论文，《十六世纪墨西哥殖民时期的羽毛艺术：在两个艺术世界之间》（博洛尼亚大学，1996），第 131—132 页。

④ 比如参见塞巴斯蒂安·穆恩斯特（Sebastian Munster）编纂的《宇宙学》（Cosmografia）及孔纳德·戈斯内尔（Conrad Gesner）编著的《动物史》（Historiae animalium）（1550—1558）。关于墨西哥对意大利文艺复兴的兴趣，请参见玛利亚·玛提尔德·本佐尼（Maria Matilda Benzoni）的论文，《意大利文化及墨西哥：从史前到独立的影像史（1519—1860 年）》（米兰大学，1994 年）。

界或现实的那个框架。通过制造悖论和矛盾，怪诞使它变得平淡无奇，甚至是在那些小的、反复出现的主题图案中，艺术家在以调皮的快感为乐，无视万有引力定律。这样，文艺复兴时期的杂交创作就有了自己的力线和常量：寻找连续性，寻求"同情"，发现暗含却重要的关系。他们非但没有表现任意的组合或反常的拼贴，而是通过相似性的有趣演示风格揭示了隐藏其中的关系①。

从探索中产生的新知识所受的影响比人们通常认为的要多。它通过间接手段帮助建立了旧世界和新世界之间的桥梁。当拉斯·卡萨斯研究美洲的宗教时，他不仅对古典神话和宗教做出了学术上的用典，还提供了许多比较，并形成了一种类比态度，因而发现了似乎各方面都不同的事物之间的相似之处②。这种心态让拉斯·卡萨斯产生了令人惊讶的判断，比如他对实行人祭和食人的社会宗教性的崇拜。也正是对相似性的寻找，才引导方济各会修士莫托利尼亚研究了"阿纳瓦克（Anahuac）[讲纳瓦语的墨西哥]的哲学家和占星家"，他把他们比作"我们自己国家的哲学家"；出于同样的原因，他把"阿纳瓦克的我的哲学（la filosofia）"称为"这片土地的土著人自然技能的表现和迹象"之一③。

然而，怪诞从未构成一种真正的转化为意象的哲学；除了几个例子之外，这类绘画在本质上从来就不是"程序化"的④。无论如何，它们向这个受到了各种组合的夸张品味刺激的世界传达了一种开放的态度，条件是它们强调原有的联系，并遵守一些对称和比例的规则。这些要求通过指引排列、换位和结合来引导艺术家们的杂交融合。简而言之，文艺复兴时期的欧洲不仅能够对杂交进行概念化⑤，还能将其以怪诞、马卡罗克诗句和滑稽装饰品的形式，或多或少转瞬即逝的呈现出来。

---

① 莫雷尔（1997），第83页。

② 关于他对魔法的比较分析中的变换和变形概念，参见拉斯·卡萨斯（1967），卷一：第476页。

③ 莫托利尼亚（1971），第59页。

④ 另一方面，莫雷尔（1997）中声称它们符合"最小形式条件。"

⑤ 甚至是杂交。弗朗西斯科·德·奥兰达（Francisco de Hollanda）在其《与古画的对话》（*Dialogos da pintura antiga*）（1548）里，提出了怪诞画家即使在最异想天开的作品中也应遵守的原则；参见莫雷尔（1997），第85页。同样，在1567年，文森佐·丹蒂（Vincenzo Danti）解释了如何生产"新的融合"。

　　这种思维方式不同于基督教之摩尼教，但也不是完全相反。它给好奇的头脑和各种各样的不墨守成规的人，以及墨西哥和秘鲁的土著精英提供了更有吸引力的视野。即使他们以不同的方式解读这些相似性，全球之间也存在相似性和隐藏的关系，墨西哥人对此一点儿也不吃惊。因此，印第安艺术家们被怪诞吸引的原因有好几个。怪诞风格的装饰为他们的想象力和趣味的融合敞开了大门；实现这点也很容易，并且反映了他们中的一些人可能很敏感的知识背景。通过采用怪诞的装饰，*特拉库依罗*们转化了胜利者艺术的魅力和神圣性，来造福他们自己的世界。

第八章　怪诞风格的语言和象形符号

由此推断，现代艺术史学家倾向于将柯雷乔（Correggio）壁画的这些特征视为异常现象加以搁置，或将其作为彻头彻尾的错误加以谴责，这些特征很可能并非由于缺乏学识和老练造成的，而是由于过剩。

——欧文·帕诺夫斯基（Erwin Panofsky），《柯雷乔圣保罗壁画堂图像志》（*The Iconography of Correggio's Camera di San Paolo*）

回到帕尔马：圣保罗修女院位于皮洛塔宫和大教堂中间。它因柯雷乔装饰的一个房间而闻名于世。另一个房间，早先由亚历山德罗·阿拉尔迪（Alessandro Araldi）作了壁画，尽管这两个房间有着相同的起源，后者却往往被忽视①。16世纪初，圣保罗的本笃修女院院长乔万娜·达·皮亚琴察（Giovanna da Piacenza）委托制作像普埃布拉那位主任牧师所作的那样令人震惊和宏伟的装饰方案。尽管有丑闻撼动了这位意大利修女院院长的生活和那位年轻的西班牙主任牧师②，尽管这两位优雅、有吸引力的人物都培养了一种世俗的气质，但让我们仍然高兴的是，正是他们对某些艺术形式的共同热爱，才让他们跨越了大洋团结在一起。

---

① 欧文·帕诺夫斯基（Erwin Panofsky）关于圣保罗壁画堂（Camera di San Paolo）的专著是图标探索的范例：《柯雷乔圣保罗壁画堂图像志》（*The Iconography of Correggio's Camera di San Paolo*）（伦敦：瓦尔堡学院，1961）。关于阿拉尔迪（Araldi），参见玛利亚·基乌萨（Maria Chiusa）的《亚历山德罗·阿拉尔迪：关于帕尔马的"今古兼备之法"》（*Alessandro Araldi: La "maniera antico-moderna" a Parma*）（意大利帕尔马：帕尔马艺术随笔，1996），第二册，卷3。

② 院长几乎是激情犯罪的受害者。参见格鲁金斯基（1994a），第139页。

帕尔马的怪诞风格

圣保罗修女院的这两个房间绘画风格迥异，展示了图像和装饰效果用来表达哲学思想的方式，将异教信仰与基督教联系起来，并考究地肯定了其赞助人乔万娜·达·皮亚琴察的信念、希望和胜利。修女院院长始终坚持抵制罗马方面对其修女院的干涉，通过把当时最优秀的画家和最优秀的头脑集中在自己身边，她真的打算在地球上为自己的时光留下一段辉煌的记忆。

在阿拉尔迪绘制壁画的房间里，怪诞风格几乎覆盖了整个天花板和框架，用圣经的场景颂扬了这位修女院院长的品格。除了旧约和新约的场景外，装饰还包括象形符号（选自当时的一本名著，赫拉波罗（Horapollo）的《埃及象形文字》（*Hieroglyphica*）和古老的美德和虔诚的例子（*exempla*）。鉴赏家会识别出独角兽在处女的膝上寻求庇护的故事，还有对不公的胜利（以猴子为象征，与普埃布拉的猴子代表的意思完全不同），以及一些基于异教崇拜的图像选择——祭祀和祭坛上的祭品，对阿波罗雕像的崇敬，朱诺的女祭司游行，还有女神刻瑞斯（Ceres）在寻找她的女儿珀尔塞福涅（Persephone）。经典的和基督教的引用自由地交织在一起，创造了圣经世界与异教世界共存的氛围，自我中心主义和智力游戏也是如此。即使是本笃会修女，也不应该对露骨的、谄媚的暗示感到惊讶，因为它们证实了一个事实，即文艺复兴时期的基督教知道如何与其之前的异教残余达成妥协——在自己的圣所中心地带重现异教意象。在这里，异教可能只是为基督教服务的寓言和隐喻的宝库。而正是这种挪用方式使得宗教建筑中出现的怪诞风格合法化。

这种相互作用甚至允许了某种魄力。奥维德的《岁时纪》和维吉尔的《牧歌》提供了格言，当这一概念是基督教神学的"黑色/bete noire"时，其对天命的暗示似乎一度使女院长着迷[1]。对古代的崇拜促使诗人提柏卢斯（Tibullus）借用了像《普里帕斯颂歌》（Ode to Priapus）那样放荡的作品，揭示了乔万娜的朋友们在培养追古精神方面的

---

[1] 帕诺夫斯基（1961），第 29 页。

程度。很可能这些有所指的典故对普通百姓来说是看不到的，但对于开明的鉴赏家来说却没有什么神秘可言。

装饰在游客头顶上的华丽的拱形天花板的怪诞图案在装饰中发挥了充分的作用。它们积极参与绘画的表现风格，与一个旨在歌颂修女院院长的项目的各种主题产生了共鸣：特里顿（译者注：triton 是半人半鱼的海神）和带翅膀的布托小天使们手持一个地球（象征权力），宣告乔万娜的胜利。然而，他们也扮演着另一个更重要的角色，因为他们在一系列异教主题和一系列圣经场景之间建立了联系。狮身人面像、面具、布托小天使、鸟、海妖、特里顿、人首狮鹫——所有这些生物都居住在一个中间世界，每一个都对这个世界做出了生动的贡献。一些人明确地传达了异教人物的信息，比如一个海妖在给两个小半人马喂奶，他们在俯视"罗马人的善举"——那位罗马人在用自己的乳房喂养她的父亲。在其他地方，微笑的、直立的布托小天使们用他们胖乎乎的手臂拿着圣经主题的圆形和长方形的绘画，而神奇的生物在演奏音乐，为基督和古代众神歌唱[1]。

帕尔马是先前讨论过的另一件作品的故乡，即圣乔万尼福音堂的修道院中的怪诞作品。在这个天花板的装饰上——它的构图和赫尔墨斯风格唤起了墨西哥古抄本的某些特征——建立一种基于怪诞和象征性意象的语言的决心更加清晰。艺术家乔万·安东尼奥·帕加尼诺（Giovan Antonio Paganino）和埃科雷·皮奥（Ercole Pio）根据修道院院长阿伯特·卡塔内诺（Abbot Cattaneo）的建议，试图把怪诞风格作为一种写作形式，穷尽这一体裁的可能性[2]，因为他们利用图书馆的拱形天花板，编写了一本"道德和教学百科全书"[3]，该百科全书的主题是"中庸"（*aurea mediocritas*），也就是"中庸之道"（Golden Mean）。将象形

---

[1] 另一间房间由柯雷乔绘画，其构思相同的，风格迥异。尽管壁画没有使用怪诞风格的相同表现，但它们还是传达了一条信息，将古典时代的视觉语言与隐喻结合起来。"最后，存在某种内在的哲学，这种哲学使各种人物和情节具有统一性和意义；但是这种哲学是一套个人信念，而不是系统构建思想的结果。"帕诺夫斯基（1961），第 99 页。

[2] 参见 M. L. 马多纳（M. L. Madonna），"图书馆：世界的戏剧与充满智慧的戏剧"刊于《帕尔马圣乔万尼本笃会修道院》（*L'Abbazia benedittina di San Giovanni Evangelista a Parma*），由布鲁诺·阿道尔尼编辑（米兰，1979），第 177—194 页。

[3] 莫雷尔（1979），第 50 页。

符号与 16 世纪流行标志联系起来的怪诞东西与书面字母的表达形式相抗衡，仿佛构成了一种新语言的基础。

这种比喻语言使用的象形符号是从赫拉波罗和瓦莱里亚诺的作品中提取出来的①。这些象形符号也是杂交传统的一部分，因为它们把基督教的智慧和埃及的智慧结合在了一起。他们具有深奥而神圣的本性，传递着古老的知识，这些知识本应解释——提出——事物的深刻本质。在圣乔万尼福音堂，象形符号与其他词汇相结合，这些词汇也使用象征或寓言意象，即印象（imprese）和标志，帕尔马图书馆的装饰者们对这些也非常感兴趣。结果产生了一种装饰环境，它结合了四种语言——拉丁语、希腊语、希伯来语和叙利亚语——加上数量惊人的物体、人物、怪物和真实而神奇的动物（大象、牡鹿、蝾螈、蛇怪等）。铭文和意象的相互作用给观者呈现出的是谜语，解谜的关键在于相邻或接近的关系中，而这是由观者自己辨别的。

怪诞和象形符号的语言

本笃会图书馆与墨西哥古抄本的相似之处并不是一种形式上的错觉。也许在其他任何地方，欧洲都没有如此接近美洲印第安人的表达习语——至少没有试图这样做。

在这方面，文艺复兴时期对象形符号的评论可以很方便地应用于这些抄本中："图像取代了推理的曲折过程，它们在记忆中传达和固定了概念的超验统一性，通过其图形的隐喻功效它们成为了思维的一部分。"② 相反，西班牙人迭戈·杜兰（Diego Duran）对墨西哥古抄本的观察也很好地描述了帕尔马的怪诞风格："他们用字母般的绘画，通过

---

① 赫拉波罗（Horapollo）的《赫拉波罗的象形文字》（*The Hieroglyphics of Horapollo*），由乔治·博阿斯（George Boas）编辑和编写导言，带有安东尼·T. 格拉夫顿（Anthony T. Grafton）的新前言（纽约州普林斯顿：普林斯顿大学出版社［1505］1993）。还可参见帕德利西亚·卡斯特利（Patrizia Castelli），《文艺复兴中的埃及象形文字与神话》（*I Geroglifici e il mito dell'Egitto ne Rinascimento*）（佛罗伦萨：埃德姆出版社 1979 年版）。

② 莫雷尔（1979），第 59 页。

绘画和肖像画来书写他们的历史和古迹。"①

在一个更奇怪的巧合中，墨西哥水和火的符号在赫拉波罗的作品中找到了其孪生兄弟："43。纯洁。为了描绘纯洁，［埃及人］画了火和水。"②

事实上，墨西哥的水和火的符号（teoatl/tlachinolli）代表了一个不同的概念，即神圣的战争，其目标是为宇宙能量注入活力而提供所需的新鲜血液和生命力量③。这一巧合表明，欧洲人对象形符号的兴趣可能与新世界的发现所唤醒的好奇心结合在了一起——此外，正是一位墨西哥文物的早期崇拜者、艺术家阿尔布雷特·丢勒（Albrecht Durer）根据赫拉波罗的文字构思了火与水的形象④。

没有什么能阻止手抄本画家将这些形式视为他们自己传统的等同物⑤。怪诞画提供了一种全新的、与众不同的作品，但却允许他们以古代石壁画同样的方式传达思想，无论这些壁画是来自前西班牙时代，还是来自大征服和基督教化时期⑥。

---

① 杜兰（1977），第226页。

② 赫拉波罗（1993），第64页。

③ 也许描绘在伊斯米基尔潘教堂的墙上。

④ 鲁道夫·维特科夫（Rudolf Wittkower），《寓言与符号的迁移》（Allegory and the Migration of Symbols）（纽约：泰晤士与哈德逊出版社1987年版），第117页，第164页的图。伊比利亚半岛并没有对这种考虑置之不理。"我们必须要强调的是，这些代表性的书籍能够持续且便捷地进入伊比利亚半岛，因为这些书籍的内容不会在宗教原则方面产生猜疑，因为他们两者之间没有太多的直接联系。"（加列戈［1987］，第34页）。基于赫拉波罗的印版在杰罗尼莫·查韦斯（Jeronimo Chaves）的作品《计时表或时代汇辑》（Chronographia o Repertorio de Tiempos）（1574年和塞维利亚，1588年）中被重印，引用于加列戈（1987），第87页。胡安·德·霍洛斯科（Juan de Horozco）的《道德标志》（Emblemas morales）（塞戈维亚，1589）也证实了赫拉波罗在西班牙的影响（同上书，第91页）。

⑤ 导入美国的其他象征性做法可能也以相同的方式被察觉。佩德罗·萨米安托·德·甘博亚（Pedro Sarmiento de Gamboa）制作的戒指上覆盖着黄道十二宫的标志和迦勒底的铭文，他因此在利马的西班牙宗教裁判所被调查起诉；参见卡门·贝尔南德和塞尔日·格鲁金斯基（1993），卷二：第60页。还值得一提的是欧洲纹章学的作用，它为墨西哥贵族引入一种严格编纂的视觉语言，在这种语言中，每种形式、每种物体、每种颜色和空间的每个部分都有预定的含义。土著贵族的大家庭领有徽章，并附有"皇室通行证"［证明书cedula］，其中提供了详细说明；参见吉叶墨·费尔南德斯·德·雷卡斯（Guillermo Fernandez de Recas），《新西班牙的酋长制及当地土著的贵族家谱》（Cacicazgos y nobiliario indigena de la Nueva Espana）（墨西哥城：墨西哥国立自治大学，1961），不止一处可见的引文。

⑥ 在16世纪30年代，美洲印第安人通过在用过的纸上画出"不同的形象及特征"来供认，这使方济各会大为满意。参见莫托利尼亚（1971），第138页。

当然，怪诞的隐喻和寓言方面不应与古代墨西哥象形符号传统的唤起力量相混淆。特别是，西方的象征主义概念似乎与墨西哥意象相去甚远，后者声称使世界的深刻现实真正呈现出来，而不是仅仅"代表"它。然而，如果我们考虑文艺复兴时期的欧洲对象形符号的看法，差距就缩小了。它们不仅被视为一种高级编码表达形式：就马斯里奥·菲奇诺（Marsilio Ficino）而言，象形符号的形象确实是这一概念的化身①。它们奇怪的形状表达了一种思想的本质，它们体现了一种自然语言的理想，而这正是事物世界的一部分。在这种情况下，象形符号和与之相随的怪诞可以被认为具有与墨西哥古抄本相当的启示力。然而，一旦我们认识到圣乔万尼福音堂里的绘画远不只一个概念系统的粗略草图，这种力量就比真实的力量更加强大。如图书馆的拱形天花板同样吸引人的是，在象形符号、标志和怪诞的基础上发明的视觉语言的西方实验仍然没有问题②。

这些令人惊讶的融合了墨西哥文字和文艺复兴时期的猜测是否引起了西班牙和意大利的好奇心？意大利人文主义者彼得罗·马泰尔·迪安盖拉（Pietro Martire d'Anghiera）可能是第一个把墨西哥的字形描述为"象形文字"的人。在 1560 年前后，费利佩·德·格瓦拉（Felipe De Guevara）的《绘笔画评论》（Comentarios de la pintura）也做了同样的联系③。但这一问题在很大程度上仍未得到探讨。一系列在意大利收藏的前西班牙和殖民时期的古抄本进一步暗示了其激发的一些联系，更不用说在对《梵蒂冈抄本 A》（Codex Vaticanus A）的意大利评论中发现的线索了④。然后，1579 年在佩鲁贾出版了迭戈·瓦拉德斯（Diego Valadés）的一本书《基督教修辞学》（Rhetorica Christiana），他是出生于墨西哥的方济各会修士，母亲是美洲印第安人，父亲是西班牙人。他

---

① 维特科夫（1987），第 116 页。
② 在帕多瓦的圣儒斯蒂娜的修道院里，不再存在的怪诞现象代表了一种类似于圣乔万尼福音堂的智力追求。参见维特科夫（1987），第 126—127 页。
③ 加列戈（1987），第 76 页。
④ 埃洛伊塞·基尼翁内斯·凯贝尔（Eloise Quinones Keber），"收集文化：梵蒂冈图书馆的墨西哥手稿，"《重塑文艺复兴：欧洲和拉丁美洲的视觉文化，1450—1650 年》（Reframing the Renaissance：Visual Culture in Europe and Latin America，1450 - 1650），克莱尔·法拉戈编著（康涅狄格州纽黑文和伦敦：耶鲁大学出版社 1995 年版），第 229—242 页。

的总结/summa 同时还刻上了表现为字母表的图像，除了那些受墨西哥古抄本启发的绘画外，所有这些都源自欧洲[①]；字形"calli"的意思是"房子"，被认为应当代表字母 E，因为它的形状有点像房子。事实上，这里所涉及的不是用来取代标准字母表的比喻字母表的发明，而是一种帮助印第安人学习拉丁字母的工具的发展。尽管它有缺陷和近似性，这一尝试还是表明了，在学术书籍中出现的墨西哥字形实际上是印刷出来的。它们是一种新的表达方式，可以丰富文艺复兴时期的记忆艺术[②]。

怪诞风格和古抄本的视觉语言是无关的，这一点几乎不需要重复。然而，从材料和功能的角度来看，这两种表达方式都是图像的集合，通过与字母文本完全不同的方式利用记忆来传达复杂的思想模式。这为美洲印第安艺术家绘制被称为罗曼诺和"怪物"的东西又提供了一个原因。这种新的比喻性语言使人们有可能对一个想法进行视觉编码，因此有可能以一种隐晦或间接的方式传播它[③]。这种杂交的组合，再加上神话，使得我们有可能制定出禁止的思想，并保留非法异教的残余——伊斯米基尔潘教堂墙壁上起伏的花环，为前西班牙时期的信仰——他们相信宇宙力量的旋转运动——提供了一个清晰而极佳的背景。在这里怪诞风格更适合，因为他们活泼、无害的外表很容易吸引审查人员的注意；装饰工艺只专注于虚假的令人放心的装饰和点缀品上，因其重复显然没有意义。

怪诞有助于在极为不同的背景之间充分发挥对应关系。同时，对它们的任何寓言式解释都是双刃剑：它可以为异教意象提供正统的含义，

---

① 瓦拉德斯（Valadés）的资源包括卢多维科·多尔斯《关于增加与保存记忆所需方式的对话》（*Dialogo ne qual si ragiona del modo di accrescere et conservar la memoria*）（威尼斯，1562）以及约翰内斯·隆博尔赫（Johannes Romberch）《艺术记忆的堆积》（*Congestiorum artificiosae memoriae*）（威尼斯，1533）。

② 关于瓦拉德斯，参见鲁伊·玛诺埃尔·娄雷罗（Rui Manoel Loureiro）和塞尔日·格鲁金斯基，《穿越边境，卷二 – 关于文化调节的全球对话（十五至十八世纪）》（*Passar as fronteiras. II. Coloquio Internacional sobre mediadores culturais, seculos XV a XVIII,*）（拉各斯：吉尔·埃阿尼什研究中心，1999）；与雷内·泰勒（Rene Taylor），《新世界的记事艺术》（*El Arte de la memoria en el Nuevo Mundo*）（马德里：天鹅出版社 1987 年版）。

③ 某些矫饰主义艺术家试图做到这一点。正如约翰内斯·斯特拉丹努斯（Johannes Stradanus）和吉拉拉莫·马基埃蒂（Giralamo Macchietti）的绘画中所发现的那样，他们中的许多人都对炼金术，魔法和神学推测感兴趣。

即使它能让某些人察觉到颠覆性的信息。就像在今天看来很奇怪的，普埃布拉墙上的猴子可能同时意味着对顺从的偶像崇拜的嘲弄，以及将美洲印第安人的异教提升到与古典神话相同的地位。这两种解释当然都适用于吸引人的小动物，然而还有一些其他的解释也许同样是可能的。

从怪诞到变形

怪诞代表着一种生机勃勃力量的生动外形，而这种力量似乎是从它们的植物本源中汲取的。在《最后的世界》中，克里斯托弗·兰斯梅尔通过描述覆盖着奥维德在特拉吉拉（Trachila）最后一个家的植被的生长，传达了这种活力："张牙舞爪的绿色模仿了它所包围的形式，起初是好玩的、嘲弄的，但后来，遵循了它自己的形式和美丽的法则，继而无情地抹掉所有人类手工的痕迹。"①

几行之后，一株蓝色的旋花开始像一些智能生物一样蔓延，伸出蜷曲的藤蔓，到处开花，占领了它所进入的房子。不久，剩下的只是一张"由破布、麻绳和花朵织成的网"。植物和东西就像伊斯米基尔潘壁画中的花朵的涡旋状和奇异的生物一样，不可分割地交织在一起。在兰斯梅尔小说的结尾，以奥维德的《变形记》为基础，神话的转变完全被情节的影响和吞噬了特拉吉拉废墟的叶片所束缚。

这种联系，唤起了怪诞意象的奇异衍生物，一方面提出了有关弯曲的形状与怪异的杂交之间的关系问题，另一方面，提出了与神话故事有关的问题。普埃布拉和伊斯米基尔潘的土著艺术家通过采用一种不仅是装饰风格（怪诞）的形式，还有一种不能简化为异教轶事选集的内容，而创造了混血意象。

在欧洲，怪诞和神话之间的联系也不能被归结到古典主义远古时代的共同根源。它们在想象中展开，就像它们覆盖了画作的表面或从诗人的笔端流出一样②。事实上，奥维德作品的传播在很大程度上是由以一

---

① 兰斯梅尔（1990），第 208 页。

② 皮尔罗·利戈里奥（Pirro Ligorio）在他的《古代书籍》（*Libro dell'antichita*）强调了怪诞风格的兴起与"poeti delle trasmutazioni"的关系。参见鲁索（1997），第 55 页。

种矫饰主义的风格来为文本配图而实现的。现在，这些刻画，无论是故事插图，还是简单装饰手段的利用，都有利于变形和杂交。矫饰主义的装饰，就像神话一样，在异国的典故和不同的形象上得到滋养。杂交的存在是为了揭示对立面之间的对应关系。作为"自然的解释者"①，怪诞把与之相关的远方的自然聚集并融合起来。而且神话——奥维德的神话比其他的都要多——也许是通过无限地结合变形的主题来追求同样的目标。

从杂交到梅斯蒂索混血

　　神话和怪诞暴露了文艺复兴思想中杂交的存在。然而，在墨西哥的土地上，在与土著社会的接触和对抗中，杂交让位于梅斯蒂索现象。这种附加的变形是如何发生的呢？

　　同样的问题也会出现在其他环境和其他时期。彼得·格林纳威的回答是，用《枕边书》的开阔、混血的视野取代了《普洛斯贝罗的书》中杂交却封闭、富有想象力的领域。贯穿普洛斯贝罗宇宙的杂交机制预示着那些触发了格林纳威文明融合的——欧洲的、中国的、日本的——机制。通过恢复图像和书法的相互作用，通过对银幕的叠加和插入进行条理化，该电影制作人为《枕边书》的混血壁画注入了生命。虽然类似的程序一再被重复，但他们还探索了其他的想象领域和前沿——被转化为实验蒙太奇的有趣特技。

　　在 16 世纪的美洲，通过视野的巨大开阔，杂交变成了梅斯蒂索混血。这种转变源于一种巧合，源于一种特殊的美洲印第安现象，即征服的混血过程，与诞生于意大利、并在文艺复兴感性的某一方面孕育的艺术趋势，即怪诞和矫饰主义传统之间的意外相遇。激发了欧洲人对杂交兴趣的并不是新世界的突然出现，而是遥远的古罗马时代"彼世（otherworld）"的遗迹。引发了美洲混血机制的也不是矫饰主义，而是征服、殖民和欧洲人所不了解的定居之地。

　　杂交和梅斯蒂索现象的相遇不仅仅发生在美洲。它也在大洋两岸上

---

　　① 莫雷尔（1997），第 84 页。

演。在欧洲，从编年史家留下的描述，到保存在被称为温德卡门艺术馆的"奇妙橱柜"中的藏品，矫饰主义者的情感影响了人们所关注的全部美洲现实。艺术和智力上的好奇心，解释了对手抄本、雕刻和羽毛镶嵌的兴趣，否则，这些本来都不可能幸存到现在[①]。在墨西哥为出口而生产的许多复制品证实了欧洲对新鲜神奇事物的市场——有限但魅力无穷——的确存在[②]。

这种兴趣可能超越单纯的好奇心和积累稀有的异域风情战利品的欲望，有时更倾向于新的相遇和激发混血过程，无论这种过程多么有限或短暂。艺术家卢多维科·布蒂在乌菲兹美术馆的武器馆研究这些怪诞物品时，提到了美第奇家族收集的古抄本[③]。这类相遇的其他例子涉及收藏家改变或改造以适应西方口味的墨西哥物品。其中包括美洲印第安古抄本的欧洲复制品，试图使古代墨西哥人的信仰和意象能够被理解，因此其实也就是将其西方化。他们做到这些是通过改变介质（改用纸张和墨水），使用前西班牙时期没有先例的插图，甚至用一种欧洲语言（倒不一定是卡斯蒂利亚语）添加评论。《里约抄本》（*Codex Rios*）就是这种情况，这是一本"意大利—阿兹特克"的杂交书，它切断了与美洲印第安人有关的大部分联系，却从未成为一本真正的欧洲手稿。然而，与乌菲兹里墨西哥的怪诞图案相比，这个手抄本并没有被忽视——因为它是由一位享有声望的赞助人——也许是科西莫·德·美第奇（Cosimo de'Medici）或教皇保罗五世（Pope Paul V）——委托制作的。

---

① 基尼翁内斯·凯贝尔（1995），第 229—142 页；海坎普（1972）；H. B. 尼科尔森（H. B. Nicholson）和埃洛伊塞·基尼翁内斯·凯贝尔《墨西哥阿兹特克人的艺术：特诺奇提特兰城的宝藏》（*Art of Aztec Mexico：Treasures of Tenochtitlan*）（华盛顿特区：国家艺术画廊，1983），第 171—173 页；克里斯蒂安·菲斯特（Christian Feest），"来自墨西哥的殖民地羽毛艺术"（Koloniale Federkunst aus Mexiko）《黄金与权力：新世界中的西班牙》（*Gold and Macht：Spanien in der neuen Welt*）克里斯蒂安·菲斯特和彼得·坎（Peter Kann）（维也纳：西南出版社 Verlag Kremayr&Scheriau，1986），第 173—178 页；劳拉·劳伦奇·米奈丽（编）《美洲大陆：艾米利亚罗马涅大区中的新世界收藏》（*Terra America：Il mondo nuovo nelle collezioni emiliano-romagnole*）（博洛尼亚：格拉菲兹出版社 1992 年版）。

② 基尼翁内斯·凯贝尔（1995），第 233 页。

③ 可以将莫克特祖马皇帝的佛罗伦萨肖像与《伊克特利切特尔抄本》（*Codex Ixtlilxochitl*）的印第安画家的纳扎瓦皮利（Nezahualpilli）君主的肖像相提并论。高度相似的主题使得测量将西方视觉与墨西哥画家的西化了的眼睛分开的距离成为可能。

　　在墨西哥，面对各个领域的多重梅斯蒂索现象，矫饰主义的装饰仍居于次要领域。然而，它提供的一系列技术和视觉工具可以为大胆和异端的想法服务。怪诞和希腊—拉丁神话化解了教会宣扬的某些西方的现实原则，使新视觉秩序所强加的正式标准抄了一条近路。他们提供了一种没有先入之见的句法，在僵化而苛刻的特伦特正统学说的边缘运作，他们允许在美洲土地上共存的所有传统之间采用不同的组合方式。在伊斯米基尔潘，一只怪异海豚的嘴变成了鸟的喙，这使得它更像风神奎茨科拉特，而在神的身边则是另一种变形：一条挥舞着前西班牙时期大棒的龙正在用古老的土著涡旋表达着神圣的文字。

　　这些现象有多严重？在新西班牙、巴西和安第斯山脉的土著艺术中，神话人物的存在仍有许多有待书写的地方①。毫无疑问，今天由墨西哥中部的梅特佩克（Metepec）陶工生产的陶瓷美人鱼的族谱将把我们带回到矫饰主义时代②。这些美人鱼的近亲可以在安第斯山脉，在提提卡卡（Titicaca）湖的岸边找到③。在秘鲁和玻利维亚，一门被明确称为"混血"的艺术探索着同样的作品——西方的美人鱼已经成为了无穷变化的主题④。古典神话中的生物出现在本土制造（aquilla）的银花瓶上，出现在彩绘或雕刻的木器（keru）上，甚至出现在羊毛和棉制地毯上（其中有一些非常罕见的式样幸存下来）⑤。出现在银盘中的怪诞生物，把怪物和羊驼混为一体，强烈地触动了土著人的思想，以至于他们产生了古代安第斯神灵华卡（huacas）把他们自己伪装成狂魔怪物的幻象。这样的盘子变得生动起来，在黑暗中旋转，就像装饰它们的银色生

---

　　①　吉斯伯特和梅萨（1997 年），第 338—339 页。

　　②　纳丁·贝利甘（Nadine Beligand），"Deites lacustres de temps pluriels：eclosion, renaissance et disparition des sirenes du lac de Chicnahuapan, vallee de Toluca（Mexique）"《美国社会杂志》（Journal de la Societe des americanistes）（即将出版）。

　　③　特蕾莎·吉斯伯特，《艺术中的肖像学与土著传说》（Iconografia y mitos indigenas en el arte）（玻利维亚拉巴斯：吉斯伯特与茜亚出版社 1980 年版），第 46—51 页。

　　④　吉斯伯特和梅萨（1997 年）；巴布罗·马赛拉（Pablo Macera），《安第斯壁画：十六至十九世纪》（La Pintura mural andina：Siglos XVI – XIX）（利马：米利亚·巴特雷斯出版社 1993 年版）。

　　⑤　伊莎贝尔·伊利亚特（Isabel Iriarte），"秘鲁殖民地时期带有圣经场景的挂毯"，《安第斯杂志》（Revista Andina）第一期（1992 年 7 月），第 88—89 页。

物苏醒过来一样①。

意大利的怪诞物品被送往另一个半球，复活了美洲的古代众神，有时还与其他异教结合在一起。在遥远的东部，距离安第斯山脉数千英里之外，在那里巴西海岸似乎延伸到了非洲，在圣安东尼奥·德·若奥·佩索阿（San Antonio de Joao Pessoa）的修道院里，形形色色的海妖向崇拜处女（Virgin）和非洲海洋女神伊曼贾（Iemanja）的奴隶们表示欢迎。这一次，大海中的希腊少女为来自非洲的宗教服务，引导他们进入基督教教堂的中心②。

吸引子？

在普埃布拉壁画上看到的混血特性不能就此归结为欧洲形式和土著形式的相遇、冲击或叠加。这两个世界的融合不仅仅是一个并列、掩蔽或换位的问题。它最终结合了各种主题和形式——不管它们的起源是本土的还是欧洲的——都已经成为一种或几种本土重新诠释的对象：猴子不是直接来自前西班牙时期的过去，正如雌性半人马并非直接来自于意大利版画一样。它们都不是孕育和传播它的环境中的纯粹产物。混血机制涉及殖民社会中的衍生材料，这个社会是在输入的片段、被打断的信仰，去语境化以及往往是同化不良的概念、即兴创作和偶尔不完全的改编下发展起来。

事实上，混血意象意味着第三个术语衍生于一种名为怪诞风格的表达方式和一种富有想象力的构造，即神话。此配置连接一系列组件，这

---

① 胡安·卡洛斯·艾斯特恩索洛·福赫斯（Juan Carlos Estensorro Fuchs）《暗示秘鲁》（利马，1586年，现在在威斯特伐利亚州锡根的圣尼古拉教堂）制造的银制盘子和土著酋长唐·克里斯托瓦尔（Don Cristobal）的愿景之间存在联系。"华卡语通常被认为是前西班牙时期的一种表达方式，它以一种奇怪的西方形象的形式出现，根据比喻的惯例，这种形象对唐·克里斯托瓦尔来说可能是一场真正的噩梦。""《从异教徒到圣所：秘鲁印第安人融入天主教》（Du paganisme a la saintere: L'incorporation des Indiens du Perou au catholicisme），"博士论文（巴黎：社会科学高等学院，1998），第385页。

② 有关这个教堂，参见格劳斯·玛利亚·纳瓦罗·布里蒂（Glauce Maria Navarro Burity），《方济各会在帕拉伊巴圣安东尼奥修道院的出现》（*A presence dos Franciscanos na Paraiba atraves do convent de Santo Antonio*）（里约热内卢：布洛克出版社1988年版）。

些组件根据环境和情况的不同，可能会起作用，也可能仍处于次要位置。由神话和装饰构成的这一对，将西方领域向土著世界开放的同时，把土著元素与西方框架结合起来，它像一块磁铁在空间上把欧洲元素和美洲印第安人的起源——最初彼此都不熟悉——联系在一起，使它们在绘画表面相聚。换句话说，它作为一种"吸引子"，通过重组和为它们赋予意义，使不同的元素结合在一起。

吸引子不只是通过融合空间和时间来连接两个世界，因为它通过触发结合和分离运动而不断融合本土和西方元素：分离存在于土著战士和面对他的半人马之间，结合存在于半人马的马蹄和它所穿的美洲印第安人凉鞋；分离存在于举着叶状头部的布托小天使与描绘成同样姿势的美洲虎骑士之间，结合存在于奥古斯丁团徽上的箭头与特斯卡特利波卡神挥舞的箭之间；分离存在于表现被砍掉的头颅（美杜莎？）的文艺复兴式盾牌与传统的美洲印第安人盾牌之间，结合存在于从植物中出现的印第安人与文艺复兴时期的那种植物的叶形外观之间，等等。

从微小的细节到整体的组合，这些不断的运动似乎延伸了主题之间的空间，然后将它们彼此折叠，又通过贯穿整个怪诞的领域而再次将它们断开。它们在绘制的壁画上很容易辨认出来，并在艺术家和观众的脑海中引发了一系列的共识，这些都是立即被构思和感知到的，并被转化为比喻性的术语[1]。

因此，交替的延展和折叠创造了"融合"。这种混合运动，这种振荡，解释了所有的复杂性和多样性。一系列的折叠只需要接近和加强彼此，以使美洲印地安人的维度与欧洲维度变得难以区分。在伊斯米基尔潘，这就产生了一个怪诞的东西，它有着海豚的头，其轮廓与奎茨科拉特－伊厄科特尔结合起来——它到底是欧洲的海豚还是墨西哥的风神？这只动物的嘴已经成为中美洲神性的突出的喙，但反过来也是一样的，即使西方和土著的方面都依然可以识别——彼此的折叠并没有导致融合的结果[2]。

---

[1]　在分析西班牙统治下的前哥伦布时期艺术中的转变时，乔治·库伯勒（1985，第68页）根据所给出的例子区分了工作中的几个过程：并列、融合、"外植体、移植、碎片。"相反，我认为这些过程可以完美地共存于一件作品中。

[2]　关于安第斯的海豚，吉斯伯特和梅萨注意到："是一种通过土著人的敏感加工于美洲的欧洲元素"（第304—341页）。

　　面对这样的形象，当代专家的观点可能有很大分歧：一些人主要会看到某一特定混血作品的西方层面；相反，另一些人则看到其美洲印第安人的本质。这要归功于吸引子的非凡整合能力，一种解释混血作品和其观众——不管他是一位文学家、欧洲人、奥古斯丁会的怪诞鉴赏家，还是一位满脑子都是古老记忆的奎茨科拉特神的印第安崇拜者——之间可能发生的事情的能力。在这个内部阶段，猴子和雌性半人马可以同时扮演各种角色，重新激活与之不相干的记忆。正是吸引子选择了这个或那个联系，指向这个或那个连接，暗示着生物和事物之间这样或那样的联系。它的行动就好像被赋予了自己的能量和组织能力，而事实上，是逃避它的欧洲发射器和其土著接收器的意识的能力①。

从奥维德到老普林尼

　　古典遗产元素并不是第一次，也不是唯一一次，成为西方和美洲本土之间的"桥梁"和纽带。事实上，这些要素不断为解释美洲印第安人的材料并将其融入西方遗产提供了框架。拉斯·卡萨斯的工作已经提供了一个例子，还有许多其他的例子也可以引用。以欧洲对中美洲历史上相互继承的四个太阳神话的解释为例：印第安宇宙学中的这四个主要地标被系统地同化为古典哲学家提出的四种元素——土、气、火、水。方济各会修士萨阿贡和门迭塔（Mendieta），以及多明我会修士杜兰确信，他们在土著信仰中发现了这些古老的原则②。本着同样的精神，如果是在一个完全不同的词汇范围内，印加作家加尔西拉索·德·拉·维嘉（Garcilaso de la Vega）使用了罗马术语来描述印加帝国（十人长／de-

---

　　① 关于动态系统中吸引子和"奇怪的吸引子"的定义，参见皮埃尔－吉尼·德·热纳等人的《混沌秩序》（1992），第40—42页；卡洛斯·梅殷泽（Kalus Mainzer）《复杂思考：物质、思想和人类的复杂动力》（*Thinking in Complexity：The Complex Dynamics of Matter，Mind，and Mankind*）（柏林：施普林格出版社1996年版），第4—7、244、276页。毋庸置疑，人类创造力的领域比数学家所设想的系统要复杂得多。

　　② 格劳利希（1982年），第85页；萨阿贡（1977），卷一：第50页；杜兰（1967），卷一：第169页；杰罗尼莫·德·门迭塔，《西印度群岛教会史》（墨西哥城：萨尔瓦多·查韦斯·阿伊沃，［1596年］1945年再版），卷一：第95页。

curions、女祭司/vestals、女主人/matrons、凯旋/triumphs）①。

这些同化的发生是以不断的变形和误解为代价的，当然也改变了土著的信仰和知识。应西班牙修道士的要求，土著艺术家所画的墨西哥神像就提供了一个例子：他们是古代神灵风格的人性化人物。这种修改是不可避免的。西方的眼睛仍然是西方的眼睛，这并不意味着经典古迹的分析坐标仅仅是一面变形的镜子或不透明的玻璃。首先，因为这个坐标与当时的欧洲现实保有一定距离，它允许与美洲社会相对接近。它还在西班牙修道士们的知识和美洲印第安人的数据之间生成了各种不同的融合，也产生了新的知识，不管是中间的还是混血的，这些知识是与既定知识一起发展的。

这些"杂质"和"污染"含有古代美洲印第安文明的痕迹，有时甚至是整个部分。通过并依靠它们，我们接近了他者，"他人的真理"——如果这种东西确实存在的话，因为不可能把美洲印第安人从西方的束缚中——不管是前哥伦布时代的，现代的，还是当代的——解放出来②。墨西哥人的源头，无论是印第安人、混血儿还是西方人，都无法逃脱混血儿的影响，哪怕这影响很小。

古典古迹不仅在艺术、意象和宗教领域充当着印第安美洲和文艺复兴欧洲的中介。撰写西印度群岛的自然史还需要参考古典框架。在收集植物学和动物学信息时，老普林尼（Pliny the Elder）的作品展示了有助于将美洲自然与欧洲自然联系起来的特征。无论是形式、研究目标和研究要求的问题，还是解释的问题，老普林尼提出的方法都可以很容易地转移到美洲的土壤上。他的体系依赖于他人的经验，其目的是取之不尽，并建立在一个相对灵活的信息组织之上，甚至可以考虑相互竞争的解释。他的作品因此适合移入美洲，在那里对未知和意外必须做出解释。在这方面，它起到了一个吸引子的作用，与佛罗伦萨和普埃布拉怪

---

① 贝尔南德和格鲁金斯基（1993），卷二：第101—102页。

② 在这方面，"印第安之声"的炼金术士可能像欧洲中心主义者的历史学家一样臭名昭著，而那些声称"他者"属于一个不透明，无法实现的另一个世界的人 也是一样。在塞西莉亚·F. 克莱恩（Cecilia F. Kline）的"墨西哥殖民地的野性女人：欧洲和阿兹特克人对对方的认识"上可以找到对这个问题的讨论，并附有书目参考，法拉戈（1995），第245—247页。有关欧洲观点的局限性，参见彼得·梅森（Peter Mason）《解构美国：对方的代表》（Deconstructing America：Representations of the Other）（伦敦：鲁特奇、查普曼和霍尔出版社1990年版）。

诞风格所起到的作用相似，都吸收了来自美洲古抄本的元素①。

但是，对普林尼的使用也产生了自相矛盾的结果，因为它最终结束了古典传统元素的"食人"——用巴西现代主义者所看重的隐喻来说。这就是我们从伟大的西班牙医生弗朗西斯科·埃尔南德斯（Francisco Hernandez）做的试验中所学到的。腓力二世派这位学者去往加勒比海研究动植物，后者发现自己陷入了一种无法摆脱的境地。他越是遵循普利尼的著作，他就越多地融入了一些前西班牙时期的知识，这些知识威胁到他所作项目的一致性，使其几乎行不通②。

我们该如何解释这个悖论？在遵循普林尼模式时，埃尔南德斯召来土著医生，非常认真地对待他们的知识，并试图将他们的所学与欧洲的传统联系起来。但与本土解释的对抗可能引发一场挑战欧洲知识根基的拉锯战。这一切就发生在当埃尔南德斯注意到古物分类缺乏严谨性时，他借用了希腊医生迪奥斯克里德斯（Dioscorides）的字母分类方法，同时根据纳瓦语的特点对其进行调整；这种语言让腓力二世的医生感到迷惑，他认为这是文艺复兴时期语言学家梦寐以求的自然语言③。另一种欧洲的理论，也就是由酒神狄俄尼索斯所倡导的唯名论，导致了埃尔南德斯对本土知识进行了限定，并最终写出了一本混血书籍，而腓力二世时的西班牙立刻认定这本书无法出版。

---

① 关于本研究领域，参见卡门·萨拉萨尔－索莱尔（Carmen Salazar-Soler），《阿尔瓦罗·阿隆索·巴尔巴：关于新世界科学领域的古代学说、炼金术与前哥伦布时期信仰的理论》（Alvaro Alonso Barba：Teorias dela antiquedad, alquimia y creencias prehispanicas en las ciencias de la en el Nuevo Mundo）阿莱斯·盖伊哈和格鲁金斯基（1997），第269—296页；以及路易丝·贝纳特－塔霍特（Louise Benat-Tachot）"菠萝与可可：一个民族志话语的例子，贡佐拉·费尔南德斯·德·奥维多的《西印度群岛通史》（L'Historia general de las Indias）"，同上书，第214—130页。

② 赫苏斯·布斯塔门特·加西亚（Jesus Bustamante Garcia），"*Francisco Hernandez, Plinio del Nuevo Mundo：Tradicion clasica, teoria nominal y sistema terminologico indigena en una obra renacentista* 弗朗西斯科·埃尔南德斯，新世界的普林尼：包罗于同一文艺复兴著作中的传统习俗、名词理论与土著术语学理论。"（引自阿莱斯·盖伊哈与格鲁金斯基（1997），第261页。

③ 在如此粗鄙与野蛮的人们之间，几乎找不到一个可以草率地形容他们的有意义且可写出的词语。而是几乎所有人都适应了那些很精准且精确的事物，即这种哪怕仅仅听说了名字，就有深入了解与探究有意义的事物天性仿佛很令人敬佩。"参见费尔南多·埃尔南德斯编著的《新西班牙古迹》（*Antiguedades da la Nueva Espana*）第二册第20章，《全集》（*Obras completas*）（墨西哥城：墨西哥国立自治大学，1984），卷六：第134页。

正如前面的例子一样，大量古典知识在这两个世界之间架起了一座桥梁，并开启了一个混血过程，进而导致埃尔南德斯医生在一个不熟悉的领域对印第安和欧洲的经验进行反思。就像奥维德在普埃布拉和伊斯米基尔潘一样，一旦踏上美洲的土地，普利尼就走上山丘，播下了混血体验的种子①。

---

① 来自经典古物的其他吸引人的东西也可以加入其中。从这个角度，人们可以研究加尔西拉索·德·拉·维嘉（Garcilaso de la Vega）与弗拉维尤斯·约瑟夫斯（Flavius Josephus）之间的关系印加人从他们那里学到亚历山大哲学家的新柏拉图哲学。参见卡门·贝尔南德，《西班牙语美洲的梅斯蒂索人、穆拉托人及拉迪诺人：历史进程中的人类学焦点》（文稿，1997），第 41 页。关于在法国使用经典的分析网格，参见弗兰克·勒斯特里甘（Frank Lestringant）《宇宙摄影工作室或文艺复兴时期的世界形象》（*L'Atelier du cosmographe ou l'image du monde a la Renaissance*）（巴黎：阿尔班·米歇尔出版社 1991 年版）。

第三篇

混血的创造力

第九章　狼、雨和彩虹

　　阿科曼的奥古斯丁派修道院，离特奥蒂瓦坎（Teotihuacan）的金字塔不远，里面有一个非常壮观的十字架/*Crucifixion*，展示了文艺复兴时期土著画家们令人目眩的技艺。抹大拉的玛利亚，紧紧抓住十字架，她是如此的高贵，以至于我们几乎没有注意到那些抚慰基督临终时刻的装饰元素。在场景的两边，对称排列着怪诞的组合，将花的图案与年轻的卷发男子们结合起来，那些男子的下半身像植物一样。他们的头上有花篮，上面有五个白圈的几何图案，在两个白色长条之间水平排列。这个图案，在十字架的每一边都重复了五次，无疑是因其土著的起源。如果我们把数字五与周围的花联系起来，这个图案可以被解释为代表纳瓦语单词 *macuilxochitl*，它同时指的是某一日期和麦库洛奇特神（Macuilxochitl）（五轮花）的名字①。音乐人和歌唱家的守护神麦库洛奇特统治着 13 天为一周的仪典日历的其中一周。就像"花王子"（有时会把他们搞混）休奇皮里（Xochipilli）一样，麦库洛奇特和"玉米笋之神"森特奥特尔（Cinteotl）有着密切的关系②。

----

　　①　克里斯蒂安·杜维尔（Christian Duverge）《阿兹特克人的游戏精神》（*L'Esprit du jeu chez les Azteques*）（巴黎：木桐出版社 1978 年版），第 77 及后页。它也可能是对数字 5 的引用，该数字与第五个太阳相对应，表示宇宙的中心；参见洛佩兹·奥斯丁（1980），卷一：第 75 页。
　　②　圆圈图案出现在《杜兰抄本》中，以第 63 章中的插图表示，该插图叙述了在阿维索托统治期间对墨西哥城的这座圣殿所做的装饰工作。它展示了神庙金字塔顶部的两个圣所。其中一座庙宇供奉着雨神特拉洛克，Tlaloc，加冕于黑色背景上的五个白色圆圈，类似于在阿科曼怪诞雕像中看到的那些。这些圆圈的中心都有清晰的标记，通常与绿色宝石——珍贵水源的象征——相关联，参见雷耶斯–瓦雷里奥（1978），第 275—276 页。同样的主题可以在特拉马纳尔科（Tlalmanalco）开放式礼拜堂的凯旋拱门上看到（同上书，第 284—286 页），在萨阿贡（1979 年，第 393 页左面）的贵族住宅的描绘上也可以看到。

因此，这些白色的圆圈可能已经将阿科曼修道院的花朵转变成对古代墨西哥人神圣世界的回忆。在这种情况下，欧洲怪诞的装饰再一次将土著典故融入到基督教整体中。它会唤起一个天堂，将基督死后应许的天堂与古墨西哥的繁华彼世联系起来。这种模仿印地安——基督教天堂的方法可以在其他奥古斯丁修道院的壁画上看到。

因此，有可能在整个西属墨西哥都能找到神话和怪诞的痕迹。在16世纪，美洲印第安艺术家为古抄本的书页制作了数千幅图像，或是以羽毛镶嵌的形式，还画了无数壁画。这一令人印象深刻的非凡意象集合包含了其他类型的混血效果。对它们的研究应该揭示出关联和重叠的更普遍的机制，也许是所有混血形象所共有的①。

"阿兹特克帝王们" 矫饰的宫殿

怪诞装饰的使用有时也会变得比在阿科曼、普埃布拉和伊斯米基尔潘看到的要简单一些。为多明我会修士迭戈·杜兰撰写的历史的配图证明了一种不那么复杂的方法，尽管如此，它却证实了矫饰装饰所扮演的角色是介于两者之间，或者更确切地说，是个吸引子。一位土著艺术家在极不符合时代的背景下，描绘了墨西加族一系列君主的授权仪式：精修的圆柱、造型复杂的宝座、点缀着叶片图案的涡卷装饰，偶尔也会出现萨提尔或朴素的女像柱。

对这些借鉴和挪用的解释是什么？② 由于可以容纳新奇和怪异的矫饰装饰品盛行，引导了对墨西哥意象的阅读，而不完全排除完全本土的特征，如征服前的字形、建筑特征、武器和服装。怪诞装饰的使用使得保持异国情调和熟悉之间的持续平衡成为了可能。通过强调君主的威严

---

① 值得把在耶稣受难十字架底端的奥古斯丁的绳子与墨西哥雕文中关于水的绳子风格进行比较，提出了这个混血符号、怪诞风格和基督之死之间存在可能联系的问题。四瓣花朵散落在整个怪诞的装饰中，可能是其第五太阳纪奥林（Nahui-Ollin），即与第五个太阳有关的"四时"标志的抄写；参见雷耶斯－瓦雷里奥（1978），第246—250页。

② N. C. 克里斯托弗·考夫（N. C. Christopher Cough），"杜兰插图中的风格和意识形态：墨西哥三部早期殖民手稿的解释性研究"，博士论文（哥伦比亚大学，1987：密西根州安阿伯：微电影大学）；唐纳德·罗伯逊（Donald Roberston），"马德里《杜兰抄本》中的贴图"《特拉罗坎》（Tlalocan）4（1968），第340—348页。

和美洲印第安宫殿的奢华，它还被用来突出过去的场景①。

这一方面在这里具有特殊的意义。很明显，从带插图的圣经，特别是从旧约圣经借来的矫饰主义装饰，将巴比伦和耶路撒冷的气派投射到墨西哥城的宫廷。列王记中提到的宝座和皇室场景就是这样的，这可能是《杜兰抄本》（*Codex Duran*）其中一位画家的灵感所在②。通过在墨西加和旧约之间建立联系，这位艺术家或许是在说明一个在 16 世纪广泛流传的理论，即印第安人是以色列失踪部落的后裔（杜兰在其历史的第一章中提出了这一理论）③。若是果真如此，这些图像的制作必然需要修士和其土著艺术家之间的密切合作，虽不能说是共谋。再一次，矫饰主义的装饰显然能够传达出令人震惊的准确的宗教和政治信息。杜兰的观点远未被普遍接受；反对犹太血统理论的人拒绝接受这种联系，并且他们偏爱当地的，即土著的论调。这是由耶稣会修士胡安·德·托瓦尔（Juan de Tovar）完成的，他的版本大量借用了杜兰的著作，但删除了所有可能支持犹太血统假说的口头和视觉材料。

怪诞的装饰可能会被转移到并非总是神学的或政治的路上。杜兰的一位土著画家在另一幅插画中以一种更有趣的方式修改了女像柱④——女像柱的面庞不再是冷漠的，而是把头转向主场景，表现了莫克特祖马正在接受他的新朝臣⑤。因此，这两个穿着白色衣服的年轻女子似乎在认真地、大胆地倾听这位墨西加君主的讲话。类似的问题是由萨提尔们——侧面呈现以君主阿维索特尔（Ahuitzotl）为特点的场景⑥，以及

---

① 矫饰主义的装饰也可以在《梅里亚贝奇抄本》（*Codex Magliabechiano*）（奥地利格拉茨：学术印刷 Akademische Druck-u. Verlagsanstalt，1970，第 5 页左面）魔鬼的钉披风）和第 7 页右面（魔鬼的烈火披风）的页面上看到。

② 特别是里昂由纪尧姆·鲁耶（Guillaume Rouille）出版的圣经。参见考夫（1987），第 337 页。

③ 杜兰（1967），卷二：第 14 页。还可参见加尔西拉索·德·拉·维嘉在贝尔南德和格鲁金斯基（1993），卷二：第 101 页所作的关于印加人和犹太人的联系。

④ 第 53 章的插图（译者注：此处原文为 LIII，疑似漏掉一个字母 X，似应为 XLIII 第 23 章）。

⑤ 杜兰（1967），卷二：第 403—404 页。这些女像柱与在《王命实录》（*Provisiones Cedulas*）（由皮埃尔·奥沙尔特在 1563 年出版于墨西哥城中）见到的类似。

⑥ 杜兰（1967），卷二：第 327 页。这里的解释更有欺骗性。很明显，改场景并没有说明它出现的那一章，因为文本报告了对任命一位被认为还太年轻无法承受王冠的君主的讨论。正如杜兰在随后的几页中提到的那样，也许以讽刺而闻名的萨提尔神体现了瓦斯蒂克（Huastecas）的敌人，而阿维索特尔则与之抗衡。居住在墨西哥湾的瓦斯蒂克的名声与经典的萨提尔神一样。

由对墨西哥城大神殿的描绘中前西班牙时期建筑的矫揉造作的解释而提出的①。

乔卢拉，双城记

印第安画家还制作了数百张地图。乍一看乔卢拉地图，并没有什么奇怪的东西。乔卢拉是普埃布拉山谷中的一个古老的土著聚居地——没有美洲印第安神祇与古典神话中的生物在这里追逐嬉戏。这只是一份严肃朴实，带有官僚主义色彩的文件②。这张地图可以追溯到1581年，地图上附有对印第安城镇的行政管理描述，其作者是加布里埃尔·德·罗哈斯（Gabriel De Rojas），一位思想严谨的*科雷吉多*（*corregidor*，下文用斜体），或者说是西班牙公务员。罗哈斯对印第安的过去很好奇，他喜欢听故事。地图和描述一起构成了地理关系（relacion geografica），也就是说，响应西班牙王室在16世纪70年代提出的官方要求的地理报告，以努力了解更多关于其美洲印第安属地的信息。

一眼看去，这张地图似乎是西班牙风格的，以其殖民样式表现了这个印第安小镇。该社区设置在中央广场周围，广场两侧是教会和行政大楼。几何网格完美的规律性遵循西班牙王室的指示，代表了第四章所讨论的西方化政策的空间表现形式③。事实上，考古研究表明，这张地图与1581年乔卢拉的真实样貌相去甚远；相反，它反映的是该镇应该遵循的理想形态④，这也解释了基督教建筑群的超大规模。圣加布里埃尔（San Gabriel）的方济各会修道院是一座坚固宏伟的建筑⑤，还有一座有

① 在第二十三章中有插图，请参见杜兰（1967），卷二：第333页。两个圣所的柱子都放在装饰有受欧洲前卫启发的鬼脸面具的底座上。

② 《与乔卢拉的联系》，在由雷内·阿古尼亚编著的《十六世纪的地理联系：特拉斯卡拉》（*Relaciones geograficas del siglo XVI：Tlaxcala*），（墨西哥城：墨西哥国立自治大学，1984），第121—145页。

③ 乔卢拉这一词也因此出现于"一个尤其规划合理及井然有序的城镇…街道如此笔直美观，宛如国际象棋（的棋盘）"同上书，第126、142页。

④ 乔治·库伯勒在由托马斯·E.里斯（Thomas E. Reese）编著的《古代美洲和欧洲艺术研究：乔治·库伯勒全集》（康涅狄格州纽黑文和伦敦：耶鲁大学出版社1985年版，第93页）中断言："把1581年的巨幅作品看作是描述一个尚未实现的项目似乎是合理的。

⑤ 戈麦斯·马丁内斯（1997），第136页。

好几条通道的宽敞皇家礼拜堂（可能是受科尔多瓦大教堂—清真寺的启发），体现了一种明显符合当地居民虔诚的双基督教的存在，这被认为"对信仰的事物很有好感"①，并热衷于对圣徒的崇拜："所有的房子都有一座祭坛，上面有许多圣徒像。"②

然而，如果我们更仔细地研究这张地图，上面一系列的细节就会破坏深处的西班牙式印象。地图上每一个街区都有一座山丘不断出现，另一座山丘被小号所覆盖，部分被芦苇所掩藏，这就出现了问题。有着小号并坐落在一个石基上的山丘，表明了乔卢拉大金字塔的遗址，在 1581 年的报告中，这座山被严格地描述为"一座如此知名、如此著名的山。"它的山顶上曾供奉着奇科纳乌·基亚怀特神（译者注：Ciconauh Quiahuitl，似乎是当地的太阳神），这个山顶以其是"一个可以容纳一千人的小广场"而骄傲③。因此，它是美洲印第安人世界中最壮观的人造山之一，也是令人印象深刻的集体记忆之地。被溪水灌溉的芦苇，掩盖了这座建筑物的砖石底座。芦苇有个特殊的含义，因为他们形成"芦苇之神"——图兰（Tullan）的形象，此为乔卢拉的前西班牙时期名称之一。这座城市与其他扮演特殊政治和宗教角色的古墨西哥城镇共享这一迷人的绰号④。与此同时，欧洲的小号则更加神秘。它出现在 1540 年查理五世皇帝授予这个城市的纹章上，很可能是异教时代的一种乐器的基督教变体，因为在传道之前，这座巨大金字塔顶端的圣所就经常回响着海螺的声音，海螺是卡斯蒂利亚小号的土著等同品⑤。

小号——一种与新神崇拜直接相关的乐器——的纹章威望和基督教内涵是否已经抹去了对以前圣所的记忆，或者它们是否通过将过去与现在联系起来以强化对这个地方的集体记忆？后一种假设似乎更令人信

---

① 《与乔卢拉的联系》，1985，126 页

② 同上书，第 142 页。

③ 同上书，第 143 页。

④ 阿尔福莱多·洛佩兹·奥斯丁，《男人与神：纳瓦世界中的宗教与政治》（*Hombre-Dios：Religion y politica en el mundo nahuatl*）（墨西哥城：墨西哥国立自治大学，1973），第 169—171 页。

⑤ 库伯勒（1985），第 96 页。

服。首先，在金字塔的顶部，没有画上明显的基督教标志——十字架或教堂，即使作为科雷吉多的罗哈斯提到过在砖石的基座上有一个巨大的木制十字架[①]。纳瓦语中"小号"这个词是 tepuz quiquiztli，意指连续性的概念，因为为了形成连续性，美洲印第安人——或者他们的方济各会老师们——使用了一个新词，其字面意思是"金属螺"，简单地把铜对应的词 tepoztli，添加到海螺壳的传统词汇 quiquiztli 上[②]。这些术语的相似性——当前缀 tepuz 在 16 世纪下半叶被丢掉时得到加强——将海螺和小号之间的差异降到最低，并将它们所属的两个宗教世界联系在了一起。

科雷吉多收集到的信息还表明，时间还没有完全抹去对该地点的记忆。正如他从金字塔顶端看到的美景一样令人感动的是，罗哈斯意识到此处的过去继续困扰着居民的回忆。但到了 1581 年，异教徒的过去已经同基督教的过去一起丰富起来，因为印第安人回忆说，大约四十年前，闪电曾两次摧毁了上面的大十字架。这样的事件不太可能到了被忽视的地步，修道士们急切地解释说，闪电是对还未被完全灭除的偶像崇拜的天谴所产生的后果。罗哈斯对这一解释置之不理，他认为，"如果考虑到闪电的本质，并考虑到闪电大部分就落在这片土地和这座城镇上，那么人们就不会认为这个事实是个奇迹（像某些历史学家那样），闪电两次击中了一个十字架，其高度超过这座城市中最高的建筑物 40 埃尔（ells）（译者注：埃尔为旧时长度单位，1 埃尔相当于大约 45 英寸或 115 厘米）。"[③] 如果修道士们采取科雷吉多的批评态度，他们就不会对那些在雷鸣、海螺壳和铜喇叭的喧闹声中冲撞的神灵的集体记忆作出额外贡献[④]。

至于地图上显示的其他六座山，乍一看，它们似乎与其他不太重要的金字塔相对应。但 1581 年地图上的文字只提到了另外两个土丘（小山丘/cerrillos），而不是六个。考古调查显示，只有一座金字塔位于圣

---

① 《与乔卢拉的联系》，1985，第 143 页。
② 洛克哈特（1992），第 272—274、281 页。
③ 《与乔卢拉的联系》，1985，第 143 页。
④ 一个传说声称乔卢拉的塔被一块蟾蜍形的玉器摧毁。参见格劳利希（1982），第 75 页。

安德烈区①。然而，这六座山似乎相当大，因为艺术家在一条蜿蜒的小路上画了一组民居。这些陡峭的山也不像通常用来指定为城区（cabacera）的设置样式。因此，人们很容易把它们说成是同一座山，即巨大的乔卢拉金字塔，只不过是从六个角度看它而已。

通过以大金字塔为背景绘制每一个城镇，地图的绘制者把金字塔变成了社区的中心——一个与西班牙基督教中心相媲美的中心，并吸引了每一个社区居民的目光。事实上，如果我们忽略了西班牙裔的中心，另一种解读马上就会浮出水面；一旦人们的目光停留在每一个城区，老的就会战胜新的，前西班牙时期的则会战胜基督教的。然而，一旦将目光撤回到广场、喷泉和教堂上，西班牙的色彩在这个空间上的印记则是无可争辩的。

理解印第安城镇和空间的两种不同方式、城市中心的两种概念、理论上不相容的两种现实都可能在同一张地图上共存。我们只需要用一种不同的方式来看待它以理解其意义，然后就会突然在对立一面稳定下来②。似乎有一条界限超越了西班牙地图成为——或再次成为——印第安地图，仿佛西方化的格局突然被卷入了一个具有相互竞争意义的、具有美洲印第安人灵感区域的吸引力领域③。

然而，这种对事物的看法反映了一种过于简单化的二元论。围绕着一个有喷泉和方济各会教堂的主广场建造起来的西班牙式中心并不是真正的创新。这两座基督教教堂建于 16 世纪，是建在一座祭祀奎茨科拉特神的神殿遗址上，而它曾是这座前西班牙时期城市中最大的一座。神明和崇拜的非延续性和圣地的延续性相抵消——基督教的中心被设置在了异教中心之上，就像经常在殖民时期的墨西哥出现的一样。在乔卢拉的每个印第安人都知道这一点，西班牙人也意识到了这一点，他们试图使事物的新秩序不可逆转。尽管如此，新基督教的中心地位仍然停留在

---

① 此外，废墟的规模实在太小，无法与地图上绘制的雄伟山丘相混淆。

② 这种翻转效果让人联想到纳克方块，它可以交替显示为空心立方体（从后边缘看）或实心立方体（前边缘）。关于这些变化的图像，参见奥马尔·卡拉布雷斯，"艺术的灾难与理论"，刊登于《学术会议 15：法语表达中的材料与主题分析》（*Lectures: Analisi di materiali e temi di espressione francese* 15），（1984 年 12 月），第 45—62 页。

③ 几年后制作的地图显示了一个围绕着大金字塔的社区。

其该被取代的过去。

地图上的"美洲印第安人视野"不可能不受殖民"传染"的影响。首先是因为它关注的是大金字塔，虽然非常显眼，但已经被部分基督教化。其次，因为"人造山"与每一个社区都是由一个小礼拜堂联系起来的。这些教堂也许不像其外表所显示的那样基督教化，因为它们很可能是建立在异教神殿之上的。老的那些也并没有被新的所掩盖：在1581年，对地图的"美洲印第安人的"或"传统的"解读必然包含了基督教所引入的标志和符号，这些标志和符号从此在土著生活中扮演了日常角色，并像其抹去过去那样重新活跃起来。

教堂的规模说明了前西班牙时期的过去到新西班牙的现在的转变。地图上部，这位美洲印第安人画师在圣米格尔和圣安德烈两个社区之间放置了巨大的金字塔，这两个社区的教堂以其规模而闻名。其正面两侧都是高塔，而其他地区的礼拜堂则显得更为朴素。如此独领风骚的原因是什么呢？我们知道，前西班牙时期的贵族居住在圣米格尔附近，而在征服之后，圣安德烈社区则变得非常受人欢迎以至于方济各会决定于1557年在那里建立第二个修道院。然而，政治和人口比重并不能说明一切。有可能这两个社区的重要性传达出自前西班牙时代以来，乔卢拉社会特色的权力分享。正如一份较早的文件所指出的，金字塔两侧两座大教堂的位置可能与征服前圣山左右两侧酋长的划分相呼应[1]。因此，这张地图将不仅展示了西班牙统治的印记——科雷吉多的住宅，或者西班牙领地（audiencia）——也可能带有前西班牙时期双重政府的痕迹，这是地理关系中精心描述的一个机构[2]。

---

① 保罗·基尔希霍夫（Paul Kirchhoff），莉娜·奥德纳·古埃麦斯（Lina Odena Guemes）与路易斯·雷耶斯·加西亚（Luis Reyes Garcia），《托尔特克-奇奇梅克史》（*Historia tolteca-chichimeca*）（墨西哥城：国家人类学与历史学院，1976），第9页左面，第54—58行，第21页。

② 可以补充一点，在1581年地图上看到的六个社区与前西班牙时期的十二个区的殖民地，或者叫做卡波利 *calpolli*，相等。它们是一个延续和适应殖民环境的双重过程的证据。正如芭芭拉·E.蒙迪（Barbara E. Mundy）注意到的，"随着时间的推移，所有的十二座卡波利都幸存、压缩并重新排列成《地理关系》（*Relacion geografica*）地图上所示的"起始"（cabeceras）。"《新西班牙的制图：土著制图和地理关系图》（*The Mapping of New Spain：Indigenous Cartography and the Maps of the Relacions Geograficas*）（芝加哥和伦敦：芝加哥大学出版社1996年版），第126—127页。

因此，乔卢拉的地图显示了一个城市，在那里，美洲印地安人的东西被复制成殖民地的东西，殖民的东西也渗透到美洲印第安人的东西中。这些多方面的因素也必须与土著城镇的特殊历史联系起来。前西班牙时期的历史已经充满了许多不同人群的移居、冲突和混合。欧洲的征服使乔卢拉陷入了一种自相矛盾的境地。几英里之外的西班牙城镇普埃布拉的建立，无疑使乔卢拉的居民免受了像在墨西哥城发生的那样大规模、不可逆转的西班牙化的冲击。因为，西班牙的体制、财富和人口正是集中在普埃布拉，使这个印第安邻邦得以按自己的节奏生活。然而，如此接近普埃布拉的乔卢拉，真的能逃脱这个将成为17世纪墨西哥城的竞争对手的充满活力且魅力十足的中心的影响吗？①

1581年的地图也许提供了这一既强烈又脆弱的局面的制图效果。这里讨论的两种解释都是通过两种混血配置的交替而提到的，一种是从印第安基地的基督教化的角度出发（圣加布里埃尔修道院和皇家礼拜堂占据奎茨科拉特神庙的基础），另一种是基督教贡献的印第安化（大金字塔底部邻近的教堂）。

因此，西班牙和美洲印第安人的解释都是调整和变化的产物。它们是互补的，而非矛盾的。准确地说，在这两个截然不同的混血意义之间没有边界或门槛，只是连续体或调整系列，从遥远而肤浅的西班牙观点到怀旧的、更有见识的本土观点，都提供了广泛的解释。我们可以很容易地想象，作为科雷吉多的罗哈斯的文学且官僚的观点，肯定不是绘制地图的印第安画家的看法。

如果画家没有画出一幅城市风貌——这种在16世纪下半叶就传遍整个欧洲的绘画方法，那么这种体系是不可想象的。早些时候，在伊

---

① 长期以来，乔卢拉（Cholula）市设法保留了其社会和宗教组织，却没有逃避殖民统治和现代化的影响。在一本主要的书中，吉列尔莫·本菲尔·巴塔利亚（Guillermo Bonfil Batalla）将土著定义为殖民统治和印第安人载体的产物，其中印第安人强制性地涉及杂交和混血过程。因此，这个神圣的城市不应被视为前西班牙时期残余的焦点，也不应被视为文化和社会化石的保护区。参见吉列尔莫·本菲尔·巴塔利亚，《乔卢拉：工业时代的圣城》（*Cholula, la ciudada sagrada en la era industrial*）（墨西哥城：国立墨西哥自治大学，1973），第256—257页。

比利亚半岛上出现了雕刻的例子，例如城市景观展示了沃纳·罗乐温克（Werner Rolewinck）所写的西班牙版的《世界历史》（*Fasciculus temporum*，塞维利亚，1480 年）①。后来，1551 年在巴黎出版的包括有托勒密（Ptolemy）的《地理》（*Geographia*）和佩特鲁斯·阿皮亚努斯（Petrus Apianus）的《地图》（*Chorographia*）的一卷书的插图，可能已经成为了乔卢拉简介的范本②。乔卢拉的特拉库依罗们因此满足了西班牙王室的管理要求：将构成美洲吊坠的城镇景观提供给由安东·范·德·温盖尔德（Anton van der Wyngaerde）和安东尼奥·德·拉斯·维纳斯（Antonio de las Vinas）那样的艺术家所刻画的西班牙吊坠③。土著艺术家又一次借用了欧洲的方法来发展混血形象。把每一个社区描绘成一个小的长方形的城市景观，呈现角度的多样性。就像奥维德和怪诞风格，像普利尼和埃尔南德斯医生一样，城市景观扮演了吸引子的角色——它们在视觉上将不同的城市空间概念结合在一起。就像美洲印第安人的壁画一样，这种吸引子使混血的思想得以自我表达。

处于尴尬境地的动物

印第安和欧洲起源的各种元素之间的相互关系并不总是像在乔卢拉地图或普埃布拉壁画中发现的那样精细。这种联系可能并不那么复杂，反而更脆弱。

1578 年至 1580 年间，方济各会修士贝纳迪诺·德·萨阿贡在墨西

---

① 有关伊比利亚的例子，参见莱尔（1976），第 3、5、114 页，包括阿利坎特一件 1564 年的版画。有关地形景观类型，参见豪尔赫·巴伦（Georgius Barun）和弗朗斯·霍根伯格（Frans Hogenberg）《世界》（*Civitates orbis terrarum*）（安特卫普和科隆：菲利普·加尔，1572 年），在《克里斯托弗·普兰捷金（Christoffel Plantijin）和伊比利亚世界》（*Christoffel Plantijin en de ibersiche Wereld*）（安特卫普：植物博物馆，1992，第 250 页）中的描述。还可参见斯维特拉娜·阿尔珀斯（Svetlana Alpers）《描绘的艺术：17 世纪的荷兰绘画》（*L'Art de depeindre：La peinture hollandaise au XVIIe siecle*）（巴黎：伽利玛出版社 1990 年版），265 页和参考书目。

② 复制于阿尔珀斯（1990），第 78 个图版。

③ 杜齐奥·萨齐《新世界全图：十六至十七世纪新西班牙的领土释义及地域制图》（*Mappe del Nuovo Mondo：Cartografie locali e definizione del territorio in Nuova Spagna, Secolo XVI – XVII*）（米兰：佛朗哥安吉利出版社 1997 年版），第 121—123 页。

哥监督《佛罗伦萨抄本》的制作①。在第十一册"德洛斯动物"（"De los animals"）中，有一个引人注目的肖像画廊，展示了墨西哥动物的精美插图，其中包括一种名为库特拉赫蒂（*cuitlachtli*）的神秘四足动物②。这只长着灰白色皮毛的动物站在青翠的景色中，在白色的天空下，隐隐可见远处薄雾中透出小山："按照他们的说法，这种动物可能是一只熊。如果不是熊，我不知道它还能与什么动物类似。这是一种毛茸茸的动物，有着长长的毛。它的尾巴像狐狸的一样毛茸茸的，但颜色却是深灰的。当它老了，它的毛就变得雪白。它的耳朵又小又窄，鼻子又大又圆。它似乎有一张人脸……"

　　这只动物很难辨认；它有可能是美洲熊③，也可能是狼的一种。它的出现引发了好几个问题。这只动物看上去好像应该摔倒在地上，因为它的前腿和后腿并不是站在同一块地面上。与乔卢拉地图不同的是，这幅图像不涉及两个巧妙编织在一起的背景，在欧洲人的眼里用一个用来遮掩另一个。在这里，失衡状态进入了西方人的视线。构成它的所有元素都是可以清楚识别的，但由于动物和景观之间的明显差异，这种组合是很尴尬的。

　　这幅图像可能是更深层次的病态不稳定性的典型表现，而这正是由征服和殖民过程引起的。动物的这种失衡会在这里传递出不可调和的传统和敌对群体之间的紧张关系。然而，至少有两个原因使得这样的分析站不住脚。首先，同一章里的其他动物腿上都表现出了完美的平衡。另外，在一个基于三维视角的视觉秩序中，这种组合的奇异性只对西方人来说是非常显眼的。

　　让我们努力重建美洲印第安人的做法。这位艺术家可能是在添加欧洲风格的景观之前，先画了库特拉赫蒂（*cuitlachtli*）。就像第十一册中

----

　　①　关于《佛罗伦萨抄本》中的插图，参见 J. 豪尔赫·克洛·德·阿尔瓦（J. Jorge Klor de Alva）、H. B. 尼科尔森和埃洛伊塞·基尼翁内斯·凯贝尔编著的《贝纳迪诺·德·萨阿贡的作品：十六世纪墨西哥阿兹特克的人种学研究先驱》（*The Work of Bernardino de Sahagun, Pioneer Ethnographer of Sixteenth-Century Aztec Mexico*）。关于"文化与社会"第二部分，1988（德克萨斯州奥斯丁，德克萨斯州立大学，中美研究所），第 199—293 页。

　　②　贝纳迪诺·德·萨阿贡，《佛罗伦萨抄本》（*Codice Floventino*）（1979，图文影印稿），卷二：159 页左面。

　　③　恐怖的熊，墨西哥西部黑熊。

的其他几种哺乳动物一样，这只动物可以轻易地摆脱这样美丽的环境。叠加的效果因其尾部与周围边界重叠的方式而更加突出①。就好像"狼"从左边进入了画面，从根本上与艺术家提供的背景格格不入。

因此，这里产生的混血形象并不是西班牙征服造成的动荡环境的不稳定反映。面对对立的传统，**特拉库依罗**②只是简单地表现了一种刻画动物背后的描绘自然和景观的西方风格绘画，这只动物可能是受古抄本的启发。然而，就像乔卢拉地图一样，这种叠加并非直接融合了来自美洲印第安人和欧洲世界的纯粹元素，而是由一位土著之手修改而成一种欧陆风格的景观和很大程度上已经欧化了的墨西哥动物。这两种都是混血产物的元素相遇，产生了一个图像，它的和谐减弱了任何成分的不和谐。

"狼"的例子表明，有些混血机制可能仅限于叠加，这并不意味着土著人眼中的这种形象似乎还未完成或者不成功。

创造力

相反，美洲印第安的和西方的元素有时会被紧密地交织在一起，以至于艺术家们创造了新的形式。但是，他们是如何从融合到创新的呢？是通过《佛罗伦萨抄本》中的两幅图——为专门讨论印第安的"自然占星术"的章节所配——指明的路线。其中一幅图展示了彩虹挂在粗略描绘的风景（《彩虹》）上，另一幅画则展示了由乌云密布的天空（《雨》）降下的阵雨。

风格的主题材料和独创性把我们带回到了意大利。两者都将这些插图与意大利文艺复兴时期的杰作——乔尔乔内的《暴风雨》（*Giorgione's Tempest*）联系在一起，这幅画现在在威尼斯的学院美术馆展出。艺术史家们持续讨论这一杰作；学者们对这幅画的含义和画法意见不一，但他们都看中它的大胆的独特现代性。这片与闪电交错的

---

① 对"动物的头部"与"野猪"的描述中可以看到这种方法的变体（萨阿贡［1979年］，卷三：第161页右面、164页右面）。这些动物似乎不是景观的一部分，它们像舞台布景一样出现在它们后面。

② 两位艺术家也可能参与其中，因为任何事情都不能排除工作中的两位接班人。

开阔天空，与居住在这片令人不安的风景中的神秘人物的存在一样引人注目。至少还有另外两个意大利作品和正在讨论的两幅插图之一的《雨》有着惊人的相似之处。莱昂纳多·达·芬奇（Leonardo Da Vinci）的《洪水》（Deluge），这是一幅 1515 年的线描画，似乎预示了一位醉心于水动力学的艺术家设计了通过漩涡产生的墨西哥云层；同样的担忧和同样的解决方案也可以在莱昂纳多 1514 年所作的《飓风》（Hurricane）中看到①。

我们的两幅墨西哥画是在半个多世纪后才完成的，尽管它们被保存在佛罗伦萨著名的手抄本中，却几乎没有引起任何关注。《彩虹》（Rainbow）和《雨》（Rain）的风格也是高度创新的②，但这些由印第安艺术家在西班牙统治下绘制的墨西哥作品，只被赋予了同过渡艺术形式一样的模糊地位。它们被剥夺了"古代"和"文明"的荣耀，缺乏艺术家的姓名和历史，既不属于文艺复兴的遗产，也不属于前哥伦布时期的艺术世界。

他们混血成分的程度可能会导致误解。尽管它们的现代气息可能意味着不合时宜的联想，但这些画是完全无关于任何前卫趋势的（如果这个词意思是指在 16 世纪最后几十年里出现的任何东西，它将更多地适用于提香晚期笨拙、阴暗、朴实的作品，提香指出了通往 17 世纪的新道路，从而结束了文艺复兴）。这两幅来自《佛罗伦萨抄本》的图属于另一个时间框架，是在非常特殊的情况下完成的。就像"狼"的图画一样，它们也是由土著作坊制作的，其任务是为萨阿贡的《新西班牙诸物志》配图。更确切地说，他们在这一章中指出，这位方济各会修士致力于土著的"自然占星学"，他想要完成一部印第安人为解释天体现象而发明的所有云里雾里的神话和故事合集③。

---

① 关于这些图画及其对自然的描绘的学术重要性，参见简纳雷特（未知年份），第 68—79 页。

② 萨阿贡（1979），卷二：第 238 页右面。这些图像应与"雪"（第 239 页右面）相比较，后者结合了三种几何图案：七个云层的漩涡，雪花圈和不规则的冰薄片。

③ 与那些举止轻浮的人的祖先给他们留下太阳、留下月亮、留下群星、留下元素、留下那些呆呆的东西等行为相比，某些寓言不那么让人感到冰冷。"萨阿贡（1979），卷二：第七章，第 255 页。

　　美洲印第安艺术家如何回应方济各会的委托？他们无视文本中广泛讨论的异教和仪式习俗，以类似于自然历史书卷硬皮上或漫画书中插图的微型形式描绘了雨：风打着卷儿，大雨从风暴中倾泻而下①。这种明显的自然主义与对云的边缘产生的一系列螺旋的描绘同时存在，代表了美洲印第安人对雨水的解释，雨通过重复作为水的字形的涡旋来表达。书里还解释道："这些当地人说云和雨由一位名叫特拉罗卡特库特利（Tlalocatecutli）的神掌管。"这位艺术家的画笔将神话与自然主义融为一体，就像它将文字与云结合在一起一样。

　　与此同时，这种绘画还结合了两种技术：一种是从几何刚性中解放出来的彩绘字形，另一种是从欧洲版画中借鉴而来的黑白交织。和以前的例子一样，字形和交织并不是直接从美洲印第安古抄本或西方艺术中借来的，而是已经被改编和转换了的。画家的艺术包括调和两种方法，分别代表透明的水和无形的云。其结果令人震惊，也非常成功。

　　另一幅图《彩虹》，描绘了这两个世界之间同样复杂的相遇。以古抄本所用的闪闪发光的颜色绘制的彩虹横跨天空。地面上，画笔描制了几丛植被，与在伟大的15世纪（Quattrocentro）艺术家们的作品中看到的没有什么不同②。然而，这位艺术家又一次改变了所有这些特征。印第安人的笔触与意大利艺术家试图从中画出含义如此丰富效果的无形斑点并不同。在这里，他们都是靠自己的力量，而不是像在欧洲那样，成为具象表现的延伸或抽象补充。彩虹下的风景只是用笔那么一涂，一勾——没有地标，没有人形，也没有占据空间的住所痕迹。多色拱门也不是真正的前西班牙时期风格。就像从云层中浮现出来的代表水的旋转的字形一样，这些颜色从传统中得以释放。他们已经摆脱了那些将其限制在前西班牙时期手抄本中的轮廓。色调重叠，互相碰撞，合并在非常自由的色调阴影中。

　　用当地语言来说，这篇文章只是提供了陈腐的气象学和物理学评

---

　　① 据称，《第一纪念馆》（*Primeros Memoriales*）中云层的描绘灵感来自《最后审判》的版画。参见艾伦·泰勒·贝尔德（Ellen Taylor Baird）"萨阿贡的《第一纪念馆》：图纸的结构与风格分析，"博士论文，新墨西哥州立大学。

　　② 乔治·迪迪·哈伯曼（Georges Didi-Huberman）《来自安吉利科：拆解形象》（*Fra Angelico: Dissemblance et figuration*）（巴黎：弗拉马利翁出版社1990年版），图12、87和多处。

论；它描述形状和颜色，提到彩虹代表着暴风雨的结束。只有在最后，当地的信息提供者才会提到"雨的主人"的离去①。

印第安艺术家在表现从神话回忆到现实描述的观点时，完美地结合了技术。对于雨和彩虹，土著艺术家发明了基于选择和混血机制的新形式。在《彩虹》中，对色彩的运用和对色彩效果的关注导致了独特的视觉典型风格。在《雨》中，对线条和阴影的调制产生了类似结果。这两种情况下，在抽象和展示之间出现了展示的风格和方式。这些结果值得出现一位大师。"这么多物质的混合和线条的交杂，使得并未出现清晰的组成成分：地平线已经消失，目光却找不到消失的点，无法分辨陆地尽头和天空起点。这些近乎抽象的线条，只描绘了运动和转变。"②莱昂纳多·达·芬奇的画作引发的这一评论，同样适用于《佛罗伦萨抄本》中的这两幅画。

然而，这种做法能否简化为纯粹的形式层面？我们能把技术创新和文体发现与概念的逐步转变分开吗？与普埃布拉和伊斯米基尔潘一样，混血过程是概念和形式对抗的结果。萨阿贡雇佣的印第安画家在事物中发现了欧洲文艺复兴时期的意象。在这方面，《彩虹》和《雨》也回答了如何理解和描绘欧洲所谓的"自然"问题。画家们是否掌握了这一概念尚不确定，因为无论在他们的古老传统还是语言中都没有对应概念。他们试图通过描绘这个看不见的、没有概念的看法，跃入未知世界。

在这一点上，混血机制不再是稍有点儿复杂和稳定的融合，因为它们产生了惊人的创造力。吸引力变得如此强烈，各种元素在这个过程中被转变成一个同质的整体，而这个过程仍然是一个例外。

到目前为止，我所做的只不过是指出在某些混血创造中有个突破或跨越了一个门槛，而并没能做出解释③。事实上，创造力提出的不仅仅是对两个世界技术上的把握；它意味着与所采用的土著或欧洲本源的方法有一定差距，以及不同传统之间有一种强烈的兼容性。原始资料来源

① 萨阿贡（1963），第18页。
② 简纳雷特（未知年份），第76页。
③ 社会学和技术解释不能解释这种混杂因素的复杂性，即使这些解释包括对艺术家的训练，不断变化的世代，创造力的条件和解决方案的独创性。

对所有这些问题都保持沉默。如果出于偶然，他们要说出来，那么新意象的出现可能仍然证明这不仅仅取决于艺术家的个人干预和个人心理。

艺术创作似乎有其自身的活力，部分地脱离了艺术家的审美习惯和意图。融合会产生约束和潜力，产生对抗和互补，从而导致不可预测的配置结构。创新和创造力的源泉可能就在于这些组合的自由中。

发明的丛林

组合的范围似乎无穷无尽。即使仅仅仔细分析几个精心设计的混血创作，我们也不得不对它们的多样性感到惊讶。其范围从埃帕佐宇库（Epazoyucan）和阿科曼的修道院墙壁上看到的佛兰德斯风格的耶稣受难图，到被当地巫医们（curanderos）为其"恶魔"仪式所使用的魔法书籍中的绘画①，从由修道士们委托的作品，到装饰普埃布拉地区高廷昌（Cuauhtinchan）一座修道院门房的前西班牙式日历②。虽然简单的融合会导致统一化，但混血创作的全部范围构成了一个集合，是一个由各种形式、颜色、主题和构图组成的万花筒，它们的组合本身就需要耐心研究。它将产生熟悉的地标和著名的主题图案，还会产生奇怪的物体、外来的有时是神秘的形式、以及这些年里不断出现又消失的革新。

如果所有这些作品都按年代顺序分类，那么决定性的转折点和发展当然是可以确定的③，但在任何特定时期，在格式、框架、风格、颜色和内容方面也会看到惊人的多样性。几个人在研究同一份手稿——他们可能相互抄袭，或者走上完全不同的路。有时他们甚至共同研究同一页。最初为一个手抄本绘制的图有时会被拆分、分割并重新排列，从而以完全不同的方式出现在另一个手抄本中，就像《杜兰抄本》中的一些插图一样。此外，有些属于同一家族的手稿显示的变体不能简单地解

---

① 参见胡安·德·拉·塞尔纳（Juan de la Serna）消除偶像崇拜手册中的一个例子，"印第安臣子手册……"刊登于《关于偶像崇拜的论著》（墨西哥城：文化之源出版社 1953 年版），卷十：第 80 页，在格鲁金斯基（1988）234 页中被谈及。

② 雷耶斯－瓦雷里奥（1989），第 61 页。

③ 参见唐纳德·罗伯逊的先锋工作《早期殖民时期的墨西哥手稿绘画》（Mexican Manuscript Paintings of the Early Colonial Period）（康涅狄格州纽黑文：耶鲁大学出版社 1959 年版）。

释为逐渐受西化的影响。因此，复制西方的模式可能标志着对土著传统的回归，构成一种"复兴"。这就是当《托瓦尔抄本》（*Codex Tovar*）的画家使用最忠实于土著标准的《杜兰抄本》版本来描绘墨西哥城大神殿时所发生的事情①。

另一个例子中，《托瓦尔抄本》和《拉米雷兹抄本》（*Codex Ramirez*）的画家在绘制贵族所表演的征服前的舞蹈时都提到了《杜兰抄本》。这份手稿提供了至少两种风格的选择，一种是传统风格，缺乏视角和自然背景（由画《托瓦尔抄本》的特拉库依罗所采用），另一种更具有西班牙风格（画《拉米雷兹抄本》的艺术家所偏爱的一种风格，创造了在西班牙统治下穿戴得像美洲印第安人舞者的场景）。因此，熟悉土著风格的欧洲人可能反过来会创作一些版本，这些作品版本对传统的忠诚度不亚于土著画家的版本②。西方化的程度或对古典方式的忠诚取决于许多因素：艺术家的训练和技能（以及政治观点），赞助人的意图，来源的本质，以及前西班牙时期的模式存在与否。所有这些变量都会影响手稿的绘制，导致同一手抄本中风格的断裂。

这种多样性给人的印象是不规则的，通常是随机的创造力。发生西属墨西哥本土的文艺复兴，充满了令人费解的形式、失败的实验，惊人的表达。形式和组合的整体趋势的缺失、奇妙风格的分散和明显无穷无尽的创造力，都描绘了一个充满断裂、转变和分歧的复杂图像。

这些创作的多样性并不意味着它们知道没有界限。首先，它们发生在殖民背景下，作为我们现在所知的不可逆转的权力斗争的一部分，不仅使入侵者反对被征服的阿纳瓦克/Anahuac（纳瓦世界）人民，而且使殖民地社会的主导群体——包括美洲印第安贵族——反对土著、黑人和混血大众。从受无根作用影响而产生的支离破碎交流的不确定性和困难中，混血画面浮现出来。最后，它们反映了西方化所带来的模仿压力。换句话说，它们出生在一个历史上极受限制的空间，在一定程度上受其

① 考夫（1987），第374页。
② 根据编年史学家奥古斯丁·达维拉·帕迪拉（Augustin Davila Padilla）的说法，多明我会修道士胡安·费雷尔（Juan Ferrer）能够阅读字形。参见《墨西哥圣地亚哥省传教士教会团建立史与祈祷文》（*Historia de la fundacion y discurso de la provincial de Santiago de Mexico de la orden de los predicadores*）（墨西哥城：文学院，1955），第286页。

制约。应该再次指出的是，这类作品是政治性的，而不单纯是"文化性的"。

然而，尽管这些条件解释了吸引欧洲人目光——在这方面缺乏明显的反基督教和反西班牙的意象值得注意——的反复出现的模式，但它们既不能解释形式的繁衍扩散，也不能解释特拉库依罗们在寻找混血形态和组合所展示的创造性。标志着这些作品的特点——复杂性和碎裂性、非线性发展和不可预测的模式、几乎无限的创作多样性——也适用于产生它们的混血机制。然而，谁又能说，对美洲印第安人形象有效的东西在其他领域也是有效的呢？

第十章　跨越大海

我撞上了不可思议的佛罗里达（Floridas），
那儿豹长着人皮，豹眼混杂于奇花，
那儿虹霓绷得紧紧，象根根缰绳
套着海平面下海蓝色的群马。

——兰波《醉舟》（Rimbaud, The Drunken Boat）

风起，咆哮，嘶鸣
海浪翻滚，
船吱吱作响…

——墨西哥坎塔尔（译者注：歌唱）68 /Cantar mexicano LXVIII

墨西哥城，1564 年 6 月 4 日，周日

自从西班牙人来到这里，到现在已经四十多年了。莫克特祖马的最后一个继承人、特诺奇提特兰统治者——圣玛利亚西派克的唐·路易（Don Luis de Santa Maria Cipac）的婚礼上，衣着华丽的印第安人表演了 *atequilizcuicatl*，即《倒水》这首歌。大家群舞，随着动作的加快，他们的歌声越来越响，伴随着五颜六色羽毛的旋转和土著鼓（teponaztli 和 ahuehuetl）的节奏。

墨西哥－特诺奇提特兰城的老贵族们是否意识到他们正经历着最后的辉煌？18 个月后，也就是 1565 年的 12 月，君主阿维索特尔（Ahuitzotl）的孙子唐·路易去世，王位空置，名誉扫地——路易被称为 *Nanacacipatzin*，即"出卖家园的人"，因为他允许西班牙政权掌管对土

著居民纳贡的管理①，引发了墨西哥城和特拉特洛尔科人民的骚乱②。

也正是在 16 世纪 60 年代，在一个既不知道有外国人的存在，也不知道失败痛苦的世界里，见证了征服前培养出的最后贵族在高龄死亡。虽然印第安贵族通过强调其古老的合法性和对西班牙国王和基督教上帝的效忠来加强自身地位，但他们知道自己受到了威胁③。贵族特权和其政治基础的不断丧失，邻近城市塔库巴（Tacuba）和特斯可可王朝的结束，以及许多平民崛起担任领导职务，共同削弱了他们的力量。在 1566 年 3 月 25 日的一封信中，一个著名家族的后裔唐·佩德罗·德·莫克特祖马（Don Pedro De Moctezuma）痛恨地抱怨说，他生活在巨大的不幸（grandisima miseria）之中④。到处都有土著酋长遭受"收入、权力和威望的丧失"⑤。

土著民众的生活条件甚至更差，只能保持沉默。由于赋税越来越多，他们忍受着持续的传染病的蹂躏，而在乡村，整个群体被连根拔起，形成"集会"，强迫民众聚集⑥。在西班牙社会中，领导层也经历了困难时期。强大的委托监护主（encomenderos）担心他们将无法把自己所获得的收入传给继承人，并设想他们的家庭将破产。年轻的克里奥尔人或远或近地参与了科尔特斯的儿子——巴列侯爵（Marquis del Valle）领导的阴谋，一想到腓力二世的代表所进行的镇压，他们就战战兢兢；人们对

---

① 税收的基础发生了变化。以前所有免税的人都有义务纳贡，这项义务甚至可到某些大领主或酋长那里。参见查尔斯·吉布森（Charles Gibson）《西班牙统治下的阿兹特克人：墨西哥谷印第安人的历史，1519—1810 年》（*The Aztec under Spanish Rule：A History of the Indians of the Valley of Mexico*，1519 – 1810）（加州斯坦福：斯坦福大学出版社 1964 年版），第 200—201 页。

② 税收的基础发生了变化。以前所有免税的人都有义务纳贡，这项义务甚至可到某些大领主或酋长那里。参见查尔斯·吉布森《西班牙统治下的阿兹特克人：墨西哥谷印第安人的历史，1519—1810 年》（*The Aztec under Spanish Rule：A History of the Indians of the Valley of Mexico*，1519 – 1810）（加州斯坦福：斯坦福大学出版社 1964 年版），第 200—201 页。

③ 吉布森（1964），第 168—172 页；齐马尔帕因（1965），第 270 页。

④ 弗朗西斯科·德尔·帕索 – 特隆科索，《新西班牙书信集》（*Epistolario de Nueva Espana*）（墨西哥城：利比里亚罗布雷多古书店，1940），卷十，第 129 页。

⑤ 吉布森（1964），第 157 页。

⑥ 第一波教会大集会于 1564 年结束。土著人民被迫流离失所，引发了一系列动乱——无根性，即从传统的土地被连根拔起，放弃对自然资源的多样化利用。印第安的群众被限制在一种试图模仿西班牙村庄生活方式上的生活方式。参见恩里克·弗洛雷斯卡诺（Enrique Florescano）等人的《墨西哥历史上的工人阶级：从殖民地到帝国》（*La Clase obrera en la historia de Mexico：De la colonia al imperio*）（墨西哥城：二十一世纪出版社 1980 年版），第 83 页。

1566 年的处决感到恐惧，其目的是扼杀阴谋的一切迹象。在研究随后的文本时，必须牢记这一城市背景，同时注意到这一时期的独特性，即在半个世纪的殖民统治之后，还没有失去对前西班牙时期光辉的记忆。

尽管为圣玛利亚西派克的唐·路易婚礼表演的坎塔尔或歌曲文本已经丢失，但我们拥有一首类似作品的完整版本，也许可以追溯到同一时期，与其他墨西哥坎塔尔一起保存在一本现藏于墨西哥国家图书馆（Biblioteca Nacional）的选集中①。编号为 68 的长歌"atequilzcuicatl"讲述了 16 世纪上半叶与西班牙人的战争和对王子们的记忆②。一段简短的摘录就足以说明许多段落在熟悉墨西哥宫廷上所说的优雅的纳瓦语民众中所激起的感情。他们肯定会对这些回忆感兴趣。

跨越大海

风起，咆哮，嘶鸣，海浪翻滚，船吱吱作响……

我们看见巨浪涌向我们，这是神奇妙的事。下着花雨，船吱吱作响。

朋友们，在这片水域里欢欣。你要把它拆开啊，噢，唐·马丁！它在海洋上裂成碎片。

哦，生命给予者，你活在这个充满恐惧的地方。海浪在我们身上翻滚。让我们在脐轮，圆石处死去吧。

"朋友们，这条船上没有一个值得的人。我们可以回来吗？"让我们在脐轮，圆石处被清算！

---

① 墨西哥国家图书馆，藏书集，第 1628 页附页。

② 安琪尔·玛利亚·加里贝·K（Angel Maria Garibay K），《纳瓦文学史》（*Historia de la literature nahuatl*）（墨西哥城：波鲁阿出版社 1971 年版），卷二：第 102、109 页；约翰·比尔霍斯特（John Bierhorst），翻译并介绍了《墨西哥民歌：阿兹特克歌曲》（Cantares Mexicanos：Songs of Aztecs）（加州斯坦福：斯坦福大学出版社 1985 年版），第 327—341 页。国家图书馆手稿被出版为《墨西哥民歌集》（Cantares mexicanos）（墨西哥：墨西哥国立自治大学，1994年）。参见路易斯·M. 伯克哈特（Louise M. Burkhart）《湿滑的地球：十六世纪墨西哥纳瓦人与基督徒的道德对话》（*The Slippery Earth：Nahua-Christian Moral Dialogue in Sixteenth-Century Mexico*）（亚利桑那州图森：亚利桑那州立大学出版社 1988 年版），第 5 页；以及对比尔霍斯特的书的评论，见于哈维尔·诺盖斯（Xavier Nogues）《墨西哥历史》（*Historia Mexicana*）第 142 本（1986 年 10 月—12 月），第 383—390 页。

　　唉，我悲伤。翠露在我们身上。我们要去哪里？

　　生命的给予者造成了悲痛。要是他是我的朋友就好了，要是他是个我的亲戚就好了。没人再关心这条船上的人了。

　　在这艘船里，这个恐惧的地方，玉浆在我们上方开花，沸腾。啊，这些花环咆哮着，这些鱼在飞翔。看看它们！

　　啊，那边有一棵赖以生存的树，那就是我们的宫殿。这些花环咆哮着，这些鱼在飞翔。看看它们！①

　　这一段是坎塔尔68 中最令人震惊的段落，当看到伊斯米基尔潘的壁画时也激起了同样的惊讶和情绪。对其解释同样棘手。因为没有什么比这种跨越更不寻常的了，它用一种语言和一种艺术方式来描述，这种艺术显然把旅行的记忆和对卡斯蒂利亚诗歌的借用以及对古代美洲印第安人信仰的典故融为一体。

墨西哥坎塔尔

　　这一段落摘录自在方济各会修士萨阿贡指导下编撰的一部选集。长期以来，学者们认为它只不过是前西班牙时期诗歌中的杰出而崇高的留存。著名历史学家安琪尔·玛利亚·加里贝（Angel Maria Garibay）甚至出版了其部分手稿和译文的抄本，引起了人们对被认为不受西方影响（只有几页除外）的"诗歌"形式的关注②。

　　因此，急于发掘西班牙征服之前的美洲印第安人传统的做法，导致了那些带有殖民时期烙印的段落失信于众③。但这些歌曲中包含了对基

---

　　①　这首歌的翻译和所有后续翻译均出现在比尔霍斯特（1985），第336—337 页。

　　②　加里贝，《纳瓦诗歌与墨西哥民歌：墨西哥国家图书馆馆藏手稿》（*Poesia nahuatl, Cantares mexicanos*：*Manuscrito de la Biblioteca Nacional de Mexico*）（墨西哥：墨西哥国立自治大学，1993 年），卷二与卷三。

　　③　加里贝·K（19），卷二，第89—119 页，不过页包括几个摘录。实际上，民歌的内容通常晦涩难懂，因此倾向于对以美洲印第安人为根的问题进行分类，并且视角的变化使解释问题成倍增加。约翰·比尔霍斯特（迄今为止对手稿所作的唯一完整翻译和评论研究的人）所做的努力并未解决任何问题。我不会像约翰·比尔霍斯特那样走那么远，但我也不一定同意米盖尔·莱昂·波尔蒂利亚发表的批评，"墨西哥歌曲的新诠释？"（Una nueva interpretacion de los Cantares mexicanos？）约翰·比尔霍斯特的工作，"《纳瓦文化研究》（*Estudios de Cultura Nahuatl*），第十八期，第385—400 页。

督教、西班牙征服和殖民化的公开暗指，也揭示了墨西哥贵族在皈依其侵略者的宗教后所面临的困境。

正如现在约翰·比尔霍斯特（John Bierhorst）无可辩驳地证明的那样，我们正在处理的文本绝不是前西班牙时期的老古董，而是在面对基督教和殖民社会时被重新解释、有时甚至是重新表述的。传到我们这里的书面形式给出了一个创造性过程的静止图像，而口头版本可能在每一次表演中都有新的元素加以丰富。

这些歌曲是墨西哥城及其周边地区贵族的作品。里面充满着对生活在15世纪和16世纪的纳瓦贵族们的典故。军事精神、阵亡战士的命运、对祖先的追忆、对古代世系的阐述，无疑仍然是坎塔尔作曲家们所关心的问题，但所有这些传统问题都是在一个彻底改变了的宗教、政治和社会环境中提出的。

理解暴风雨的锁钥

像我们对意象的分析一样，对这一段落的研究也产生了困难。然而，文本不是图像。文本不像绘画那样打动心灵，因为后者具有一种直接的明显性，而文字只有被理解之后才能获得这种明显性。

坎塔尔68中所描述的跨越大洋完全令人费解。考虑到它以书面手稿的形式幸存下来，它能被解读为起源于前西班牙时期的仪式文本吗？我们可以发现好几个美洲印第安人的特征，例如对于唐·马丁暗示，也许他是一个历史人物，据说他的名字是伊厄科特尔（Ehecatl），全能的风之神，从而秘密地化身为风的神性。如果我们接受花雨（"下着花雨，船吱吱作响。"）作为对战斗中牺牲的战士们到来的暗示的话，那么它就会再次增加美洲印第安人的感觉。"圆石"很可能是一块圆形的石头，牧师们在上面处决他们送到世界脐轮——也就是来世——的受害者。最终，这次穿越无数障碍的跨越看起来像是墨西哥古代巫医和巫师所做的最初航行。他们中最著名的羽蛇神奎茨科拉特，在其生命最后，登上了一只木筏——"蛇床"——朝着"黎明之处"的特拉帕兰（Tlapallan）方向驶去，那是太阳在东方的住所①。

但是，如果墨西哥城的纳瓦人住在海边，那么这种"古老"的解释会更有说服力。在他们的神话中所描述的宏伟旅程通常是陆地路线。墨西哥谷地的印第安人生活在 6000 英尺以上的高度，只熟悉高山湖泊，他们怎么会把如此陌生的海洋环境融入其信仰领域呢？② 在这种情况下，他们一看到西班牙船只就会吓得目瞪口呆。与此同时，生活在墨西哥湾沿岸的人民属于其他种族和语系；唯一真正以沿海航行方式出海的印第安人是远方的玛雅人。

另一种解释表明，我们还可追忆纳瓦贵族向卡斯蒂利亚驶去的一次跨越。几次这种类型的航行都是在征服后进行的。1526 年 12 月，科尔特斯把音乐家和舞蹈家带到了西班牙和罗马③，然后 1528 年前后，莫克特祖马的长子④在特拉特洛尔科贵族马丁·埃卡特津（Martin Ecatzin）之后也去了卡斯蒂利亚⑤。这位唐·马丁与另一位唐·马丁同名，他们的名字分别唤醒了风之神伊厄科特尔的注意。然而，这第二种解释也有

---

① "他就这样出海，没有人知道他是如何以及用何种方法抵达了所谓的特拉帕兰，"引自萨阿贡（1977），卷一：第 291 页。关于羽蛇神奎茨科拉特的命运资料，参见格劳利希（1982），第 201 页。

② 尽管如此，墨西哥城大神庙中祭品中仍然存在贝壳，这表明高原居民并不是没有意识到海洋空间。

③ 比尔霍斯特（1985），第 479—480 页；罗伯特·史蒂文森（Robert Stevenson），《阿兹特克和印加领地的音乐》（*Music in Aztec and Inca Territory*）（加州伯克利：加利福尼亚州立大学，1968），第 89、224—225 页；迪亚兹·德尔·卡斯蒂略（1968）卷二：第 282、286—287 页。

④ 拉法埃尔·加西亚·格拉纳多斯（*Rafael Garcia Granados*），《墨西哥古代史人物传记词典》（*Diccionario biografico de historia Antigua de Mejico*）（墨西哥城：墨西哥国立自治大学，1995），卷三：第 135—136 页。据称，唐·马丁曾经赴西班牙旅行两次。

⑤ "他们只把艾卡特津（Ecatzin）带到了卡斯蒂利亚，艾卡特津臣服于卡斯蒂利亚的君主，也就是那里的皇帝。艾卡特津没有被判处死刑，后来也得以返乡。五年后，他回到了墨西哥的特拉特洛尔科。"收录于《特拉特洛尔科编年史：墨西哥民族史实大事记及特拉特洛尔科抄本》（*Anales de Tlatelolco: Unos anales historicos de la nacion Mexicana y Codice de Tlatelolco*）中，由海因里希·波尔林和伯特·H. 巴尔罗编著（墨西哥城：拉斐尔·波鲁亚 Rafael Porruac 出版，1980），第 12 页。唐·马丁·伊厄科特尔（Don Martin Ehecatl）或者说是艾卡特津——是 1523 至 1526 年特拉特洛尔科的常任总督（根据巴尔罗所说），或者是从 1528 至 1531 年（根据萨阿贡所说）。他是反抗西班牙军队围困墨西哥的主要领导人之一，之后科尔特斯将其作为人质押往洪都拉斯。参见罗伯特·H. 巴尔罗"特拉特洛尔科 1521—1526 年的殖民首领"，《作品》（*Obras*）（墨西哥城：国立人类学与历史研究所，美洲大学，1989），卷二，第 359—362 页。

点过于简单。船上没有西班牙人，以及在跨越时发生的一些奇迹事件表明，这不只是一个简单的历史典故。上面提到的美洲印第安元素并不仅仅是被美洲印第安人诗歌所改变了的旅行记忆；坎塔尔中提到的飞鱼也可能是这样，但是浇透了这艘船的花雨赋予了这次航行另外一种意义。

对这次跨越还存在第三种解释。它倾向于西方的基督教框架，可以去掉印第安的糟粕以显示卡斯蒂利亚诗歌中反复出现的一个主题（受意大利和彼得拉克的影响）：讲述灵魂的旅程，所有天堂中发出的灾难都是为了考验灵魂而设计。因此，船上的水手和乘客象征遭受猛烈风浪袭击的人类。基督教的道德化实际上只是拯救了一个古老的古典主题——元素的释放可以使从奥德修斯（Odysseus）到埃涅阿斯（Aeneas）的古代英雄们的冒险具有宇宙意义，或者它可能在一位害羞的诗人和其挚爱之间出现，就像马休尔（Martial）［译者注：马休尔（40—104，罗马讽刺诗人）］所庆祝的那样。在这个问题上，海洋风暴主题贯穿了整个 16 世纪，从拉伯雷/Rabelai 的《第四部书》/*Quart Livre* 到奥维多/Ovidedo 的《海难》/*Naufragios*，再到莎士比亚的《暴风雨》。

这一主题本身与神话和文艺复兴诗歌（既有世俗的，也有宗教的）一起横跨了海洋。它激励了墨西哥作家，并动员了诗集的编者们。墨西哥城诗人的作品中充满了对 16 世纪文学中这种常见现象的影射。埃尔南·冈萨雷斯·德·埃斯拉瓦（Hernan Gonzalez de Eslava）曾在很多场合发表讲话①，他并不是唯一一个描述信仰之船驶向伯利恒的漫长跋涉之旅人。他可能与塞维利亚诗人胡安·德·拉·奎瓦（Juan de la Cueva）有关，后者还引发了一场风暴的戏剧性影响：

> 什么样的傲慢，什么样的愤怒
> 驱逐了凶残的天上诸神！
> 微风合谋攻击我，大雨滂沱。

---

① 埃尔南·冈萨雷斯·德·埃斯拉瓦（Hernan Gonzalez de Eslava），《短歌、民谣、自由诗与其他庄严的民歌》（*Villancicos, romances, ensaladas y otras canciones devotas*），由马尔吉特·弗雷克（Margit Frenk）编辑（墨西哥城：墨西哥学院，1989），第 240—241、391 页。参见对话二、对话七与短歌第 91 首（《舰队之诗》）：舰队要起航那要登船的人啊去吧，他会获得无数难以计量的金银财宝……

他们经常咆哮，摧毁索具和船只，毫无阻力。
我可怜的眼睛里充满了悲伤，
瞪着他们发脾气时的怒火。①

就像在坎塔尔68 里猛拍美洲印第安人乘客的巨浪一样，从欧洲诗人笔端涌出的波浪也可能会变得奇妙、生动和神圣：

他就这样对海浪说，
尽管他们从不屈尊去听：
"海浪，既然我要死了，就让我到达彼岸，
待我返回时，愿你的忿怒夺去吾命。"②

卡斯蒂利亚的诗人们，无论是出生在墨西哥，还是仅仅访问墨西哥，都与坎塔尔的表演者住在同一个城市。他们去同一个教堂，参加同样的庆祝活动。因此，识字的印第安人遇到这些作家并非不可能，他们也有可能参加诗歌集会，甚至参加"座谈会"，即冈萨雷斯·德·埃斯拉瓦专门研究的戏剧对话。

然而，这仍然是纯粹的猜测。

另一条线索似乎更为坚实。这一事件可能起源于16 世纪在西班牙广为人知的传说，即圣阿马罗（Saint Amaro）的朝圣之旅③。这个故事讲述了一位西班牙圣徒的苦难，他传授基督教教义，但却无法解释天堂。因此，阿马罗想亲眼看看上帝选民的居所，神的恩典使他能够航行到天堂——航行需要穿越一片大海——能看到这一切是他独有的特权。他一到，天使们就用神圣竖琴的声音向他致意④。

----

① 《胡安·德·拉·奎瓦之颂歌》，摘于《众诗撷英》（*Flores de varia poesia*），有马尔加里塔·佩妮亚（Margarita Pena）编辑（墨西哥城：公共教育局，1987），第429 页。

② 同上书，第186—188 页，摘自胡安·德·拉·奎瓦（Juan de la Cueva）十四行诗，名为《勇敢的拉昂德罗横穿大海》（*Passando el mar Leandro el animoso*）。有关胡安·德·拉·奎瓦，参见上引述中的书，注释102。

③ 路易斯·M. 伯克哈特"圣阿马罗的航行：纳瓦文学中的西班牙传奇，"《拉丁美洲殖民地评论》（*Colonial Latin American Review*）卷四：第一章（1995），第29—57 页。

④ 这个故事于1552 年在西班牙布尔戈斯出版，然后在1593 年在圣多明各出版。

这一猜想更有吸引力，因为它依赖于这个故事的至少两个纳瓦版本。印第安世界熟知该故事，因为方济各会（和他们的当地助手）对其改编以迎合新观众。这两本纳瓦文本都提供了一个有意印第安化的基督教天堂。其中一个版本中，竖琴被美洲印第安人的鼓所取代[1]，圣阿马罗看到了一个充满鲜花、鸟儿和歌声的神圣花园——也就是说，这简直跟征服前印第安人的来世一模一样。可以想象的是，这些坎塔尔的作者或表演者自己对这些基督教文本很熟悉，他们用这些材料丰富了古代故事，并使其即兴创作更符合基督教社会和观众的口味。

萨满教之旅？神秘行程？诗意逃避？印地安人说教？还是历史性跨越？如果我们继续分析下去，可能会无休止。事实上，混血文本和图像在这里交合。乔卢拉地图也提出类似问题：它所揭示的空间是不可逆转的基督教化？还是它保留了自己的异教组织？或是重新格式化了还俗的"管理类"信息？是异教徒还是基督徒？坎塔尔的文本也使我们同样感到困惑。

修道士的视角

西班牙修道士们试图理解这些坎塔尔的含义。他们看到了唱歌跳舞、他们听到，有时是转录和翻译了那些颂歌。然而，他们不能带我们做出更有信心的分析，因为一些修道士偏爱他们认为是基督教的内容，而另一些则谴责这些做法的异教性质。

多明我会修士迭戈·杜兰在当地人中长大，是土著社会最有洞察力的观察者之一。他知道古老仪式可能隐藏在天主教的庆祝活动之下。然而，杜兰认为，这种基督教和异教庆祝活动的融合意味着两种习俗的初步结合。基督教的出现并不仅仅是为了掩盖前西班牙时期的信仰和行为，而是掩盖了一种在本质上已经合成的产物，一种传统"仪式"和天主教"典礼"的混合[2]。杜兰使用动词 mezclar（混合）、entremeter

---

[1] 代替 *ynmecahuehueh*（竖琴或弦乐器），文本读 *huehuetl*（鼓）；参见伯克哈特（1995），54，注释20。

[2] 杜兰（1967），卷一：第236—237页。

（干预）和 revolver（混乱）来指几种同样危险的融合类型。没有什么比把基督教仪式和异教典礼——"旧律法"——联系起来的人更令人恐慌的了，因为杜兰声称，他们产生了新奇的习俗，一些"他们自己制造的恶毒和邪恶的"东西[①]。

通过用许多篇幅来描述前西班牙时期的坎塔尔和舞蹈，杜兰想吸引他的天主教信徒们注意印第安舞蹈可能激起的异教流动：

> 如果有米托特（mitote）舞蹈，如果你看到一两个人站在所有其他人面前，穿戴不同，舞步相异，向领舞者的方向前前后后地挪步，还不时地发出以哨子结尾的有趣的喊叫，或背诵难以理解的话语，那么你就应该知道，这两个印第安人代表着神，即他们用舞蹈和庆祝活动所拜祭的神，无论在内心深处还是表露在外[②]。

杜兰承认，最初听到的伴随着舞蹈的殖民版本歌曲，似乎充满了"荒谬"（异类）。这也是我们今天读到《跨越大海》时所得到的同样印象。根据这位多明我会修士的说法，这些歌曲由"隐喻如此模糊以至于几乎无人可理解"的词句构成。同样观点也很容易适用描述"跨越"的文本。但杜兰解释说，这种赫尔墨斯主义不过是外表而已，在其背后隐藏着"令人赞赏的箴言，这些箴言可以在他们现在创作的宗教歌曲和世俗歌曲中找到。"[③] 他的解释很容易打消一位细心的基督教听众的顾虑；如果我们采纳它，"跨越大海"就变成了"灵魂之旅"中一个异国情调的变体。然后，其意义变得清晰和令人放心；我们可能发现的美洲印第安异教的任何特征不过是毫无意义的糟粕或装饰化的老古董，对信仰并无任何威胁。

然而，修道士们的反应可能也是一个风尚的问题。我们早些时候对怪诞的讨论揭示了矫饰主义者对赫尔墨斯主义、怪异和异国情调的嗜好。杜兰对聆听坎塔尔的兴趣和满足似乎反映了这种感觉。此外，他对

---

① 杜兰（1967），卷一：第 17 页。
② 同上书，卷一：第 18 页。
③ 同上书，卷一：第 195 页。

事物的看法使其认为，前西班牙时期的许多舞蹈不过就是娱乐而已①。本着这种精神，他可以把 cuecuechcuicatl，"挠痒痒舞"比作"我们自己民族的萨拉本舞"（saraband）②。那些欣赏自己独特幕间演出的舞台布景和令人惊讶的舞台设备的文艺复兴时期的欧洲人，也欣赏印第安舞蹈。就像巴西的图皮纳姆巴族人（Tupinambas）在鲁昂为法国国王亨利二世表演一样，被送到查理五世大帝宫廷里的墨西哥翻筋斗的杂技演员，如果以自我牺牲为代价，也会意识到这一点③。

杜兰高兴地注意到，这些娱乐活动也有一种智力上的吸引力——那些充满荒谬的歌曲包含了某些真理和"令人赞赏的箴言"，自有懂得如何解释它们的人。文艺复兴思想一个反复出现的特征渐渐显露，即对象征性语言的鉴赏，多亏了已经得到启蒙的读者才可以发现的深刻真理。对象形符号和怪诞事物的兴趣，与追溯到 16 世纪复活的古典古物寓言和象征传统的依恋有关。杜兰在普埃布拉和帕尔马的怪诞画作完成几年前就写完了他的记述。当他把这些"荒谬"（异类）翻译成他所欣赏的"箴言"时，其行为就像圣乔万尼福音堂图书馆的读者抬头仰望那些充满教化信息且安排巧妙的滑稽画时所表现出的一样。

这位多明我会修士详细描述了征服前的歌曲和舞蹈，就好像他亲眼见过。因此，这些歌曲和舞蹈都非常流行，特别是在一种矫饰主义气氛中。在杜兰手稿所附的全部缩写作品里，都可以感受到矫饰主义，它为其他同时代作品注入了生命。这种观看和表现事物的方式激发了一幅版画的灵感，这幅版画是由混血艺术家迭戈·瓦拉德斯在 16 世纪 70 年代末为出版其《基督教修辞学》（*Rhetorica Christiana*）而在意大利完成的④。它展示了成对穿戴羽毛的舞者随着两只土著鼓声舞动。这支舞蹈的背景是雕刻在西方早期描绘之一的墨西哥城大神殿脚下。神殿顶部似

---

① "所有人都假装对市民感到非常高兴与愉悦，他们非常愉快地创作了舞蹈、戏剧、幕间剧及民歌等，并用千万种……的游戏来招待款待市民们"，同上书，第 194 页。

② 同上书，第 192 页。

③ 正如从《鲁昂市民展出的奢华秩序的笑话表演和华丽的剧院礼服》（*Somptueux ordre plaisantz spectacles et magnifiques theatres dresses et exhibes par les citoyens de Rouen*）中推断的……（鲁昂：罗伯特·勒·霍伊和让·迪·戈尔出版社 1551 年版）。

④ 瓦拉德斯（1989），在 176 至 177 页之间。

乎是一个罗马风格的酒窖，这是一种优雅的建筑特色，通常安居着意大利绘画中的圣母和圣徒，但在这里，是为人类献祭和仪式性舞蹈的描绘加上圣顶。墨西哥仪式的表现被雕刻在明显受到古典模式启发的前西班牙时期生活的意象中①，呈现出体面的异教的有序和宁静的形象。瓦拉德斯强调了事物的壮观、雄伟的一面，这并不妨碍他把极为微妙的献祭主题放在图像中心。这似乎是矫饰主义艺术使得人们能够凝视其他世界，而不立即陷入恶魔世界成为可能。

方济各会修士贝纳迪诺·德·萨阿贡并不认同这种观点，他认为坎塔尔是不虔诚的文本。它们代表了"洞穴、树林、和遮天蔽日的灌木丛"，"敌人"蹲伏，魔鬼隐蔽在那里。萨阿贡想要禁止"［魔鬼］所写的坎塔尔和赞美诗，这些唱给他的诗歌除了那些习惯了这种语言的印第安人之外，没有人知道他们到底唱了什么。"萨阿贡认为，结果是灾难性的："人们在唱着魔鬼所希望的一切。"② 对于这位方济各会修士来说，赫尔墨斯主义是恶魔存在的标志。灌木丛的形象让人联想到密不透风的大自然，黑暗如洞穴，人们迷失在杂乱的草丛和野生植被中。对于受过教育，知道波菲利（Porphyry）《德安德罗·奈姆法姆》（*De antro Nympharum*）的文艺复兴时期读者来说，提到洞穴并非巧合，洞穴是杂乱无章的象征③。当谴责怪诞时，枢机主教帕里奥蒂解释说，有这种装饰的洞穴是兽窟，藏有阴谋、魔法仪式和淫秽行为。因此，方济各会萨阿贡的这种谴责反映了一种反宗教改革政策，即系统地消除可能阻碍信徒受教的复杂性和晦涩难懂之处。

在其《历史综述》第十册中，萨阿贡解释了他的态度："虽然他们表演的歌曲是皈依后创作，并且涉及上帝和其圣徒的事迹，但这些文本里混杂着许多错误和异端。"④ 在这里，融合采取了逐层或包裹（envolver）的形式，仿佛"上帝的东西"被埋在了一层又一层的罪过之下。萨阿贡谴责的与其说是"异教残余"，不如说是基督教教义的改变——错误和异端邪说。把"令人赞赏的格言"公之于众是没有问题的。包

---

① 也许是帕莱斯特里纳（Palestrina）的马赛克。
② 萨阿贡（1977），卷一：255 页（第二册的附录六）。
③ 简纳雷特（未知年份），第 151 页。
④ 萨阿贡（1977），卷三：第十章，第 164 页。

围和扼杀基督教新皈依者的庞然怪物为萨阿贡代表了融合，这是一种无法救赎、令人可憎的融合。

方济各会修士的观点反映了反宗教改革的严厉，而不是多明我会吹嘘的矫饰主义。他的无条件拒绝也适用于"跨越大海"文本吗？应该记住的是，这个文本是收录在根据萨阿贡要求编撰的文集中。然而，上下文都没有提供任何赦免情况。萨阿贡一生大部分时间都在记录美洲印第安人的偶像崇拜，最好是了解它，并将其从土著人心中清除出去。此外，他的攻击更多针对某些特定做法，而不是某一特定群体；他发现坎塔尔中的"错误"和"异端邪说"并不仅仅存在于16世纪下半叶墨西哥的印第安人中间。卡斯蒂利亚的几位诗人受到类似指责，不幸落入宗教裁判所手中。他们的宗教诗歌可能带有异端邪说意味。对佩德罗·德·特雷乔（Pedro de Trejo），胡安·鲍蒂斯塔·科瓦拉（Juan Bautista Corvera）和埃尔南·冈萨雷斯·德·埃斯拉瓦的控诉表明了 errar（错误）对卡斯蒂利亚诗人们的意义，他们与坎塔尔表演者是同代人[1]。在特伦特委员会试图改革的社会里，宗教裁判所也正进行着监督，无论是美洲印第安人还是西班牙人，普通信徒都不能干预这种信仰。

虽不可简化但并非不合逻辑

我们能得出什么结论？我们是否像多明我会修士杜兰可能会做的那样——作为基督教真理的一种微妙改编——去解读《跨越大海》？或者我们应该拒绝它，就像方济各会萨阿贡兄弟让我们做的，把它看成邪恶的、异端的任意妄为吗？这两种立场都表现了新形式所造成的困惑。每一位修道士都用他所能得到的知识体系和意识形态来解读眼前的文本——批评他们没有看到他们看不到的东西是很荒谬的。

事实上，两个修士都并非完全错误。《跨越大海》是一种与在早期章节中所讨论的意象类型相同的混血作品。它既不受前西班牙时期阅读

---

① 佩德罗·德·特来霍（Pedro de Trejo），《歌集》（*Cancionero*），由塞尔吉奥·洛佩兹·门纳（Sergio Lopez Mena）编辑（墨西哥城：墨西哥国立自治大学语言研究学院，1966），第10—74页。

的影响，也不受西方解释的桎梏，而是在特殊空间的流动，这个空间不能被归类于这些传统中的一种或另一种。然而，这种情况并没有使它变得不连贯，因为这个故事为其表演者、选集作者和部分观众传递了一个信息（这个部分已经足够开始来理解它的意思），正如《佛罗伦萨抄本》和乔卢拉地图中的"狼"一样。

再一次，我们发现自己面临同样阻碍：我们应如何描述和理解在我们看来是非理性的，而杜兰称之为"异类"的东西？我们能否在西方或被认为是美洲印第安人解读的基础上，避免简化的理性陷阱？我们能否接受这样一个事实，那就是坎塔尔包含着明显不相容的含义，它们所玩的典故应该是相互排斥的，但却在奇异之美的构图中结合在一起？

这些文本所依据的规则不同于我们自己的规则——例如，它们接受矛盾——这并不意味着我们在使用属于其他社会和其他文明的外来规则。坎塔尔属于一个新的领域，一个"奇怪的区域"，在那里必须产生新的配置，以便让不可简化的元素共存，而无需创建真正的逻辑："我是弹琉特琴的图皮人。"这种承认触犯了我们的心理习惯，因为即使在今天，矛盾的存在也被认为是"非理性的无可指责的标志"[1]。我们很难承认"逻辑规律、被排斥的中间规律和矛盾是任意的"[2]，我们也很难承认我们"普通逻辑"[3] 的合理性是如此传统，是历史、传统、环境的产物[4]。墨西哥印第安人的混血创作强烈地提醒我们这些显而易见的事实，这也标志着我们知识的界限。

---

① 吉尔·加斯顿·格兰杰（Gilles-Gaston Granger），《不合理》（L'Irrationnel）（巴黎：奥迪雅各布出版社 1998 年版），第 175 页。

② 维特根斯坦（Wittgenstein）认为，这个结论尽管有些痛苦，但却是真的，被引用在格兰杰（1998），第 178 页。

③ 格兰杰（1998），第 175 页。

④ 这可能解释了我们决心在西方世界内外发现"逻辑"的决心。

第十一章　殖民天国

去罗马！（Nach Rom!）

——瓦格纳（Wagner），唐豪瑟（Tannhauser）

《跨越大海》只是坎塔尔68中所包含的几个篇章中的一个。这首歌开头提到了在战争和失败雷声中新世界的诞生。科尔特斯——"船长"——的标志性人物，其土著情妇玛琳切（Malinche）和总督，以及在抵抗战争中赢得声誉或经历了最初几十年外国统治的印第安领导人出现了。坎塔尔里用古老的主题、召唤那些在战场上倒下的战士，提醒他们永恒任务——用人类鲜血"浇灌"神灵——的方式来暗指这些事件。

这些信仰构成了美洲印第安人宇宙学基石。阵亡或被处死在祭坛上的勇士们站起来，加入太阳的行列，他们在一天的第一段时间追随太阳走过的道路："他们喜欢聚集在太阳壮丽的住所，沐浴着耀眼的光芒；在死者雕像的肩头，印第安人插上了由麻雀—鹰羽毛制成的翅膀，说这是为了让他们每天都能在太阳升起之前飞走。"[①]

这一光辉的命运保证了那些在战场上或金字塔顶上献出生命的战士们的至高地位。尽管皈依基督教和西班牙基督教（pax hispanica）把这些已被征服者取缔的作法当做过去式，但西班牙的统治并没有消除这一信仰。

帝王居所

坎塔尔68颂扬了对莫克特祖马的记忆，他在与西班牙人对战刚开

---

① 杜兰（1967），卷二：第288—289页。

始时就阵亡了，将这位墨西加君主的死转变为一种神化形象，形成满是奇异鸟儿和美丽花朵的来世："就像花芽，像咬鹃（稀有的鸟），像松花一样，他会转着花环离开……"

如果一切都没变，又会怎样？古老的战士精神和美洲印第安人对另一个世界的憧憬似乎在西班牙入侵所引发的动荡中得以幸存。然而，坎塔尔逐渐充满了基督教形象和文字。对卡斯蒂利亚的暗指、一个有着教名（唐·加百列，Don Gabriel，这恰好是一个战士大天使的名字）的墨西加贵族的干预，和对基督教的回应"阿门"的使用，再加上对唯一上帝[1]和最后审判的暗示，所有这一切都把这首歌指向另一个方向。在这种明确的一神教和多少有点含糊不清的基督教背景之下，歌手们提出了一个原始问题：自从旧式战争——"花式战争"——和基督教禁止的人类祭祀之后，他们如何才能在西班牙统治下作战？然后听到一个声音解释说，在教堂里唱的赞美诗可以代替血祭，甚至启动它。这个声音呼吁基督教的另一个世界："让那里成为教会吧！"[2]

这种解释为战士们提供了一个新目的地，一个更适合殖民现实的地方："帝王居所"。战士们们从此就会去把珍贵的鲜血倒在帝王面前。"振作起来，后辈们。夸乌特莫克（Cuauhtemoc）！让我们去把这些我们俘虏的，我们的投手，变成一团咬鹃的雨雾……让我们带着我们的鲜血，并肩作战吧。去见皇帝吧！"[3]

那么这位皇帝是谁？这个标题暗示着查理五世的形象，当时的西班牙语和印第安语文本都将其称为"埃尔—埃佩拉多/El-Emperador"。被科尔特斯征服的墨西加人承认查理五世的主权，并在理论上同意为他服务。在征服后，西班牙人在墨西哥组织了一次壮观的场面，为这种效忠提供了视觉形式。1539 年，在特拉斯卡拉市的方济各会修道士让墨西哥军队在他们"本地领主"的带领下，在一位扮演皇帝角色的印第安人面前游行（emperador Romano Arado De Dios）；然后他们被派去与其他装扮成苏丹士兵的土著群众演员作战[4]。

---

① 以叶尔特奥特（Ycelteotl）为名。

② 比尔霍斯特（1985），第 330—331 页。

③ 同上书，第 332—333 页。

④ 莫托利尼亚（1971），第 112—113 页。

然而，这种政治的、世俗的解释并不完全令人信服，因为这首歌指的是不再属于这个世界的战士。因此，坎塔尔中的皇帝也可能是一个神圣人物，一种神性的表现，在前面几节提到过的一种神的表达。

天国皇帝

一篇用纳瓦语和西班牙语写作的基督教经文在这里做出了一些解释。方济各会修士阿隆索·德·莫利纳（Alonso de Molina）为美洲印第安人写了一本忏悔手册，这本手册被广泛阅读，为受过教育的印第安人提供了一个宗教文学的好例子。莫利纳关于坚振圣事（sacrament of confirmation）的评论提供了一系列惊人类比，以下是受到质疑的一段：

> 那些接受了坚振圣事的人将获得良好声誉，并将在来世获得许多荣誉和神圣荣耀……就好像我们看到这个世界，皇帝的伟大骑士和贵族们从他那里得到徽章和武器，住在皇宫里，比平民和普通人更受尊敬……哦，这就是在天堂，在伟大皇帝耶稣基督，我们主的宫殿里所发生的事……①

通过比较这两个文本，我们可以想象出坎塔尔的作者们在创作时是如何选择基督教材料的。莫利纳的手册给他们提供了什么？方济各会强调坚振圣事的价值和重要性，以及它赋予领受圣事信众的荣誉。莫利纳的论点是建立在信众与皇帝的骑士之间、神与皇帝之间，以及在坚振荣誉和军事荣誉之间的三重比较之上。天国与尘世之间的这些相似性，被一种直接把天堂和皇帝住所联系起来的主张所强化："这就是在天堂，在伟大皇帝耶稣基督，我们主的宫殿里所发生的事。"比较之后是合并：一切都暗示着天堂和皇宫是一回事。

---

① 阿隆索·德·莫利纳（Alonso de Molina），《墨西哥语言与卡斯蒂利亚语之主要忏悔规则》（*Confesionario mayor en lengua mexicana y castellana*）（墨西哥城：安东尼奥·德·埃斯皮诺萨，1569），92 页右面。

　　还有另一种联系可由土著贵族达成，他们是真正阅读手册、聆听布道和解释的人。纳瓦术语用来翻译"伟大的骑士和贵族"、"皇宫"和"皇帝士兵的高贵和威武"①，暗指他们自己的环境和价值。通过指出平民和贵族之间的差距，莫利纳强调了受洗基督徒和被确认的基督徒之间的区别，这肯定加强了贵族听众们对此的理解。稍后，修士在文章中承诺，得到坚振确认的土著贵族将进入皇帝——从此也就是上帝——的天堂住所。最后，天使们将为那些得到确认的印第安人举行特别的欢迎仪式，他们是"天堂公民"（"看看到达这里的人是如何得到坚振确认，并以它为标志"），这与有关进入印第安阴世的死亡战士的坎塔尔中反复出现的景象相似。

　　这一系列的意象、联想和意义——或取自其他基督教经文的类似问题——可能激发了坎塔尔作者们的灵感。连接着皇帝、上帝、天堂和土著战士的基督教主题渗透到演唱者的歌词中，而且没有破坏歌曲的连贯性或一致性。这些借用非但不是单纯地、简单地融入前西班牙时期的社会环境，而是为古老信仰赋予了一种基督教腔调，它本身具有双重含义：土著贵族所愿意与其一起居住的皇帝既是世俗皇帝，也是天国皇帝："我们被要求就在这里，这里似乎就是皇帝的家。"②

　　这些包含和变形构成了混血机制。其他例子可以从电影中找到，比如《枕边书》中从一个世界到另一个世界的转变。事实上，这是受香港电影制作人王家卫（Wong Kar-Wai）作品启发而来的一条评论，或许最接近这种机制："你潜移默化，而不是大踏一步，过去与未来的分离不是破裂，而是从一个走向另一个的过程，如果没有波动，那就没什么意义了。"③

---

　　① 阿隆索·德·莫利纳（Alonso de Molina），《墨西哥语言与卡斯蒂利亚语之主要忏悔规则》（*Confesionario mayor en lengua mexicana y castellana*）（墨西哥城：安东尼奥·德·埃斯皮诺萨，1569），92 页右面。（"其臣工、粗制滥造之物、歌曲、尼比罗武安。"）这种军事化、武士般的基督教天堂愿景的另一个例子可在贝纳迪诺·德·萨阿贡《对话文学与基督教教义》（*Coloquios y doctrina cristiana*）中找到，此书由米盖尔·莱昂·波尔蒂利亚编辑（墨西哥城：墨西哥国立自治大学［1564 年］，1986 年），第 95、182—287 页。
　　② 比尔霍斯特（1985），第 338—339 页。
　　③ 让·马克·拉兰尼（Jean-Marc Lalanne）等，《王家卫》（Wong Kar-Wai）（巴黎：迪乌出版社 Dis Voir，1997），第 22 页。

印第安的罗马

通往皇帝居所的路线意味着《跨越大海》："我们，卑微的墨西哥人，航行在海上发出惊叹。"对于安全抵达港口的战士们和被运送到另一个世界——也就是说，到皇帝的世界——的舞者和歌者来说，这次航行还没有结束：

> 皇帝吩咐我们：他跟我们说，"去见圣父吧。"
>
> 他说：我需要什么？金子！大家鞠躬！大声呼求上帝！
>
> 他把我们送到罗马就是为了这个。他跟我们说，"去见圣父吧。"
>
> 我们的心会满足的，因为他把我们送到罗马。他跟我们说，"去见圣父吧。"①

在查理五世的帝国里，拜祭凯撒恰好先于拜访圣彼得。帝国的优越地位、礼节和地理限制都得到了尊重（使塞维利亚或某个其他西班牙港口成为前往意大利途中的必经之处）。在这里，歌手们似乎在回忆一些具有历史意义的事件。土著使者和皇帝之间的对话是在基督教和欧洲背景下进行的。然而，就在下一个段落，场景又转移了，回避了严格的事实性解释。

战士们抵达教皇城罗马。还有什么能比访问无可争议的欧洲基督教中心更加基督教或更西方呢？对于参加过修道士们和大主教们布道的坎塔尔作者们来说，罗马当然并不陌生。一些印第安人甚至在前往欧洲旅行期间到过罗马。人道主义者保罗·乔维奥（Paolo Giovio，1483—1552）描述了两位土著要人对教皇克莱门特七世（Clement VII）的访问，他们对梵蒂冈的宫殿留下了深刻印象，并受到教皇的礼遇②。

---

① 比尔霍斯特（1985），第340—341页。

② 保罗·乔维奥（Paolo Giovio）《军事力量的标题》（*Elogia virorum bellica virtute*）（佛罗伦萨，1551）。巴黎马扎林图书馆，ms. 6765。该资料由玛利亚·玛提尔德·本佐尼慷慨提供。在纳瓦语的《坎塔尔》（Cantar）66 "罗马 Rome" 被写为 "Loma" 或 "Lomah"。

在这里，罗马代表圣父的家①。那是小号吹响的地方，因为它也是圣塞西莉亚（Saint Cecilia）之城，音乐家的守护神："在罗马，她住在那里，母亲名叫圣塞西莉亚［原文如此］。"②把圣城与天国音乐联系在一起，这一点也就不足为奇了。欧洲音乐像野火一样在美洲印第安世界蔓延。到16世纪30年代末，一位特拉斯卡拉的领唱非常有才华，他以西方风格完成了一首弥撒曲③。很早时候，格列高利圣歌和哀歌对那些被赋予非凡记忆的表演者就已经没有什么秘密可言了。在这件事上，通常也是同样的表演者来高唱坎塔尔。欧洲音乐的流行超出了教会和世俗当局预期。1555年，第一届墨西哥议会不得不禁止在弥撒里使用小号，而且由于印第安人领唱的增加，不得不限制人数（应当说，这样的活动带来了税收优惠，因为领唱们不需要缴纳赋税）④。

西方音乐实践可能会影响当地音乐流派。很重要的一点是，修道士们对素歌这个概念的翻译——即纳瓦术语 melahuac cuicatl，它出现在墨西哥坎塔尔的好几个歌名里⑤。是否有类似于欧洲素歌的前西班牙时期音乐形式，或者我们是否正在处理被西方习俗"污染"的美洲印第安传统？如果坎塔尔表演者也是教会唱诗班成员，后一种假设可能会有一些依据。

至于圣塞西莉亚，印第安人是通过传教士和牧师的布道来了解的⑥。在她的节日，即11月22日，传道人通常会提醒处女殉道者的追随者

① 用纳瓦语创作的《悲歌》（*Patele Xanto*），参见比尔霍斯特（1985），340页（第59标题第1—28首）。

② 同上书，第341页。

③ 同上书，第341页。

④ 《第一、二部省级会议文件集》（*Concilios provincials primero y segundo*），有弗朗西斯科·安东尼奥·洛伦扎纳（Francisco Antonio Lorenzana）出版（墨西哥城：安东尼奥·德·奥加尔，1769），卷六十六：第140—141页。

⑤ 比尔霍斯特（1985），第44页；罗伯特·史蒂文森，《阿兹特克和印加领地的音乐》（加州伯克利：加利福尼亚州立大学，1968）；加布里埃尔·萨尔迪瓦（Gabriel Saldivar）《墨西哥音乐史：科尔特斯征服前时期及殖民地时期》（*Historia de la musica en Mexico：Epocas precortesiana y colonial*）（墨西哥城：文化出版社1934年版）。

⑥ 参见墨西哥城国家图书馆的《唱诗集》（*Santoral*），引用自罗伯托·莫雷诺（Roberto Moreno）之"国家图书馆中现存土著语言作品集"，刊于《国家图书馆公报》（*Boletin de la Biblioteca Nacional*），第十七册：第1至2卷（1966），第91页；佩德罗·德·甘特，《墨西哥语言的基督教教义》（*Doctrina Cristiana en lengua mexicana*）（墨西哥城：弗莱·贝纳迪诺·德·萨阿贡历史研究中心，［1553年］，1981年），新段落。

们。由佩德罗·德·甘特撰写、胡安·帕布洛斯（Juan Pablos）于1553年出版的纳瓦语教理问答手册中提到过她。圣塞西莉亚被诗人冈萨雷斯·德·埃斯拉瓦称赞为"一位胜利的锡安宫廷女士"，这位圣徒的恩典允许她进入"神殿"，高唱着"赞美上帝/在她心中"①。最后，塞西莉亚在著名画作中也得到了描绘，如塞维利亚的安德烈斯·德·孔查（Andres de Concha）为墨西哥城圣奥古斯丁教堂而创作的一幅画，这是新世界矫饰主义艺术的杰作②。

然而，我们不应该因为在坎塔尔中提到基督教的罗马而被误导。和意象一样，区分基督教的和非基督教的并不总是那么容易。例如，"小号"可能是金属的——因此便是西方的——乐器，但它们也可能是类似于偶像崇拜中使用的海螺壳③。在征服之前，海螺壳是从乔卢拉金字塔顶端吹来的。

坎塔尔并非只把罗马当作音乐之都。如果以石窟或洞穴形式描绘教皇城："在教皇城那里，似乎有五颜六色的洞穴般的宫殿，有赋予我们生命的金色绘画。"④ 现在，"洞穴"（oztotl）一词指土著的阴世⑤。在《佛罗伦萨抄本》中，萨阿贡的当地信息提供者用这个词来描述祖先死后居住的地方，那时"天主摧毁了他们，把他们藏起来了"⑥。岩洞也是通往特拉罗坎（Tlalocan）的入口，这个潮湿的天堂里满是鲜花和嫩玉米，是被神特拉洛克（Tlaloc）选出的人——或者牺牲者——的住所⑦。因此，美洲印第安人天堂的标志之一是一个彩绘的洞穴⑧，其颜

---

① 冈萨雷斯·德·埃斯拉瓦（1989），第284页。

② 现存于墨西哥城的圣地亚哥总督画廊。参见托瓦尔·德·特蕾莎（1992），第284页。

③ 阿隆索·德·莫利纳，《卡斯蒂利亚语—墨西哥语言与墨西哥语言—卡斯蒂利亚语双语词汇》（*Vocabulario en lengua castellana y mexicana mexicana y castellana*）（墨西哥城：安东尼奥·德·埃斯皮诺萨，1571），第104页右面，将美洲醉草鱼定义为喇叭花，而在第90页右面将 quiquiztli 定义为贝壳类的喇叭螺。

④ 同上。

⑤ 海登（1983），第69页。

⑥ 萨阿贡（1969），卷六：第131页。

⑦ 格劳利希（1982），第252页。

⑧ 坎塔尔71，第28页，见于比尔霍斯特（1985），第355页。该术语以"隐窝"的意义用于贝纳迪诺·德·萨阿贡之《基督教诗篇和墨西哥语的布道》（*Psalmodia christiana y sermonario de los sanctos del año en lengua mexicana*）（墨西哥城：佩德罗·奥沙尔特，1583），第193页左面。

色和稠密性可能与玉石或绿咬鹃的羽毛一样①。然而，当坎塔尔作者将教皇和罗马与洞穴联系在一起时，他们可能想到的并不仅仅是墨西哥人的阴世。这种联系也是建立在被运往（或制作在）新西班牙的雕塑、雕刻和绘画基础上，展示了圣徒甚至是罗马教皇，被安置在就像神奇巢穴的五彩缤纷的壁龛里②。祭坛华盖也唤醒了同样想法，就像乔卢拉的天篷一样，上面是教皇和圣方济各会面的画像。罗马和古墨西哥阴世之间的联系确实是一种土著想象力的产物，这种能力采用美洲印第安人模式，并增加了基督教起源的听觉和视觉特征。

坎塔尔的作曲家和表演者似乎不关心西班牙传教士将他们洞穴般的天堂与地狱区分开来的事实③，也不关心欧洲文艺复兴学者认为洞穴是隐秘的、神奇的、地狱般的住所④。他们的洞穴更像是人造岩洞，用奇特、奢华、精致的装饰使意大利的正式花园充满生机。在这一点上，洞穴宫殿变成了天堂的音乐室，直接与其他基督教特征联系在一起。教皇并不是唯一被画在这类场所的天主教政要：坎塔尔19 描述了"主教"（有可能是墨西哥城第一任大主教胡安·德·祖马拉加/Juan de Zumarraga）在洞穴里用提蓬兹特利（teponaztli）鼓伴奏着歌唱。洞穴也是基督教上帝（把 Dios 拼写为 Tiox）的家，是其话语回响的地方⑤。

色彩缤纷的洞穴里有着基督教神灵，传统色彩与欧洲音乐结合在一起：这里是提升土著天堂等级的罗马教皇城。它的蜕变让人想起了在约翰的想象中，世俗的耶路撒冷是如何变成一座神圣而奇妙的城市，这个故事可能是印第安人从修道士的布道或研究教堂壁画中了解到的⑥。

坎塔尔68 所描述的罗马，既是基督教的，同时也是美洲印第安人

① 坎塔尔64，第 2 行，记载于比尔霍斯特（1985 年），第 313 页；坎塔尔84，第 12 行（同上书，第 387 页）。在加里贝（1993 年）卷三第 56 页中被译为"羽毛华盖"。

② 安德烈斯·德·孔查（Andres de Concha）1575 年，在延威特兰多明我会教堂的大祭坛上画了圣人，其中包括戴着教皇头饰的锡耶纳的圣贝纳迪诺；在瓦拉德斯的《基督教修辞学》（Rhetorica christiana）（1989），一张印有教堂等级的图版显示，一位教皇坐在一个壁龛的华盖下，手里拿着十字架（第 176—177 页）。

③ 萨阿贡（1977），卷二：第六章，第 159 页。

④ 简纳雷特（未知年份），第 159 页。

⑤ 坎塔尔19，第 1 行，记载于比尔霍斯特（1985 年），第 179 页；坎塔尔64，第 19 行，同上书，第 317 页；坎塔尔19，第 13 行，同上书，第 181 页。

⑥ 有关特卡马查尔科启示录，参见格鲁金斯基（1994），第 91—128 页。

的。即使其作者已经采用了美洲印第安人的信仰，他也会重新解释基督教的术语和概念。混血思维在不停的运动中起作用，这让人想起了伊斯米基尔潘壁画上的变化无常。罗马教皇城被印第安化了，就像印第安的阴世也被基督教化了一样。这两个过程不可分割地联系在一起。

捉蝴蝶

朋友们，柳树人，看看教皇，上帝的代表和代言人。

教皇坐在上帝的席上，为上帝说话。

这位靠在金椅上的是谁？看！是教皇。他有绿松石喷枪，他在全世界射击[1]。

在这里，印第安人的歌曲描述了一个不可思议的场景，灵感来自他们自己经常绘制在壁画上的教皇的光辉形象。在乔卢拉和阿科曼，教皇们坐在有点像这张"金椅"的宏伟宝座上。但教皇挥舞着喷枪？谁敢把当时的教皇保罗四世或庇护四世——早期禁书目录的推动者们——画成拿着喷枪走在梵蒂冈长廊上？既不是最喧闹的超现实主义者，也不是最大胆的怪诞风格画家，甚至在设计普洛斯贝罗的意大利时，也不是格林纳威本人。

因此，墨西哥坎塔尔作曲家的想象力，足以同最不协调和异想天开的矫饰主义艺术发明相媲美。然而，这一形象的身份无可争辩——他是毫无争议的圣父、基督的牧师、宇宙教会的领袖，在几行之后出现的短语（"他是圣彼得，他是圣保罗"）肯定了其首要地位，尽管这短语是将两位圣人结合在一起，而这也许是因为两位圣徒的节日同为 6 月 29 日。就像上面讨论的皇帝一样，教皇是神的化身。印第安歌曲颠覆了我们通常的观点，打破了我们通常与美洲印第安人世界保持的异国情结关系。这一次是土著的想象力已经殖民和转变了我们的宇宙。

那么，这位教皇在玩什么呢？迭戈·杜兰编年史上的一段文章提供了几条线索。他写了几页有关古墨西哥人的仪式，其中包括一段关于为

---

[1]　比尔霍斯特（1985），第334—337 页。

纪念花之女神苏凯琪特莎（Xochiquetzal）的舞蹈的描述。在舞蹈中，众神用喷枪射向鸟儿。或者，更确切地说，那些在地球上化身诸神的印第安人以"假鸟在树上飞翔"为目标，也就是"伪装成鸟的小男孩们"，和其他"装扮成蝴蝶"的小伙子们一起飞来飞去。所有人都戴着由"绿色、蓝色、红色和黄色"羽毛制成的华丽翅膀。舞蹈结束时，表演者受到女神的欢迎，女神让他们"坐在她旁边，向他们展示敬意和尊重"。

但是，仪式是否只存在于年长者的记忆中？杜兰，这位最专注的观察者注意到，"这是这个国家所知的最庄严的舞蹈，今天看到它再次演出是一个奇迹"[1]。在这位多明我会修士写作的时候，这支舞蹈并未消失，而是在坎塔尔表演的同一时期上演。在 16 世纪 60 年代的墨西哥城，土著歌手和观众之间很容易建立起今天会让我们震惊的联系。街头游行结合了基督教庆祝活动和征服前的宗教剧场，这宗教剧场是可以接受的，因为据说它的异教徒本性被清空了。坎塔尔的作曲家和表演者从这个形象、音乐和故事宝库中汲取灵感毫无困难。

至于绿松石喷枪，是来自苏凯琪特莎的舞蹈还是其他某种前西班牙时期仪式中的纯美洲印第安元素的加入呢？或者说它也是来自欧洲？在阿科曼和乔卢拉的壁画中，以及迭戈·瓦拉德斯的雕刻中，都可以看到教皇举着一个巨大的十字架，这象征着他的使命和地位。喷枪本可以嫁接到这个西方基督教世界的神圣物体上，仿佛与坎塔尔中描述的十字架和黄金杖合为一体："〔教皇〕有他的十字架和黄金杖，它们闪耀在这世界。"[2]

教皇用喷枪猎杀什么猎物呢？蝴蝶，因为蝴蝶即"灵魂"。必须是蝴蝶，因为在几行之后，这首坎塔尔把教皇的宫殿描绘成一座画有金色蝴蝶的住宅。更确切地说，这些蝴蝶可能是在战斗中倒下的战士们的"灵魂"。方济各会修士萨阿贡的一篇文章提供了进一步线索：他指出，战争中倒下的印第安人在他们死亡四年之后，变成了鸟儿或蝴蝶，"像白垩一样白，或者像非常漂亮的羽毛"。然后，他们从天空下到地面，

---

① 杜兰（1967），卷一：第 193 页。
② 比尔霍斯特（1985），第 336—337 页。

以花蜜为食，享受永生①。在献给女神苏凯琪特莎的舞蹈中，作为目标的鸟儿和蝴蝶很可能是这些来自天堂的英勇战士的化身。因此，教皇正在猎杀已故的战士，或者，"用基督教术语来说"，他试图俘获灵魂，以便把他们带到黄金避难所——提库伊特拉塔扎卡利（teocuitlantlatzaqualli）。

在这一点上，把亡者灵魂比作蝴蝶，并不完全是美洲印第安的。中世纪的修道士们非常重视这种美丽的昆虫。他们把它与耶稣受难联系起来，为它赋予神秘的意义——基督牺牲自己所救赎的基督徒灵魂，冲破罪孽的茧而出，像天使拍着翅膀获得新生②。矫饰主义艺术创作了装饰着巨大蝴蝶翅膀的天使，比如让·桑德斯·范·赫莫森（Jan Sanders Van Hemessen）现藏于法国里尔市立美术馆的一幅令人赞赏有加的画作。

就这首歌中的这一点来说，很难在正统基督教或美洲印第安人的解释中做出选择——喷枪是墨西哥的，权杖是基督教的，教皇是罗马的，蝴蝶是印第安人和基督教的，灵魂也可以是战士，天堂是前西班牙时期的洞窟，罗马已经成为美洲印第安人的阴世，诸如此类等。

绵绵不断的联想和从一个世界到另一个世界的迅速转变，扫除了教皇这类人物在印第安异教世界中的突然出现所引起的反常现象和问题。如果没有将土著和基督教元素推入闪光的视野范围，如果没有赋予他们一种幻影的光环和炫目形象的无可辩驳的力量，那么这一极其微妙的操作可能会产生毫无意义的困惑③。

明亮的阴世

教皇的罗马城似乎笼罩在光环里。由坎塔尔、音乐和舞蹈构成的场景中闪烁着光芒。首先是十字架和黄金权杖，然后是教皇聚集其"俘虏"的黄金圣殿，以及宏伟宫殿的景象，宫殿墙壁上画满了金色蝴蝶。

---

① 萨阿贡（1977 年），卷二：第 64 页。

② 在雷根斯堡的大教堂中可以看到大约在 1325—1335 年在巴黎制造的蝴蝶形圣物箱。

③ 加里·汤姆林森（Gary Tomlinson），"阿兹特克歌曲的意识形态"，《美国音乐学会杂志》（Journal of the American Musicological Society）卷四十八：第三章（1995），第 363—367 页。

有两个动词为这种亮度下了定义，做出了精心的编排：派普特拉卡/*pep-tlaca*，"闪耀，闪烁"①（是有时与祖母绿相关的动词）和托托纳/*totona*，"像太阳和珠宝一样光芒四射"："教皇的家似乎画有金色的蝴蝶。真是亮闪闪的"。②

这些意为闪闪发光的术语属于美洲印第安人世界，在这个世界中，辉煌象征着事物的超自然和终极现实。纳瓦后世充满了绚丽多彩的东西——热带花朵，色彩斑斓的羽毛，闪闪发光的蝴蝶翅膀，沐浴在阳光下的宝石③。这种闪烁的、光芒四射的现实可以通过坎塔尔的表演得以展现。

这种光并不是美洲印第安人传统所独有的。在基督教中也可看到万丈光芒，通过耶稣变荣的辉煌表现出来。作为生命的象征，光在耶稣复活后从选民的身体中放射出来。美洲印第安人艺术家胡安·格尔森（Juan Gerson）在特卡马查尔科（Tecamachalco）末日壁画上画的人子（The Son of Man）头像是放射光芒的金色太阳，在土著特拉库依罗们的画作中还有许多其他这样神圣光芒四射的例子。

由于西班牙修道士们率先铺平了道路，神圣的光明更容易与后世架起桥梁。为了吸引新教徒，卡斯蒂利亚传教士在绘制一幅基督教天堂的画作时，借用了土著调色板的光效。在传道者心中，这种光线所达到的教化目的消除了其异教起源，即使他们自己也意识到了所有光芒中都有着不可磨灭的异教的一面。在这种情况和在其他情况下一样，修道士们建立了冒险的联系：用老式的光和颜色来描述基督教天堂，可能会使纳瓦人认为新旧是一回事。无论如何，这显然是墨西哥坎塔尔诗人在用同样的颜色和光线，来描述战士的太阳天堂和教皇的罗马城时的想法。

因此，这两个世界共享光芒普照的视觉。他们不是并列的，也不需要遮掩对方。神圣之光通过统一表象将他们结合在一起，然而它不仅仅是外在，它也是存在。和音乐一样，光和色彩也可以产生混血的含义。

---

① 莫利纳（1571），第80页左面。

② 比尔霍斯特（1985），第336—337页。

③ 简·H. 希尔（Jane H. Hill），"旧乌托阿兹特克人的绚烂世界，"在芝加哥美国人类学协会第86届年会上发表的论文，11月10—21日，1987。对于古代墨西哥人来说，光辉和色彩并存——教皇的岩洞宫殿就是五彩缤纷的。颜色还有助于建立联系和关联。

征服天堂

可能还会有更多的惊喜。在对称却相反的运动中，罗马的印第安"殖民化"——即对基督教来世的征服——与圣经天使进入美洲印第安人天堂的入口相匹配。

> 你高贵的天使们住在九级居所中：大天使，美德，权力，公国，让你喜悦，哦，唯有精神。
> 你坐在其中，哦，女王，哦，圣母玛利亚：统治，宝座，啊！小天使啊！六翼天使。永无止境，那里，就是天堂。①

这个神圣的等级制度也许是由丢尼修（Dionysus the Areopagite）提议的，可能是由传教士们把他的教诲传递给纳瓦人的。不管是什么情况，在西属墨西哥流传着讨论天国等级制度的文本，萨阿贡的例子就是很好的证明②。

但极有可能的是，在坎塔尔里提到的九级分级，对于纳瓦人的头脑来说有一种奇怪的熟悉感。它们不仅表述了基督教的天堂地理，还表达了美洲印第安人的信仰，这些信仰是古代宇宙学的核心。纳瓦人坚信九重天和许多阴间一样存在，这些阴间被称为奇诺米特兰（chicnuhmictlan），即"九处死亡之所"。这九重天被称为奇诺托邦（chicnauhtopan），"我们之上的九国"③，它们位于四个较低的，即星辰和流星的国度天空之上。根据特斯可可混血作家胡安·波马尔（Juan Pomar）的说

---

① 比尔霍斯特（1985），第338—339页，引用了杜兰（1967），卷二：第400页："天之九褶"。［译者注：比尔霍斯特将 chicnauhtlanmantlini 译为"九个部分。"格鲁金斯基称之为"九级"neuf niveaux（九层）。］

② 萨阿贡（1583年），第173页左面；贝纳迪诺·德·萨阿贡，《对话文学》（*Coloquios*）（1986），第十二章，第94页。

③ 其他消息来源提到了十三个天堂，也就是说两种宗教（一个宗教有九个层次，另一个宗教有四个层次）的总和。参见洛佩兹·奥斯丁（1980），卷一：第60—61页，以及同一位作者的《蛇山与天堂》（*Tanoanchan y Tlalocan*）（墨西哥城：文化经济基金会，1996），第20页。关于术语 chicnauhnepaniucan，参见"九重之地"，同上书，第90页。

法，至高无上的神灵端坐在 neuve andanas，即"九层"之上①。另一位特拉斯卡拉混血评论者迭戈·穆诺兹·卡马戈（Diego Munoz Camargo），在描述女神苏凯琪特莎的天堂塔莫安查·索奇特里卡肯（Tamoanchan Xochitlicacan）时，提到了同样的体系，称其为"至高无上的天国"。

因此，经过半个世纪的殖民统治以及基督教和拉丁语教育，前西班牙时期的概念可能仍然完好无损。古代信仰开始显示出欧洲存在的效果和希腊—拉丁神话的影响，这一点也就不足为奇。正如穆诺兹·卡马戈所描述，纳瓦族塔莫安查这座神圣住所的景象已被神话玷污：印第安的维纳斯，"爱人之女神"，在那里过着幸福的生活，住在"非常愉快和充满娱乐气息的地方……其他像女神一样的女人侍候在她身旁，住在令人愉悦的地方"在那里"喷泉、河流和树林到处都是，什么也不缺"②。希腊人的乐土就在不远的地方。

神圣的教会也不会受影响。另一位混血编年史作家唐·费尔南多·德·阿尔瓦·伊克特利切特尔（Don Fernando de Alva Ixtlilxochitl）提供了更为有趣的信息。在他关于特斯可可君主内扎胡库约特（Nezahual-coyotl，1402—1472）的生活一章中，他解释说统治者获得的知识高于哲学家柏拉图的知识，并且，内扎胡库约特明白，九重天之外的"是天与地的创造者，他给万物以生命，是创造一切有形和无形事物的唯一真神"③。据称国王甚至建造了一座九层塔，其废墟在 16 世纪晚期仍能看到。这个故事发起了一个传统，在整个特斯可可地区和君主的后代中慢慢传播，用明确的一神论的角度定位前西班牙时期的天堂。内扎胡库约特的天堂是一个"无限荣耀的地方"，是基督教天堂的预兆。

在坎塔尔68 中，混血机制不仅在光明方面而且在空间上，都在两个世界之间的巧合上运作——九个美洲印第安人天堂代表九个基督教天堂——当然，也没有忽视基督教对土著过去进行重新解释的影响。

一个物质细节可能构成一个额外的联系：翅膀。对于坎塔尔的作曲

---

① 波马尔（1986），第 23 页。这些信息可以追溯到 16 世纪 80 年代初，因此墨西哥民歌的表演者一定很熟悉。

② 迭戈·穆诺兹·卡马戈（1984 年），第 202—203 页。

③ 费尔南多·德·阿尔瓦·伊克特利切特尔的《历史作品》，由埃德蒙多·奥戈尔曼编辑（墨西哥城：墨西哥国立自治大学，历史研究学院，1975 年），卷I：第 405 页。

家和表演者来说，将天使视为一种新的天界战士很容易，因为在征服前的日子里，他们的父母或祖父母遵循了将麻雀—鹰羽制成的翅膀放在亡者肩膀上的传统。由于基督教天使通常被描绘成战士，这种联系就更容易了。印第安人认为，同样的土著工匠制作了坎塔尔舞者的戏服、基督教天使的翅膀和印第安飞人（voladores）的翅膀，这种联系在印地安人心目中得到了加强。飞人传统可以追溯到前西班牙时期以前的日子，但西班牙人崇尚这一壮观的古老仪式的娱乐性，将其转变成一种殖民庆祝仪式，印第安人穿戴着羽毛翅膀飞过天空，他们的脚攀在一根高柱子顶端的绳索上。飞人的回忆会解释基督教天使在土著世界的吸引力①。

"花树矗立在上帝的家里"

"九层"上的基督天使们不知道他们所在的塔莫安查是个神秘的地方，它不仅是如塔拉罗坎一样的后世之一，也是创造的地方。它指的是一个九层天空和九层地下世界的重叠区域。在坎塔尔中，塔莫安查似乎是创造的天堂，古代英雄们都来自这里，如特斯可可国王内扎胡库约特②；它也可以被同化成索奇特拉潘（Xochitlapan，"花坛"）③、这里是鼓声"轰鸣"的地方④、"麻醉剂"植物和"生动的图画"的场所⑤。

但在殖民时期，塔莫安查并没有逃脱基督教的影响，因为它可以同

---

① 在1578年耶稣会庆祝活动中，九个天使代表了不同的等级和九个天堂。"翅膀是羽毛的，与衣服的颜色完全一致，"佩德罗·德·莫拉雷斯《信件》（Carta）（墨西哥城：安东尼奥·里卡多，1579）。关于飞翔者，参见《阿兹卡蒂特兰抄本》（Codex Azcatitlan），由罗伯特·巴尔罗编辑（巴黎：国家图书馆，美国主义者协会，1995），图版27。关于卡尔潘的"供奉神像的小礼拜堂（capillas posas）"，雕刻的天使已经与字形联系在一起，这可能是风的传统标志；参见丹妮埃拉·里克尔梅·曼西利亚（Daniela Riquelme Mancilla）的硕士论文，《十四世纪新西班牙之天使形象》（La Imagen del angel en el siglo XIV novohispano）（巴黎第八大学：1997年10月），多处可见。

② 坎塔尔62，第1行与坎塔尔87，第45行；记载于比尔霍斯特（1985年），第354—355、408—409页。

③ 坎塔尔57，第28行，记载于比尔霍斯特（1985），第266—267页。

④ 坎塔尔57，第21行，记载于比尔霍斯特（1985），第266—267页。

⑤ 坎塔尔38，第9行，"塔莫安查的沉睡之花"，记载于比尔霍斯特（1985），第210—211页。

时成为上帝之家和"花树"之所，索奇开辉特（Xochiquahuitl）："花树
矗立在上帝的家里——塔莫安查。"① 这个双重定义再次将美洲印第安
人的信仰与基督教联系起来。这些并不仅仅是信仰，因为古墨西哥人认
为塔莫安查之树是"空心树、实心树、宇宙之树，在其中有两股原始力
量流动，自我旋转。"这是时间产生的地方，也是花朵，即命运——生
长的地方。"② 另一首歌，坎塔尔80，对这种树提供了一种有趣的描
述——"在这座下着雨的房子里，花树在旋转、扭曲，下着毛毛
雨"——这首歌立刻被赋予了一神论的变调："在你这座下着雨的房子
里，噢，唯一的灵魂。"③

因此，印第安人的天堂可以接待天使，他们随着花蝴蝶之家的歌声
而降临④。在另一首歌中，圣母本人在一座神圣墨西哥城的绿松石柱中
穿行，散发着与太阳一样灿烂的光芒："绿松石石柱被立起来了。哦，
圣母玛利亚！神圣的柱子立起来了。"⑤

因此，当我们越来越深入到文本中，越来越多的混血形象浮现，就
把对基督教的借用交叉编织在美洲印第安人的框架里。鉴于罗马被猎捕
珍贵鸟类的人群入侵，印第安的天空被天上的主人占领，我们又该怎么
想：我们是面临美洲印地安人后世被迫基督教化的情况，还是相反，我
们面临着偶像崇拜深入基督教世界的中心？

虽然我们最终可能会把这九个等级中的天使看作是一个间接附加
物——一个旨在误导的基督教虚饰——但我们不能忽视教皇的罗马城和
圣塞西莉亚而不破坏这首歌的发展。因此，无视基督教元素的美洲印地
安人的解释是不可能的，尽管这种解释在前西班牙时期清教倡导者中一

---

　　① 坎塔尔18，第50行："花儿盛开的树矗立在天神之家塔莫安查"，记载于比尔霍斯特
（1985），第176—177页。

　　② 洛佩兹·奥斯丁（1996），第93页。

　　③ 坎塔尔80，第13行，记载于比尔霍斯特（1985），第370—371页。

　　④ 坎塔尔66，第4行，记载于比尔霍斯特（1985），第312—313页。

　　⑤ 坎塔尔66，第17行，记载于比尔霍斯特（1985），第314—315页。这座神圣的城市，
仍然回响着对墨西哥壮丽的肯定，暗示着一种与上帝之母的存在有关的新的神圣化。墨西哥民
歌的文本与16世纪中叶的瓜达卢佩圣母的崇拜是当代的，当时有传言称，在特佩亚克（Te-
peyac）教堂里的圣母像表现出了神迹。这些民歌通过将其铭刻在古老的信仰中，为新的异教
信仰打下了基础。关于柱子，参见坎塔尔69，第3行；比尔霍斯特（1985），第366—367页：
"绿松石柱矗立在墨西哥，黑暗之水之地，你在那里拿着上帝的垫子和椅子！"

直很普遍①。同时，反对者们，"全基督教"的解释会将美洲印第安人的考虑精简为几个隐喻和空话，这些空话被扔到了无可挑剔的天主教信仰上。然而，很难将天堂和天界军队的分裂归因于健忘的印第安人对丢尼修的解读，他们显然忘记了他们自己宇宙学的全部基础。混血作者波马尔的著作提醒我们，他们有着绵长的记忆，即使他们从那时起还储存了相当数量的其他知识。

圣约翰和托纳蒂乌

最后一个例子可以为融合的复杂性、用量的微妙性，以及歌词作者所采用的措辞含糊之处提供更好地理解。坎塔尔68 中的一段话同时引发了深刻的矛盾心理和显著的形式一致性的印象。编织紧密，很难将其拆分成织线。从某种意义上说，这段文字与乔卢拉地图异曲同工：

> 听他说的，你，霍克斯辛科（Huexotzincans），他，圣·胡安·鲍蒂斯塔（San Juan Bautista），大星辰的［散发］：他大声喊着，他说"准备好吧，因为真正的圣灵，主，来了。"所有珍贵的鸟儿都与在回应他。
>
> 黎明出现：上帝的散发，太阳［托纳蒂乌］已经出发。为赐生者祈祷吧，哦，霍克斯辛科。②

一头扎入混血迷宫，我们将尝试最后一次分析。肤浅的考察表明，这些诗节同时包含了基督教、美洲印第安人和印欧基督教的元素。欧洲元素包括两个从基督教借来的神性人物：上帝和施洗者圣约翰。《新约》中一段著名经文也得到了认可；"悔改吧，天国在即"（马太福音3：2）似乎激发了对霍克斯辛科的指示："准备好吧，因为真正的圣

---

① 加里贝（1993），卷三：第36—38 页，消除了对圣父（santo Patile）和上帝（Tiox）的提法，最后将"我们的圣父"（tota Tixo）更改为"神"（teotl）。

② 比尔霍斯特（1985），第338—339 页。［译者注：出于后面几段中说明的原因，格鲁金斯基更喜欢用"发散 emanation"一词代表 ixiptla，比尔霍斯特在坎塔尔68，89—90 行中将其表示为"副手 deputy"。］

灵，主，来了。"

在美洲印第安人元素中，值得注意的是对启明星的暗示，这是以他的名字特拉辉兹卡尔潘特库特里（Tlahuizcalpantecutli）为代表的羽蛇神奎茨科拉特的一种表现①。长老们讲述了奎茨科拉特如何投身篝火自尽，结束生命。死后，他上了天堂，成为启明星。这颗星宣告黎明，它的呼吸把太阳搅动起来②。在造物神话中，这颗星和太阳形成了一对夫妻——在《波波尔·乌》一书中，它甚至是太阳之父。现在，启明星也是米克特兰（Mictlan）（译者注：阿兹特克的地狱）的领主，是世上第一束光③。对许多印第安人来说，这颗星仍会引起这样的回忆。

另一个关键人物是托纳蒂乌，这是一个以神和星的形式来表示太阳的术语。很难想象印第安人从此以后仅仅把托纳蒂乌看作是一颗围绕地球运行的行星，因为在其他坎塔尔中指出，太阳是盾牌的主人，是能够召集所有战士的神，而这些战士的神圣使命就是要沿路护送他④。有几个元素同属这两个世界，从伊帕莫瓦尼（Ipalnemohuani）的神圣头衔——"生命给予者"开始。这个术语最初是设计给特斯卡特利波卡神的，但方济各会也为基督教上帝使用。在这里，再一次没有任何迹象表明，墨西哥新入教者从他们的记忆中完全抹去了前哥伦布时期全能的神的存在。

这些诗节内容不可避免地唤起了前几章探讨过的混血意象，因为它以一种极其精炼的方式把词语和概念结合起来。一对取自基督教的神圣人物（上帝、施洗者约翰）遇到了来自美洲印第安人世界的一对神灵（托纳蒂乌、启明星）。然而，这两对术语并未相互对应或相互冲突，而是彼此分开，为混合的两对留出了空间：施洗者约翰与伟大之星休伊·西特拉利（Huey Citlali）联系在一起，而托纳蒂乌的太阳则被 Tiox

① 戴维·卡拉斯科《羽蛇神与帝国的讽刺：阿兹特克传统中的神话与预言》（*Quetzalcoatl and the irony of Empire: Myths and Prophecies in the Aztec Tradition*）（芝加哥和伦敦：芝加哥大学出版社1982年版），第30页。

② 格劳利希（1982），第135、136页。

③ 同上书，第263页。

④ 坎塔尔64-B首，第1行，记载于比尔霍斯特（1985），第249页："歌唱吧，红日！伟大的天盾之神……"

（"Deos"，或"神"）同化。结合是完美的——圣徒代表着美洲印第安
的星，然后纳瓦星反过来代表着基督教上帝。

有两个概念使这种安排成为可能。第一种是美洲印第安的，即*伊克西普塔拉*（*ixiptla*），它表示存在和事物之间的一种毗连关系。我将把它翻译为"散发"或"显现"，即神出现在人类世界意味着显现。伊克西普塔拉所传达的关系暗示了一种表现各异的共同本质。女人可能是山的伊克西普塔拉，就像施洗者圣约翰是启明星的伊克西普塔拉。在古墨西哥人中，伊克西普塔拉可能指的是穿着神服的牧师，或者是用神的饰物覆盖的祭祀受害者，或者是仪式中精心制作的物品[①]。第二个概念是基督教的，来源于《圣经》，也就是先驱者的想法。它假定，在线性时间内，存在着预测《旧约》中的预言终会实现的人物——施洗者约翰是基督的先驱。

这两个概念意味着两个完全不同的时间概念。伊克西普塔拉，或显现，属于美洲印第安人的暂时性，它主要是周期性的。众神的伊克西普塔拉按照一个固定周期生成，在神话中有所描述，并在历法确立的仪式中定期体现。第二个术语——先驱者——与一种线性的、末世论的基督教时间性有关。正是在历史上一个不容重复的确切时刻，施洗者约翰宣布了救世主同样独特的到来。

尽管如此，这两个概念还是可以融合在一起。首先，两者都与任何地方都能观察和认识到的共同的物质实相有关，即星辰运动。其次，建立周期性时间和线性时间的关系是殖民社会中一种常见做法——传教士们研究土著历法，以试图将其转化为儒略历（后来又是公历），取得了不等的成功。美洲印第安人执行同样任务，有时将他们的时间性与修道士和教堂的时间联系起来，有时在基督教节日的日期背后掩盖古老的庆祝活动。许多抄本通过将美洲印第安历法中的符号与基督教日期并列来说明这些尝试。最后，在这个基督世界的日常生活中，新的礼拜仪式周期安排了一种重复的暂时性，这往往会叠加在印第安人的仪式时间上。

其他的趋同也是可以想象的。正如先驱者的概念在美洲印第安语境

[①] 坎塔尔64-B首，第1行，记载于比尔霍斯特（1985），第249页："歌唱吧，红日！伟大的天盾之神……"

中是可以理解的一样，伊克西普塔拉也具有基督教内涵。对于修道士来说，伊克西普塔拉是世界意象（imagen）的翻译——圣徒的伊克西普塔拉是其形象[1]。假设印第安人掌握了欧洲形象的特殊性，这种对等就把西方代表的概念引入了一个不知道它的世界。托纳蒂乌太阳神也可以被理解为上帝的形象，而不是他在前西班牙时期的含义——"散发"。这一寓言性解释是同一时期欧洲诗歌和象征学所提出的[2]。

然而，我们应该如何解释这些相互关联的形象呢？我们知道，在殖民时代，美洲印第安传统总是充斥着基督教，反之亦然。我们也知道，混血过程从来不会停留在一目了然的表面。托纳蒂乌应该被看作是一位古老的神灵，一颗简单的太阳星，还是上帝的儿子？在其他的坎塔尔中，托纳蒂乌出现在基督教的双重意义上——一方面，上帝在第四天创造了太阳[3]，另一方面，"真正的托纳蒂乌"，真正的太阳，说的就是耶稣[4]。我们可能不应该排除这三种解释中的任何一种——古代神性、太阳、耶稣。即使他们并不都存在于作曲家或表演者的脑海中，也没有什么能阻止土著观众做出这样或那样的联系，而偏向从一种解释到另一种解释。

基督教的解释对于施洗者约翰来说更为尴尬——声称圣徒是伟大之星的形象或其代表是荒谬的。正相反，看起来很明显的是——星星是圣洁先知的形象或象征。因此是不可能接受这段经文的两种解读——一种是美洲印第安的，另一种是基督教的——因为它们往往相互排斥；再没有比两个平行却可叠加的解读更可行的了，基督教的解读则是用来伪装异教解读。要完全坚持纯粹的基督教解释，就像坚持完全属于美洲印第安人的解释一样困难。而且，任何双重解读都同样被排除在外，因为它要求每一种解释都可以单独构思。

那么，也许我们正在处理的是不连贯的问题。对西方读者来说，这段话似乎传达了矛盾的内容、不相容的形式以及扭曲的表述："圣胡

---

① 格鲁金斯基（1990），86—87、267 耶
② 例如，里帕（1992）。
③ 坎塔尔58，第9行，记载于比尔霍斯特（1985），第268—269 页。
④ 方济各会的萨阿贡在他的《基督教诗篇》（Psalmodia Christiana）中也提出了太阳与上帝之子之间的联系。

安·鲍蒂斯塔，伟大之星的发散"。然而，一旦我们认识到我们正在处理的是一种混血方式，那么事情似乎就不一样了——如果我们的思维能够整合不同的、最初为不能简化的形象和想法的话。这种思维方式重新激活了古老的思想，给基督教的信息注入了新的力量，并创造了新的东西①。

铰链、链条，这里连接它们的是伊克西普塔拉，这是一种印第安特有的表达事物外表分离的方式。伊克西普塔拉创造了一种新的意义和一个前所未有的现实：它将一种隐喻的联系——把施洗者约翰和旧世界宗教诗歌中的启明星联系起来——转变成一种关系，用前西班牙时期的术语来说，这种关系既是超自然的，也是物质的。这是从暗喻中产生转喻的艺术。

土著的吸引子

因此，伊克西普塔拉是将世界以意想不到的方式连接和结合的工具之一。在早些时候讨论这些绘画时，我提到了我称之为"吸引子"的元素。对墨西哥坎塔尔的解读可能会让我们更进一步，因为它显示了混血过程在所有"其他世界"中找到了一个多产的实验室。然而土著画家利用神话特征来自由发挥他们的视觉创造力，"歌曲作者"则专注于两个世界的天堂，他们以令人惊讶的方式将之组合、混合和繁衍。相遇的意义在这个范围内是惊人的，因为原则上，这两个世界都有一个严格的来世概念。因此，最复杂的混血现象出现在人们最意想不到的地方②。

混血过程还利用墨西哥坎塔尔的技术资源，以其唤起的力量、咒语

---

① 但这种混血的思维方式也是贵族式的，因为民歌为印第安人的眼睛描绘的身后世界是留给贵族成员的，是留给血统光荣的战士的。就像古代人的太阳天堂一样，罗马和皇帝的住所只欢迎高级纳瓦人，与那些宣扬——以及希望——更加平等的天堂的僧侣和教众们并驾齐驱。

② 在同一时期，向萨阿贡修士提供信息的印第安人采取了一种不同的做法，涉及在墨西哥湾沿岸呈现塔莫安查（Tamoanchan）为历史的、地理上特定的地方；参见洛佩兹·奥斯丁（1996），第46—71页。当民歌的作曲家们练习极为高超的技巧时，方济各会的告密者则试图掩盖墨西哥过去近乎看似崇拜的一切。

的力量、过去的有效复兴以及召唤神灵和众生的能力。印第安的坎塔尔不是娱乐，它们是一种创造性行为，为歌手发出的词语赋予活力。音乐和舞蹈给它们注入一种能量，把它们推入了一个大多数墨西哥当地人仍然愿意分享的现实。

正如神话的作用与怪诞有着千丝万缕联系一样，美洲印第安人来世的整合能力似乎与声音和手势技巧密切相关，而这些技巧对活着的人来说非常真实。但是，这些技巧和印象领域现在大部分已经失去了，我们只有僵化和沉默的文本手稿，这使我们与这首歌的实际经验相去甚远。我们对美洲印第安人的音乐和舞蹈知之甚少，几乎使我们无法研究唤醒的方式，或评估与欧洲音乐形式（印第安人知道和喜欢的）的转换或交流①。我们冒着漏掉要点的风险，"过度阅读"而没有听到或看到任何东西。

现代表演有助于我们欣赏这种现象的影响。1995 年，大提琴家马友友（Yo-Yo Ma）委托歌舞伎演员坂东玉三郎（Tamasaburo Bando）设计了约翰·塞巴斯蒂安·巴赫（Johann Sebastian Bach）第五大提琴组曲的编舞换位。因此，西方音乐的一些最显著乐章，以名为《希望之争》的演出方式，被转化成日式的肉体和空间。光和影、鼓、扇和一丛蜡烛（首先点燃，然后熄灭）的交融营造了一种神奇的氛围。然而，这种变形并不完全是直截了当的东方化。它将新时代的弦外之音融入了巴赫提出的一种节奏方面的冥想——身体上和精神上都有。由于漫长的再次诠释和吸收过程，它在观众眼前创造了一个世界，其熟悉的陌生感，也许与受西班牙世界影响和限制的几代美洲印第安人所表演的坎塔尔相似②。

无论是处理壁画还是坎塔尔，美洲印第安人的创造力似乎都需要一个双重吸引子，将想象力与表达方式联系起来。和绘画一样，在这里吸引子的两个特征——来世和歌曲——密不可分：歌曲的传播既是一种创作活动，也是一种交流手段，同时也是进入另一个世界的途径。歌唱是

---

① 比尔霍斯特（1985），第 70—82 页。如果土著唱歌和跳舞的方式仍然受到教堂中西式歌唱，僧侣的戏剧作品以及征服者带来的舞蹈和其他娱乐活动的影响，这将是令人惊讶的。

② 尼夫·费奇曼（Niv Fichman），《马友友：受巴赫的启发，为希望而奋斗》（*Yo-Yo Ma：Inspired by Bach，Struggle for Hope*）（索尼，SHV 62724），1995/1998。

一种战争行为，它把表演者带到了死去战士的世界①。因此，这些形形色色的混血作品暗示了吸引子起源于欧洲（神话、怪诞）和美洲印第安世界（来世、狂舞、文字和音乐的魔力）。人们可能认为，混血过程的整体动力是从这些不同吸引子的相互作用中产生的，这整体动力表现为极度复杂的芭蕾舞，而我们才刚刚开始破译第一幕。

印第安变形记

土著土壤在多大程度上能够接受混血和杂交机制？在讨论怪诞问题时，提到了美洲印第安人的表达系统。对探索混血意象如此重要的这个问题，再次被坎塔尔的前西班牙时期基础的重要性提出。

然而有文化的西方思想的教条主义版本坚持明确的区分，拒绝任何不符合其修辞和二元论规则的非理性、荒谬或邪恶的东西，纳瓦人的思想——或者我们能通过不断的欧洲调解可以产生的东西——表现得更加灵活。

根据古代墨西哥宇宙学，物质、生物和神之间存在一种相互依存的关系。无数的对应将动物、人类和植物元素聚集在一起，形成了在很大程度上人类感官无法察觉的现实②。人类和动物都属于特拉提帕特拉卡（tlactipac tlaca）的世界，也就是生活在地球上的生物世界③。这就产生了奇怪的组合：在特拉斯卡拉国的卡克斯特拉（Cacaxtla）前西班牙时期的壁画上，美洲虎人（jaguar-men）与站在长有羽毛的蛇或蛇形猫身上的鸟人对峙。仪式的功效是在表面上分开的现实中建立联系：人祭、神、雕像、一组物品。众神通常把动物、蔬菜和人类起源的特征结合在一起，而并非人类的外表支配着另外两类。在对大地女神特拉特奥特（Tlalteotl）的描述中，有一幅令人惊叹的画面——女神的身体被分解，从她的嘴巴、耳朵里喷出河流、山脉和人类的食物："（众神）使之实

---

① 比尔霍斯特（1985），第 28 页。
② 不仅可以比较新柏拉图式的格言："在其简单性上，这种三合一的精神是动物，植物和矿物质"，还可以比较文艺复兴时期的"融合万物有灵的思想。"简纳雷特（未知年份），第 50 页。
③ 布拉泽斯顿（1992），第 317 页。

现，地球上所有对人类来说必不可少的果实都从她身上而来；她的头发变成了树、花和草；皮肤变成了小草和小花。"① 我们不得不求助于意大利人文主义者马斯里奥·菲奇诺，以找到类似于在墨西哥的西班牙人所记录的描述。菲奇诺把大地与有生育能力的人联系在一起："我们看到，由于这些特殊的种子，大地长出了大量的树木和动物，哺育它们生长；我们看到她让岩石长得像牙齿，让植物长得像头发，只要它们能扎下根去。"

对于古墨西哥人来说，变形在众神和被神性眷顾的人类中很常见。征服后不到二十年的时间，受上帝启发的印第安人在墨西哥乡村横行霸道，他们批评西班牙的统治，美化过去的日子。宗教裁判所决定将这些神人（god-men）之一的马丁·奥塞洛特（Martin Ocelotl）送到西班牙接受惩罚。不过，有传言说他逃走了，而且还有其他人追随，例如，安德烈斯·米克斯科特（Andres Mixcoatl），他自称是特拉洛克神的"兄弟"，甚至说自己就是特斯卡特利波卡神，而他并不自称是先知马丁·奥塞洛特的兄弟、使者，而有可能恰恰就是其的显现（伊克西普塔拉）②。米克斯科特对面具和身份的玩弄，从而体现了一种对最意想不到的转变、组合和解释的开放心态。

纳瓦传统中多义词的频繁出现也促进了杂交——以及后来的混血——过程。每个词都有多种含义③。例如，花可能具有非常不同的含义。"盾牌花"不仅是一种植物（植物学家称之为向日葵属植物/Helianthus annuus）和盾牌的装饰品，也是将死在人类献祭的黑曜石刀下的俘虏④。

考古发现，这些过程可以采取高度具体的形式。不管在遥远的空间还是时间上都属于早期社会物品的回收，证明了对融合和杂交的进一步

---

① 格劳利希（1982），第59页；以及《美国社会杂志》（*Journal de la Societe des americanistes*）第二期（1905）：第1—42页。此杂志由 E. 德·容赫（E. de Jonghe）创立并加注，标题为"墨西哥历史"（*Histoire du Mechique*），于16世纪传入法国。

② 塞尔日·格鲁金斯基《墨西哥诸神：十六至十八世纪的印第安力量与殖民社会》（*Les Hommmes-Dieux du Mexique：Pouvoir indien et societe coloniale，XVIe－XVIIIe siecle*）（巴黎：现代档案出版社1985年版），第40—41页。英语版本，第44—46页。

③ 海登（1993），第99页。

④ 加里贝（1993），卷二：第33页。

倾向。墨西哥—特诺奇提特兰城的居民在跨越他们之前的风格和文明方面没有遇到任何困难，他们采用异国情调的形式，或在更古老的物品上贴上自己的标志——一种雕刻的字形①。他们委托外国艺术家制作装饰他们的圣殿雕像。最后，字形本身由各种物体、材料和特征的组合构成：花和羽毛形成了神圣的名字苏凯琪特莎；火和水是战争的符号（arl-tlachinolli），产生了文艺复兴知识界的发明无法与之相提并论的极大影响和自由。

由于这种渗透性，美洲印第安人的心态能够吸收欧洲思想和情感中倾向于杂交的一切。这也是怪诞、神话和美洲印第安歌曲以其多义的表达方式和赋予两个宇宙所有其他世界生命的能力，从而引发多重混血现象的根本原因。

墨西哥的实验室

上面讨论的图像和文本是相遇和冲突的产物，但并非来自两种文化——这个术语太模糊了——而是来自被称为表达和交流的两种方式，对它们的称呼依然未找到让人满意的说法。征服带来的不仅是文字和图像直面彼此，还有组成部分高度多样化的完整组合：图画文字、怪诞、古代神话、配色方案、光的效果等。如果说这场冲突所创造的各种事物似乎令人迷惑不解，那么这首先是由于大量元素的突然碰撞所致。

至少由修道士和文职人员带来的西方整体，并不局限于写作和意象。它包括范围广泛的字母和视觉的表现力。它使用多种媒体和风格，以微妙的关系为基础，这些关系将图像与文字或评论与插图联系起来，将口语与书面语言进行对比，或通过书面音乐的表演将口头、书面和听觉的表达进行组合。

古代纳瓦式的表达方式也是如此。它只是过于简单地将象形符号、壁画、雕塑、吟唱、口述，与诸如阳光投射在神殿的雕刻墙壁上等诸多

---

① 昂伯格（Umberger），"阿兹特克艺术中的古董、复兴和过去的参照，"《资源》（Res）（1987 春刊），第 63—105 页。

意料之外因素结合起来①。

每个组合的动态都来自于其所有组成部分产生的多重相互作用。每一个组合——西方的字母书写，古墨西哥的象形文字符号——都有其限制和潜力，这就决定了一个或多或少有限的可能性领域②。

当我们从西属墨西哥角度来看待这两个组合的冲突时，相互作用就变得更加复杂了。他们突如其来的残酷遭遇导致了明显混乱且随意的信仰和艺术形式的扩散，因为欧洲的整合并没有消除美洲印第安人的整合。虽然西方的文字、音乐和意象很快就从胜利者的魅力和力量中获益，但他们远未被全体民众所立即接受。在整个 16 世纪，以及随后的几个世纪里，西方的整合和美洲印第安人的整合以不同的形式演变、共存、相互作用。彼此的一个个碎片结合起来，形成各种各样不断变化的结构。

当没有一个是之前或之后的融合的完美复制品时，如何才能识别这些融合的秘密、秩序或隐藏的魔力？在土著艺术家看来，这两个组合就像从山上流下来的水所形成的大池塘。这些"池塘"的功能就像"盆地"，吸收了各种各样、多少有些零碎、有些不稳定的形式和内容。这就是为什么殖民时期的一些手抄本倾向于模仿前西班牙时期的原型，而另一些则越来越类似欧洲手稿。殖民地时期的所有土著产出都受制于这种双重吸引力，而这总是依赖于权力关系；因为下面即将看到，混血机制从根本上来说总是政治的。

当然，我们知道战斗是如何结束的。几个世纪以来不断恢复活力的西方影响的势头，最终将获得胜利。然而，他们绝不会完全扼杀当地创造力的才能，现代和当代墨西哥的历史就证明了这一点。

然而，在 16 世纪中叶，尽管土著居民面临重重困难，但结果尚不确定。土著艺术的繁殖能力使人无法认为一切都已尽失，而且也很难设

①　亚瑟·米勒（Arthur Miller），"征服前后的印第安图像和视觉传达：米特拉案"刊于《新世界，世界新：美国经验》（*Le Nouveau Monde, mondes nouveaux: L'experience americaine*），塞尔日·格鲁金斯基和内森·瓦克泰尔编辑（巴黎：文明研究出版社/EHESS，1996），第 199—234 页。

②　技术和形式上的潜力包括使用书法及其各种风格；几何虚拟性包括第三维度的建议和基于规则的视角的使用。约束和潜能限制了即兴创作的能力。

想 17 世纪将会发生的事态进展①。

　　这两个"吸引盆地"并没有像克洛德·列维·斯特劳斯所设想的那样，要么被一个无法打破的鸿沟拆散，要么被难以逾越的鸿沟隔开。中间状态的多样性找出了一条奇怪的边界，这条边界从来不是一条干净的、一目了然的线。吸引子往往会重叠。西班牙人不满足于墨西哥手抄本，很快就要求土著画家绘制被认为是官方的地图，以扩充其官僚档案。在美洲印第安人方面，拉丁文字的魅力和意象的吸引力对墨西哥艺术家产生了影响。这种模糊影响了人们和事物，就像任何想知道该把征服者贝尔纳尔·迪亚兹·德尔·卡斯蒂略与阿佩莱斯（Apelles）、米开朗基罗（Michelangelo）和贝鲁格特（Berruguette）并列的墨西哥艺术家安置在哪里的人都清楚②：他们应当住在文艺复兴时期的天才花园里，还是住在前哥伦布时期的特拉库依罗们的花园里？

　　这条边界线代表了一个不断互动的区域，由多重渗透组成，使它呈现出一种模糊的外观。从某种意义上说，这是一个分形体边界，无论你的研究尺度如何，形式和内容的相互渗透程度都是一样的③。无论你考虑整本《佛罗伦萨抄本》，还是只考虑其中一页、图像、或实际细节或颜色，不管选择的尺度如何，混血过程都是显而易见的，无法将纯粹的欧洲元素和纯粹的土著元素区分开来。

　　事实上，这种拓扑结构只不过是一个简单的快照，它背叛了连接和关联的持续的、不可逆转的运动。每一个节点都代表着一个不归点，与其说是因为它导致了不可避免的西方化（事后看来是这样），不如说是因为它阻止了回归其本源。殖民形势强加的重新解释和改变——一方面

---

①　我特别想到的是格鲁金斯基（1988），139—188 页讨论的"主要头衔"。

②　迪亚兹·德尔·卡斯蒂略（1968），卷一：275 度。

③　云层的轮廓、河床的形状、山脊线和大气湍流都属于极其复杂的形态，而这些形态是无法简化为熟悉的经典形状的，如直线、正方形、三角形等。它们也不能用整数表示。这些分形形式的每一次还原或简化，都不可避免地背叛了它们所属的现象的特殊性。分形对象不响应任何常见的拓扑规范—它需要中间图形位于表面和体积之间，点与线之间。分形物体具有多个维度；这就是奥马尔·卡拉布雷斯在《新巴洛克时代》（La Eta neobarocca）（意大利巴里：萨基塔里拉特扎出版社 1987 年版），130 页所说的 teragonico。尽管分形使事物看起来无序，但它产生的极端不规则并不是完全随机的，通常它是一系列确定的结果，可以使用适当的工具进行精确定位。参见贝诺瓦·曼德布洛特（Benoit Mandelbrot）《分形：形式，机会和维度》（Fractals：Form，Chance，and Dimension）（旧金山：W. H. 弗里曼出版社 1977 年版）。

是对印第安异教的禁止，另一方面是与欧洲的距离——使得回到任何原始传统都成为不可能。这不仅适用于美洲印第安人的传统，而且也适用于欧洲的艺术，这是种只在整个土著环境中传播，以许多作品为代价的艺术。

最后，通常是零碎的和不断被重新解释的不同元素的叠加，似乎并不是偶然的产物。在它们混沌和任意的外表下，我们可以识别相对稳定和相对有序的趋同区域，在这些区域吸引子可以发挥作用，就像无序被引导成根据某种底层模型构造的模式一样[1]。在某处是否存在着"底层模型"，或多多少少永久的规律？我不知道。识别吸引子是一项长期的任务，它们随着时间的推移和社会的变化出现和消失，因此识别它们也越来越难。它们绝不像永恒或普遍的结构，也并不建立长期的框架；在文艺复兴时期的墨西哥，怪诞、古代神话和美洲印第安艺术家的遭遇仍然是一种独特的现象，且仅限于 16 世纪下半叶。

---

① 格里克（1991），第 83 页。

第十二章　神秘的岩洞

我们应该彻底消除他们身上的一切残余和异教残余。

——塞万提斯·德·萨拉萨尔，《新西班牙编年史》
（*Crónica de la Nueva España*）

否则，这个国家将成为神秘的岩洞，所有土著居民都将成为揭示学问的先知。

——杰罗尼莫·洛佩兹（Jeronimo Lopez），1541 年写给皇帝的信

在这本书的开头，就提出了关于混血现象与今天的自由贸易全球化之间的潜在关系问题。对 16 世纪墨西哥的研究显然没有为这些问题提供直接的答案，但它坚持指出了不少线索。

第一个是政治问题。它敦促探讨混血机制与美洲西方化之间存在的联系。在理论上，不应该存在任何联系，因为西方化力求迫使新征服的美洲抹掉过去，成为欧洲模式。这是基督教化的目标，当时基督教残酷地一扫过去，并将一套独特的习俗和信仰强加于筋疲力尽、一蹶不振的民族。从这个角度来看，皈依基督教信仰是对异教的绝对拒绝，而只支持一个唯一的、排他的、有嫉妒心的上帝。任何回归，或任何新旧的融合，都是不可接受的，并且是邪恶的。传教士们对反国教（errores antiguos）可能潜入基督教的想法感到震惊。此外，伊比利亚社会还有一个机构——宗教裁判所——长期负责清除这些错误、融合和异端邪说。

捕获融合

传教士、牧师，以及像编年史作家弗朗西斯科·塞万提斯·德·

萨拉萨尔这样的外行担心会产生混乱，这混乱可能源于对基督教的不理解、不得体的偶像崇拜，或神圣与世俗的混乱①。他们并不只是单纯考虑新的皈依者。当受伊拉斯谟启发的胡安·德·祖马拉加大主教宣布，基督圣体节庆祝活动而举行的"亵渎的舞蹈和不受尊敬的表演"为非法时，他的法令不仅针对被征服的印第安人，也针对西班牙征服者②。

十年后的 1535 年，第一次墨西哥议会提出了"融合"的问题。它含蓄地将异教元素融入可宽容的实践中，而不是通过产生反常的解释来区分，并发布了关于净化舞蹈、歌曲、布道和本土语言中的教义的指令。它试图从印第安舞蹈中排除"任何可能留下旧［方式］回味的东西"，比如"徽章、古老的面具以及有关他们以前的仪式和故事的坎塔尔"③。为此，神职人员需要负责对坎塔尔进行一套事先审查，旨在消除所有亵渎神灵的内容。此外，鉴于传播正确的土著基督教的危险——也就是说，与新教徒的和解——议会命令收回据称在新皈依者中流传的使用土著语言的布道，"很大程度上是因为他们在翻译中所犯的错误会导致误解"。当地人或西班牙外行们对教义问答的翻译也受到更密切的监测。

教会所说的"融合"是什么意思？它把融合看成是并置或"介入"，其中异教元素仍然可以从基督教元素中辨别出来。根据教会的说法，古老经文在土著人的坎塔尔中占据了中介地位，因为它们被轻声吟唱，与此相对的是，开始或结束这首歌的基督教段落则被大声地唱出来。教会无法想象基督教的特征会被重新加工和重新编织到异教结构中。它的短浅目光解释了为什么神职人员认为他们可以通过清洗和剥离就可以清除融合："我们应该彻底清除他们身上的一切残余和异教

---

① 人文主义的塞万提斯·德·萨拉萨尔（Cervantes de Salazar）描述了表面上是献给十字架的民歌，但实际上是"在内部"专献给偶像的。参见其《新西班牙编年史》（Crónica de la Nueva España）（墨西哥城：波鲁阿出版社 1985 年版），第 39 页。

② 玛利亚·斯登（Maria Sten），《纳瓦戏剧中的生与死：没有普罗米修斯的奥林匹亚山》（Vida y muerte del teatro nahuatl: El Olimpo sin Prometeo）（墨西哥城：九月七十出版社 1947 年版），第 86 页。在 1539 年，教会委员会禁止在教堂内舞蹈时伴唱，"不仅出于其非宗教性，而且出于其异教的旋律。"在 1546 年，总督安东尼奥·德·门多萨批评了印第安人的夜舞与歌曲"通常以及习惯在他们愿意歌唱的时候唱"。参见加里贝·K（1971），卷二：第 97 页。

③ 《省级会议……》（Concilios provinciales）（墨西哥城：安东尼奥·洛伦扎纳，1769），第 146 页。

残余。"① 事实上，这些关系很快就变得不可分割，任何净化的尝试都是困难的或毫无意义的。

16世纪最后三四十年里，修士萨阿贡和神父杜兰等见多识广的观察者发出了惊呼："迷信和偶像崇拜无处不在"；"圣徒和偶像是一体的。"从那时起，多明我会的杜兰通过区分基督教元素、异教元素和"混合"元素来分析印第安庆祝活动："仪式的融合是如此多样化，有些来自我们的宗教，而另一些则回到了旧律以及他们自己发明的邪恶的、魔鬼般的仪式。"在当今的基督教和过去的异教之间，第三套信仰已经清晰地出现了："他们从古老的迷信、上帝的律法和仪式得出了混乱和融合。"杜兰有足够智慧来避免仅仅从"古老的法律"这一遗留物角度来看待土著元素，并能敏锐地认识到新信仰的出现②。

然而，只有几个声音在谴责这种融合。在殖民时期的墨西哥，民事和教会当局似乎至少还有其他事情要做。宗教裁判所作为迷信和异端的专家，从来没有被允许迫害美洲印第安人，这个事实说明了很多③。语言障碍、人员和时间的缺乏，对地形的不熟悉，以及印第安人的抵抗，解释了为什么很少有教会人士热衷于在基督教抄本表象下寻求邪恶的变态和任性。对偶像崇拜的指责通常不分青红皂白地掩盖了新旧，混淆了现代的错误观念和往日的信仰与实践。

由于缺乏明确的指南，很难区分异教残余和征服后的融合。修道士们汇编的大部头书籍系统地清点了前西班牙时期的信仰以消除它们，但他们对基督教与古代宇宙学交流所产生的"错误"却不怎么感兴趣。萨阿贡《历史综述》的附录和杜兰编年史各章的结论的确提到了殖民融合，尽管后者通常认为这只是一种可能性："融合可能是因为我们和他们的庆祝活动而产生的。④"

事实上，教会圈子似乎并没有像这两位修道士那样焦虑。杜兰多次强调他同时代人的疏忽：他们"盲目而无知"，而且他谴责沉默政策及

---

① 塞万提斯·德·萨拉萨尔（1985），第39页。

② 杜兰（1967），卷一：第17、236页。

③ 索兰格·艾伯罗《墨西哥的社会与宗教裁判所，1571—1700》（*Societe et inquisition au Mexique*，1571–1700）（墨西哥城：CEMCA出版社1988年版），第36页。

④ 杜兰（1967），卷一：第17页。

其含糊其辞的反对意见①。"人们……声称［谴责偶像崇拜］只会用来提醒［印第安人］他们的老旧糟粕和古老仪式。"②

这种事实上的宽容、无知和混乱有着政治上的解释。教会经常为成功地使印第安人皈依而自豪。关于偶像崇拜，方济各会修士莫托利尼亚在 16 世纪 40 年代大声宣称："当地人烧毁了他们所有的神像，无论是公共的还是私人的……在那里，教义的讲解已经渗透，几乎没留下任何有重要意义的东西。也几乎没留有任何对过去的回忆。"③ 修道士们的教会只能承认几个错误，因为对其近乎奇迹般的成功的信仰，是捍卫它相对于主教和其他殖民地社会的特权和地位的基础。

因此，教会从来没有真正获得融合，就像它也从没有系统地根除偶像崇拜一样。在全力摧毁神殿和清除异教祭司的二十年中，镇压的强度和效率都是有限的④。这一政策——或者更确切地说，缺乏系统性政策——针对根除前西班牙时期的信仰和做法，在一定程度上解释了融合泛滥的原因。一旦征服的冲击消失，古老的信仰就被嫁接到了受征服民众被迫接受的基督教的各个方面。这种被迫共存的现象促使各地出现了混血过程。

替换和循环

说实话，尽管看起来有些自相矛盾，但教会本身却隐身于许多"扭曲"其信息正统观念的融合之后。几个世纪以来，教会通过强加一种新的信仰来使异教徒皈依，这一信仰本应取代并永久根除旧的信仰。然而，这一替代政策只能是局部和渐进的——它必须辅之以允许过渡性阶段的妥协，以帮助基督教扎根。耶稣会修士何塞·德·阿科斯塔（José de Acosta）以如下方式表达了这一观点："应该承认，让印第安人保留

---

① 杜兰（1967），卷一：第 237 页。"在外面说话的人无法感知其要义。"
② 同上。卷一：第 237 页。
③ 莫托利尼亚（1971），第 87、92 页。
④ 1538 年特斯可可酋长因偶像崇拜而被处决是一个例外，这证明了这一规则，甚至这个土著贵族似乎更是印第安贵族内部政治阴谋的受害者，而不是西班牙式教堂的目标。关于对偶像的压制，参见莫托利尼亚（1971），第 87 页。

我们能允许的风俗和习惯是件好事（前提是没有与他们过去的错误融合）。按照教皇圣格列高利（Saint Gregory）的建议，我们这样做以便他们的节日和庆祝活动能够尊重上帝和他们正在赞颂的圣徒。"①

这种策略很聪明，但也存在风险：表面上无害的"风俗和习惯"最终会变成异教徒崇拜。如果传福音者认为一切都是纯粹的娱乐——"一种休闲和放松"② ——而实际上是古代信仰的标志，那会发生什么？

让我们细想一种以良好的基督教意图铺就的途径。如前所述，修道士们从一开始就决定将美洲印第安人的舞蹈和歌曲基督教化。这种策略对西方天主教来说并不新鲜，因为世俗和通俗文本的精神转换在中世纪欧洲就已经得到广泛实践，并延伸到文艺复兴和反宗教改革。大多数情况下，伴随着诗歌的音乐，特别是歌曲，在起源上都是世俗的③。一个吸引人的流行旋律可以成为传播宗教文本的完美媒介。

诗人们常常转换自己的作品。16 世纪下半叶，在墨西哥城，冈萨雷斯·德·埃斯拉瓦的崇拜者们不仅欣赏他的流行浪漫故事和意大利戏剧，还欣赏他对流行歌曲的"神化"，即将它们转形为宗教诗④。这种改编可能保留原始模型的句法或词汇特征。但是，最初的文本往往会产生几个可能有很大差异的转换。这种创作改词圣咏（contrafacta）的文学手法，使人们可以很容易地从世俗世界溜向神圣世界。传教士们利用它时却没有意识到，在当地环境中的使用会显著改变其影响，因为从此以后，改编不仅会跨越神圣与世俗、知识分子与大众之间的边界，而且还会影响两个完全陌生世界之间的转移。这种欧洲杂交技术产生了混血产物，这一点也就不足为奇了。

佩德罗·德·甘特是最早使用这一技术的人之一，甚至把它变成了

---

① 何塞·德·阿科斯塔，《西印度群岛自然与道德史》（*Historia natural y moral de las Indias*），[1590 年] 由埃德蒙多·奥戈尔曼（Edmundo O'Gorman）编辑（墨西哥城：文化经济基金会，1979），第 318 页。

② 同上。

③ 在佩德罗·梅梅尔斯多夫（Pedro Memelsdorff）指挥的马拉庞尼卡（Mala Punica）合奏团的唱片中可以找到中世纪意大利这种做法的一个例子：《坎蒂内拉剧院，意大利的讽刺模仿，1380—1410 年：马特欧·德佩鲁贾 - 萨卡拉·达·泰拉莫》（*Missa Cantinella*，*Liturgical Parody in Italy*，1380 - 1410：*Matteo de Perugia-Zaccara da Teramo*）（古籍 0630 - 17069 - 2）。

④ 例子包括加尔西拉索·德·拉·维嘉的诗句。

一种福音传播方法①。为了帮助把印第安人基督教化，这位方济各会修士决定用基督教赞美诗取代传统的异教的纳瓦歌曲。然而，也只是部分替代——尽管文字有所改变，但旋律仍然是土著的："兄弟俩把［神圣故事］翻译成他们的语言，主领唱用他们的风格谱了曲，成为适合于根据其古老的坎塔尔音乐演唱的歌曲段落。"②后果是什么呢？音乐部分不太可能是精神中立的、单纯的"民间"接触。即使去掉了最初伴随着它的文字，纳瓦音乐仍然是异教信息的载体。土著的音调、乐器和节奏无疑有助于保留征服前仪式的记忆。如果修道士们认为可以明确区分文字和音乐，那是因为他们确信，土著社会就像基督教社会一样，能够区分神圣的和世俗的（就这一点而言，欧洲当时的情况远非如此）③。然而，没有任何证据证明这一区别在征服前后对墨西哥本地人有任何意义。

出于这几个原因，佩德罗·德·甘特和他派出去传教的年轻印第安人传播的改词圣咏构成了具有双重共鸣的混血创作，即异教和基督教的（或用萨阿贡术语来说，"古老和现代的"）。融合是更加不可分割的，因为直到 1539 年前，这些创作都是在早期教会完成的，而与此同时，前西班牙时期的舞蹈与传统圣歌相随。

尽管佩德罗·德·甘特是混血进程的先驱，但还有其他许多人追随他去了墨西哥、安第斯山脉和葡属巴西④。在秘鲁，16 世纪最后三四十

---

① 马林那·埃兹拉·帕德瓦（Ezra Padwa）《根特的彼得和欧洲音乐向新世界的介绍》（*Peter of Ghent and the Introduction of European Music to the New World*）（新墨西哥州圣菲：哈帕克斯出版社 1993 年版）。

② 莫托利尼亚（1971），第 91—92 页。

③ 杜兰（1967），卷一：第 195 页。杜兰将献给古代神灵的民歌说成是"神曲"，好像他们认为这种分类是明摆着的。

④ 在巴西的葡萄牙耶稣会修士在二十五年里都采用了相同的技术，却没有引起任何注意："如果我们被其中一些外邦人所拥抱……我们将如何在他们的舌头上为他们的舌头唱我们的主的歌，并威胁他们的音乐，使他们在聚会中丧命，否则就会醉酒：这是为了吸引他们 其他必需的风俗，并且通过允许他们批准它们，带走其他的。"（Se nos abracarmos com alguns custumes deste gentio... como he LXVIII cantigas de Nosso Senhor em sua lingoa pello seu toom e tanger seus estromentos de musica que elles［usam］em suas festas quando matao contrarios e quando andao bebados：e isto para os atrahir a deixarem of outros custumes esentiais e，permitindo-lhes a aprovando-lhes estes，trabalhar por lhe tirar os outros.）作者随后继续道，"因为爱的模样和原因"（porque a semelhanca e causa de amor）。来自曼努埃尔·德·诺布雷加（Manuel de Nobrega）给西芒·罗德里格斯（Simao Rodrigues）的信，巴伊亚，1552，印于《巴西纪念碑》（*Monumenta Brasiliae*）（罗马：社会历史耶稣纪念出版社），卷一：第 407—408 页。

年里，耶稣会修士"在印第安人中间，试图把我们神圣信仰的东西改编以迎合他们的歌唱方式"。如果下列报道可信的话："当地人花一整天的时间聆听和重复，不知疲倦。"[1] 这一举动显然非常成功。

混血趋势还是基督教翻版？

使土著习俗和信仰适应新的"现实"也需要更微妙的干预措施。1558 年至 1560 年期间，在识字的印第安人帮助下创作的《诗篇》（*Psalmodia*）（出版于 1583 年）中，萨阿贡在描述基督、圣母、圣贝纳迪诺（Saint Bernardino）、圣方济各（Saint Francis）和圣克莱尔（Saint Clare）等基督教人物时，很大程度上借鉴了美洲印第安人富有想象力的领域。

土著读者对这些墨西哥化的文学会有比较熟悉。圣克莱尔和施洗者约翰生活在温暖而芬芳的地方，青山绿树，沐浴在晨露或羽毛雨中[2]。施洗者约翰成了花界的能量来源，他是"给我们送花的人"。这种气氛与在墨西哥坎塔尔中非常相似。《诗篇》和本地歌曲中庆祝托纳蒂乌和施洗者圣约翰相遇的描述，肯定很快就融入了土著人的思想。《诗篇》是古代美洲印第安人神灵的伟大化身；它写道，"继续吧，我的朋友们，因为金星已经升起了"，突然唤起了坎塔尔68 中提到的伟大之星。使这场景冷却的芳香之风被命名为伊厄科特尔（奎茨科拉特和启明星的表现之一），即使我们仍然处在萨阿贡编辑的《诗篇》中正统的、经教会认可的语境中。萨阿贡是偶像崇拜的责问者和融合的诘难者。

原则上，只有在讲述基督教故事的环境中才能发现美洲印第安人的特征。其中提到的充满墨西哥树叶的绚丽天堂，只是简单地再现了熟悉

---

① 阿科斯塔（1979），第 317 页；木吉卡·平尼利亚（Mujica Pinilla）（1996），第 237—239 页。关于秘鲁教会的政策，参见胡安·卡洛斯·艾斯特恩索洛·福赫斯，"在秘鲁宣讲：从传福音到乌托邦 La predication au Perou：De l'evangelisation a l'utopie，"，《年鉴、历史、社会科学第六期》（*Annales，Histories，Sciences Sociales* 6）（1996 年 11—12 月刊）：第 1225—1257 页。

② 路易斯·M. 伯克哈特，"绚丽的天堂：纳瓦灵修文学中的天堂美学"（Flowey Heaven：The Aesthetic of Paradise in Hahuatl Devotional Literature）《资源》（*Res*）21（1992 春刊）：第 95 页。

的意象，这里所有的异教内涵都应该被消除，因为它们被明确的基督教正统观念所吸收。但是，文本中再现了前西班牙时期的鸟类和植物群，它们曾经表达了世界的最高现实，只有通过仪式和人类献祭才能让人类感觉到这一现实。人们经常使用提奥约蒂卡（*teoyotica*），即"神性意义上的"一词，这意味着正统的精神解释——现在我们可以说是"政治正确的"解释——适用于隐喻和意象。施洗者约翰是谁？《诗篇》回答说，他是"神性意义上的，金星。"

在翻译的同时，殖民绘画为充满鲜花的前西班牙时期世界的殖民化做出了巨大贡献。马利那尔科（Malinalco）奥古斯丁修道院的壁画充满了珍贵的鸟类和鲜花，点缀在美丽的树叶间①。就在他们努力在美洲重新发现修道院根源的时候，修道士们似乎梦想在新世界创造一个世俗的天堂，美洲的耶路撒冷，在那里，两个世界充满想象力的领域将融合在一起。

殖民庆典和化妆舞会

除了福音传教士之外，其他欧洲人也支持殖民融合的扩散。这方面有许多原因；有些是与对过去的神圣尊重相关，有的是与可追溯到勃艮第和佛兰德斯宫廷的盛大节日习俗有关，还有一些代表了有利于杂交的欧洲文艺复兴趋势的美洲表现，即矫揉造作的装饰和怪诞风格。

在所有古代政权文化中，贵族的传统都是不可侵犯的遗产；在一个使印第安贵族成为墨西哥民众官方中介的殖民社会中，尊重当地精英的过去是社会稳定的保证。为什么要把将往日伟大记忆永久化的行为视作非法呢？为什么要废除贵族习俗？他们是贵族生活方式的一部分，在这方面，似乎与他们是值得尊重的这一事实同样重要。贵族保留他们的宫殿、抄本、服装、舞蹈以及歌曲。尽管似乎有些自相矛盾，但这种对印第安传统的尊重鼓励了融合；当然，自从它们被剥除了任何偶像崇拜的

---

① 珍妮特·法夫罗·彼德森（Jeanette Favrot Peterson）《马利那尔科的天堂花园壁画：十六世纪墨西哥的乌托邦与帝国》（*The Paradise Garden Murals of Malinalco：Utopia and Empire in Sixteenth-Century Mexico*）（德克萨斯州奥斯丁，德克萨斯州立大学，1993）。

方面，并使之适合殖民环境，这些传统在理论上被净化过后，也已经大大地改变了。

欧洲人喜欢庆祝活动和任何有助于他们魅力的东西。多明我会的杜兰和耶稣会的阿科斯特认为土著舞蹈和歌曲是娱乐形式，不仅是被允许的，而且对社会福祉是必不可少的。这一观点得到了民政当局的赞同，因而鼓励了传统活动的长期存在，甚至鼓励了它们在殖民时期的改编形式。1557 年，西班牙的墨西哥城镇议会正式邀请了当地美洲印第安人"在公共广场上表演娱乐和米托特舞"。16 世纪下半叶，方济各会修士、耶稣会修士、主教和大主教以及王室代表都习惯于呼吁土著人民为殖民地生活的重要事件增添生气。1566 年，当一尊银像被献给瓜达卢佩圣母（Virgin of Guadallupe）的圣所时，来自墨西哥城的印第安人唱了"鱼之歌"，而来自特拉特洛尔科的印第安人则在包括法官和大主教在内的尊贵观众面前演唱了"战争之歌"。同年，总督加斯顿·德·佩拉尔塔（Gaston de Peralta）出席了一场"Axochitlaca 风格"歌曲的演出，以及一次印第安飞人表演，正如上文所述，美洲印第安人用绳子捆住他们的双脚，从一根高杆的顶端跳落，旋转而下。

这些土著的活动在理论上是基督教化的，因此服从了修道士们的精神要求。但并不是他们的教化本性使其如此受欢迎。人们喜欢这些舞蹈是因为，它们以五颜六色的服装、羽毛装饰、奇特的乐器、异域的节奏以及古老的编舞为特色。这样充满异国情调的娱乐节目受到了大批西班牙人、黑人和混血人的喜爱，就像旧世界里的人们一样热衷于新的娱乐活动。

文艺复兴时期的矫揉造作气氛鼓励了这样的活动。事实上，美洲印第安人的舞蹈与西班牙作家试图适应墨西哥土地的早期戏剧表演是同时代的。这样的戏剧将象形符号、神奇生物、寓言和怪诞风格一起运送到大洋彼岸。1558 年抵达墨西哥城的埃尔南·冈萨雷斯·德·埃斯拉瓦开创了以宗教为主题的戏剧在新首都墨西哥城举行庆祝活动的先河。参加冈萨雷斯·德·埃斯拉瓦戏剧"座谈会"的是西班牙人、混血人和美洲印第安人。他们在那里看到的"象形符号"肯定会让不知情的观众感到不安：一场关于"神木"的座谈会以"独角兽祝福水"的形式呈现了上帝之子的形象。基督，"珍贵的独角兽"，被明确地认定为一种神话动物。座谈会第五天，出现了"伊斯卡邦科勒（escarbuncle）"，这是一种前额镶有宝石的动物（"伊斯卡邦科勒是救世主"）。第八天是献给头顶顶着一座塔的大象形象——塔是激进教会的象征——还伴随着一篇宣称"基督是一头强壮的大象"的经文①。即使在冈萨雷斯·德·埃斯拉瓦的基督被转变为大象、凤凰或独角兽的时候，在不远处的某个广场或院子里，坎塔尔中提到的教皇很可能一直在用他的喷枪瞄准奇怪的蝴蝶。矫揉造作的寓言当然与美洲印第安的习语没有相同的意义和实质，但两者都激发了极为相似的想象力领域，让土著观众在里面徜徉漫游，充满惊奇。

冈萨雷斯·德·埃斯拉瓦的诗歌也经常使用寓言，不断地将基督与太阳、圣徒、圣母与星星联系在一起。他的诗歌有许多特点与墨西哥坎塔尔相似。就像在美洲印第安人的颂歌中，围绕基督教神圣人物的光环召集了大量的动词、形容词和名词。对航行或飞向天堂的暗示是很常见的。天空是由上帝——"至高无上的上帝"统治的皇家宫廷②。这也是一个"有着珍贵宝石的珍贵春天，"一个可以很容易地在纳瓦的坎塔尔中找到同等物的形象。

冈萨雷斯·德·埃斯拉瓦并不是独一无二的。16世纪西班牙宗教诗歌中充满了寓言和类比。在智力方面（如果不是天赋的话）彼此超越，修道士和诗人试图通过具体的形象和"象形文字形象"来解释神圣的奥秘，为日常现实和富有想象力的发明赋予一种宗教意义。

误解与复兴

这种教授方法带有风险，因为如果其意图被人误解，那么想象力可能会失控。如果一个印第安人或混血儿简单地绣了那么一点独角兽、或凤凰、或大象的意思——请忽略它神圣的象形符号和戏剧道具的本质——那么就有可能蹦出一个像印度教的神或古墨西哥人自己的翼蛇一

---

① 埃尔南·冈萨雷斯·德·埃斯拉瓦，《精选戏剧：对话与幕间剧》（*Teatro selecto*：*Coloquios y entremeses*）（墨西哥城：公共教育局，1988），第176、204页。

② 冈萨雷斯·德·埃斯拉瓦（1989），第58—59页。

样神奇而多彩的基督。在征服二十年后，一位西班牙观察家已经开始关注向印第安人传授拉丁语和科学的潜在后果："否则这个国家将成为神秘的岩洞，所有土著居民都将成为揭示学问的先知。"浸淫在拉丁文和古典作家中，有文化的纳瓦人可能会变得无法控制①。

　　教会想要剔除融合，即使它培育了整个古老实践的全部领域，希望能够适应西方的、基督教的环境。但是，即使考虑到哪怕最小的倒退或模糊性，这种政策也可能会导致不可预测的、无法弥补的后果。

　　教会藉由保留前西班牙时期的旋律、节奏和器乐伴奏，鼓励形式与内容达成某种共存。更糟糕的是，传教士们把基督教化了的坎塔尔的传播任务交给年轻的印第安人，而他们自身的基督教化尚不稳定，而且经常受到来自朋友和家人的压力，因此传教士们随时都有可能失去对他们希望灌输给新信徒的基本知识的控制。当教会鼓励美洲印第安人将古老的习俗基督教化时，它故意使这些习俗受到基督教的影响；但与此同时，它也将基督教元素置于危险的同伴之中。换句话说，教会本身创造了混血过程失控的条件。

　　然而，它的一些成员知道这一点。富有洞察力的杜兰充分意识到，印第安人的活动，无论是积极鼓励的，还是勉强容忍的，都可能包括偶像崇拜的典故——这就是当一名印第安人装扮成他的偶像参加舞会时，偷偷地唱出以前献给这位神的歌曲时所发生的事情②。杜兰因此呼吁大家警惕："它可能会发生，也许已经发生了。"事实上，即使是受到密切监视的活动，有时也会偏离正统的道路。当印第安人在应方济各会的明确要求表演舞蹈之前，他们去 "女性圣殿"（Cihuateocaltitlan）拿他们的装饰品和徽章时，他们在想什么呢？③

　　对圣母和圣徒的崇敬也可能会令人震惊地失控。1556 年，当墨西

---

　　①　杰罗尼莫·洛佩兹致皇帝的信，于 1541 年 12 月 20 日书于墨西哥城《文献汇编》（Coleccion de Documentos）（1971），卷二，第 150 页。

　　②　"诸臣通知并知晓某些印第安人或许佯装不知在跳舞时时常按照他们信奉的偶像一样穿着这一巨大错误。那些印第安人装作很热情地招待他们并给他们唱那些与他们所装出来的德行和伟大相对应的民歌。"杜兰（1967 年），卷一：第 18 页。

　　③　根据胡安·鲍蒂斯塔的游记记载，引用自米盖尔·莱昂·波尔蒂利亚，《被纳瓦人看见的方济各会修士》（Los franciscanos vistos por el hombre nahuatl）（墨西哥：墨西哥国立自治大学，1985），第 59 页。

哥城大主教阿隆索·德·蒙图法尔（Alonso De Montufar）试图在印第安人中传播瓜达卢佩圣母的宗教习俗时，引发了方济各会的愤怒之声。方济各会指责他鼓励印第安人崇拜物质形象，"让他们明白这图像就是上帝"——这归根结底是在宣扬新的偶像崇拜。在修道士们看来，大主教的新方案是一场灾难。这一切只是增加了不那么老练之人的困惑，他们仍然常常倾向于相信圣母玛利亚是一个通用术语，适用于所有基督教形象。"播下巨大的混乱，摧毁我们所种下的美好事物"是该教团行政级领导人谴责新西班牙最高教会当局的说辞。在这场争论引发的丑闻背后，是教会世俗与仍旧大权在握的修道士们之间的竞争。基督教和崇拜的几个概念相互冲突。以其对玛利亚的虔诚和神奇的形象，反宗教改革尚未成功地粉碎改革派和修道院的伊拉斯谟教义。这些冲突众所周知，但我们往往会忘记，这种高层的紧张局势助长了"混乱"和不确定性，这将是美洲印第安基督教的长期特征[1]。

瓜达卢佩圣母崇拜的捍卫者继续受到修道士们的指责和抱怨。方济各会的萨阿贡在其《历史综述》中发表了严厉的批评。他一开始就指出，玛利亚教派出现在一座前西班牙时期的神庙遗址上，这座神庙供奉着女神托南琴（Tonantzin），她曾是主要的本土朝圣之旅的焦点[2]。但萨阿贡谴责的并不是这些土著人的过去。他批评西班牙传教士用托南琴的名字称呼"我们的圣母"，因为这个名字"让人想起了原来的托南琴。这是必须要纠正的，因为神的母亲，我们圣母的正确名字，不是托南琴，而是迪奥斯·伊·南琴（Dios y nantzin）。"换句话说，是天主教会的牧师把圣母和以前的女神混为一谈，就像他们把圣约翰和特斯卡特利波卡神以及圣安妮和女神托奇（Toci）混为一谈一样[3]。

圣母与托南琴的同化甚至被描述为"撒旦的发明"。不可能还有别的，因为正是布道本身和其模糊的近似才引发了混血机制。萨阿贡认为，是因为使用了土著的名字来称呼圣母造成的模糊和错误，激发并掩盖了这一偶像崇拜。这一恶魔的诡计通过复活以前的做法，刺激了对过去的

---

[1] 格鲁金斯基（1990），第152—157页。

[2] 人们意识到来自于那些高山的雨水的益处，因此他们不得不去拜访那些地方，并感激长存于那里的神明。

[3] 萨阿贡（1977），卷二：第352—353页。

回归："他们现在从很远的地方来朝拜托南琴，同以前一样远，而这种崇拜也是值得怀疑的。"印地安人非但没有意识到信仰和崇拜之间的根本区别，反而相信"这里的东西就像过去的一样"，这就是他们生活在幻觉中的原因。要让他们意识到"他们已经沦为错误的牺牲品"至关重要。他们认为，"古代"和"现代"之间不仅没有明显的区别，而且现在的基督复活并证实了一种可能最终获胜的异教过去："我认为他们更多地是为古代（崇拜）而来，而非现代。"[①] 这一过程似乎与基督教对乔卢拉金字塔复兴了前西班牙时期古旧信仰的基督教神圣化的过程相似。

然而，基督教形象的传播是以残忍和壮烈地摧毁墨西哥神像为代价的。强加新的意象意味着拒绝与当地的崇拜对象相妥协，因为从理论上说，印第安的形象是"邪恶的、欺骗的、肮脏的、令人憎恶的形象"。无论是蔑视的对象，还是恶魔的存在，所有神像都要被摧毁。然而很明显的是，美洲印第安人并不总是理解基督教的意象和土著的"形象"之间的区别。用圣徒的形象取代神像不可避免地会导致误解；它引发的比较和合并并不总是完全没有根据[②]。印第安人对待这些新形象的方式就像对待前西班牙时期的绘画和雕像一样。他们给基督、圣母（Madonnas）和圣徒带来的目光与几个世纪，甚至几千年来培养的观点密切相关。对于传教士们的愤怒，新皈依者以崇拜偶像作为回应；换句话说，他们正在进行一种混血的做法。

西班牙修道士们通过要求特拉库依罗们画怪诞画，鼓励艺术家利用异国情调，发展融合，使印第安人能够再一次接受前西班牙时期的主题图案，给他们带来新生活，甚至可能是新的氛围。在最好的基督教传统中，伴随着对圣徒的描绘而来的动物绘画和雕刻，可以被用以无数的方式操纵，并最终成为基督教化的障碍。1585 年，神学家奥尔蒂斯·德·华金伊诺霍萨（Ortiz de Hinojosa）批评了这种同化，并要求禁止所有关于恶魔、马、蛇、太阳和月亮的雕刻或绘画："就像在圣巴索洛缪（Saint Bartholomew）、圣玛莎（Saint Martha）、圣詹姆斯（Saint James）

---

① 萨阿贡（1977），卷二：第 353 页。
② 关于歧义和误解在视觉性质的所有迁移中的作用，参见 S. 格鲁金斯基（1990），各处。

和圣玛格丽特（Saint Margaret）的肖像上所做的那样。"虽然这样的肖像在整个基督世界都是可以接受的，因为这些动物指向了圣徒们通过超自然美德所完成的壮举、奇迹和神迹……但新的皈依者不以同样的方式看待它们，相反，他们正在回到过去的时代。"很难对这些皈依者进行再教育，"特别是那些在从生下来就学会了偶像崇拜的老人。"①

语言征服也有类似的反响。模糊近似和模糊翻译可能和适得其反的意象一样有害。1572 年，弗雷·多明戈·德·拉·昂西申（Fray Domingo de la Anunciacion）警告宗教裁判所面临这一危险②。神圣三位一体概念的拙劣翻译有时包括印第安人犯下的真正的异端邪说。莫利纳的《词汇》是西班牙神职人员广泛使用的一本经过授权的书，他怎么能用三个不同的名字来称呼一个上帝呢？除了修道士们的可疑翻译之外，其他的翻译也是由识字的美洲印第安人完成的，并以手稿形式传播且不受教会控制。

正如美洲印第安元素的基督教化很容易导致融合，通过恢复古代的信仰和习俗，以及"提醒印第安人有关他们毫无价值的旧事物和仪式"③。同样的努力也可能产生于对旧方式的明确谴责，结果总是与教会所寻求的相反——这些努力不是消除异教主义，而是重新激活异教主义，或者也没好多少地创造一种混乱和模糊的局面。印第安人向修道士们供认不讳。他们承认自己失去了方向，居间性（neplantla），即在两个世界之间的迷失，不知道哪条路可转——可通向他们以前的神灵或入侵者的圣徒④。

西方化和妥协

所有这些证据表明，我们需要重新审视美洲的殖民问题。西方化不

① 何塞·A. 利亚古诺（Jose A. Llaguno）《印第安人的法律人格与墨西哥省级会议文件－卷 III》（La Personalidad juridical del indio y el III concilio provincial mexicano）（墨西哥城：波鲁阿出版社 1963 年版），第 201 页。

② 弗朗西斯科·费尔南德斯·德尔·卡斯蒂略，《十六世纪的图书与书商》（Libros y libreros en el siglo XVI）（墨西哥城：经济文化基金会，1982），第 84 页。

③ 杜兰（1967），卷一：第 237 页。

④ 同上书，卷一：第 237 页。

仅是一种破坏性的入侵或标准化的行动，因为它帮助创造混血的表达形式——这种帮助部分是故意的，部分是非自愿的，但无论如何也是不可否认的。

替换政策并不总是需要白板一张。相反，不是所有旧的东西都被消灭了，幸存下来的东西通常与教会设法强加的一切、与印第安人同意接受的一切、与他们能够同化或无法拒绝的一切结合在一起。像萨阿贡这样的人有种可以理解的愤怒和痛苦，他在临终前写道："很明显，在这个新教会的基础上，一切都是错误的。"① 这种黑色悲观的判断表明了强硬施加基督教化的局限性。然而，它也反映了一个更难以承认的现实，因为它消极地承认了适应和让步的胜利。

西班牙的殖民统治是一系列与印第安的现实无休无止的谈判和妥协。美洲的广袤无垠，土地资源的开发利用、执行工具的严重缺乏，以及稳定一个不断发展的社会的强烈需求，意味着必须在每一个领域进行不断权衡。其中一个例子是土著们的歌舞问题：这些习俗注定的命运是什么？他们与异教徒崇拜有密切联系，但他们也具有广泛的社会、政治和"艺术"层面。正如上面所提到的，传福音者相信舞蹈和歌曲对于社会生活和福祉是不可或缺的。因此，必须达成一种妥协，使世俗或神圣的舞蹈和歌曲都可以被接受。然而，两个主要问题亟待解决，第一个是概念性质，第二个是实际性质。如何设计适应当地现实的实践，以及它们如何能被实施并使印第安人能够接受？这样的问题需要协商。

殖民地图学提供了另外一个有关妥协的例子，导致墨西哥地图具有"杂交魅力"，杜齐奥·萨齐（Duccio Sacchi）对此有很好的描述②。西班牙人不仅让美洲印第安人艺术家为他们绘制地图，而且还允许画家们把符号和一种用来构思和描绘深受土著习惯影响的土地的方式结

---

① 《占卜术》（*Arte adivinatoria*），第 101 页左面，摘录于《墨西哥民歌集》（*Cantares Mexicanos*）。参见赫苏斯·布斯塔门特·加西亚，《弗莱·贝纳迪诺·德·萨阿贡：对手稿的评论性回顾与其创作过程》（*Fray Bernardino de Sahagun：Una revision critica de los manuscritos y su proceso de composicion*）（墨西哥城：墨西哥国立自治大学/书目研究中心，1990），第 375—377 页。

② 萨齐（1997），第 132 页。

合起来①。16世纪下半叶的印第安地图概括了各个群体——土著领袖、西班牙的委托监护主、欧洲"殖民者"和皇室文官们——为分享土地控制权所做的努力；西班牙人给土著居民留下了很大的回旋余地，以换取其社区融入卡斯蒂利亚律法体系和新的行政区域②。第九章中讨论的乔卢拉地图提供了在相互冲突的需求和理论上不可调和的传统之间妥协的最有成就的例子之一。如上所述，这种合作可能会掩盖别有用心和大量怀旧情绪。

　　每一种妥协都常常导致不稳定的短暂平衡，这不仅取决于长期危险的权力关系，而且取决于各方对安排的解释。作为征服者和土著大众之间的强制性中介，墨西哥精力充沛的印第安贵族的生存，解释了其中孕育的强大的混血创造，正如修道士的传道活力揭示了他们是如何通过先摧毁、后恢复土著成分的方式将其基督教化。这一政治背景有利于这些章节中讨论的至关重要的美洲印第安文艺复兴。墨西哥贵族在其设法保持的角色的支持下，与异教徒的过去保持了一定联系，从而获得了其威望和合法性。只要土著贵族坚持基督教并加以推广，教会就会接受这一安排。

　　开始于16世纪最后三、四十年间的这两个团体所经历的日益增加的困难，对现状产生了决定性、悲剧性的后果：大多数印第安艺术家和知识分子的死亡，和他们与修道院合作时的动力缺失，以及印第安贵族地位的恶化，共同摧毁了之前一步步达成的妥协。然后，与其他玩家的其他安排则导致了一个巴洛克式美洲的诞生，其历史仍然有待于从这个特定角度来书写。

监控混血现象

　　教会和皇室执行的策略有时与拒绝、休养或妥协以及灭绝同样涉及选择。因此，西方化并非与混血现象格格不入，而是对他们来说似乎必

---

　　① 印第安人始终将行政中心的所有周围环境画上壁画，而西班牙人只会画出该镇的示意图。

　　② 萨齐（1997），130—132页以及各处。

不可少。但是程度又有多少呢？现在重要的是，要研究这条细线，将土著要素的承诺（或顺从）控制与具有不可预测结果的自治综合体的出现区分开来的细线。换句话说，这些被殖民当局触发、挑衅或仅仅是容忍的过程开始逃离的门槛是什么？

这个问题使第九章中提出的有关将融合从创新中分离出来的界限问题变得复杂并对此做了补充。

虽然社会和政治因素对融合的出现和发展有很大影响，但不能把它归结为殖民社会内妥协的作用或权力关系的历史。连续的——有时是对立的——政策的不一致和错觉、方向错误的行动、令人遗憾的举措以及"混合"都造成了混乱的、不可预见的情况，进而影响了要素的选择、解释和安排。大主教蒙图法尔鼓励对瓜达卢佩圣母崇拜引起的强烈抗议是一种适得其反的战略的例子，它证明，混血现象的演变不能归结为西方化政策和土著人对其反应的相对有序的互相作用。传福音者突然改变方向可能会使情况变得更为混乱：16 世纪最后三四十年，秘鲁教会开始迫害其自身在安第斯山脉早期基督教化期间所宣扬的信仰和做法；原来被认为是基督教的融合因此被迫陷入偶像崇拜和秘密行为的阴影中，突然使它们处于完全不同的地位。这种突变或失败的意外和偶然影响与积极干预和有计划的操纵同样重要。

然而，另一个因素解释了为什么混血现象没有被触发它们的人所抓住。混血的创造力释放出内在的过程，将其从发起者手中夺走。融合的内部动态可能无法完全克服周围环境的压力，但它们能够持久地改变或中和这些压力。

我们之前看到了怪诞是如何自发地产生杂交的，以及矫饰主义与美洲印第安人传统的结合是如何极大增加了融合的可能性；艺术家可以使用的题材范围空前扩大，潜在的组合几乎无穷无尽地增加。因此，对想象力的影响甚至更难以控制。人们会记得，16 世纪下半叶的墨西哥城，卡斯蒂利亚诗人冈萨雷斯·德·埃斯拉瓦按西方最优秀的传统，愉快地以独角兽形象来表现基督。在同一时期的同一座城市里，萨阿贡的《诗篇》借鉴了前西班牙时期传统，把上帝之子变成了一颗闪耀着太阳光芒的珍贵玉石，而圣母则变成了一朵在黎明的第一道曙光下绽放的花朵。欢迎基督进入天堂的天使们变成了"玫瑰色琵鹭"或

"神性琵鹭—天使"①。混血主题的增加利用了自由结合机制的简单性和自发性。萨阿贡的联想只有通过使用人们会记住的"提奥约蒂卡"这个术语——意为"在神圣的意义上"或"以一种神圣的方式"——才能抓住基督教隐喻的范围。无论是明确地或是含蓄地，这个术语都将美洲印第安传统的所有启发，与基督教直接引导至唯一的、全能的上帝的超越性联系起来。这种联系显然是假定新教徒已经吸收了基督教关于神性、神圣的和超自然的观念——这就解释了这种策略的局限性。

其他同样基本的程序将美洲印第安的材料纳入基督教领域。例如，有一对简单的术语，一个是西班牙语的，另一个是纳瓦语的。前者旨在基督教名册中吸引、锚定或维护后者指定的异教实体。泰约利亚（teyo-lia）/阿尼玛（anima）这一对的情况也是这样，它们在美洲印第安人心灵和基督教徒灵魂之间建立了对等关系。然而，这些概念最初对应于完全无关的实体和信仰。对于古纳瓦人来说，泰约利亚是居住在人体、山脉和湖泊中的三种重要力量之一。当一个人死后，他的泰约利亚要么去了塔拉罗坎的米克特兰，或者去了太阳的天堂，但尘世的功德对其命运没有任何影响②。因此，这与基督教的灵魂没有任何关系，除非带有异端思想。本着同样的精神，萨阿贡的《诗篇》将卡斯蒂利亚玫瑰与前西班牙时期的金盏花（cempohualxochitl）联系在一起，这意味着将基督徒圣徒传中喜爱的花朵与前西班牙时期出现在所有主要节日中的花朵联系起来③。这样，玫瑰就成了"卡斯蒂利亚金盏花"。正统的解释再一次取决于土著公众的教育和敏感性，以及它同化了多少基督徒。

融合的不稳定性

提奥约蒂卡和成对的术语显然是适度但有效的吸引子，使得适当地使用土著表达方式和概念成为可能。结果并不总是如传教士所预期。一

---

① 《墨西哥唱诗集》（Santoral Mexicano），第 13 页右面—15 页左面，引用于伯克哈特（1992 年），第 102—103 页。

② 洛佩兹·奥斯丁（1980），卷一：第 378 页。

③ 萨阿贡（1977），卷二：第二册，二十六章，14 节（第 173 页）；伯克哈特（1992年），91 页

般来说，使用的方便会产生不稳定的融合。在任何时候，基督教化的融合和"反常的错误"之间的门槛都有可能被跨越。忽略教会赋予条款提奥约蒂卡的意义，或简单地将压力从基督教因素转移到特定组对（灵魂/心脏或玫瑰/金盏花）的美洲印第安元素，就足以把融合推入修道士们称之为偶像崇拜的阵营。毋庸置疑，融合的不稳定形态是由无数连接强化了的脆弱性而造成的。

极端紧张的殖民社会背景带来了极为不同的经验，这些经验所产生的各种因素的联系总是容易发生突变。事实上，刚刚伪造的融合很少能以保证其永久存在并控制其传播的形式来明确。萨阿贡《基督教诗篇》（*Psalmodia Christiana*）所采取的方法仍然是一个例外。从该修道士和其土著帮手们的头脑中产生的联想得益于书写和印刷这两种双生媒介。然而，大多数教会经文——教义和圣徒传——仍以手稿形式存在。西班牙牧师在布道期间建立的联系甚至更不持久且不可控。这是因为传道者给基督教万神殿中的圣徒起的土著名字是口头传播的，所以他们所依据的联系导致了萨阿贡所谴责的"错误解释"。

其他联系是用画笔画出或用石头雕刻的，但这可能不足以使他们的基督教解释永久留存。前西班牙时期的雕塑图案一览无余地——在教堂正面、入口两侧——与基督教肖像和欧式装饰共存。在许多墨西哥城镇，它们仍然可以受到赞赏。但是，应该赋予它们什么意义呢？大多数时候，这些联系是土著雕刻家雕刻的装饰体系的一部分。在某些情况下，修道士们的干预是为了防止任何倒退性解释。例如，方济各会的画作在描绘基督的伤口时，借鉴了前西班牙时期在人祭时所流出的珍贵鲜血的象征，但理论上，修道士们在那里是为了解释这种新的神圣血液的意义。然而，装饰圆柱和拱门的无数鲜花，也许不太可能引起修道士们的注意。在"装饰"这一更为纯真的标签的掩护下，古老的主题肯定能唤起一些意义或暗示对基督教的解释，而这些都背离了正统观念，并恢复了祖先的信仰。石头的耐久性远不是要在基督教阵营中长久展现，其目的可能与基督教布道的目的正相反①。

---

① 雷耶斯－瓦雷里奥（1978），书中多次出现。

回归的不可能性

如果混血现象代表的是一种含义可以改变的融合，那么这种不稳定是否有利于古老的异教信仰？这一性质，通过触发逃避正统基督教的回忆，是否意味着真正回归到了美洲印第安人的世界？我不这样认为，其中至少有两个原因。基督教天堂和美洲印第安人天国的不断联系，以及旧约和新约与前西班牙时期想象世界之间的许多联系，导致这两个信仰领域的共存和渗透。萨阿贡的《诗篇》将基督教的圣徒们推入异教徒祖先的绚丽和光辉的世界，从而产生了新的生物，尽管这些生物不足以使前西班牙时期的来世基督教化，但却异常迷人、势不可挡，足以改变美洲印第安人的信仰。系统地结合基督教的神性，甚至可以把某一灵魂带入令人憎恶的信仰中。但是这个异教的来世，就像坎塔尔一样，不再是征服之前存在的那个世界。

古老的异教不再享有重新建立自己的"正统"或任何类型的"纯洁"的手段（就这一点而言，这从来就不是它所关心的问题）。由于缺乏崇拜偶像的牧师、祭司（calmecac）学校、以及传播和推行正统教义的资源，旧的仪式和信仰暴露于日益"被污染"的受到征服者宗教启发的解释之下。正如之前提到的，在16世纪80年代，混血编年史家迭戈·穆诺兹·卡马戈的土著线人们将女神苏凯琪特莎的天国变成了天堂的乐土，任何文艺复兴时期的西班牙人都会为之着迷。

融合的扩散和不稳定将使它们日渐远离为之提供初始成分的传统和环境。墨西哥教会显然不得不在放任主义和不切实际的灭绝之间做出选择，而这种灭绝从来没有真正被它下定决心去实施（萨阿贡试图通过将瓜达卢佩圣母的本土名字托南琴与一位令人恐惧的美洲印第安女神希华科阿特（Cihuatcoatl）联系起来，使得对圣母的新崇拜产生怀疑，但似乎收效甚微）。第三种可能性是新融合的传播。教会通过不断支持可能吸引土著人民期望的新联系，始终保留着重新控制局势的可能性。一个臭名昭著的例子是1648年墨西哥城大教堂的教会第二次发动起对瓜达卢佩圣母的崇拜，从长远来看，这取得了不可否认的成功。我们就应该从这个角度来看待圣母显灵的"印第安"版的精巧，最终赋予它坚定的教义。

至于美洲印第安人，他们的行动差别很大，但远不能忽视。回归过去是毫无疑问的。历史不可逆转。他们以何种方式使其被提供的融合达到自己的目的或发展自己的混血现象，取决于西班牙牧师给予他们的行动自由、社区土著首领的西班牙化程度、以及该地区的巫医们（治疗者）和其他"神圣工人"的想象力，这些人并不一定是古代世界的专家。巫医们介绍基督教材料的效率远远超过当地牧师。巴洛克式基督教所要求的新的安排，以及与前西班牙时期的世界有联系的印第安首领的消失，很快结束了产生于16世纪的组合。其他的混血创作追随那些以坎塔尔和壁画为代表的作品。但是，为了让墨西哥人恢复对融合的控制，人口复兴是必须的，同时还需要一位他们自己队伍中的大胆和富有想象力的领导人带头作出的集体努力。例如，17世纪中叶，安东尼奥·佩雷斯（Antonio Perez）围绕波波卡特佩特圣母（Virgin of Popocatepetl）崇拜的活动，引发了新的融合，暂时逃脱了教会的警惕。但这一短暂的实验很快就被压制扼杀，这再次表明了融合的脆弱性①。

因此，混血现象似乎是流动的、不稳定的、速度之快无法控制的。他们只能被通常无用的歼灭战术来反击，或者用新的融合来替代，即一种新的模式，它将反过来摆脱其煽动者的控制。混血机制的复杂性及其引发的谨慎心理，可能是由于一种反复无常的"天性"所致，这种"天性"往往使他们的发明者成为巫师的学徒——在不可预见的道路上徘徊。同时，在社会和政治方面，混血现象实际上包含很多变数，以至于它们使得权威和传统的相互作用复杂化。这些现象从寻找它们的历史学家手中溜走，或者被人类学家在寻找古语、"寒冷社会"和真实传统的过程中忽视。这种复杂性还与在其历史上某一时刻被融合跨越了的门

① 格鲁金斯基（1985），第107—179页。混杂的脆弱性解释了为什么乔治·库伯勒故意忽略了这一现象，理由是殖民化根除了前哥伦布时期艺术的所有形式遗迹，而幸存下来的那部分则只能以贫穷，退化的形式永存。在谈到特拉马纳尔科（Tlalmanalco）的雕刻柱子时，他写道："在此过程中，原始设计在越来越示意性的风格化中失去了清晰度、层次结构、变化和个性。"库伯勒（1985），第67页。这意味着完全从消亡和颓废的角度设想对传统进行转变。

槛联系在一起，无论是转变成一个新的现实，还是被赋予意想不到的自主性。这些不同的门槛与产生混血现象的吸引子之间可能存在着联系。我把这个问题放到后续作品中讨论，为的是能够以回归当下的世界为结束，对此希望读者们不要责备我。

结论　春光乍泄

在梦中，一位神奇的大天使出现在我们面前。他告诉我们，我失去的穆拉基塔（muiraquita）护身符在文塞斯劳·彼得罗·佩特拉博士（Doctor Venceslau Pietro Petra）的至爱手中，他是秘鲁副国的臣民，却跟伯南布卡的瓦尔康蒂斯（Cavalcantis of Pernambouc）一样的佛罗伦萨人。

——1926 年 5 月 30 日，《马丘纳伊马》（Macunaima）
皇帝给圣保罗亚马孙人的信

《春光乍泄》（*Happy Together*，1997）是一部关于两个中国男人在布宜诺斯艾利斯的电影，它在亚洲和美洲之间架起了桥梁。在阿斯托·皮亚佐拉（Astor Piazzola）的探戈音乐背景下，他们试图使自己的恋情得以幸存并维持下去。香港导演王家卫通过用中国人的视角审视新世界，试图打破几个世纪以来西方试图遏制拉丁美洲的框架。

亚洲人的目光揭示了一种新的相互联系，与西方现代性传统无关，对历史殖民路线漠不关心。布宜诺斯艾利斯和香港，这两个由《春光乍泄》相联的城市，除了都曾是西欧的前殖民地之外，几乎没有什么共同之处。布宜诺斯艾利斯是通往拉丁美洲的门户，这是由于西班牙的统治和欧洲人移民南半球产生的，而香港则是通往亚洲的门户，直到最近还处于英国统治之下，如今在中国和西方之间四分五裂；此外，它还进一步代表着一个靠借来的时间生存的社会。

这位香港电影人转向布宜诺斯艾利斯，打破了一直蒙蔽住欧洲和美国对拉丁美洲认知的异国情调，这种异国情调随时准备为边缘化、差异性和其他性而狂热。那王家卫是怎么处理的呢？布宜诺斯艾利斯的探戈酒吧、伊瓜苏瀑布，以及巴塔哥尼亚的照片都没有呈现当地的色彩，没有创造距离感。他们描绘了一个由王家卫重新创作的空间，同时兼具阿根廷和非阿根廷的，就像在墨西哥坎塔尔中发现的合成他界一样既真实又虚幻，仿佛它们不再是地理坐标，而是变成了重新创造的世界的一部分。除了这些效果外，还应该添加一些由于纹理、速度或慢速运动而出现的新图像，从而改变我们通常的观看方式。创造性的、杂交的、混血现象：也许我们在意大利—墨西哥的艰苦跋涉期间所做的观察可以应用于这部当代电影。

香港电影

《春光乍泄》中的影像生动地证明了 20 世纪末在香港产生的杂交和混血过程。但首先，它们属于一个电影产业，从一开始，它就不断影响着亚洲与西方的关系。在这个地区，东方与现代西方之间的对峙，就像四个世纪前伊比利亚欧洲人和美洲原住民之间的对峙一样壮观。这场冲突并不是最近才发生的；从 16 世纪开始，葡萄牙人、西班牙人、日本人和中国人在远东地区就遇到了相互对立的局面。正如我和卡门·贝尔南德在别处所写的："亚洲的混血现象不同于美洲的混血现象。后者在大陆范围内建立了一个混血社会，而前者则已经指向了整个星球的融合，这种融合以被卷入世界经济潮流的个人和家庭所做的全球移动为象征。"①

在 20 世纪，这些现象的应用范围更广，就像创造性的电影制作所能一窥的那样。影像再一次提供了一个观察遭遇和冲突结果的特殊角度。因此，毫不奇怪的是，评论家和电影制作人的作品解决了本书开头提出的一些问题。在 1997 年的一次采访中，吴宇森（John Woo）说："我认为我的电影不是基于单一文化的。它们也从来没有真正做到。我一直在跨越亚洲和西方。"② 在吴宇森的一部代表作《喋血双雄》（*The Killer*）（1989）中，一尊圣母像的遭遇使得这位导演发表了如下评论：

---

① 贝尔南德和格鲁金斯基（1993），卷二：第 492 页。
② 《香港东方影城》（*HK, Orient Extreme Cinema*）第四期，（1997 年 10 月），第 66 页。

[这座雕像] 不仅指基督教，也指武侠片中的侠客（中国骑士）所作的纯洁誓言。它的毁灭不仅代表了终极亵渎，也代表了两个世界的象征性统一……仅 [这一幕]，就概括了一位既是中国人又是基督徒的电影制作人的繁杂世界，以及他对人类情感融合的想象①。

中国武术电影在过去三十年中所表现出的变化，证实了导致多部"重拍"系列的交叉影响。他们的历史可以以同样的方式追溯到墨西哥的混血现象。1965 年，制片人邵逸夫（Run Run Shaw）从日本武士片和北美西部片中汲取灵感，为侠客题材注入了新的活力，这一类型已经经历了戏剧性的演变，出现了一系列的夸张上升和迅速下滑。将"异国情调"元素注入到已经被历史小说和大众杂志小说深刻改变的传统框架中，保证了一系列基于独臂大侠角色电影的流行。武侠片成了"人们不断试图超越对方的一种类型，在这种类型中，最不可能产生的影响被很容易地结合在一起。"②

20 世纪 80 年代初，中华人民共和国进行了一次风俗方面的大转变，抓住了这一题材，恢复了武术地位，而在此之前它一直被谴责为是封建的。电影《少林寺》（The Temple of Shaolin）为这次回归打上了印记，它讲述了十三位少林寺僧人拯救唐朝皇帝的故事。矛盾的是，正是中国大陆重新唤起了香港市民对古代社会故事的兴趣。在岛屿、大陆、好莱坞、日本、电视和电影工作室之间，这种不断的往来助长了不间断的杂交体系（在中国范围内）和混血现象（日本和美国之间）。原谅那些怀念纯洁和传统的人，这些纯正的中国产品就像中美洲的印第安壁画一样，是活生生的复合作品。

这种题材的不断开放、破碎和丰富——以及妥协、重置和重释——鼓励了形式和内容方面的灵活性，而这又是导演们经常能够利用的。这些转变最终在 1995 年徐克（Tsui Hark）的《刀》达到巅峰，这是对独臂剑客经典故事的重新诠释。徐克的严谨电影声称追溯至日本的根源，

① 《香港东方影城》第 0 期，（1996 年 10 月），第 38 页。
② 《香港东方影城》第 3 期，（1997 年 7 月），第 9 页。

甚至通过消除了原始故事中的地理和历史参照来挑战这一题材。

王家卫在《东邪西毒》(*Ashes of Time*,1994)中设计了更多不寻常的变化,让混搭意象变得疯狂起来。就像他的其他电影一样,这部电影将典故和影像与墨西哥文艺复兴时期画家展现的同样精力和创造力结合在一起。伊斯米基尔潘的艺术家们用生动的意大利化怪诞模式重现了仪式斗争主题,而《东邪西毒》则从西方人的角度彻底重新诠释了功夫题材,从而探索了一条极相似的道路:《东邪西毒》分解并扩展了经典武侠片,把莱昂(Leone)在西方的作品推向矫饰主义极端。"① 令人吃惊的图像叠加创造的幻景,突然将中国的盗匪转移到墨西哥的革命世界。除了玩转影像,这些混血现象还玩转声音——埃尼奥·莫里康内(Ennio Morricone)风格的西方音轨伴随着来自亚洲世界的意象,结果像《枕边书》中的听觉融合一样令人不安②。

杂交和混血现象

王家卫几乎所有的电影都发生在香港,这个靠借来的时间生存的殖民地社会③。这座城市是世界上文明、霸权主义和经济体系以惊人方式相互碰撞和共存的地方之一。古代中国与现代中国的共存、资本主义、新自由主义、社会主义和后现代的并存,维持着一种独的局面,城市未来的不确定性进一步加剧了这种局面的不稳定性。这种问题重重、不稳定和矛盾的情况在 20 世纪末可能是独一无二的。香港的存在违背了西方思想的最基本架构,它将传统与现代、东方与西方、共产主义与全球化、中心与边缘混为一谈,同时又提供了一个沉浸在难以预测的蜕变中的现实之谜。

尽管如此,我们的眼睛仍然对这岛上的混血机制视而不见。评论家们很难将王家卫作品与西方电影相提并论:"《阿飞正传》(*Days of Be-*

---

① 让·马克·拉兰尼等,《王家卫》(巴黎:迪乌出版社 1997 年版),第 13 页。
② 还可参见《加州梦想》(*California Dreaming*)一曲在 1994 年电影《重庆森林》(*Chunking Express*)中的作用。
③ 王家卫 1958 年出生于上海,他离开中国内地去了香港。自 1988 年以来,他制作了一系列与英国殖民统治的最后几年密切相关的故事片。

ing Wild）似乎是现代电影转型成类型片的一次革新，一种由安东尼奥尼（Antonioni）对尼古拉斯·雷（Nicholas Ray）的重新诠释。"或者，他的电影与新技术产生的意象流有关。当我们终于睁开眼睛，对眼前景象感到不安时，我们为这位香港导演的电影根深蒂固的模糊性所困扰，因为它们强调意象、形式和叙事的问题本质。他的全部作品都是主人公在矛盾的空间和忠诚之间不断挣扎①。矛盾心理似乎到处都是——在使用"永远不太正确"的颜色中，以及在据称是不连贯和脱节标志的视觉多价中（"图像错过了与其意义汇合的点"）。王家卫通过一系列"视觉和认知上的不确定性"进一步强化了模糊感，这从他的第一部电影《旺角卡门》（*As Tears Go By*）就可以看出。模糊性随处可见，成为这位电影制作人的"认识论"特征之一。

　　然而，我们现在对文艺复兴和墨西哥世界的讨论表明，对于王家卫电影的特殊性，我们采取了一种不同的方法。使其作品充满神秘但并非含混暧昧。评论家们在写作"夜间与城市日间观光"或"由不匹配的片段组成的故事"时，或者当他们提到情节和图像的持续复杂性时，他们都感受到却没有意识到的是，杂交和混血机制的综合作用②。我们深深地陷入墨西哥的过去使我们即使不理解，也会认识到这些机制。在这里，我们面对的是一件混血艺术品，其参照品不再完全只是西方和亚洲的。有些人甚至没有立即领悟到其意义，例如《阿飞正传》开始和结束时出现的不知名丛林，或两次打断《春光乍泄》叙事的伊瓜苏瀑布。它们的影响和连贯性绝不会因这一事实而减弱——事实是，这些图像并未指示任何特定的世界，无论是熟悉还是奇异的，它们都没有以合适的方式发挥作用，它们"不受所有背景的影响"③。图像"有能力成为自主的……它们坚持并组织抵抗……它们长得像不受控制的野生植被。"④它们让我们想起文艺复兴时期的墨西哥艺术品——《佛罗伦萨抄本》中

---

　　①　香港以倒置的形式、向下的天空、日光下（与布宜诺斯艾利斯阴郁的夜晚形成对比）悄悄地出现在《春光乍泄》（*Happy Together*）中。在这部影片中，中国的港口和阿根廷的港口同时处于对等对称的位置，好像布宜诺斯艾利斯已成为香港的另一面，位于地球的另一侧。

　　②　拉兰尼（1997），第10、13、45、52页。

　　③　同上书，第27页。

　　④　同上书，第18、19页。

的《雨》和《彩虹》——它们把我们推入了从西欧和美洲原住民边缘发展出的富有想象力的世界。

王家卫通过慢动作来突出场景的主要特征，构建了一个不同的时间球体共存的混合图像。类似影响产生于 16 世纪《特勒利安奴斯－雷蒙西斯抄本》（*Codex Tellerianus-Remensis*）的双历法，它将基督教和美洲印第安人的时间框架并列在一起；王家卫的"通过使屏幕上各种元素以不同的速度经过"将图像和时间并置①。屏幕上快速和慢速运动的结合甚至不会剥夺图像的连贯性和美感。

然而，混血机制既适用于行为，也适用于意象和时间性。与看上去相反的是，电影制片人的主角们并没有在外在的忠诚之间挣扎；他们自发地在一个多重世界中活动，这个世界的杂交和混血的特性使它从标准的停泊处解脱出来。这些角色"没有性格"，就像他们的巴西近亲马里奥·德·安得里德的《马丘纳伊马》一样。如果香港和布宜诺斯艾利斯是可以互换的，如果其中一个存在于另一个之中，反之亦然，那是因为它们都属于电影人的混血世界。与一个多维度的综合领域相比，这更不是一个"似乎已经失去了所有的衡量意义……［变得］不可通约，前所未有"的空间。

在故事展开过程中出现的明显不确定性或优柔寡断，只与我们的惯例和期望有关。也许这是同样扭曲、简单化的过滤器，促使西班牙人之前在墨西哥本土的绘画和坎塔尔中看到迭戈·杜兰所说的异类（"谬论"）。王家卫的剧本给人的分裂和破裂的印象并不在于剧本本身；而是源于一种缺乏准备去处理完全不同基础上的叙事形式的解读。它与16 世纪墨西哥文本有着相同的独特性。因此，我们不应对王家卫电影激发的评论感到惊讶，这些评论似乎每一词句都适用于墨西哥坎塔尔的评论："我们只是四处游走，而不是在进步。过去和未来之间并没有明确划分，从一个向另一个转变的过程就是起伏不定的。"坎塔尔包含的元素彼此跟随，而不遵循经典的叙事过程；就像王家卫的电影一样，很难不迷失方向。坎塔尔既不是美洲印第安的也不是欧洲的，它们都是混血作品。

---

① 拉兰尼（1997），第 19 页；格鲁金斯基（1991），第 33 页。

殖民社会和混血创作

虽然中间隔着海洋和几个世纪，但这些作品还有另一个共同之处：它们与被其孕育的殖民化和西方化了的土地之间有着独特关系。坎塔尔既没有表现出它曾经的（或者像我们今天所看到的那样依然是）墨西哥殖民社会，也没有表现出 16 世纪中叶的印第安贵族社会。他们对征服后时期或 16 世纪末的墨西哥城提供的评论，不外乎关于教堂壁画或手抄本。王家卫的电影也没有声明是用来描述香港回归前的最后时刻。这种超然性源于贯穿这些作品的大量典故。无论在墨西哥城还是香港，恰是它们混血的独特之处，才废除了任何镜像效应，而无需这些作品与其历史环境分割开来。它们是像棱镜一样的作品，捕捉城市景观的反射，"将它们衍射到许多面。"

是否应该像已经提出的那样，从消极角度来分析这种关系？"在其电影中，王家卫传达了这一时期一种特别强烈的消极体验：一种总是无法把握、矛盾的文化空间体验，而这种文化空间总是刚好超出我们的能力范围，或者无法用言语表达。"① 据称，他的电影带有殖民空间问题本质的标记，这是由帝国主义、新自由主义、不断演变的共产主义和中国帝国历史之间的并置、交叉繁殖和过渡积累而成②。然而，从理论上讲，这一标记在表达和行为上要比明确的观察或清楚的政治信息模式更为明显。据称，混乱产生于等级制度的波动和不确定性③、不断变化的规则、"瞬息万变的转换"，以及从今以后不可预测的未来的威胁。这种困惑在电影的矛盾、空间悖论和失衡的情感中得以表现。

事实上，这种关系似乎比上述分析所显示的更加微妙和复杂。即使以"消极"方式来感知和表达，它也超越了因果之间的简单联系。香港情况的奇特性和不确定性，与混血创造力相匹配，其根源比 20 世纪

---

① 拉兰尼（1997），第 11、19、22、27、41 页。

② 1997 年"第十届德国卡塞尔文献展"中一部分探讨了"一种新的城市共存形式"。它显示了珠江三角洲令人难以置信的城市综合体，"它是一个加剧差异的城市……基于其互补性和竞争性之间最大的差异。"

③ 拉兰尼（1997），第 53 页。

90 年代的危机时代更久远。这种反应不能归结为失败和挫折的病态累积。王家卫人物所处的这个复杂世界中，有自己的连贯性和力量。这是为新经验而作的框架，这位电影制片人在形式和内容上的表达的新经验，构成的不仅仅是不同的、异质的片段。那些无法归类、因而令人不安的图像、加速和惯性的融合，以及"图像微妙的不稳定性"（意味着"我们永远不确定所看到的"）① 绝不仅仅是不平衡的症状。在更大程度上，它们是对混血和杂交机制精心构建的反应的表现形式。通过将结构的灵活性和表达的极端严谨结合起来，这些结构使人们有可能对该岛一直存在并将继续发展的复杂情况进行概念化。在这方面，混血创作既是香港形成性外加剂的产物，也是对其进行概念化和描述的唯一途径。这意味着，王家卫作品不能简单地归结为一种事物状态的简单电影换位，也不能归结为一种经验和叙事危机的表达。香港不是一个停滞不前的西方世界，而是一个正经历着越来越微妙和不可预测的混血现象的混合宇宙。

"消失文化"

社会学家阿克巴·阿巴斯（Ackbar Abbas）在 20 世纪最后十年里参考香港的情况，提出了"消失文化"。阿巴斯认为"消失"一词有好几个意思。首先，它表示一种由回归中国的痛苦引发的移动的、短暂的、难以捉摸的现实②。"消失"指的是"一个曾经在那里很长时间……而现在已不在，"③ 一个已经消失的时间和一个"扭曲的空间"④。这一定义会使香港成为不可预测和昙花一现的造物之岛——建造高楼大厦，其建设速度与摧毁速度一样快，香港这一地区将像磁带一样不断地被抹去并再次使用。

"消失"还意味着一种被系统地忽视了的存在形式，仿佛外部的凝

① 拉兰尼（1997），第 45 页。
② 吴宇森（John Woo）《香港》（HK）第四期（1997 年 10 月），第 69 页。
③ 阿克巴·阿巴斯（Akbar Abbas），《香港：消失的文化与政治》（*Hong Kong: Culture and Politics of Disappearance*）（明尼阿波利斯：明尼苏达州立大学出版社 1997 年版），第 53 页。
④ 同上书，第 54 页。

视通过坚持传统的双重性——东西方之间或传统与现代之间的双重性——而忽视了原创性的存在。香港在电影、图书、建筑等领域的创造力正不断消失，这并不是因为它被削弱了，而是因为它被自然而然地忽视了，取而代之的是陈词滥调和传统或熟悉的图像。人们很难相信这个盛产银行家的岛屿除了剩余价值以外，还能产出其他任何东西。正是这种相同的短浅目光，使墨西哥的过去沦为屠杀和毁灭的历史，长期忽视了墨西哥文艺复兴时期极为独特和丰富的产品，把它们放在括号里使其"消失"了。

消失：在这种变化的背景下，试图确定身份毫无意义。我们不妨试着冻结一个现实——其主要特征是变化、转变和不间断的"消失"。与其思考香港身份的命运，不如探讨一种新主体性的出现，它不仅仅是一个心理概念，更是一个"情感、政治和社会范畴。它是……一种由于旧的文化观念和方向的消失而产生的主体性，也就是说，它是一种明确从消失的空间中发展出来的主体性。"①

这种棘手的局面既是一种威胁，也是一种机遇。它可能引发逆转和出现新的存在形式，其活力和生存与其本身的流动性和不稳定性联系在一起。为了避免被同化或再次吸收，人们必须学会在一种消失的文化中生存，采取准备好的策略以利用变化，然后将其推向意想不到的方向（想避免纯粹而简单的西班牙化的美洲印第安贵族就是这么做的）。这种反应不是以撤退到当地或土著人中间为方式，也不是逃往边缘，而是与殖民或新殖民②统治的压力和限制进行正面交锋的斗争。这种态度将避免被具体化的边缘状态的陷阱，这种边缘化的存在只会巩固中心，就像它会避免理想化成为之前的纯洁避难所的孤立错觉。虽然赌博有风险，但面对"消失的文化"并不一定会使那些敢于冒险的人麻痹大意。

"后殖民的"香港并不是文艺复兴时期的墨西哥城。然而，就像今天的香港电影制作人一样，美洲印第安人艺术家也许设法利用他们宇宙

① 阿克巴·阿巴斯（Akbar Abbas），《香港：消失的文化与政治》（*Hong Kong：Culture and Politics of Disappearance*）（明尼阿波利斯：明尼苏达州立大学出版社1997年版），第11页。
② 或者说后殖民地，如果这个词在现在回归中国的香港中有任何意义的话。

的消失来创造他们自己的世界，"与消失一起工作，把它带到别处……用消失来处理消失。"① 在这两种情况下，对图像和视觉领域的操纵彻底压倒了艺术领域——那是我们的短浅目光试图将其托付的领域。面对这场危机及其制约因素，中国电影制作人"可以通过质疑影片的视觉效果，而不是直接提出身份问题，从而更有效地介入政治辩论"②。

在这一点上，王家卫并不是唯一一个质疑视觉安排的人。像关锦鹏（Stanley Kwan）这样的导演通过鬼故事重新诠释一个已经"消失了的世界"，也就是说，通过重新创造一种几乎可以追溯到中国电影起源的类型③。在《胭脂扣》（1988）中，他重新发明了这一类型的传统参数：与其说鬼的出现是对人类世界和超自然世界的区分，倒不如说它是压缩了时空。这部电影回避了 20 世纪 30 年代和 80 年代之间的所有区别，建立了一个过去和现在交融在一起的异质空间。矛盾的是，其中一种最受欢迎和最奇妙的体裁，却被用作一种用以表达香港文化空间之复杂性的严谨方法④。杂合性是如此之强，以至于从过去到现在的元素都失去了完整性，到了可以融合或变得完全可互换的地步。通过引入双重时间框架，以鬼为象征的可逆时间允许将过去的许多元素融入现在。在殖民时代的唤起死者是我们现在所熟悉的一种活动——四个世纪前，同样轻松的是，墨西哥坎塔尔的作曲家和表演者们都沉溺于极为相似的游戏中，他们改变了传统的流派，将自己投射到一个已经消失的时间框架中。

我们可能在香港与墨西哥城之间找到极为类似的东西，并不能否定两者之间的无数分歧。但是它们标志着一个巨大混血空间的"两极"，在那里，类似问题可以产生共鸣。墨西哥画家帮助我们欣赏香港电影制作人，而中国的例子反过来又激励我们重新审视美洲印第安人的例子。它应该提醒我们，土著的文艺复兴世界正受到经济、社会、宗教等各方

---

① 阿巴斯（1997），第 8 页。
② 同上书，第 48 页。
③ 同上书，第 40 页。有两个主要的作品涉及这个主题：《胭脂扣》（*Rouge*）（1988）和《女演员》（*Actress*）（1991）。《胭脂扣》讲述了如花的故事。如花在 20 世纪 30 年代在香港自杀后，于五十年后重新露面，以寻找失踪的情人。
④ 同上书，第 41 页。

面的攻击。这是一个因疾病的毁灭性袭击而面临物质灭绝威胁的宇宙。最后，这个社会的领袖被剥夺了其民族精神、活动领域（战争、偶像崇拜的祭司身份、对贡品的控制）以及它的体制框架（祭司学校、主要仪式等）。"消失"正在削弱一个承受来自庞大西班牙帝国日益增加的压力的世界。

但它从未完全将其压垮。危机的背景和显然无望的"消失文化"暴露于各种不可预见和不可预测的变幻莫测之中，引起了特殊类型的反应。这些反应并不十分引人注目，但这并不意味着殖民地人民仍然保持被动——他们走的是我们探索过的迂回曲折的间接路线。在墨西哥城和香港，人们的态度似乎是一致的。关于这座亚洲大城市的文章——"在影片对视觉的处理及其与流派的关系中对殖民主义间接的批判"①——适用于本书前几章里讨论过的反应。鉴于不可能颠覆视觉模型和强加的体裁，也不可能夺取"已经消失的世界"，墨西哥城和香港的艺术家们甚至在他们颠覆和偏离体裁的同时——无论是处理文艺复兴时期的怪诞风格还是功夫片，无论是再次应用古老美洲印第安人的坎塔尔，还是东方鬼故事——他们设计出了新的意象处理方法。这些作品中的每一部，都不是仅仅描述或忽略一种"死胡同的局面"，而是引发了培育出混血和杂交现象的所有资源的转移和突变。香港情况不仅引起了对墨西哥城的再次关注，也暗示着对意大利的回归。在费拉拉有一个贵族住所，罗梅之家（Casa Romei），这里引人注意的不仅有一个西比拉大厅（Hall of Sibyls），而且还有包括墨西哥火鸡、猴子、蝴蝶和美洲狮在内的怪诞风格的天花板②。同样在费拉拉的还有费尔特里内利（Feltrinelli）书店，1998年12月的同一天，我在那里偶然看到了阿比·瓦尔堡描述他在霍皮河中航行的《关于蛇仪式的讲座》一书的意大利版。

梅斯蒂索混血地区幅员辽阔，亟需进一步探索。去这些地方需要通过原始资料和学术领域进行长途航行穿越大陆和过去。就目前而言，在总结了我对一个极其复杂主题的不完美描述和解释之后，我只能鼓励读

---

① 阿巴斯（1997），第35页。

② 在西米埃塔殿堂内（Sala della Scimmietta），画于16世纪后期。参见卡拉·迪·弗朗切斯科（Carla Di Francesco）编著的《罗梅之家的西比拉大厅：历史与修复》（*Le Sibille di Casa Romei: Storia e restauro*）（拉文纳：龙戈出版社1998年版）。

者出发前往普埃布拉和伊斯米基尔潘，手拿着坎塔尔和《马丘纳伊马》，穿过希达尔戈山脉（Sierra de Hidalgo），或者潜入王家卫的布宜诺斯艾利斯。

或者跟随阿比·瓦尔堡的脚步，更好地理解教堂墙上的画作和古老的巴洛克祭坛，这两者都是霍皮族印第安人的集体记忆和经历中不可挽回的一部分。混血方法不是万能之计——它的战斗永远不会胜利；它必须总是重新开始。然而，混血现象提供了在一生中属于几个世界的特权："我是弹琉特琴的图皮人！……"

参考书目

Abbas Akbar（1997）. *Hong Kong：Culture and Politics of Disappearance* 《香港：消失的文化与政治》, Minneapolis：University of Minnesota Press.

Acosta, José de［1588］（1984 – 1987）. *De procuranda indorum salute* 《论为印第安人求取健康》, Madrid：Centro Superior de Investigaciones Cientifícas.

—— ［1590］（1979）. *Historia natural y moral de las Indias* 《西印度群岛自然与道德史》, Edited by Edmundo O'Gorman. Mexico：FCE.

Aguirre Beltrán, Gonzalo（1970）. *El Proceso de aculturacion* 《适应过程》 Mexico City：Unversidad Iberoamericana.

—— （1973）*Medicina ye magia El preceso de aculturacion en la estructura colonial* 《医学与魔法：殖民结构中的文化同化进程》, Mexico City：Instituto Nacional Indigenista.

Alberro, Solange（1988）*Societe et inquisition au Mexique*，1571 – 1700 《墨西哥的社会与宗教裁判所，1571—1700》, Mexico City：CEMCA.

—— （1992）*Les Espagnols dans le Mexique colonial：Histoire d'une acculturation* 《西班牙人在墨西哥殖民地：同化的历史》 Paris：Armand Colin.

Albornoz Bueno, Alicia（1994）. *La Memoria del olvida：El lenguaje el tlacuilo, Glifos y murals de la Iglesia de San Miguel Arcangel, Ixmiquilpan, Hidalgo. Teopan dedicado a Tezcatlipoca* 《遗忘之记忆：特拉奎罗的语言、希达尔戈州伊斯米基尔潘市圣米盖尔·阿尔坎赫尔教堂的竖沟装饰及壁画。献祭给特斯卡特利波卡的特奥潘》.

Alciat, André（1997）. *Les Emblemes，fac-simile de l'edition lyonnasie Mace-*

Bonhomme《徽标解读之书：1551 年里昂版本影印版》, Preface by Pierre Laurens. Paris：Klicksieck.

Alpers, Svelana（1990）. *L'Art de depeindre：La peinture hollandaise au XVIIe siècle*《描绘的艺术：17 世纪的荷兰绘画》, Paris：Gallimard.

Alva Ixtlilxóchitl, Fernando de（1975）. *Obras históricas*《历史作品》Edited by Edmundo O'Gorman. Mexico City：UNAM, Instituto de Investigaciones Históricas

Alvi, Geminello（1996）. *Il secolo americano*《美国世纪》, Milan：Adelphi.

Amselle, Jean-Loup（1990）. *Logiques metisses：Anthropologie de l'identite en Afrique et ailleurs*《度量逻辑：非洲和其他地方的身份人类学》, Paris：Payot.

Anania, Lorenzo de（1576 和 1582）. *Fabrica del mondo ovvero Cosmografia divisa in quatro trattati*《分为四部分的世界工厂与宇宙》, Venice.

Andrade, Mario de（1996）. *Macunaíma：O heroi sem nenhum carater*《马丘纳伊马：一位毫无性格的英雄》, Edited by Tele Porto Ancona Lopez. Sao Paulo：Allca XX, Edusp.

Ares Queija, Berta 和 Serge Gruzinski（1997）. *Entre dos mundos：Fronteras culturales y agentes mediadores*《在两个世界之间：文化边境及调解者》, Seville：Escuela de Estudio Hispanoamericanos.

Arrellano, Alfonso（1996）. *La Casa del Dean：Un ejemplo de pintura mural civil del siglo XVI en Puebla*《主任牧师之家：十六世纪普埃布拉民间壁画的案例》Mexico City：UNAM.

Baird, Ellen Taylor（1979）. *Sahagun's Primeros Memoriales：A Strctual and Stylistic Analysis of Drawings.*《萨阿贡的"第一纪念馆"：图纸的结构与风格分析》, Ph. D dissertation, University of New Mexico, Albuquerque. Ann Arbor, MI：University Microfilms.

Barkhan, Leonard（1986）. *The Gods Made Flesh：Metamorphosis and the Pursuit of Paganism*《众神制造了肉体：变形与异教的追求》, New Haven. CT.

Barlow, Robert H.（1948）. "El Codice de Tlatelolco." InHeinrich Berlin,

Anales de Tlatelolco: *Unos annales historicos de la Nacion Mexicana y Codice de Tlatelolco*《特拉特洛尔科编年史：墨西哥民族史实大事记及特拉特洛尔科抄本》, Mexico City: Porrua.

Barlow, Robert H. （1989）. "Los caciques colonials de Tlatelolco 1521 – 1526. " *Obras*《作品》, Mexico City: INAH/Universidad de las Americas.

Bate, Jonathan（1998）. *Shakespeare and Ovid*《莎士比亚与奥维德》, Oxford: Clarendon Paperbacks.

Baudot, Georges （1977）. *Utopie et Histoire au Mexique*: *Les premiers chroniqueurs de la civilisation mexicaine* 1520 – 1569《墨西哥的乌托邦与历史：墨西哥文明的早期编年史家 1520—1569》, Toulouse: Privat.

Baxandall, Michael（1986）. *Painting and Experience in Fifteenth-Century Italy*《十五世纪意大利的绘画与经验》Oxford: Oxford University Press.

Benat-Tachot, Louise （1997）. Gonzalo Fernandez de Oviedo 的 "Ananas versus cacao. Un example de discours ethnographique dans la *L'Historia general de las Indias*" "菠萝与可可：一个民族志话语的例子《西印度群岛通史》。"In Ares Queija and Gruzinski.

Bencivenni, Alessandro, 和 Anna Samueli（1996）. *Peter Greenaway*: *Il chinema delle idee*《彼得·格林纳威：一部关于理想的电影》Genoa: Le Mani.

Benzoni, Maria Matilda（1994）. "*La cultura italiana et il Messico*: *Storia de un'immagine da Temistitan all'Indipendenza*《意大利文化及墨西哥：从史前到独立的影像史 （1519—1860）. " Dissertation, University of Milan.

Bernabé, J. , et al（1989）. *Eloge de la créolité*《克里奥尔颂》, Paris: Gallimard.

Bernand, Carmen（1997）. "Mestizos, mulatos y ladinos en Hispano-America: un enfoque antropologico y un proceso historico "西班牙语美洲的梅斯蒂索人、穆拉托人及拉迪诺人：历史进程中的人类学焦点"文稿.

Bernand, Carman 和 Serge Gruzinki（1988）. *De l'idolatrie*: *Une archeologie des sciences religieuses*《偶像崇拜：宗教科学考古学》Paris: Seuil.

—— （1991）. *Histoire du Nouveau Monde*《新世界的历史》, Vol. I, *De la decouvert a la conquete*《从发现到征服》，Paris：Fayard.

—— （1993）. *Histoire du Nouveau Monde*《新世界的历史》，Vol II, *Les Metissages*《祝福》Paris：Fayard.

Bernand，Carmen et al. （1994）. *Descubrimiento，conquista y colonizacion de America a quinientos anos*《500 年间对美洲的发现、征服及殖民》Mexico City：FCE.

Bhabha，Homi K. （1994）. *The Location of Culture*《文化的位置》，London：Routledge.

Bierhorst，John （1985）. *Cantares Mexicanos：Songs of Aztecs*《墨西哥民歌：阿兹特克歌曲》，Stanford，CA：Stanford University Press.

Bonfil Batalla，Guillermo （1973）. *Cholula，la ciudada sagrada en la era industrial*《乔卢拉：工业时代的圣城》，Mexico City：UNAM.

Boschloo，A. W. A. （1974）. *Amibale Carraci in Bologna：Visible Reality in Art after the Council of Trent*《博洛尼亚的安尼巴勒·卡拉奇：特伦特会议后艺术中的可见现实》，The Hague，Netherlands.

Brotherston，Gordon （1987）. *Aesop in Mexico：Die fabeln des Aesop in aztekischer Sprache*《伊索寓言在墨西哥：阿兹特克语版伊索寓言》

A Sixteenth-Century Aztec Version of Aesop's Fables《伊索寓言的十六世纪阿兹特克版本》，Berlin：Gebr. Mann Verlag.

—— （1992）. *Book of the Fourth World：Reading the Native Americas through Their Literature*《第四世界之书：通过文学阅读美洲原住民》，Cambridge，UK：Cambridge，University Press.

Brown，Jonathan （1991）. *The Golden Age of Painting in Spain*《西班牙绘画的黄金时代》，New Haven，CT：Yale University.

Brown，Peter （1998）. *L'Autorite et le sacre*《权威与加冕》（Paris：Noesis）.

Buarque de Holanda，Sergio （1957）. *Caminhos e fronteiras*《道路与边境》Rio de Janeiro：Jose Olympio.

—— （1996）. *Visao do Paraiso*《天堂的视角》，Sao Paulo：Editora Bresiliense.

Burity，Glauce Maria Navarro （1988）. *A presence dos Franciscanos na Parai-*

ba atraves do convent de Santo Antonio《方济各会在帕拉伊巴圣安东尼奥修道院的出现》, Rio de Janeiro：Block Editores.

Burkhart, Louise M.（1988）. *The Slippery Earth：Nahua-Christian Moral Dialogue in Sixteenth-Century Mexico*《湿滑的地球：十六世纪墨西哥纳瓦人与基督徒的道德对话》, Tucson, AZ：University of Arizona Press.

—— （1992）. "（Flowey Heaven：The Aesthetic of Paradise in Hahuatl Devotional Literature）绚丽的天堂：纳瓦灵修文学中的天堂美学."*Res*《资源》21（Spring 春）.

—— （1995）. "The Voyage of Saint Amaro：A Spanish Legend in Nahuatl Literature 圣阿马罗的航行：纳瓦文学中的西班牙传奇,"*Colonial Latin American Review*《拉丁美洲殖民地评论》Ⅳ：1.

Bustamante Garcia, Jesus（1990）. *Fray Bernardino de Sahagun：Una revision critica de los manuscritos y su proceso de composicion*《弗莱·贝纳迪诺·德·萨阿贡：对手稿的评论性回顾与其创作过程》, Mexico City：UNAM, Institute de Inverstigaciones Bibliograficas.

—— （1997）. *Francisco Hernandez, Plinio del Nuevo Mundo：Tradicion clasica, teoria nominal y sistema terminologico indigena en una obra renacentista* 弗朗西斯科·埃尔南德斯，新世界的普林尼：包罗于同一文艺复兴著作中的传统习俗、名词理论与土著术语学理论。" In Ares Queija and Gruzinski（1997）.

Calabrese, Omar（1984）. "Catastrofi et teoria dell'arte 艺术的灾难与理论", *Lectures：Analisi di materiali e temi di espressione francese*《学术会议15：法语表达中的材料与主题分析》15（December）.

—— （1987）. *La Eta neobarocca*《新巴洛克时代》, Bari, Italy：Sagittari Laterza.

—— （1992）. *Mille di questi anni*《这些年中的一千年》, Bari, Italy：Sagittari Laterza.

Camille, Michael（1992）. *The Margin of Medieval Art*《中世纪艺术的边界》, London：Reaktion Books.

Cantares mexicanos《墨西哥民歌集》（1994）. Facsimile edition edited by Miguel Leon-Portilla. Mexico City：UNAM.

Carrasco, David (1982). *Quetzalcoatl and the irony of Empire*：*Myths and Prophecies in the Aztec Tradition*《羽蛇神与帝国的讽刺：阿兹特克传统中的神话与预言》, Chicago and London：the University of Chicago Press.

Cartari, Vincenzo (1556). *Le imagini con la spositione dei Dei degli Antichi.*《具有远古神灵安排的图像》, Venice：Francesco Marcolini.

Castelli, Patrizia (1979). *I Geroglifici e il mito dell'Egitto ne Rinascimento*《文艺复兴中的埃及象形文字与神话》, Florence：Edam.

Cerad, Jean (1977). *La Nature et les prodiges*：*L'insolite au XVIe siecle en France*《自然与奇观：法国十六世纪的不同寻常》, Geneva：Droz.

Cecchi, Alessandro (1977). "Pratica, fierezza e terrivilita nelle grotesche di Marco da Faenza in Palazzo Vecchio a Firenze. 马尔科·达·法恩萨的荒诞在佛罗伦萨旧宫中的实践、骄傲与恐惧." *Paragone*《帕拉贡》327.

Cervantes de Salazar, Francisco ［1560］(1985). *Crónica de la Nueva España*《新西班牙编年史》, Mexico City：Porrua.

Chastel, Andre (1972). *La Sac de Rome*《罗马之劫》, Paris.

Chastel, Andre (1988). *La Grottesque*：*Essai sur l'ornement sans nom*《怪诞：关于无名装饰品的文章》, Paris：Le Promeneur.

Chimalpahin Cuauhtlehuanitzin, Domingo Francisco de San Anton Munon (1965). *Relaciones originales de Chaclo-Amaquemecan*《恰尔科 – 阿马奎美坎最初的关系》, Trans by Silvia Rendon. Mexico City：FCE.

Chiusa, Maria Cristina (1996). *Alessandro Araldi*：*La "maniera antico-moderna" a Parma*《亚历山德罗·阿拉尔迪：关于帕尔马的"今古兼备之法"》, Parma, Italy：Quaderni di Parma per l'arte, II：3.

Cisneros, Luis de (1621). *Historia del principio origen … de la santa imagen de Nuestra Senora de los Remedios*《罗斯·莱迈迪奥斯的圣母神像……最初的起源史》, Mexico City：Juan Blanco de Alcacar.

Codex Azcatitlan《阿兹卡蒂特兰抄本》(1995). Edited by Robert Barlow. Paris：Bibliotheque nationale, Societe des Americanistes.

Codex Magliabechiano《梅里亚贝奇抄本》(1970). Codices Selecti, XXI-II. Graz, Austria：Akademische Druck u. verlagsanstalt.

Codex Vaticanus A《梵蒂冈抄本 A》（1979）. Rome：Biblioteca Apostolica Vaticana.

Coleccioin de documentos para la historia de Mexico《墨西哥历史的新文件集》（1971）. Published by Joaquin Garcia Icazbalceta. Mexico City：Porrua.

Concilios provincials primero y Segundo《第一、二部省级会议文件集》（1769）. Published by Francisco Antonio Lorenzana. Mexico City：Antonio de Hogal.

Conti, Natale（1551）. *Mythologiae sive explicationum fabularum libri decem*《古代神中的寓言的解释》, Venice.

Cough, Christopher（1987）. "Style and Ideology in the Duran Illustrations《杜兰插图中的风格和意识形态》", Ph. D. dissertation, Columbia University 1987. Ann Arbor, MI：University Microfilm.

Dacos, Nicole（1969）. *La Decouverte de la Domus Aurea et la formation des grotesques a la Renaissance*《文艺复兴时期的多莫斯·奥里亚（Domus Aurea）发现和怪诞的形成》, London and Leiden：The Warburg Institute.

Delage, Denys（1991）.《逆向国家：北美的美洲印第安人和欧洲人 1600—1664》（*Le renverse：Amerindiens et Europeens en Amerique du Nord-Est, 1600 – 1664*）. Quebec：Boreal.

Diaz del Castillo, Bernal［1568］（1968）. *Historia verdadera de la conquista e la Nueva Espana*《征服新西班牙信史》, Mexico City：Porrua.

Didi-Huberman, Georges（1990）. *Fra Angelico：Dissemblance et figuration*《来自安吉利科：拆解形象》, Paris：Flammarion.

Di Francesco, Carla（1998）. *Le Sibille di Casa Romei：Storia e restauro*《罗梅之家的西比拉大厅：历史与修复》, Ravenna：Longo Editore.

Documenta X（1997）. *Short Guide/Kurzfürher*《简要指南》, Kassel, Germany：Cantz Verlag.

Duran, Diego［1581］（1967）. *Historia de las Indias de Nueva Espana e Islas de la Tierra Firme*《新西班牙的西印度群岛及固土诸岛之历史》, Mexico City：Porrua.

Duverger, Christian (1978). *L'Esprit du jeu chez les Azteques* 《阿兹特克人的游戏精神》, Paris: Mouton.

Estenssoro-Fuchs, Juan Carlos (1996). "La predication au Perou: De l'evangelisation a l'utopie 在秘鲁宣讲: 从传福音到乌托邦,", *Annales, Histories, Sciences Sociales* 6 《年鉴、历史、社会科学第六期》, (Novermber-December).

—— (1998). "Du paganisme a la saintere: L'incorporation des Indiens du Perou au catholicisme 《从异教徒到圣所: 秘鲁印第安人融入天主教》, "Ph. D. dissertation, Paris: Ecole des Hautes Etudes en Sciences Sociales.

Farago, Claire (1995). *Reframing the Renaissance: Visual Culture in Europe and Latin America*, 1450 – 1650 《重塑文艺复兴: 欧洲和拉丁美洲的视觉文化, 1450—1650 年》, New Haven, CT, and London: Yale University Press.

Farris, Nancy M. (1984). *Maya Society under Colonial Rule: The Collective Enterprise of Survival* 《殖民统治下的玛雅社会: 生存的集体企业》, Princeton, NJ: Princeton University Press.

Favaretto, Celso (1992). *A invencao de Helio Oiticica* 《希里奥·奥迪塞卡的发明》, Sao Paulo: Edusp/Fapesp.

Favrot Peterson, Jeanette (1993). *The Paradise Garden Murals of Malinalco: Utopia and Empire in Sixteenth-Century Mexico* 《马利那尔科的天堂花园壁画: 十六世纪墨西哥的乌托邦与帝国》, Austin, TX: University of Texas Press.

Feest, Christian (1986)., "Koloniale Federkunst aus Mexiko 来自墨西哥的殖民地羽毛艺术." *Gold and Macht: Spanien in der neuen Welt* 《黄金与权力: 新世界中的西班牙》, Vienna: Verlag Kremayr & Scheriau.

Fernandez de Oviedo, Gonzalo (1547). *Cronica de las Indias: La historia general de las Indias*… 《西印度群岛编年史: 西印度群岛通史…》, Salamanca: Juan de la Junta.

Fernandez de Recas, Guillermo (1961). *Cacicazgos y nobiliario indigena de la Nueva Espana* 《新西班牙的酋长制及当地土著的贵族家谱》, Mexico

City: UNAM.

Fernandez del Castillo, Francisco (1982). *Libros y libreros en el siglo XVI* 《十六世纪的图书与书商》, Mexico City: FCE.

Figuereido Ferretti, Sergio (1995). *Repensando o sincretismo* 《对融合的再思考》, San Paulo: Edusp/Fapema.

Flores de varia poesia 《众诗撷英》 (1987). Edited by Margarita Pena. Mexico City: SEP.

Florescano, Enrique, et al. *La Clase obrera en la historia de Mexico: De la colonia al imperio* 《墨西哥历史上的工人阶级：从殖民地到帝国》, Mexico City: Siglo XXI.

Foster, George M. (1960). *Culture and Conquest: America's Spanish Heritage* 《文化与征服：美国的西班牙遗产》, New York: Wenner-Gren Foundation, Viking Fund Publication in Anthology 27.

Foucault, Michel (1966). *Les Mots et les choses: une archeologie des sciences humanines* 《言语与事物：人文考古》, Paris: Gallimard.

Fragmentos del pasado: Murales prehispanicos 《过往的碎片：西班牙殖民时期之前的壁画》 (1998). Mexico City: INAH, Antiguo Colegio de San Ildefonso, UNAM, Instituto de Investigaciones Esteticas.

Fraser, Valerie (1990). *The Architecture of Conquest: Building in the Viceroyalty of Peru* 1535 – 1635 《征服的建筑：秘鲁总督府的建筑 1535—1635》, Cambridge, UK: Cambridge University Press.

Gallego, Julian (1987). *Vision y simbolo en la pintura espanola del Siglo de Oro* 《黄金世纪西班牙画作的视野及象征》, Madrid: Catedra.

Gallini, Clara (1996). *Giochi pericolosi: Frammenti di un immaginario alquanto razzista* 《危险游戏：种族主义虚构的片段》, Rome: Manifestolibri.

Gante, Pedro de [1553] (1981). *Doctrina Cristiana en lengua mexicana* 《墨西哥语言的基督教教义》, Mexico City: Centro de Estudios Historicos Fray Bernardino de Sahagun.

Garcia Canclini, Nestor (1990). *Culturas hibridas: Estrategias para entrar y salir de la modernidad* 《文化的杂交：进入及出离现代特性之策略》,

Mexico City：Consejo Nacional para las Artes，Grijalbo.

—— (1995). *Consumidores y ciudadanos：Conflictos multiculturales de la globalizacion*《消费者与公民：全球化中的多文化冲突》，Mexico City：Grijalbo.

Garcia Granados，Rafael (1995). *Diccionario biografico de historia Antigua de Mejico*《墨西哥古代史人物传记词典》，Vol III，*Indios cristianos：Bibliografia e indices*《基督教印第安人：书目和索引》，Mexico City：UNAM.

Garcia Icazbalceta，Joaquin (1981). *Bibliografia Mexicana del siglo XVI*《十六世纪墨西哥的书目》，Mexico City：FCE.

Garcia Icazbalceta，Joaquin (1986 – 1992). *Nueva coleccion de documentos para la historia de Mexico*《墨西哥历史的新文件集》，Mexico City：Diaz de Leon.

Garibay K.，Angel Maria (1971). *Historia de la literature nahuatl*《纳瓦文学史》，Mexico City：Porrua.

—— (1993). *Poesia nahuatl，Cantares mexicanos：Manuscrito de la Biblioteca Nacional de Mexico*《纳瓦诗歌与墨西哥民歌：墨西哥国家图书馆馆藏手稿》，Mexico City：UNAM.

Garrido Aranda，Antonio (1980). *Organizacion de la Iglesia en el reino de Granada y su proyeccion en Indias*《格拉纳达王国教会的组织及其在西印度群岛的计划》，Seville：Escuela de Estudios Hispanoamericanos，University de Cordoba.

Gellner，Ernest (1985). *Relativism and the Social Sciences*《相对主义和社会科学》，Cambridge，UK：Cambridge University Press.

Gennes，Piere-Gilles de，et al. (1992). *L'Order du chaos*《混沌秩序》，Paris：Belin.

Gentili，Augusto (1980). *Da Tiziano a Tiziano：Mito e allegoria nella cultura veneziana del cinquecento*《从提香到提香：十六世纪意大利艺术威尼斯文化中的神话与寓言》，Milan：Feltrinelli.

Gerbi，Antonello (1978). *La Naturaleza de las Indias nuevas：De Cristobal Colon a Gonzalo Fernandez de Oviedo*《新印度的自然界：从克里斯托

弗·哥伦布到贡佐拉·费尔南德斯·德·奥维多》, Mexico City：FCE.

Gibson, Charles (1964). *The Aztec under Spanish Rule：A History of the Indians of the Valley of Mexico*, 1519 – 1810《西班牙统治下的阿兹特克人：墨西哥谷印第安人的历史, 1519—1810 年》, Stanford, CA：Stanford University Press.

Gillespie, Susan D. (1989). *The Aztec Kings：The Construction of Rulership in Mexica History*《阿兹特克国王：墨西加历史中的权力结构》, Tucson, AZ：the University of Arizona Press.

Gilroy, P. (1987). *There Ain't No Black in the Union Jack*《英国国旗没有黑色》, London：Hutchinson.

Giraud, Michel (1997). "*La creolite：Une rupture en trompe-l'oeil* 分子筛：在错视画中破裂,"《非洲笔记本》(*Cahiers d'etudes africaines*) 148：XXXVII – 4.

Gisbert, Teresa (1980). *Iconografia y mitos indigenas en el arte*《艺术中的肖像学与土著传说》, La Paz, Bolivia：Editorial Gisbert and Cia.

——, and Jose de Mesa (1997). *Arquitectura andina* 1530 – 1830《安第斯建筑 1530—1830》, La Paz, Bolivia：Embajada de Espana en Bolivia.

Gleick, James (1991). *La Theorie du chaos：Vers une nouvelles science*《混沌理论：走向新科学》,

Paris：Champs/Flammarion [*Chaos：Making a New Science.*《混沌：做新的科学》New York：Viking Penguin, 1987].

Glissant, Edouard (1990). *Poetique de la relation*《关系的诗意》, Paris：Gallimard.

Gomez Martinez, Javier (1997). *Fortalezas mendicants*《教团的法令》, Mexico City：Universidad Iberoamericana.

Gonzalez de Eslava, Hernan (1988). *Teatro selecto：Coloquios y entremeses*《精选戏剧：对话与幕间剧》, Mexico City：SEP.

—— (1989). *Villancicos, romances, ensaladas y otras canciones devotas*《短歌、民谣、自由诗与其他庄严的民歌》, Edited by Margit Frenk. Mexico City：El Colegio de Mexico.

Gonzalez Torres, Yolotl (1985). *El sacrificio humano entre los Mexicas*《阿

兹特克人的人祭》, Mexico City：FCE.

Grafton, Anthony（1995）. *New Worlds, Ancient Texts：The Power of Tradi-tion and the Shock of Discovery*《新世界、古代文字：传统的力量和发现的冲击》, Cambridge, MA：Belknap Press of Harvard University Press.

Granger, Gilles-Gaston（1998）. *L'Irrationnel*《不合理》, Paris：Odile Ja-cob.

Graulich, Michel（1982）. *Mythes et rituels du Mexique ancien prehispanique*《古代西班牙裔墨西哥人的神话和仪式》, Brussels：Academie Royale de Belgique.

Greenaway, Peter（1991）. *Prospero's Book*《普洛斯贝罗的书》, *A Film of Shakespeare's "The Tempest"*《莎士比亚的电影"暴风雨"》, New York：Four Walls Eight Windows.

—— （1996）. *The Pillow Book*《枕边书》, Paris：Dis Voit.

Grenier, Jean-Yves（1996）. *L'Economie d'Ancien Regime：un monde de l'echange et de l'incertitude*《古代政权的经济：交流与不确定的世界》, Paris：Albin Michel.

Gruzinski, Serge（1985）. *Les Hommmes-Dieux du Mexique：Pouvoir indien et societe coloniale, XVIe – XVIIIe siecle*《墨西哥诸神：十六至十八世纪的印第安力量与殖民社会》, Paris：Editions des Archives Contemporaines.

—— （1987）. "*Confesion, alianze y sexualidad entre los indios de Nueva Es-pana：Introduccion al studio de los confesionarios en lenguas indigenas* 新西班牙印第安人间的信仰、联盟与性欲：土著语言中的忏悔研究导论", 《心理历史研修：犯罪的热望与定型的渴望》（*Seminario de Historia de las Mentalidades, El placer de pecar y el afan de normar* Mexico City：Joan-quin Mortiz.

—— （1988）. *La Colonisation de l'imaginaire：Societes indigenes et occiden-talisation dans le Mexique espagnole, XVIe – XVIIIe siecle*《想象中的殖民：16—18 世纪西班牙墨西哥的土著社会和西方化》, Paris：Gallimard.

—— （1989）. *Man-Gods in the Mexican Highlands-Indian Power and Coloni-al Society 1520 – 1800*《墨西哥高地的人神—印度实力与殖民社会 1520—1800》, Stanford, CA：Stanford University Press.

—— (1990). *La Guerre des images de Christophe Colomb a Blade Runner*, 1492 – 2019《克里斯托弗·哥伦布在"银翼杀手"中的形象大战，1492—2019 年》，

—— (1992a). *L'Amerique des Indiens peinte par les Indiens du Mexique*《墨西哥印第安人画的美洲印第安人》. Paris：Flammarion/Unesco. ［Painting the Conquest《描绘征服》. Trans. by Deke Dusinberre. Paris：Flammarion，1992］.

—— (1992b). "Vision et christianisation. L'experience mexicaine. 异象与基督教：墨西哥的经历" *Visions indiennes*，*visions baroques：Les metissages de l'inconscient*《印第安的异象与巴洛克的异象：无意识的混合》，Edited by Jean-Michel Sallmann. Paris：PUE.

—— (1994a). *L'Aigle et la sibylle：Fresques indiennes des convents du Mexique*《鹰和西比拉：墨西哥修道院的印度壁画》，Paris：L'Imprimerie nationale.

—— (1994b). "Las repercusiones de la conquista：la experiencia novohispana 征服的反响：新西班牙的经历". *Descubrimiento*，*conquista y colonizacion de America a quinientos anos*《500 年间对美洲的发现、征服及殖民》，Edited by C. Bernand. Mexico City：FCE.

—— (1994c). "Le premier centenaire de la decouverte du Nouveau Monde：Temoignages de la Nouvelle-Espagne 发现新世界的第一百年：来自新西班牙的见证". *Memoires en devenir*，*Amerique latine XVIe – XXe siecle*《正在形成的回忆：拉丁美洲十六至二十世纪》Bordeaux：Maison des pays iberiques

—— (1996). *Histoire de Mexico*《墨西哥的历史》，Paris：Fayard.

—— (1997). "Entre monos y centauros：Los indios pintores y la cultura del renacimiento 从猴子到半人马：印第安画家及文艺复兴的文化". In Berta Ares Queija and Serge Gruzinski, *Entre dos mundos：Fronteras culturales y agentes mediadores*《在两个世界之间：文化边境及调解者》，Serille：Escuela de Estudios Hispanoamericanos.

——, and Nathan Wachtel (1995). *Le Nouveau Monde*，*mondes nouveaux：L'experience americaine*《新世界，世界新：美国经验》，Paris：Editions

Recherches sur les Civilisations, Ecole des Hautes Etudes en Sciences Sociales.

Guadalupe Victoria, Jose (1995). *Una bibliografia de arte novohispano*《新西班牙艺术书目》, Mexico City: Instituto de Investigaciones Esteticas.

Guaman Poma de Ayala, Felipe (1980). *El Primer nueva coronica y buen gobierno*《第一个新的王权国家及好政府》, Edited by John Murra and Rolena Adorno. Mexico City: Siglo XXI.

Guidieri, Remo (1992). *Chronique du neuter et de l'aureole: Sur le musee et les fetiches*《中立和光环纪事：博物馆和恋物癖》, Paris: La Difference.

Guzman, Decio de Alencar (1998). *Les Chefferies indigenes du Rio Negro a l'epoque de la conquete de l'Amazonie, 1650 – 1750: Le Cas des Indiens manao*《征服亚马逊时里约内格罗的土著酋长，1650—1750 年：印第安玛瑙案》, DEA dissertation, Paris: Ecole des Hautes Etudes en Sciences Sociales.

Hassig, Ross (1988). *Aztec Warfare: Imperial Expansion and Political Control*《阿兹特克战争：帝国扩张和政治控制》, Norman, OK, and London: University of Oklahoma Press.

Hebdige, D. (1983). *Subculture: The Meaning of Style*《亚文化：风格的意义》, London: Methuen.

Heikamp, Detlef (1972). *Mexico and the Medici*《墨西哥与美第奇家族》, Florence: Edam.

Hellendoorn, Fabienne Emilie (1980). *Influencia del manierismo-nordico en la arquitectura virreinal religiosa de Mexico*《墨西哥总督区宗教建筑矫饰及北欧风格的影响》, Delft: UNAM.

Herbert, Christopher (1991). *Culture and Anomie: Ethnographic Imagination in the Nineteenth Century* 文化与失范：十九世纪的人种学想象》, Chicago and London: University of Chicago Press.

Hernandez, Francisco (1960). *Obras completas*《全集》, Mexico City: UNAM.

Heyden, Doris (1983). *Mitologia y simbolismo de la flora en el Mexico pre-hispanico*《前西班牙时期墨西哥植物区系的神话和象征意义》, Mexico

City：UNAM.

Hill, Jane H. (1987). "The Flowery World of Old Uto-Aztecan 旧乌托阿兹特克人的绚烂世界." Paper presented at the 86th Annual Meeting of the American Anthropological Association, November 10 – 21.

Hill, Jonathan (1988). "Introduction：Myth and History 导言：神话和历史," *Rethinking History and Myth*：*Indigenous South American Perspectives on the Past*《反思历史与神话：南美土著对过去的看法》, Edited by Jonathan Hill. Urbana, IL：University of Illinois Press.

Horapollo［1505］(1993). *The Hieroglyphics of Horapollo*《赫拉波罗的象形文字》, Translated by George Boas with a new foreword by Anthony T. Grafton. Princeton, NJ：Princeton University Press.

Horcasitas, Fernando (1974). *El teatro nahuatl*：*Epocas novohispana y moderna*《纳瓦戏剧：新西班牙及现代时期》, Mexico City：UNAM.

Iriarte, Isabel (1992). "Tapices con escenas biblicas del Peru colonial 秘鲁殖民地时期带有圣经场景的挂毯", *Revista Andina*《安第斯杂志》(July I).

Jeanneret, Michel (n. d.). *Perpetuum mobile*：*Metamorphoses des corps et des oeuvres de Vinci a Montaigne*《永久移动：从达芬奇到蒙田的身体和作品的变形》, Paris：Macula.

Jones, Grant D. (1989). *Maya Resistance to Spanish Rule*：*Time and History on a colonial Frontier*《玛雅人抵抗西班牙统治：殖民地边界的时间和历史》, Albuquerque, NM：University of New Mexico Press.

Kemp, Martin (1995)., "Wrought by No Artist's Hand：The Natural, the Artificial, the Exotic, and the Scientific in Some Artifacts from the Renaissance. 没有艺术家的手工锻造：文艺复兴时期的人工制品中的自然、人工、异国情调和科学性." *Reframing the Renaissance*：*Visual Culture in Europe and Latin America*, *1450 – 1650*. Claire Farago. 《重塑文艺复兴：欧洲和拉丁美洲的视觉文化，1450—1650 年》, New Haven and London：Yale University Press.

Kirchhoff, Paul, Lina Odena Guemes, and Luis Reyes Garcia (1976). *Historia tolteca-chichimeca*《托尔特克—奇奇梅克史》, Mexico City：INAH.

Klor de Alva, Jorge, H. B. Nicholson, and Eloise Quinones Keber (1988). *The Work of Bernardino de Sahagun, Pioneer Ethnographer of Sixteenth-Century Aztec Mexico*《贝纳迪诺·德·萨阿贡的作品：十六世纪墨西哥阿兹特克的人种学研究先驱》, Studies on Cultures and Society, vol II. Institute for Mesoamerican Studies. Austin, TX: University of Texas.

Konetzke, Richard (1983). *Lateinamerika Entdeckung, Eroberung, Kolonisation*《拉丁美洲之发现、征服与殖民化》, Cologne/Vienna: Bohlau.

Kroeber, Alfred L. (1963). *Culture Patterns and Processes*《文化类型和过程》, New York and London: First Harbinger Books.

Kubler, George (1984). *Auquitectura mexicana del siglo XVI*《十六世纪的墨西哥建筑》, Mexico City: FCE.

—— (1985). *Studies in Ancient American and European Art: The Collect Essays of George Kubler*《古代美洲和欧洲艺术研究：乔治·库伯勒全集》, Edited by Thomas E. Reese. New Haven, CT and London: Yale University Press.

Lalanne, Jean-Marc, et al. (1997). *Wong Kar-Wai.*《王家卫》, Paris: Dis Voir.

Laplantine, Francois, and Alexis Nouss (1997). *Le Metissage*《狂欢》, Paris: Flammarion.

Las Casas, Bartolome de [1559] (1986). *Historia de las Indians*《印第安人的历史》, Mexico City: FCE.

—— [1559] (1967). *Apologetica historia sumaria*《护教论简史》, Edited by Edmundo O'Gorman. Mexico: UNAM.

Leon Hebreo (1989). *Dialoghi d'amore*《爱情对话》, Edited by Miguel de Burgos Nunez. Seville, Spain: Padilla Libros.

Leon-Portilla, Miguel (1985). *Los franciscanos vistos por el hombre nahuatl*《被纳瓦人看见的方济各会修士》, Mexico City: UNAM.

—— (1992) *Livre astrologique des marchands*《商人占星术》, Paris: La Difference.

Leonard, Irving (1996). *Los libros del Conquistador*《征服者之书》, Mexico City: FCE.

Lestringant, Frank (1991). *L'Atelier du cosmographe ou l'image du monde a la Renaissance*《宇宙摄影工作室或文艺复兴时期的世界形象》, Paris：Albin Michel.

Levi-Strauss, Claude (1977). *L'Identite*《身份》, Seminar conducted by C. Levi-Strauss. Paris：P. U. F.

Libera, Alain de (1991). *Penser au moyen age*《中世纪想象》, Paris：Seuil.

Llaguno, Jose A. (1963). *La Personalidad juridical del indio y el III concilio provincial mexicano*《印第安人的法律人格与墨西哥省级会议文件 – 卷 III》, Mexico City：Porrua.

Lockhart, James (1992). *The Nahuas after the Conquest：A Social and Cultural History of the Indians of Central Mexico*, *Sixteenth through Eighteenth Century*《征服后的纳瓦族人：十六世纪至十八世纪中部墨西哥印第安人的社会和文化历史》, Stanford, CA：Stanford University Press.

Lopez Austin, Alfredo (1973). *Hombre-Dios：Religion y politica en el mundo nahuatl*《男人与神：纳瓦世界中的宗教与政治》, Mexico City：UNAM, Instituto de Investigaciones Historicas.

—— (1975). "Algunas ideas acerca del tiempo mitico entre los antiguos nahuas 古纳瓦人中关于神话时代的一些思想", *Historia*, *religion*, *escuelas*《历史、宗教、学派》, Mexico City：Sociedad Mexicana de Antropologia.

—— (1980). *Cuerpo humano e ideologia：Las concepciones de los antiguas nahuas*《人体与意识：古纳瓦人概念的形成》, Mexico City：UNAM.

—— (1996). *Tanoanchan y Tlalocan*《蛇山与天堂》, Mexico City：FCE.

Lorimer, Joyce (1989). *English and Irish Settlement on the River Amazon*, 1550 – 1646《亚马逊河上的英格兰和爱尔兰殖民地 1550 – 1646》, Cambridge：Hakluyt Society.

Lupo, Alessandro (1996). "Sintesia controvertidas：Consideraciones en torno a los limites del concepto de sincretismo. 引起争论的概述：关于融合概念之范围的思考." *Revista de Antropologia Social 5*《社会人类学杂志第五卷》,

Lyell, James P. R. (1976). *Early Book Illustration in Spain*《西班牙早期书籍插图》, New York: Hacker Art Books.

Macera, Pablo (1993). *La Pintura mural andina: Siglos XVI – XIX*《安第斯壁画: 十六至十九世纪》, Lima: Editorial Milla Batres.

MacGregor, Luis (1982). *Actopan*《阿克多潘》, Mexico City: INAH.

Madonna, M. L. (1979). "La biblioteca: Theatrum mundi e theatrum sapientiae 图书馆: 世界的戏剧与充满智慧的戏剧 ."(*L'Abbazia benedittina di San Giovanni Evangelista a Parma*《帕尔马圣乔万尼本笃会修道院》, Bruno Adorni. Milan.

Mainzer, Klaus (1996). *Thinking in Complexity: The Complex Dynamics of Matter, Mind, and Mankind*《复杂思考: 物质、思想和人类的复杂动力》, Berilin: Srpinger.

Maldonado, Humberto (1995). *Hombres y letras del virreinato*《总督辖区的百姓与文字》, Mexico City: UNAM.

Manrique, Jorge Alberto (1993). *Manierismo en Nueva Espana*《新西班牙的矫饰艺术》, Mexico City: Textos Dispersos Ediciones.

Martino, Ernesto de (1980). *Furore, simbolo, valore*《愤怒、象征、价值》, Milan: Feltrinelli.

Mason, Peter (1990). *Deconstructing America: Representations of the Other*《解构美国: 对方的代表》, London: Routledge, Chapman and Hall.

Mathes, Miguel (1982). *Santa Cruz de Tlatelolco: la primera bibioteca acadeica de las Americas*《特拉特洛尔科的圣克鲁斯学院: 美洲的第一个学术图书馆》, Mexico City: Secretaria de Relaciones Exteriores.

Maza, Francisco de la (1968). *La Mitologia clasica en el arte colonial de Mexico*《墨西哥殖民艺术中的古典神话》, Mexico City: UNAM, Instituto de Investigaciones Esteticas.

Megged, Amos (1996). *Exporting the Catholic Reformation: Local Religion in Early-Colonial Mexico*《天主教改革的输出: 墨西哥早期殖民时期的地方宗教》, Leiden/New York/Cologne: E. J. Brill.

Meira, Marcio (1994). "O tempo dos patroes: extrativismo, comercianetes e historia indigena no Noroeste da Amazonia 老板的时代: 亚马孙西北部的

剥削主义、商人和土著历史". Cuadernos Ciencias humanas《人文科学笔记本》2. Museu Paraense Emilio Goeldi.

—— (1996). "Indios e Brancos nas aguas pretas: Historias do Rio Negro 印第安人和白人在黑水河: 黑水河的历史 ." Seminar on *Povos Indegenas do Rio Nego: Terra e cultura*《黑水河的土著居民: 土地与文化》, Universidade do Amazonas, Manaus, August 1996.

Mello e Souza, Gilda de (1979). *O tupi e o alaide: Uma interpretacao de Macunaima*《图皮语即诗琴声: 一份马丘纳伊马的表白》, Sao Paulo: Livraria Duas Cidades.

Mello e Souze, Laura de (1993). *Inferno atlantico: Demonologia e colonizacao, Seculos XVI – XVIII*《大西洋的地狱: 十六至十八世纪的鬼怪学与殖民地》, Sao Paulo: Companhia das Letras.

Mendieta, Geronimo de [1596] (1945). *Historia eclesiastica indiana*《西印度群岛教会史》, Mexico City: Salvador Chavez Hayhoe.

—— (1971). *Historia eclesiastica indiana*《西印度群岛教会史》, Mexico City: Porrua.

Michaud, Philippe-Alain (1998). *Aby Warburg et l'image en mouvement*《阿比·瓦尔堡和动态影像》, Paris: Macula.

Mignolo, Walter D. (1995). *The Darker Side of the Renaissance: Literacy, Territoriality, and Colonization*《文艺复兴时期的阴暗面: 识字、领土和殖民》, Ann Arbor, MI: University of Michigan.

Miller, Arthur (1996). "Indian Image and Visual Communication before and after the Conquest: The Mitla Case. 征服前后的印第安图像和视觉传达: 米特拉案". In *Le Nouveau Monde, mondes nouveaux: L'experience americaine*《新世界, 世界新: 美国经验》, Edited by Serge Gruzinski and Nathan Wachtel. Paris: Editions Recherches sur les Civilisations, Ecole des Hautes Etudes en Sciences Sociales.

Minelli, Laura Laurencich (1992). *Terra America: Il mondo nuovo nelle collezioni emiliano-romagnole*《美洲大陆: 艾米利亚罗马涅大区中的新世界收藏》。Bologna: Grafis.

—— (1992). "Museografia americanista in Italia dal secolo XVI fina a oggi

十六世纪至今的意大利美国博物馆". *Bulletin des musees royaux d'Art et d'Histoire* 63 《皇家艺术历史博物馆公告 63》, Brussels.

Molina, Alonso de (1569). *Confesionario mayor en lengua mexicana y castellana* 《墨西哥语言与卡斯蒂利亚语之主要忏悔规则》, Mexico: Antonio de Espinosa.

—— (1571). *Vocabulario en lengua castellana y mexicana mexicana y castellana* 《卡斯蒂利亚语—墨西哥语言与墨西哥语言—卡斯蒂利亚语双语词汇》, Mexico City: Antonio de Espinosa.

Morales, Pedro le (1579). *Carta* 《信件》, Mexico City: Antonio Ricardo.

Morel, Philippe (1997). *Les Grotesques: Les figures de l'imaginaire dans la peinture italienne de la fin de la Renaissance* 《怪诞: 文艺复兴末期意大利绘画中的虚构人物》, Paris: Flammarion.

Moreno, Roberto (1966). "Guia de las obras en lenguas indigenas existentes en la Biblioteca Nacional 国家图书馆中现存土著语言作品集." *Boletin de la Biblioteca Nacional* 《国家图书馆公报》 XVII: 1 – 2.

Motolinia, Toribio de Benavente (1971). *Memoriales o libro de las cosas de la Nueva Espana y de los naturales de ella* 《新西班牙及自然之备忘录或书籍》, Edited by Edmundo O'Gorman. Mexico City: UNAM.

Mundy, Barbara E. (1996). *The Mapping of New Spain: Indigenous Cartography and the Maps of the Relacions Geograficas* 《新西班牙的制图: 土著制图和地理关系图》, Chicago and London: University of Chicago.

Munoz Carmargo, Diego (1984). "Descripcion de la ciudad y provincial de Tlaxcala 《特拉斯卡拉省及特拉斯卡拉市之描写》," *Relaciones geograficas del siglo XVI: Tlaxcala* 《十六世纪的地理联系: 特拉斯卡拉》, Edited by Rene Acuna. Mexico City: UNAM.

Nettel, Patricia (1997). *El precio justo o las desaventuras de un confessor en el siglo XVI* 《一位十六世纪精修圣人的正确的价值观或厄运》, Mexico City: Universidad Autonoma Metropolitana-Xochimilco.

Neveux, Hugues (1985). " 'Le role du 'religieux' dans les soulevements paysans: L'Example du pelerinage de Niklashausen (1476) '宗教' 在农民起义中的作用: 尼古拉斯豪森朝圣的榜样 (1476)." In *Mouvement populaires et conscience sociale*《群众运动和社会良知》，Paris：Editions Maloine.

—— (1997). *Les Revoltes paysannes en Europe XIVe – XVIIe siecle*《十四至十七世纪欧洲的农民起义》，Paris：Albin Michel.

Nicholson, H. B. and Eloise Quinones Keber (1983). *Art of Aztec Mexico：Treasures of Tenochtitlan*《墨西哥阿兹特克人的艺术：特诺奇提特兰城的宝藏》，Washington, D. C. ：National Gallery of Art.

Osorio Romero, Ignacio (1979). *Colegios y profesores jesuitas que ensenaron latin en Nueva Espana*，1572 – 1767《在新西班牙教授拉丁语的耶稣会学校及教师，1572—1767》，Mexico City：UNAM, Instituto de Investigaciones Filologicas.

—— (1990). *La Ensenanza del latin a los indios*《对印第安人的拉丁语教学》，Mexico City：UNAM.

Ovid (1826). *Metamorphoses*《变形记》，Translated by Garth, Dryden, et al. London.

Padwa, Mariner Ezra (1993). *Peter of Ghent and the Introduction of European Music to the New World*《根特的彼得和欧洲音乐向新世界的介绍》，Santa Fe, NM：Hapax Press.

Paleotti, Gabriele (1960). "Discorso intorna alle immagini sacre e profane [1581 – 1582] 关于神圣的与亵渎的图像的演讲 [1581—1582]." P. Barocch, *Trattati d'arte del cinquecento fra manierismo e controriforma*《在矫饰主义与反改革之间的五百篇艺术论文》，Bari, Italy.

Palm, Erwin Walter (1973). "El sincretismo emblematico de los Triunfos de la Casa del Dean en Puebla 普埃布拉的主任牧师之家胜利之象征性的合一." In *Comunicaciones：Proyecto Puebla-Tlaxcala*《通讯文章：普埃布拉—特拉斯卡拉计划》VIII. Puebla：Fundacion Alemana par la Investigacion Cientifica.

Panofsky, Erwin (1961). *The Iconography of Correggio's Camera di San Paolo*《柯雷乔圣保罗壁画堂图像志》，London：The Warburg Institute.

Pascoe, David (1997). *Peter Greenaway, Museums and Moving Image*《彼得·格林纳威、博物馆与移动图像》，London：Reaktion Books.

Paso y Troncoso, Francisco del (1930). *Epistolario de Nueva Espana*《新西班牙书信集》, IV, 1540 – 1546. Mexico City：Antigua Libreria Robredo.

—— (1940). *Epistolario de Nueva Espana*《新西班牙书信集》, X, 1564 – 1569. Mexico City：Antigua Libreria Robredo.

Perez de Moya, Juan [1585, 1611] (1910). *Philosophia secreta donde debajo de historias fabulosas se contiene mucha doctrina provechosa a todos los estudios, con el origen de los idolos o dioses de la gentilidad*《位于虚构的历史之下的'隐秘的哲学'包括对所有的研究来说都有用的知识, 有所有异教的崇拜偶像的起源或神祇》。Edited by E. Gomez de Baquero. Madrid.

Phelan, John L. (1970). *The Millennial Kingdom of the Franciscans in the New World*《新世界方济各会的千禧年王国》, Berkeley, CA：University of California Press.

Pinelli, Antonio (1993). *La Bella maniera：Artisti del cinquecento tra regola e licenza*《美丽的方式：在典范与标准之间的五百位艺术家》, Turin：Einaudi.

Pomar, Juan (1986). "Relacion de Texcoco 关于特斯可可的描述."In *Relaciones geograficas del siglo XVI：Mexico*《十六世纪的地理联系：墨西哥》, Edited by Rene Acuna. Mexico City：UNAM.

Prigogine, Ilya (1994). *Les Lois du chaos*《混沌定律》, Paris：Flammarion.

Quinones Keber, Eloise (1995)., "Colletcting Cultures：A Mexican Manuscript in the Vatican Library 收集文化：梵蒂冈图书馆的墨西哥手稿." In Farago (1995).

Quiroga, Vasco de (1988). *De debellandis indis*《论印第安》, Edited by Rene Acuna. Mexico City：UNAM.

Ransmayr, Christoph (1990). *The Last World*《最后的世界》, Translated by John E. Woods. New York：Grove/Weidenfield.

—— (1997). *The Dog King*《狗王》, Translated by John E. Woods. New York：Knopf.

Reichel-Dolmatoff, Gerardo (1971). *Amazonian Cosmos：The Sexual and*

Religious Symbolism of the Tukano Indians《亚马逊宇宙观：图卡诺印第安人的性和宗教象征意义》, Chicago：University of Chicago Press.

"Relacion de Cholula（《与乔卢拉的联系》"［1581］（1985）. *Relaciones geograficas del siglo XVI：Tlaxcala*《十六世纪的地理联系：特拉斯卡拉》, Edited by Rene Acuna. Mexico City：UNAM.

Reyes-Valerio, Constantino（1978）. Arte indocristiano：Escultura del siglo XVI en Mexico《印第安基督教艺术：墨西哥的十六世纪雕塑》, Mexico City：INAH-SEP.

—— （1989）. *El pintor de conventos：Los murals del siglo XVI en la Nueva Espana*《修道院的画家：十六世纪新西班牙的壁画》, Mexico City：IN-AH.

Riess, Jonathan（1995）. *The Renaissance Antichrist：Luca Signorelli's Orvieto Frescoes*《文艺复兴时期的反基督者：卢卡·西诺雷利的奥尔维耶托壁画》, Princeton, NJ：Princeton University Press.

Ripa, Cesare［1593］（1992）. *Iconologia*《古像考证》, Edited by Piero Buscaroli. Milan：Editori Associati.

Riquelme Mancilla, Daniela（1997）. La Imagen del angel en el siglo XIV novohispano《十四世纪新西班牙之天使形象》, Master's thesis, University of Paris VIII.

Robertson, Donald（1959）. *Mexican Manuscript Paintings of the Early Colonial Period*《早期殖民时期的墨西哥手稿绘画》, New Haven, CT：Yale University Press.

—— （1968）. "Paste-Over Illustrations in the Duran Codex of Madrid 马德里《杜兰抄本》中的贴图 . " *Tlalocan*《特拉罗坎》4.

Roosevelt, Anna（1997）. *Amazonian Indians from Prehistory to the Present*《史前到现代的亚马逊印第安人》, Tucson, AZ, and London：University of Arizona Press.

Russo, Alessandra（1996）. "Arte plumeria del Messico coloniale del XVI secolo：L'incontro di due mondi artistici《十六世纪墨西哥殖民时期的羽毛艺术：在两个艺术世界之间》," Dissertation, University of Bologna.

—— （1997）. *Les Formes de l'art indigene au Mexique sous la domination es-*

pagnole au XVIe siècle：*Le Codex Borbonicus et le Codex Duran*《十六世纪西班牙统治下的墨西哥土著艺术形式：［波旁尼克抄本］和［杜兰抄本］》, DEA Dissertation. Paris：Ecole des Hautes Etudes en Sciences Sociales.

Sacchi, Duccio（1997）. *Mappe del Nuovo Mondo：Cartografie locali e definizione del territorio in Nuova Spagna*,（*Secolo XVI – XVII*）《新世界全图：十六至十七世纪新西班牙的领土释义及地域制图》, Milan：Franco Angeli.

Sahagun, Bernardino de（1953）. *Florentine Codex. General History of the Things of New Spain*, Book 7.《佛罗伦萨抄本：新西班牙诸物通史，第7册》, *The Sun, Moon and Stars and the Beginning of the Years*《太阳、月亮和星星与岁月的开始》, No. 14, Part VIII. Translated by Arthur J. O. Anderson and Charles E. Dibble. Sante Fe, NM：School of American Research and University of Utah.

—— （1963）. *Florentine Codex. General History of the Things of New Spain*, Book 11.《佛罗伦萨抄本：新西班牙诸物通史，第11册》, *Early Things*《早期事物》, No. 14, Part XII. Translated by Arthur J. O. Anderson and Charles E. Dibble. Sante Fe, NM：School of American Research and University of Utah.

—— （1969）. *Florentine Codex. General History of the Things of New Spain*, Book 6.《佛罗伦萨抄本：新西班牙诸物通史，第6册》, *Rhetoric and Moral Philosophy*《修辞与道德哲学》, No. 14, Part VII. Translated by Arthur J. O. Anderson and Charles E. Dibble. Sante Fe, NM：School of American Research and University of Utah.

—— （1977）. *Historia general de las cosas de Nueva Espana*《新西班牙诸物志》, 4 vol. Edited by Angel Maria Garibay K. Mexico City：Porrua.

—— （1979）［1580］. *Codice floventino*《佛罗伦萨抄本》, Mexico City：AGN.

—— （1982）. *Historia general de las cosas de Nueva Espana*《新西班牙诸物志》, Edited by Alfredo Lopez Austin and Josefina Garcia Quintana. Mexico City：Banamex.

—— (1983). *Psalmodia Christiana y sermonario de los sanctos del año en lengua mexicana*《基督教诗篇和墨西哥语的布道》，Mexico City：Pedro Orharte.

—— (1986). *Coloquios y doctrina cristiana*《对话文学与基督教教义》，Edited by Miguel Leon-Portilla. Mexico City：UNAM，Fundacion de Investigaciones Sociales A. C.

Salazar-Soler, Carmen (1997). "Alvaro Alonso Barba：Teorias dela antiquedad, alquimia y creencias prehispanicas en las ciencias de la en el Nuevo Mundo《阿尔瓦罗·阿隆索·巴尔巴：关于新世界科学领域的古代学说、炼金术与前哥伦布时期信仰的理论》，" In Ares Queija and Gruzinski.

Saldivar, Gabriel (1934). *Historia de la musica en Mexico：Epocas precortesiana y colonial*《墨西哥音乐史：科尔特斯征服前时期及殖民地时期》，Mexico City：Cultura.

Sartor, Mario (1992). *Arquitectura y urbanismo en Nueva Espana, siglo XVI*《十六世纪新西班牙的建筑和城市主义》，Mexico City：Azabache.

Schwartz, Stuart, et al. (1994). *Implicit Understandings：Observing, Reporting and Reflecting on the Encounters Between Europeans and Other Peoples in the Early Modern Era*《隐性理解：观察、报道和反思近代早期欧洲人与其他民族之间的对立面》，Cambridge, UK：Cambridge University Press.

Serna, Juan de la (1953). "Manuel de ministros de indios 印第安臣子手册." *Tratado de las idolatrias.*《关于偶像崇拜的论著》，Mexico City：Fuente Cultural.

Seznec, Jean (1993). *La Survivance des dieux antiques*《古代神祇的生存》，Paris：Flammarion.

Shonagon, Sei (1991). *The Pillow Book*《枕边书》，Translated and edited by Ivan Morris. New York：Columbia University Press.

Solorzano y Pereyra, Juan de [1647] (1776). *Politica indiana*《印第安政治》，Madrid：Imprenta Real de la Gazeta.

Sten, Maria (1974). *Vida y muerte del teatro nahuatl：El Olimpo sin Prome-*

teo《纳瓦戏剧中的生与死：没有普罗米修斯的奥林匹亚山》，Mexico City：SepSetentas.

Stevenson，Robert（1968）. *Music in Aztec and Inca Territory*《阿兹特克和印加领地的音乐》，Berkeley，CA：University of California Press.

Taylor，Rene（1987）. *El Arte de la memoria en el Nuevo Mundo*《新世界的记事艺术》，Madrid：Swan.

Tomlinson，Gary（1995）. "Ideologies of Aztec Song 阿兹特克歌曲的意识形态"，*Journal of the American Musicological Society*《美国音乐学会杂志》XLVIII：3.

Toussaint，Manuel（1981）. *Claudio de Arciniega：Arquitecto de la Nueva Espana*《克洛迪奥·德·阿西涅加：新西班牙建筑师》，Mexico City：UNAM，Istituto de Investigaciones Esteticas.

—— （1982）. *Pintura colonial en Mexico*《墨西哥的殖民地绘画》，Mexico City：UNAM.

Tovar de Teresa，Guillermo（1988）. *Bibliografia novohispana de arte：Primera parte Impresos mexicanos relativos al arte de los siglos XVI y XVIII*《新西班牙艺术书目：第一部分，与十六至十八世纪的艺术相关的墨西哥印刷品》，Mexico City：FCE.

—— （1992）. *Pintura y escultura en Nueva Espana*，1557 – 1640《新西班牙的绘画及雕刻（1557—1640）》，Mexico City：Azabache.

Trejo，Pedro de（1996）. *Cancionero*《歌集》，Edited by Sergio Lopez Mena. Mexico City：UNAM，Istituto de Investigaciones Filologicas.

Tylor，Edward B.（1951）. *Primitive Culture*《原始文化》，New York：Harper.

Umberger，Emily（1987）. "Antiques，Revivals and References to the Past in Aztec Art 阿兹特克艺术中的古董、复兴和过去的参照，"*Res*《资源》，Spring 1987.

Vainfas，Ronaldo（1995）. *A heresia dos Indios：catolicismo e reveldia no Brasil colonial*《印第安人的异教：殖民地时期巴西的天主教及叛乱》，Sao Paulo：Companhia das Letras.

—— （1997）. *Confissoes da Bahia*《海湾的接纳》，Sao Paulo：Companhia

das Letras.

Valadés, Diego［1579］(1989). *Rhetorica christiana*《基督教修辞学》, Mexico City：UNAM, FCE.

Vasari, Giorgio (1550). *Le Vite de piu eccelenti architetti, pittori et scultori italiani, da Cimabue insino a giorni nostri*《从奇马布埃到今天：意大利著名建筑师、画家和雕塑家传记》, Florence：Lorenzo Torrentino.

Veliz, Zahira (1986). *Artists' Techniques in Golden-Age Spain：Six Treatises in Translation*《西班牙黄金时代艺术家的技巧：翻译的六篇论文》, Cambridge, UK：Cambridge University Press.

Vicencio, Jose Victoria (1992). *Pintura y sociedad en Nueva Espana, Siglo XVI*《十六世纪新西班牙的绘画与社会》, Mexico City：UNAM, Istituto de Investigaciones Esteticas.

Wachtel, Nathan (1971). *La Vision des vaincus：Les Indiens du Perou devant la Conquete espagnole.*《失败者的视野：西班牙征服之前的秘鲁印第安人》, Paris：Gallimard［*The Vision of the Vanquished：The Spanish Conquest of Peru through Native Eyes*, 1530 – 1570《被征服者的异象：通过本土视野看西班牙对秘鲁的征服，1530—1570 年》Trans. by Ben and Sian Reynolds. New York：Barnes & Noble, 1977］.

Wagner, Roy (1992). *L'Invenzione de la cultura*《文化的发明》, Milan：Mursia.

Warburg, Aby (1939). "A Lecture on Serpent Ritual 蛇仪式的报告", *Journal of the Warburg Institute*《瓦尔堡学院期刊》II：4.

—— (1996). *La Rinascita del paganesimo antico*《古代异教的重生》, Florence：La Nuova Italia Editrice.

Warman, Arturo (1972). *La Danza de Moros y Cristanos*《摩尔人与基督徒之舞》, Mexico City：SepSetentas.

Wasson, Robert Gordon (1980). *The Wondrous Mushroom：Mycolatry in Meso-America*《奇妙的蘑菇：中美的霉菌病》, New York：Mc Graw-Hill Book Company.

Whitehead, N. L. (1988). *Lords of the Tiger Spirit：A History of the Caribs in Colonial Venezuela and Guyana*, 1498 – 1820《老虎精神之主：委内

瑞拉和圭亚那殖民地加勒比人的历史 1498—1820》, Royal Institute for
Linguistics and Anthropology, Caribbean Studies Series, 10. Dordrecht and
Providence：Foris Publicaiton.

Wittkower, Rudolf (1987). *Allegory and the Migration of Symbols*《寓言与
符号的迁移》, New York：Thames and Hudson.

Yhmoff Cabrera, Jesus (1989). *Los Impresos mexicanos del siglo XVI en la
Biblioteca nacional de Mexico*《墨西哥国家图书馆藏十六世纪的墨西哥
印刷品》, Mexico City：UNAM.

Zanchi, Mauro (1998). *Lorenzo Lotto et l'imaginaire alchimique：Les "impr-
ese" dans les marqueteries du choeur de la basilique de Sainte-Marie-Majeure
a Bergame*《洛伦佐·洛托及其炼金术画作中的虚构场景：贝加莫圣
玛利亚马焦雷大教堂祭坛镶嵌细工中的"人物形象"》, Bergamo, Ita-
ly：Ferrari Editrice.

Zeron, Carlos (1998). *"La Compagnie de Jesus et l'institution de l'esclavage
au Bresil：Les Justifications d'ordre historique, theologique et juridique, et
leur integration dans une memoire historique* (XVIe – XVIIe siecles)《耶稣
会和巴西的奴隶制：历史、神学和法律依据，以及它们在历史记忆中
的融合（十六至十七世纪)》, Ph. D. Dissertation. Paris：Ecole des
Hautes Etudes en Sciences Sociales.

本书专有名词中外文对照表

《阿飞正传》　*Days of Being Wild*

《哀歌集与黑海书简》　*Tam de Tristibus quam De Ponto*

《爱情对话》　*Dialoghi d'amore*

《暴风雨》　*The Tempest*

《变形记》　*Metamorphoses*

《辩证法》　*Dialectica*

《波波尔·乌》　*Popol Vuh*

《博尔吉亚抄本》　Codex Borgia

《彩虹》　*Rainbow*

《春光乍泄》　*Happy Together*

《从奇马布埃到今天：意大利著名建筑师、画家和雕塑家传记》
Le Vite de piu eccelenti architetti, pittori et scultori italiani, da Cimabue insino a giorni nostri

《主任牧师之家》　*Casa del dean*

《倒水》　*atequilizcuicatl*

《狄安娜》　*Diana*

《地理》　*Geographia*

《喋血双雄》　*The Killer*

《东邪西毒》　*Ashes of Time*

《杜兰抄本》　Codex Duran

《度量逻辑：非洲和其他地方的身份人类学》　*Logiques metisses：Anthropologie de l'identite en Afrique et ailleurs*

《梵蒂冈抄本 A》　Codex Vaticanus A

《佛罗伦萨抄本》　Florentine Codex

《歌集》　*Cancionero*

《古像考证》　*Iconologia*

《护教论简史》　*Apologetica historia sumaria*

《徽标解读之书》　*Emblematus Libellus*

《混沌定律》　*Les Lois du chaos*

《基督教修辞学》　*Rhetorica Christiana*

《坎塔尔》　*Cantar*）

《拉米雷兹抄本》　*Codex Ramirez*

《里约抄本》　*Codex Rios*

《旅行哲学日记》　*Diario da Viagem Pholosophica*

《门多萨抄本》　*Codex Mendoza*

《密耳拉》　*Myrrha*

《墨西哥民歌集》　*cantares mexicanos*

《欧罗巴》　*Europa*

《破浪》　*Breaking the Waves*

《普洛斯贝罗的书》　*Prospero's Book*

《少林寺》　*The Temple of Shaolin*

《神话、寓言示例……》　*Mythologia*，*fabulosa exempla*

《圣母玛利亚的时祷书》　*Book of Hours of the Blessed Virgin*

《胜利》　*Triumphs*

《诗篇》　*Psalmodia*

《斯皮诺拉时祷书》　*Spinola Hours*

《特拉特洛尔科的圣克鲁斯学院：美洲的第一个学术图书馆》
Santa Cruz de Tlatelolco：la primera bibioteca acadeica de las Americas

《特拉特洛尔科抄本》　*Tlatelolco Codex*

《特勒利安奴斯－雷蒙西斯抄本》　*Codex Tellerianus-Remensis*

《托瓦尔抄本》　*Codex Tovar*

《旺角卡门》　*As Tears Go By*

《物理》　Physica

《新西班牙诸物志》　*Historia general de las cosas de Nueva Espana*

《胭脂扣》　*Rouge*

《夜的起源》　*The Origin of the Night*

《伊克特利切特尔抄本》　*Codex Ixtlilxochitl*

《永久移动：从达芬奇到蒙田的身体和作品的变形》　*Perpetuum mobile：Metamorphoses des corps et des oeuvres de Vinci a Montaigne*

《雨》　*Rain*

《枕边书》　*The Pillow Book*

《祖先之地》　*casa solariega*

《最后的世界》　*The Last World*

《醉舟》　*The Drunken Boat*

阿比·瓦尔堡　Aby Warburg

阿尔布雷特·丢勒　Albrecht Durer

阿尔钦博托　Arcimboldo

阿方斯·杜普朗特　Alphonse Dupront

阿根廷布宜诺斯艾利斯　Buenos Aires, Argentina

阿维索特尔　Ahuitzotl

阿克巴·阿巴斯　Ackbar Abbas

亚历山德罗·阿拉尔迪　Alessandro Araldi

阿隆索·德·拉·维拉克鲁兹　Alonso de la Veracruz

阿隆索·佩雷斯　Alonso Perez

阿隆索·德·维拉塞卡　Alonso de Villaseca

阿尼斯托·德·马蒂诺　Ernesto De Martino），

阿斯托·皮亚佐拉　Astor Piazzola

阿塔瓦尔帕　Atahualpa

阿兹特克大神庙　Templo Mayor

阿兹特克人　Aztecs

埃尔南·冈萨雷斯·德·埃斯拉瓦　Hernan Gonzalez de Eslava

埃尔南·科尔特斯　Hernan Cortes

埃科雷·皮奥　Ercole Pio

埃尼奥·莫里康内　Ennio Morricone

爱德华·格里桑特　Edouard Glissant

安布罗西奥·蒙特希诺　Ambrosio Montesino

安德烈亚·阿尔西亚蒂　Andrea Alciati

安德烈·沙泰尔　André Chastel

安德烈斯·德·孔查　Andres de Concha

安德烈斯·米克斯科特　Andres Mixcoatl

安东·范·德·温盖尔德　Anton van der Wyngaerde

安东尼奥·德·拉斯·维纳斯　Antonio de las Vinas

安东尼奥·德·内布里哈　Antonio de Nebrija

安东尼奥·兰迪　Antonio Landi

安东尼奥·佩雷斯　Antonio Perez

安东尼奥·瓦莱里亚诺　Antonio Valeriano

安东尼奥·里卡多　Antonio Ricardo

安东尼奥·特里托尼奥　Antonio Tritonio

安娜·罗斯福　Anna Roosevelt

安琪尔·玛利亚·加里贝　Angel Maria Garibay

昂布卢瓦·帕雷　Ambroise Paré

奥尔蒂斯·德·华金伊诺霍萨　Ortiz de Hinojosa

奥古斯丁·达维拉·帕迪拉　Augustin Davila Padilla

奥古斯丁教派　Augustinians

奥马尔·卡拉布雷斯　Omar Calabrese

奥索马利　ozomatli

奥托米人　Otomis

奥维德　Ovid

巴尔托洛梅奥·阿曼纳蒂　Bartolommeo Ammannati

巴列侯爵　Marquis del Valle

巴托洛梅·德·拉斯·卡萨斯　Bartolomeo de Las Casas

巴西阿尔戈多尔岛　Algodoal, Brazil

巴西贝伦　Belem, Brazil

芭芭拉·E. 蒙迪　Barbara E. Mundy

柏拉图　Plato

坂东玉三郎　Tamasaburo Bando

半人马 centaurs

保罗·乔维奥 Paolo Giovio

北野武 Takeshi Kitano

贝尔纳贝 J. Bernabé

贝尔纳德·帕里西 Bernard Palissy

贝尔纳多·布恩塔伦蒂 Bernardo Buontalenti

贝尔纳尔·迪亚兹·德尔·卡斯蒂略 Bernal Diaz del Castillo

贝纳迪诺·德·萨阿贡 Bernardino de Sahagun

彼得·格林纳威 Peter Greenaway

彼得拉克 Petrarch

彼得罗·马泰尔·迪安盖拉 Pietro Martire d'Anghiera

波波卡特佩特圣母 Virgin of Popocatepetl

玻利维亚 Bolivia

布隆齐诺 Bronzino

查理五世 CharlesV

大主教胡安·德·祖马拉加 Archbishop Juan de Zumarraga

大主教蒙图法尔 Archbishop Montufar

戴维·克伦伯格 David Cronenberg

迪奥斯克里德斯 Dioscorides

"第十届德国卡塞尔文献展" *Documenta X*

迭戈·瓦拉德斯 Diego Valadés

迭戈·德·阿尔马格罗 Diego de Almagro

迭戈·杜兰 Diego Duran

迭戈·穆诺兹·卡马戈 Diego Munoz Camargo

杜齐奥·萨齐 Duccio Sacchi

多明戈·德·贝坦佐斯 Domingo de Betanzos

多明戈·德·拉·昂西申 Domingo de la Anunciacion

多元文化主义 multiculturalism

非裔巴西宗教 Afro-Brazilian religions

腓力二世 Philip II

费尔南德斯·德·奥维多 Fernandes de Oviedo

费利佩·瓜曼·波马·德·阿亚拉　Felipe Guaman Poma de Ayala

弗拉维尤斯·约瑟夫斯　Flavius Josephus

弗朗兹·博斯　Franz Boas

弗朗兹·弗洛里斯　Franz Floris

弗朗切斯科·德·托莱多　Francesco de Toledo

弗朗索瓦·拉普朗蒂钠　Francois Laplantine

弗朗西斯科·埃尔南德斯　Francisco Hernandez

弗朗西斯科·德·奥兰达　Francisco de Hollanda）

弗朗西斯科·德洛斯·科博斯　Francisco de los Cobos

弗朗西斯科·帕切科　Francisco Pacheco

弗朗西斯科·皮萨罗　Francisco Pizarro

弗朗西斯科·塞万提斯·德·萨拉萨尔　Francisco Cervantes de Salazar

弗雷·何塞·德·西古恩扎　Frey Jose de Siguenza

盖什·帕蒂　Guesch Patti

冈萨洛·阿吉尔雷·贝尔特兰　Gonzalo AguirreBeltrán

瓜达卢佩圣母　Virgin of Guadallupe

瓜曼·波马　Guaman Poma

关锦鹏　Stanley Kwan

圭亚那　Guyana

哈布斯堡帝国　Hapsburg empire

海纳·穆勒　Heiner Muller

豪尔赫·德·布斯坦曼特　Jorge de Bustanmante

豪尔赫·蒙泰马约尔　Jorge Montemayor

希里奥·奥迪塞卡　Helio Oiticica

何塞·德·阿科斯塔　José de Acosta

赫拉波罗　Horapollo

黑泽明　Kurosawa

亨利二世　Henry II

红衣主教亚历山德罗·法尔内塞　Cardinal Alessandro Farnese

洪都拉斯　Honduras

后现代主义　postmodernism

胡安·波马尔　Juan Pomar

胡安·德·托瓦尔　Juan de Tovar

胡安·费雷尔　Juan Ferrer

胡安·卡洛斯·艾斯特恩索洛·福赫斯　Juan Carlos Estensorro Fuchs

胡安·帕布洛斯　Juan Pablos

胡安·佩雷斯·德·莫亚　Juan Perez de Moya

胡安·德·拉·奎瓦　Juan de la Cueva

胡安·格尔森　Juan Gerson

胡里奥·德·阿奎利斯　Julio de Aquilis

霍克斯辛科　Huexotzincans

吉恩·德·莱利　Jean de Lery

吉列尔莫·本菲尔·巴塔利亚　Guillermo Bonfil Batalla

吉米奈罗·阿莱维　Geminello Alvi

纪尧姆·杜·鲍尔塔什　Guillaume du Bartas

加布里埃尔·德·罗哈斯　Gabriel De Rojas

加尔西拉索·德·拉·维嘉　Garcilaso de la Vega

加勒比群岛　CaribbeanIslands

教皇保罗四世　Pope Paul IV

教皇庇护二世　Pope Pius II

教皇克莱门特七世　Pope Clement VII

教皇西斯笃五世　Pope Sixtus V

教皇亚历山大六世　Pope Alexander VI

杰罗拉莫·卡尔达诺　Gerolamo Cardano

杰罗尼莫·洛佩兹　Jeronimo Lopez

"街角商店"乐队　Cornershop

卡尔·波普尔　Kerl Popper

卡玛兹特利　Camaztli

卡门·贝尔南德　Carmen Bernand

柯雷乔　Correggio

科雷吉多　corregidor

科尼利斯·博斯　Cornelis Bos

克洛德·列维·斯特劳斯　Claude Levi-Strauss

克洛迪奥·德·阿西涅加　Claudio De Arciniega

克里奥尔人　Creoles

克里斯诺巴·德·维拉隆　Crisobal de Villalon

克里斯托弗·兰斯梅尔　Christoph Ransmayr

库拉·雪克　Kula Shaker

库特拉赫蒂　cuitlachtli

拉尔斯·冯·特里尔　Lars Von Trier

拉斐尔　Raphael

莱昂·希伯莱　Leon Hebreo

兰波　Rimbaud

老彼得·布吕格　Peter Bruegel the Elder

老普林尼　Pliny the Elder

雷蒙德·阿伦　Raymond Aron

莱昂纳多·达·芬奇　Leonardo Da Vinci

卢多维科·多尔斯　Ludovico Dolce

卢多维科·布蒂　Ludovico Buti

卢卡·西诺雷利　Luca Signorelli

路易斯·德·莫利纳　Luis de Molina

路易斯·德·瓦尔加斯　Luis De Vargas

罗杰·巴斯蒂德　Roger Bastide

洛萨·鲍姆加滕　Lothar Baumgarten

马丁·埃卡特津　Martin Ecatzin

马丁·奥塞洛特　Martin Ocelotl

马丁·德·沃斯　Martin De Vos

马丘纳伊马皇帝　Emperor Macunaima）

马里奥·德·安得里德　Mario de Andrade

马利那尔科　Malinalco

马斯里奥·菲奇诺　Marsilio Ficino

马友友　Yo-Yo Ma

玛古伊　maguey

迈克尔·尼曼　Michael Nyman

麦库洛奇特神　Macuilxochitl

曼德布洛特集合　Mandelbrot set

美第奇家族　Medici family

美洲印第安人　Amerindians

门迭塔　Mendieta

门多萨·费塔朵　Mendonca Furtado

蒙特塞拉特圣母　Virgin of Monserrat

米盖尔·莱昂·波尔蒂利亚　Miguel Leon-Portilla

米盖尔·马特斯　Miguel Mathes

米克特兰　Mictlan

米托特舞蹈　mitote dances

米歇尔·德·蒙田　Michel de Montaigne

米歇尔·吉罗德　Michel Giraud

摩尔人和基督徒的化妆游行　*Moros y Cristianos*

摩里斯科人　Moriscos

莫克特祖马　Moctezuma

莫托利尼亚　Motolinia

墨西哥普埃布拉　Puebla，Mexico

穆诺兹·卡马戈　Munoz Camargo

纳瓦　Nahua

内森·瓦克泰尔　Nathan Wachtel

内扎胡库约特　Nezahualcoyotl

尼古拉斯·雷　Nicholas Ray

尼科洛·阿戈斯蒂尼　Nicoló Agostini

"女性圣殿"　Cihuateocaltitlan

欧文·帕诺夫斯基　Erwin Panofsky

佩德罗·德·甘特　Pedro de Gante

佩德罗·萨米安托·德·甘博亚　Pedro Sarmiento de Gamboa

佩德罗·特谢拉　Pedro Teixeira

佩里诺·德尔·瓦加　Perino del Vaga

佩特鲁斯·阿皮亚努斯　Petrus Apianus

皮埃尔·奥沙尔特　Pierre Ochart

普鲁塔克　Plutarch

普埃布拉　Puebla

普奎酒　pulque

奇科纳乌·基亚怀特神　Ciconauh Quiahuitl

奇奇梅克人　Chichimecs

乔尔乔·瓦萨里　Giorgio Vasari

乔卢拉　Cholula

乔万·安东尼奥·帕加尼诺　Giovan Antonio Paganino

乔万娜·达·皮亚琴察　Giovanna da Piacenza

乔万尼·达·乌迪内　Giovanni da Udine

乔万尼·安德烈亚·德尔·安圭拉拉　Giovanni Andrea del Anguil-
lara

乔治·M. 福斯特　George M. Foster），

乔治·库伯勒　George Kubler

切萨雷·里帕　Cesare Ripa

清少纳言　Sei Shonagon

让·卢普·阿姆塞勒　Jean-Loup Amselle

让·塞兹内克　Jean Seznec

让·桑德斯·范·赫莫森　Jan Sanders Van Hemessen

"热带风潮"　*Tropicalia*

塞巴斯提奥·约瑟·德·蓬巴尔　Sebastiao Jose de Pombal

森特奥特尔　Cinteotl

上帝　Tiox

邵逸夫　Run Run Shaw

圣阿马罗　Saint Amaro

圣巴索洛缪　Saint Bartholomew

圣贝纳迪诺　Saint Bernardino

圣波拿文彻　Saint Bonaventure

圣方济各　Saint Francis

圣克莱尔　Saint Clare

圣玛格丽特　Saint Margaret

圣玛利亚西派克的唐·路易　Don Luis de Santa Maria Cipac

圣玛莎　Saint Martha

圣母玛利亚　Virgin Mary

圣塞巴斯蒂安　Saint Sebastian

圣塞西莉亚　Saint Cecilia

圣伊西多尔　Saint Isidore

圣约阿希姆节　Saint Joachim

圣詹姆斯　Saint James

施洗者约翰　John the Baptist

枢机主教帕里奥蒂　Cardinal Paleotti

斯图尔特·施瓦茨　Stuart Schwartz

苏凯琪特莎　Xochiquetzal

索奇特拉潘　Xochitlapan

塔拉罗坎　Tlalocan

泰约利亚　*teyolia*

唐·费南多·德·阿尔瓦·伊克特利切特尔　Don Fernando de Alva Ixtlilxochitl

唐·加百列　Don Gabriel

唐·克里斯托瓦尔　Don Cristobal

唐·马丁·伊厄科特尔　Don Martin Ehecatl

唐·佩德罗·德·莫克特祖马　Don Pedro De Moctezuma

唐·巴勃罗·拿撒雷奥　Don Pablo Nazareo

特奥蒂瓦坎　Teotihuacan

特卡马查尔科　Tecamachalco

特拉库依罗　*tlacuilos*

特拉罗卡特库特利　Tlalocatecutli

特拉洛克　Tlaloc

特拉马纳尔科　Tlalmanalco

特拉帕兰　Tlapalla

特拉斯卡拉　Tlaxcala

特拉特奥特　Tlalteotl

特拉特洛尔科　Tlatelolco

特拉特洛尔科的圣克鲁斯学院　College of Santa Cruz de Tlatelolco

特伦特会议　Council of Trent

特诺奇提特兰城　Tenochtitlan

特斯卡特利波卡神　Tezcatlipoca

特斯可可　*Texcoco*

特兹卡塔佩克　Tezcatapec

提奥约蒂卡　teoyotica

提柏卢斯　Tibullus

托勒密　Ptolemy

托马斯·德·拉·普拉扎　Tomas de la Plaza

托马斯·莫尔　Thomas More

托纳蒂乌　Tonatiuh

托南琴　Tonantzin

托奇　Toci

瓦斯蒂克　Huastecas

王家卫　Wong Kar-Wai

维吉尔　Virgil

维姆·文德斯　Wim Wenders

维齐洛波奇特利　Huitzilopochtli

"温德卡门艺术馆"　Wunderkammern

文艺复兴　Renaissance

沃纳·罗乐温克　Werner Rolewinck

乌利斯·阿尔德罗万迪　Ulisse Aldrovandi

吴宇森　John Woo

西方基督教世界　Western Christendom

西蒙·佩里恩斯　Simon Pereyns

西佩·托提克　Xipe Totec

希华科阿特　Cihuatcoatl

辛德尔·辛格　Tjinder Singh

新墨西哥地区阿科马　Acoma, New Mexico

休奇皮里　Xochipilli

休伊·西特拉利　Huey Citlali

徐克　Tsui Hark

雅诺马米印第安人　Yanomami Indians

亚历克西·努斯　Alexis Nouss

亚历山大·罗德里格斯·费雷拉　Alexandre Rodrigues Ferreira

亚历山大·迈纳　Alexander Mayner

伊比利亚半岛　Iberian Peninsula

伊厄科特尔　Ehecatl

伊克西普塔拉　*ixiptla*

伊利亚·普里果金　Ilya Prigogine

伊帕莫瓦尼　Ipalnemohuani

伊斯米基尔潘　Ixmiquilpan

伊索寓言　Aesop's fables

印第安飞人　voladores

印加　Inca

于格·内沃　Hugues Neveux

羽蛇神奎茨科拉特　Quetzalcoatl

约翰·比尔霍斯特　John Bierhorst

约瑟夫·博伊斯　Joseph Beuys

中美洲　Central America, Meso-America

中庸之道　Golden Mean

总督加斯顿·德·佩拉尔塔　Viceroy Gaston de Peralta

译 后 记

2018 年 3 月份，受导师刘家峰教授的委托，我跟宋佳凡老师确定了本书的翻译任务，由宋老师负责主要内容的初译，我负责统筹和一校等工作。如此安排，是基于我们二人的实际情况：宋老师一直奋斗在外语教学第一线，英语水平毋庸置疑，平素又喜读历史类书籍；而我，则囿于单位工作以及世界史博士的学习，加之翻译出版过几本书，故受到两位老师的照顾，主要负责初译之外的工作。

我跟宋老师是老朋友了，20 年前我们在青岛大学师范学院英语系共事好几年。此次能够与宋老师合作，仿佛又回到往昔的青葱岁月，只不过增加了岁月的沉淀与沉稳，恰如阅读本书之后的感觉。翻译过程中，我们收获良多，用宋老师的话说："从来没想到近些年来不断去欧洲旅行的经历和为之做出的准备，有一天会在翻译书籍的过程中用到。"

一年多的时间，宋老师的初译、我的一校、刘老师的二校等诸多工作终于完成，期间得到了诸多老师的帮助。在此，衷心感谢山东大学历史文化学院孙琇副研究员帮助校订译稿，感谢山东大学西班牙语系田小龙博士帮助翻译了西班牙文的书目。感谢青岛大学胡子玥同学参与了注释部分的文字整理工作。

写完翻译后记的这一刻，标志着本书翻译工作的结束，像是跟一位老朋友说再见，然后要把这位"老朋友"正式介绍给大家相识。而我们，因为也只是跟"她"相处了十几个月，肯定有不少自身问题还未发现，希望朋友们在包容的同时不吝指出，谢谢。

请允许我郑重感谢本书作者格鲁金斯基先生，感谢先生给我们带来这本视域宽广、史料翔实、观点独特的好书。感谢德克·杜森拜尔（Deke Dusinberre）先生将法文原著翻译成英文，本书是依英文版翻译而成。

　　最后，要感谢中国社科出版社张湉编辑为本书出版的辛勤付出，感谢愿意阅读本书的读者朋友们！

季　发

2019 年 12 月于青岛